KB182121

당률소의역주 Ⅲ

김 택 민 주편

경인문화사

| 역주 범례 |

1. 역주의 저본

○ 중화서국에서 1983년에 초판하고 1986년에 재판한 류쥔원 점
   교 『당률소의唐律疏議』
○ 중화서국에서 1996년에 출판한 류쥔원 찬 『당률소의전해唐律疏
   議箋解』

2. 원문의 표점과 조항

○ 원문의 표점은 류쥔원의 『당률소의전해』에 따르되, 의문이 있
   는 경우 점교본을 참조하여 수정했다.
○ 원문의 조항 및 세목의 구분은 월러스 존슨의 'The T'ang Code'
   와 'The T'ang Code, Volume Ⅱ'에 따르되, 각률은 다이옌후이
   [戴炎輝]의 『당률각론』을 참조하였다. 단 존슨의 책과 다이옌후
   이의 책에서는 율주律注를 하나의 항으로 구분한 경우도 있으
   나, 본 역주에서는 일괄해서 율문에 부기하였다.

3. 역문의 작성 원칙

○ 원문의 의미가 손상되지 않도록 직역을 원칙으로 하였다.
○ 내용의 이해와 문맥의 순조로운 연결을 위해 필요한 말은 '( )'
   에 넣어 보충하였다.
○ 한자를 밝히지 않으면 이해할 수 없는 어휘만 한자를 병기하였다.

○ 원문을 밝힐 필요가 있는 경우 '[ ]' 안에 넣어서 제시하였다.

○ 연호의 경우 '( )' 안에 서력 연도를 병기하였다.

○ 각주에서 이용한 자료 및 문헌의 서지 사항은 참고문헌에서 일괄 정리하였다.

4. 참고문헌의 작성 원칙

○ 참고문헌은 ① 『당률소의』 판본, ② 『당률소의』 역주서, ③ 율령에 관한 문헌 및 율령의 집일서, ④ 경전과 사서, ⑤ 당률 및 중국법 연구서의 순서로 나누고, 국적은 한국, 중국·대만, 일본, 구미의 순서로 정리했다. 한국, 중국·대만, 일본 저자의 이름은 한국식 독음 가나다 순서, 구미 저자의 이름은 알파벳 순서에 따랐다.

| 목차 |

당률소의 권 제16 천흥률 모두 24조

제224조 천흥 1. 병력을 함부로 조발하거나 파견한 죄(擅發兵) ·· 2

제225조 천흥 2. 사가의 물품을 함부로 조발한 죄(擅調給雜物) ··· 7

제226조 천흥 3. 부의 발급·사용·반송에 관한 영·식을 위반한 죄(應給

發兵符不給) ·· 9

제227조 천흥 4. 위사·정인의 간점을 불공평하게 한

죄(揀點衛士征人不平) ······································ 13

제228조 천흥 5. 정인이 이름을 속이고 서로

대신한 죄(征人冒名相代) ································· 16

제229조 천흥 6. 대집교열의 기한을 어긴 죄(校閱違期) ············· 20

제230조 천흥 7. 핍군흥의 죄(乏軍興) ······································· 22

제231조 천흥 8. 정인이 지체한 죄(征人稽留) ······················· 24

제232조 천흥 9. 간첩죄(征討告賊消息) ···································· 26

제233조 천흥 10. 성을 지키지 못한 죄(主將守城棄去) ············· 28

제234조 천흥 11. 주장 이하가 전투에 임해서 먼저

퇴각한 죄(主將臨陣先退) ······························ 29

제235조 천흥 12. 군소 및 진·수에서 사사로이 정인·방인을

풀어 돌려보낸 죄(私放征防人還) ················· 31

제236조 천흥 13. 군이 정토에 임하고 있는데 교묘하게 정역을

피한 죄(征人巧詐避役) ································ 35

제237조 천흥 14. 처벌 규정이 없는 방인의 죄(鎭戍有犯) ········· 37

제238조 천흥 15. 공문에 의하지 않고 병기를

지급한 죄(非公文出給戎仗) ······················· 38

제239조 천흥 16. 진·수의 교대 근무자 파견 기한을 위반한 죄(遣番代違限) ······················· 39

제240조 천흥 17. 함부로 영조를 일으킨 죄(興造不言上待報) ······· 41

제241조 천흥 18. 불법으로 영조를 일으킨 죄(非法興造) ··········· 44

제242조 천흥 19. 공작을 법대로 하지 않은 죄(工作不如法) ········ 45

제243조 천흥 20. 금병기 사유죄(私有禁兵器) ···················· 47

제244조 천흥 21. 공력을 허비한 죄(功力採取不任用) ············· 52

제245조 천흥 22. 정·부의 차견을 공평하게 하지
않은 죄(丁夫差遣不平) ····························· 53

제246조 천흥 23. 정·부·잡장이 기일을 위반하고 도착하지
않은 죄(丁夫雜匠稽留) ····························· 55

제247조 천흥 24. 정·부·잡장·병인·방인을 사사로이 사역시킨
죄(私使丁夫雜匠) ································· 56

당률소의 권 제17 적도율 모두 13조

제248조 적도 1. 모반 및 대역의 죄(謀反·大逆) ················ 60

제249조 적도 2. 연좌되지 않는 자와 면류자의 자재(緣坐非同居) ··· 67

제250조 적도 3. 입으로 반하겠다고 말한 죄(口陳欲反之言) ········ 73

제251조 적도 4. 반을 모의한 죄(謀叛) ······················· 73

제252조 적도 5. 제사 및 장관 모살죄(謀殺制使府主) ··········· 78

제253조 적도 6. 존장 모살죄(謀殺期親尊長) ·················· 81

제254조 적도 7. 부곡·노비의 주인 모살죄(部曲奴婢謀殺主) ······· 85

제255조 적도 8. 전 신분관계인 모살죄(謀殺故夫祖父母) ·········· 86

제256조 적도 9. 모살죄(謀殺人) ····························· 89

제257조 적도 10. 죄수 탈취죄(劫囚) ························· 92

제258조 적도 11. 인질의 죄(有所規避執人質) ················· 97

제259조 적도 12. 1가 내 3인을 살해한 죄 및 사람을
　　　　　　　분해한 죄(殺一家三人支解人) ················· 99
제260조 적도 13. 친속을 살해한 자와 사사로이
　　　　　　　화해한 죄(親屬爲人殺私和) ·················101

당률소의 권 제18 적도율 모두 9조

제261조 적도 14. 특별한 방법으로 사람을
　　　　　　　살상한 죄(以物置人耳鼻孔竅中) ·············108
제262조 적도 15. 고독을 조합하거나 소지한 죄(造畜蠱毒) ·········110
제263조 적도 16. 다른 사람에게 독약을 먹인 죄 및 독 있는
　　　　　　　포육에 관한 죄(以毒藥藥人) ··················116
제264조 적도 17. 염매·저주에 관한 죄(憎惡造厭魅) ·········121
제265조 적도 18. 사면된 살인자의 이향을 법대로
　　　　　　　하지 않은 죄(殺人移鄕) ··················125
제266조 적도 19. 시체를 잔해한 죄(殘害死屍) ·········129
제267조 적도 20. 시체·무덤에 대해 과실로
　　　　　　　오욕한 죄(穿地得死人) ··················132
제268조 적도 21. 요서·요언을 지어낸 죄(造祅書祅言) ·········136
제269조 적도 22. 야간 주거 침입의 죄(夜無故入人家) ·············139

당률소의 권 제19 적도율 모두 17조

제270조 적도 23. 대사의 신이 쓰는 물품을
　　　　　　　절도한 죄(盜大祀神御物) ··················144
제271조 적도 24. 어보 및 황제가 입고 쓰는 물품을
　　　　　　　절도한 죄(盜御寶及乘輿服御物) ··················147
제272조 적도 25. 관문서의 인장을 절도한 죄(盜官文書印) ·········150

제273조 적도 26. 제서 및 관문서를 절도한 죄(盜制書官文書) ·····152

제274조 적도 27. 부절 및 문약을 절도한 죄(盜符節門鑰) ············154

제275조 적도 28. 병기 절도죄(盜禁兵器) ·································157

제276조 적도 29. 천존상·불상을 절도하거나
　　　　　　　　 훼손한 죄(盜毀天尊佛像) ·····················160

제277조 적도 30. 무덤을 파헤친 죄(發冢) ·····················163

제278조 적도 31. 원릉에서 풀이나 나무를
　　　　　　　　 절도한 죄(盜園陵內草木) ·····················167

제279조 적도 32. 관·사의 말이나 소를 절도하여
　　　　　　　　 도살한 죄(盜殺官私馬牛) ·····················169

제280조 적도 33. 장물을 계산하지 않는 도죄의
　　　　　　　　 처벌원칙(盜不計贓立罪名) ·····················170

제281조 적도 34. 강도(强盜) ···172

제282조 적도 35. 절도(竊盜) ···176

제283조 적도 36. 감림·주수가 스스로 절도한 죄(監臨主守自盜) ··178

제284조 적도 37. 고의로 사람의 집을 불태우고
　　　　　　　　 절도한 죄(故燒舍屋而盜) ·····················180

제285조 적도 38. 공갈하여 사람의 재물을
　　　　　　　　 취한 죄(恐喝取人財物) ·····················182

제286조 적도 39. 다른 이유로 사람을 구타하고
　　　　　　　　 재물을 빼앗은 죄(以他故毆人因奪物) ···········187

당률소의 권 제20 적도율 모두 15조

제287조 적도 40. 시마·소공친의 재물을
　　　　　　　　 절도한 죄(盜緦麻小功財物) ·····················192

제288조 적도 41. 비유가 사람을 데리고 자기 집의 재물을

　　　　　절도한 죄(卑幼將人盜己家財) ·············195

제289조 적도 42. 절도하다가 과실로 사람을
　　　　　살상한 죄(因盜過失殺傷人) ·············198

제290조 적도 43. 사인의 재물·노비로 관의 물건을
　　　　　교환한 죄(以私財奴婢貿易官物) ·············200

제291조 적도 44. 공력을 들여 쌓아둔 산과 들의 물건을
　　　　　함부로 취한 죄(山野物已加功力輒取) ·············204

제292조 적도 45. 사람을 약취·약매한 죄(略人略賣人) ·············205

제293조 적도 46. 노비를 약취·유인한 죄(略和誘奴婢) ·············211

제294조 적도 47. 기친 이하의 비유를
　　　　　약매한 죄(略賣期親以下卑幼) ·············214

제295조 적도 48. 약취·유인하거나 합의하여 판 것을 알면서
　　　　　산 죄(知略和誘和同相賣而買) ·············218

제296조 적도 49. 약취·유인 및 강도·절도한 것을 알고도
　　　　　몫을 받은 죄(知略和誘强竊盜受分) ·············221

제297조 적도 50. 공동으로 범한 도죄(共盜併臟論) ·············222

제298조 적도 51. 모의와 달리 행한 도죄(共謀强竊盜) ·············227

제299조 적도 52. 도죄로 단죄된 후 세 번 범함(盜經斷後三犯) ···229

제300조 적도 53. 공취든 절취든 모두 도죄가 됨(公取竊取皆爲盜) ··232

제301조 적도 54. 관할 구역 내에 도둑이 있거나 도둑이
　　　　　머무는 것을 용인한 죄(部內人爲盜及容止盜) ····233

당률소의 권 제21 투송률 모두 15조

제302조 투송 1. 투구상해의 죄(鬪毆傷人) ·············243

제303조 투송 2. 싸우다 구타하여 이를 부러뜨리거나 귀·코를
　　　　　손상한 죄(鬪毆折齒毀耳鼻) ·············246

제304조 투송 3. 병장기의 날로 사람을 치거나 쏜 죄 및
　　　　　　　　낙태죄(兵刃斫射人) ····································248

제305조 투송 4. 사람을 구타하여 지체를 부러뜨리거나 눈을
　　　　　　　　멀게 한 죄(毆人折跌支體瞎目) ··············252

제306조 투송 5. 투·고살인의 죄(鬪故殺人) ······················256

제307조 투송 6. 투구상해죄의 책임 시한(保辜) ···············261

제308조 투송 7. 구타·상해죄의 공범(同謀不同謀毆傷人) ············265

제309조 투송 8. 위세 또는 폭력으로 사람을 제압하여
　　　　　　　　결박한 죄(威力制縛人) ··························271

제310조 투송 9. 쌍방이 서로 구타한 경우의
　　　　　　　　처벌 원칙(兩相毆傷論如律) ·····················274

제311조 투송 10. 궁내에서 분쟁한 죄(宮內忿爭) ··················277

제312조 투송 11. 제사·본속부주를 구타한 죄(毆制使府主) ········281

제313조 투송 12. 장관을 구타·상해·살해한 죄(佐職統屬毆官長) ··286

제314조 투송 13. 본속부주·자사·현령의 조부모·부모 및 처·자를
　　　　　　　　 구타·상해한 죄(毆府主刺史縣令祖父母) ··········289

제315조 투송 14. 황제의 단문친 이상을
　　　　　　　　 구타한 죄(毆皇家袒免以上親) ·····················290

제316조 투송 15. 유외관 이하가 관인을
　　　　　　　　 구타·상·살한 죄(流外官毆議貴) ·····················293

당률소의 권 제22 투송률 모두 16조

제317조 투송 16. 유내 비관이 고관을
　　　　　　　　 구타·상해한 죄(九品以上毆議貴) ·····················300

제318조 투송 17. 감림관사가 통속하는 바의 관인을
　　　　　　　　 구타한 것 등의 죄(監臨官司毆統屬) ··················301

제319조 투송 18. 주·현 이상에서 파견된 관리에게
　　　　항거한 죄(拒毆州縣以上使) ·······················304

제320조 투송 19. 양천 및 천인 사이의 살상죄(部曲奴婢良人相毆) 305

제321조 투송 20. 주인이 자신의 노비를 살해한 죄(主殺奴婢) ····311

제322조 투송 21. 주인이 부곡을 살해한 죄(主毆部曲死) ··········312

제323조 투송 22. 부곡·노비가 과실로 주인을
　　　　살상한 죄(部曲奴婢過失殺傷主) ······················315

제324조 투송 23. 시마·소공·대공친의 부곡·노비를
　　　　살상한 죄(緦麻小功部曲奴婢) ·······················319

제325조 투송 24. 남편과 처·처와 첩 사이에
　　　　상해·살해한 죄(毆傷妻妾) ·························321

제326조 투송 25. 처·잉·첩이 남편을 구타하고
　　　　욕한 죄(妻毆詈夫) ······························323

제327조 투송 26. 시마·소공·대공친 사이의
　　　　투구살상의 죄(毆緦麻兄姊) ·······················328

제328조 투송 27. 기친 사이의 투구살상의 죄(毆兄姊) ··············332

제329조 투송 28. 조부모·부모와 자·손 사이의
　　　　투구살상의 죄(毆詈祖父母父母) ·····················336

제330조 투송 29. 처·첩과 남편의 친속 사이에
　　　　상해·살해한 죄(妻妾毆詈夫父母) ····················339

제331조 투송 30. 처첩과 죽은 남편의 조부모·부모 사이의
　　　　살상죄(妻妾毆詈故夫父母) ························341

제332조 투송 31. 형의 처 및 남편의 동생, 적·서자와 서모가
　　　　구타·상해·살해한 죄(毆兄妻夫弟妹) ··············345

당률소의 권 제23 투송률 모두 13조

제333조 투송 32. 계부와 계자 사이, 스승과 제자 사이에
　　　　　범한 죄(毆妻前夫子) ……………………350

제334조 투송 33. 처와 남편의 기친 이하 친속이
　　　　　서로 범한 죄(毆詈夫期親尊長) ……………356

제335조 투송 34. 조부모·부모를 위한 정당방위와
　　　　　과잉방위의 죄(祖父母爲人毆擊) ……………360

제336조 투송 35. 오살상의 죄(鬪毆誤殺傷傍人) ………363

제337조 투송 36. 천인과 옛 주인 사이의
　　　　　살상죄(部曲奴婢詈毆舊主) ……………367

제338조 투송 37. 희살상의 죄(戲殺傷人) ………………370

제339조 鬪訟 38. 과실살상의 죄(過失殺傷人) …………374

제340조 투송 39. 모반·모대역을 알면서 고하지
　　　　　않은 죄(知謀反逆叛不告) ………………376

제341조 투송 40. 모반·대역을 무고한 죄(誣告謀反大逆) ………378

제342조 투송 41. 무고의 죄(誣告反坐) …………………380

제343조 투송 42. 무고죄의 특별 처분(告小事虛) ………385

제344조 투송 43. 유죄 이하를 무고하고 실토한 때의 처벌(誣告人流罪
　　　　　以下引虛) ……………………387

제345조 투송 44. 조부모·부모를 고한 죄(告祖父母父母) …………390

당률소의 권 제24 투송률 모두 16조

제346조 투송 45. 기친존장 등을 고한 죄(告期親尊長) ……………396

제347조 투송 46. 기친 이하 비유를 고·무고한 죄(告緦麻卑幼) …401

제348조 투송 47. 자손이 부모·조부모의 교훈·명령을
　　　　　위반한 죄(子孫違犯敎令) ……………404

제349조 투송 48. 천인이 주인 및 주인의 친속을
　　　　　　　　고·무고한 죄(部曲奴婢告主) ······························405

제350조 투송 49. 본속부주·자사·현령을
　　　　　　　　무고한 죄(誣告府主刺史縣令) ························408

제351조 투송 50. 익명서를 던져 타인의 죄를 고한 죄 및
　　　　　　　　이를 수리한 죄(投匿名書告人罪) ··················410

제352조 투송 51. 고할 수 없는 자의 고를
　　　　　　　　접수한 죄(囚不得告擧他事) ·························413

제353조 투송 52. 자수와 수리(犯罪皆經所在官司首) ···············416

제354조 투송 53. 사면되기 전의 일을 고한 죄 및 이를
　　　　　　　　수리한 죄(以赦前事相告言) ·························418

제355조 투송 54. 불명확한 고장을 제출한 죄(告人罪須明注年月) ···422

제356조 투송 55. 타인의 고장을 거짓으로
　　　　　　　　작성한 죄(爲人作辭牒加狀) ·························425

제357조 투송 56. 사람을 교령하여 무고한 죄(敎令人告事虛) ·······428

제358조 투송 57. 황제에게 거짓을
　　　　　　　　소한 죄(邀車駕撾鼓訴事不實) ····················432

제359조 투송 58. 월소 및 월소를 접수하지 않은 죄(越訴) ········434

제360조 투송 59. 주사가 강도·살인을 고하지
　　　　　　　　않은 죄(强盜殺人不告主司) ························437

제361조 투송 60. 감림·주사가 관할지역 내의 범죄를
　　　　　　　　방치한 죄(監臨知犯法不擧劾) ····················439

당률소의 권 제16 천흥률 모두 24조

역주 임정운

[疏] 議曰: 擅興律者, 漢相蕭何創爲興律. 魏以擅事附之, 名爲擅興律. 晉復去擅爲興. 又至高齊, 改爲興擅律. 隋開皇改爲擅興律. 雖題目增損, 隨時沿革, 原其旨趣, 意義不殊. 大事在於軍戎, 設法須爲重防. 廐庫足訖, 須備不虞, 故此論兵次於廐庫之下.

[소] 의하여 말한다: 천흥률은 한 승상 소하가 흥률을 만든 것이 초창이다(『진서』권30, 922쪽). 위는 천(흥)의 일을 덧붙여 이름을 천흥률이라 하였다.[1] 진은 다시 천(자)를 빼고 흥(률)이라 하였다. 북제에 이르러 고쳐 흥천율이라 하였다가 수 개황 연간에 천흥률이라 고쳤다.[2] 비록 제목(의 글자 수)에 증감이 있고 때에 따라 이어받고 바꾼 것은 있지만, 그 취지를 더듬어 보면 뜻은 다르지 않다. (국가의) 큰일은 군사에 있으며 법을 정함에는 반드시 방위를 중시하여야 한다. 구고의 (일이) 갖추어진 다음에는 반드시 뜻밖의 일에 대비하여야 하므로, 이 군사에 대한 논(죄)를 구고율 다음에 둔 것이다.

제224조 천흥 1. 병력을 함부로 조발하거나 파견한 죄(擅發兵)

[律文1a] 諸擅發兵, 十人以上徒一年, 百人徒一年半, 百人加一等, 千人絞; 謂無警急, 又不先言上而輒發兵者. 雖即言上而不待報, 猶爲擅發. 文書施行即坐.

---

1) 魏律에서는 종래의 盜律·興律·具律에 포함되었던 관련 조항들을 하나로 모아 흥천율이라 하였다(『진서』권30, 924쪽).
2) 북제 河淸3년(564)에 제정한 율의 네 번째 편명은 흥천율이 아니라 천흥률이다(『수서』권25, 705쪽).

[律文1a의 疏] 議曰: 依令:「差兵十人以上, 竝須銅魚·勅書勘同, 始合差發. 若急須兵處, 準程不得奏聞者, 聽便差發, 卽須言上.」 若無警急, 又不先言上, 輒擅發十人以上, 九十九人以下徒一年, 滿百人徒一年半, 百人加一等, 七百人以上流三千里, 千人絞. 故注云「謂無警急, 又不先言上而輒發兵者」. 「雖卽言上, 而不待報」, 謂準程應得言上者, 竝須待報, 若不待報, 猶爲擅發. 但「文書施行卽坐」, 不必要在得兵. 其擅發九人以下, 律·令無文, 當「不應爲從重」.

[율문1a] 무릇 함부로 병력을 조발한 것이, 10인 이상이면 도1년에 처하고, 100인이면 도1년반에 처하되 100인마다 1등씩 더하며, 1000인이면 교형에 처한다. 경급한 일이 없거나, 또는 먼저 위에 보고하지 않고 함부로 병력을 조발한 경우를 말한다. 비록 위에 보고하였으나 답을 기다리지 않았다면 마찬가지로 함부로 (병력을) 조발한 것이 된다. (병력을 조발하는) 문서가 시행되었다면 곧 처벌한다.

[율문1a의 소] 의하여 말한다: 영(군방령, 습유371쪽)에 의거하면, "병력 10인 이상을 차(견)할 때에는 모두 반드시 동어[3]·칙서를 맞추어 보아 서로 일치해야만 비로소 차견할 수 있다. 만약 긴급하게 병력을 필요로 하는 곳에서 행정에 비추어 상주할 수 없을 때에는 편의대로 차견하는 것을 허락하되, 반드시 즉시 위에 보고해야 한다." 만약 경급한 일[4]이 없거나, 또는 먼저 위에 보고하지 않고서 함부로 조발한 것이 10인 이상 99인 이하이면 도1년에 처하고, 100

---

3) 銅魚는 동으로 만든 물고기 모양의 魚符이다. 명령을 하달하는 사자가 지닌 좌부와 주·부 등에 미리 교부된 우부를 맞추어 본[勘合] 이후에야 비로소 명령을 시행할 수 있다. 王畿 내의 지역은 좌부 셋, 우부 하나를 두고 왕기 밖의 지역은 좌부 다섯, 우부 하나를 두었으며, 좌부는 중앙이나 내정에, 우부는 지방에 두었다(『당육전』권8, 253쪽 및 『역주당육전』중, 76~77쪽).

4) 警急은 급작스럽게 일어난 변고나 위급한 사태를 말한다. 구체적으로 율문2a에 예시한 바와 같이 ①외적이 갑자기 내침하여 공습하려 할 때 ②성·둔이 반란을 일으켰을 때 ③적 가운데 내응하는 자가 있을 때 등 세 가지이다.

인에 이르면 도1년반에 처하며, 100인마다 1등씩 더하여 700인 이상은 유3000리에 처하고, 1000인이면 교형에 처한다. 그러므로 주에 이르기를 "경급한 일이 없거나, 또는 먼저 위에 보고하지 않고 함부로 병력을 조발한 경우를 말한다."고 한 것이다. "비록 위에 보고하였으나 답을 기다리지 않은 것"이란, 행정에 준하여 위에 보고한 경우에도 모두 반드시 답을 기다려야 하며, 만약 답을 기다리지 않았다면 마찬가지로 함부로 (병력을) 조발한 것이 된다는 것이다. 다만 "(병력을 조발하는) 문서가 시행되었다면 곧 처벌한다."고 하였으므로, 반드시 병력을 받아야만 (처벌되는 것은) 아니다. 단 함부로 조발한 것이 9인 이하이면, 율·령에 조문이 없으나 '해서는 안 되는데 행한 (죄의) 무거운 쪽'(잡62.2)에 해당한다.

[律文1b] 給與者, 隨所給人數減擅發一等. 亦謂不先言上、不待報者. 告令發遣卽坐.

[律文1b의 疏] 議曰: 雖有發兵文書, 執兵者不合卽與, 亦須先言上待報, 然後給與. 違者隨所給人數, 減擅發罪一等. 故注云「亦謂不先言上、不待報者」. 告令發遣卽坐, 不必要待兵行.

[율문1b] (병력을) 지급한 자는 지급한 사람 수에 따라 함부로 조발한 (죄에서) 1등을 감한다. 역시 먼저 위에 보고하지 않거나 답을 기다리지 않은 경우를 말한다. 파견을 통고하였다면 곧 처벌한다.

[율문1b의 소] 의하여 말한다: 비록 병력 조발의 문서가 있더라도 병력을 관장하는 자는 바로 지급해서는 안 되며, 역시 반드시 먼저 위에 보고하고 답을 기다린 다음에 지급하여야 한다. 이를 어긴 경우 지급한 사람 수에 따라 함부로 (병력을) 조발한 죄에서 1등을 감한다. 그러므로 주에 이르기를, "역시 먼저 위에 보고하지 않거나 답을 기

다리지 않은 경우"라고 한 것이다. 파견을 통고하였다면 바로 곧 처벌하며, 병력의 출행을 기다릴 필요는 없다.

[律文2a] 其寇賊卒來欲有攻襲, 卽城屯反叛若賊有內應, 急須兵者, 得便調發. 雖非所屬, 比部官司亦得調發給與, 竝卽言上. 各謂急須兵, 不容得先言上者.

  [律文2a의 疏] 議曰: 其有寇賊卒來入境, 欲有攻擊掩襲; 及國內城鎭及屯聚兵馬之處或反叛; 或外賊自相飜動, 內應國家: 如此等事, 急須兵者, 「得便調發」, 謂得隨便, 未言上待報卽許調發. 「雖非所屬」, 謂所在人兵不相管隷, 急須兵處, 雖比部官司亦得調發, 掌兵軍司亦得隨便給與, 各卽言上. 竝謂急須兵處, 不容先言上者.

[율문2a] 단 외적이 갑자기 내침하여 공습하려 하거나, 성·둔이 반란을 일으키거나, 적 가운데 내응하는 자가 있어 급히 병력이 필요한 때에는, 편의에 따라 (병력을) 조발할 수 있다. 비록 속하는 바가 아니더라도 이웃 관사에서 역시 조발하고 지급할 수 있으나, 모두 즉시 위에 보고해야 한다. 각각 급히 병력이 필요한데 먼저 위에 보고할 겨를이 없는 경우를 말한다.

  [율문2a의 소] 의하여 말한다: 단 외적이 갑자기 내침하여 경내로 들어와 공격·엄습하려 하거나, 국내의 성·진이나 병마를 주둔시킨 곳에서 반란이 일어나거나, 혹은 외적이 스스로 전복시키는 동란이 일어나 국가에 내응하려 하는 것, 이와 같은 사안이 급히 병력이 필요한 경우이며, "편의에 따라 조발할 수 있다."는 것은, 편의에 따라 위에 보고하거나 답을 기다릴 필요 없이 즉시 조발을 허용함을 말한다. "비록 속하는 바가 아니다."라는 것은, 소재지의 병력을 관할하지 않음을 말하며, 급히 병력이 필요한 곳에서는 (관할

관계가 없는) 이웃 관사라도 또한 조발할 수 있으며, 병력을 관장하는 군사 역시 편의에 따라 지급할 수 있으나, 각각 즉시 위에 보고해야 한다. 모두 급히 병력이 필요한데 먼저 위에 보고할 겨를이 없는 경우를 말한다.

[律文2b] 若不卽調發及不卽給與者, 準所須人數竝與擅發罪同. 其不卽言上者, 亦準所發人數減罪一等.
[律文3] 若有逃亡盜賊, 權差人夫, 足以追捕者, 不用此律.

[律文2b의 疏] 議曰: 應機赴敵, 急須兵馬, 若不卽調發, 及雖調發不卽給與者, 「準所須人數, 竝與擅發罪同」, 謂須十人以上, 不卽調發及不卽給與各徒一年, 百人各徒一年半, 每百人各加一等, 千人以上各得絞罪. 「其不卽言上者」, 謂軍務警急, 聽先調發給與, 竝卽言上, 以其不卽言上, 亦準所發人數減罪一等.

[律文3의 疏] 「若有逃亡盜賊」, 謂非兵寇, 直是逃亡, 或爲盜賊, 所在官府得權差人夫, 足以追捕, 不同擅發兵之例, 故云「不用此律」.

[율문2b] 만약 즉시 조발하지 않거나 즉시 지급하지 않은 자는 필요로 하는 사람 수에 준하여 모두 함부로 조발한 죄와 같이 (처벌한다). 단 즉시 위에 보고하지 않은 자는 역시 조발한 사람 수에 준하여 1등을 감한다.

[율문3] 만약 도망하는 도적이 있는데 임시로 인부를 차출해서 추적·체포할 수 있었던 경우에는 이 율을 적용하지 않는다.

[율문2b의 소] 의하여 말한다: 기회를 틈타 적을 공격하려고 병마가 급히 필요한데도 만약 즉시 조발하지 않거나 비록 조발하려 했는데 즉시 지급하지 않은 경우 "필요로 하는 사람 수에 준하여 모두 함부로 조발한 죄와 같이 (처벌한다)."는 것은, 10인 이상이 필요

한데 즉시 조발하지 않거나 즉시 지급하지 않았으면 각각 도1년에 처하고, 100인을 필요로 하였다면 각각 도1년반에 처하며, 100인 마다 각각 1등씩 더하고, 1000인 이상은 각각 교형에 처한다는 것이다. "단 즉시 위에 보고하지 않은 자"라 함은, 군무가 경급하다면 먼저 조발하는 것과 지급하는 것을 허락하되 모두 즉시 위에 보고하여야 하는데 즉시 위에 보고하지 않은 경우를 말하며, 역시 조발한 병력 수에 준하여 (함부로 조발한) 죄에서 1등을 감한다.

[율문3의 소] "만약 도망하는 도적이 있다."라는 것은, 무장한 적병이 아니라 바로 (백성이) 도망하여 혹 도적이 된 경우를 말하며, 소재지의 관부가 임시로 인부를 파견하여 추적·체포할 수 있는 경우에는 함부로 발병한 죄의 예와 다르기 때문에 "이 율을 적용하지 않는다."고 한 것이다.

제225조 천흥 2. 사가의 물품을 함부로 조발한 죄(擅調給雜物)

[律文1a] 諸應調發雜物供給軍事者, 皆先言上待報, 謂給軍用, 當從私出皆是. 違者徒一年,

[律文1b] 給與者減一等.

　[律文1a의 疏] 議曰: 謂隨軍所須, 戰具所用, 供給軍事, 雖非人兵, 皆先言上、待報, 始得調發. 注云「謂給軍用, 當從私出皆是」, 若應用官物, 自有常式; 此爲出私家, 故須先言上、待報, 違者徒一年.

　[律文1b의 疏] 若知不先言上、雖言上不待報卽給與者, 減一等合杖一百.

[율문1a] 무릇 잡물을 조발하여 군사에 공급해야 할 경우에는 모두 먼저 보고하고 답을 기다려야 한다. 군용에 공급하기 위해 민간에서 내어야 할 것은 모두 그러하다는 것을 말한다. (이를) 어긴 자는 도1년에 처하고,

[율문1b] 지급한 자는 1등을 감한다.

[율문1a의 소] 의하여 말한다: 군대에서 필요하고 전투 장비에 소용되어 군사에 공급하는 것은, 비록 사람과 병력이 아니더라도 모두 먼저 보고하고 답을 받은 다음에 비로소 조발할 수 있음을 말한다. 주에 이르기를 "군용에 공급하기 위해 민간에서 내어야 할 것은 모두 그러하다는 것을 말한다."고 한 것은, 만약 관물을 사용할 경우에는 당연히 통상규정이 있지만, 이는 민간에서 내는 것이므로 반드시 먼저 보고하고 답을 기다려야 하며 (이를) 어긴 자는 도1년에 처한다는 것이다.

[율문1b의 소] 만약 먼저 위에 보고하지 않거나 위에 보고는 하였지만 답을 기다리지 않은 것을 알고도 바로 공급한 자는 1등을 감하여 장100해야 한다.

[律文2a] 若事有警急, 得便調發給與竝卽言上, 若不調發及不給與者亦徒一年,

[律文2b] 不卽言上者各減一等.

[律文2a의 疏] 議曰: 事有警急, 寇賊卒來, 欲有攻襲等事, 得便調發給與, 竝卽言上. 爲事有警急, 彼此準程, 不得言上待報. 若不卽調發及不給與者, 竝徒一年;

[律文2b의 疏] 不卽言上, 各減一等, 俱合杖一百.

[율문2a] 만약 사태가 경급하면 편의에 따라 조발하고 지급할 수

있으나 모두 즉시 위에 보고해야 한다. 만약 (사태가 경급한데도) 조발하지 않거나 지급하지 않은 자도 역시 도1년에 처하고, [율문2b] 즉시 위에 보고하지 않은 자는 각각 1등을 감한다.

[율문2a의 소] 의하여 말한다: 사태가 경급하다는 것은 외적이 갑자기 내침하여 공습하려는 등의 일이며, 편의에 따라 조발하고 지급할 수 있으나 모두 즉시 위에 보고하여야 한다는 것은 사태가 경급하여 보고 받을 쪽과 보고하는 쪽 사이의 행정에 준하여 위에 보고하고 답을 기다릴 수 없다는 것이다. (이 경우) 만약 즉시 조발하지 않거나 지급하지 않은 자는 모두 도1년에 처하고,

[율문2b의 소] 즉시 위에 보고하지 않은 자는 각각 1등을 감하여 모두 장100해야 한다.

제226조 천흥 3. 부의 발급·사용·반송에 관한 영·식을 위반한 죄(應給發兵符不給)

[律文1a①] 諸應給發兵符而不給, 應下發兵符而不下, 若下符違式, 謂違令、式, 不得承用者.

[律文1a①의 疏]議曰: 依公式令:「下魚符, 畿內三左一右, 畿外五左一右. 左者在內, 右者付外. 行用之日, 從第一爲首, 後更有事須用, 以次發之, 周而復始.」 又條:「應給魚符及傳符, 皆長官執. 長官無, 次官執.」 此據元付在外之日, 是爲「應給發兵符」. 其符通授官、差使、雜追徵等, 以發兵事重, 故以發兵爲文. 應下發兵符而不下者, 謂差兵不下左符. 「若下符違式」, 謂不依次第, 不得承用者.

[율문1a①] **무릇 발병부를 발급하여야 하는데 발급하지 않거나, 발병부를 하달하여야 하는데 하달하지 않거나, (발병)부를 하달하는데 식을 위반하거나,** 영·식을 위반하여 받아서 사용할 수 없는 경우를 말한다.

[율문1a①의 소] 의하여 말한다: 공식령(습유581쪽)에 의거하면, "(동)어부를 하달하는 것은, 기내는 좌부를 세 개, 우부를 하나 두고, 기외는 좌부를 다섯 개, 우부는 하나를 둔다. 좌부는 중앙에 두고 우부는 외지에 발부한다. 사용해야 할 날에는 (좌부 가운데) 첫 번째 것부터 발급한다. 그 후에 다시 일이 발생하여 사용해야 할 때에는 그 다음 것을 발급하고 모두 사용하면 다시 처음으로 돌아간다."고 하였고, 또 그 조문(공식령, 습유585쪽)에 "발급하는 어부와 전부5)는 모두 장관이 관장하며, 장관이 없으면 차관이 관장한다."고 하였다. 이것은 처음 조정 밖에 교부하는 날을 근거로 하는 발병부 발급 (규정인) 것이다. 이 부는 통상 관직수여·사신파견·여러 추징 등에도 사용하지만, 병력을 조발하는 사안이 중요하기 때문에 발병(부)라는 이름으로 조문을 만든 것이다. 발병부를 하달하여야 하는데 하달하지 않았다는 것은 병력을 차견해야 하는데 발

---

5) "傳符는 郵驛에 지급하여 황제의 명령을 전달하는 것"이라 하였고 그 주에 "兩京 유수와 諸州의 행군소에는 모두 전부를 지급한다. 어부와 전부의 발급은 모두 장관이 담당하여야 한다."고 하였다. 전부는 '전신부', '동룡전부'라고도 하는데, 사자로 파견된 관인이 역마를 징발할 수 있는 신표이다. 전부는 태자감국, 兩京 및 北都 留守, 諸州, 행군소에 모두 지급되었는데, 지급대상에 따라 쌍룡부(태자감국), 麟符(兩京 및 北都 留守) 및 靑龍符(東方諸州), 騶虞符 혹은 白虎符(西方諸州), 朱雀符(南方諸州), 玄武符(北方諸州)가 있었다. 인부는 좌부와 우부 모두 조정에 두고, 황제가 순행할 때 좌부를 가지고 유수하는 자에게 우부를 지급하였다. 반면 사방 諸州에 지급되는 四方符는 좌부는 조정에 보관하고 우부는 해당 주의 자사에게 교부해서 파견되는 사인에게 좌부를 지급하여 역마를 이용하게 하고, 목적지에 도착하면 주 자사가 가지고 있는 우부와 맞춰보도록 하였다(『당육전』권8, 253~254쪽 및 「역주당육전」중, 78~80쪽).

병부의 좌부를 하달하지 않은 것을 말하고, "(발병)부를 하달하는데 식을 어겼다."는 것은, 순서에 따르지 않아 받아서 사용할 수 없다는 것이다.

[律文1a②] **及不以符合從事, 或符不合不速以聞, 各徒二年;**
[律文1b] **其違限不卽還符者, 徒一年.**
[律文2] **餘符, 各減二等.** 凡言餘符者, 契亦同. 卽契應發兵者, 同發兵符法.

[律文1a②의 疏] 議曰: 不以符合從事者, 謂執兵之司得用左符皆用右符勘合, 始從發兵之事. 若不合符卽從事, 或勘左符與右符不合不速奏者, 各徒二年.

[律文1b의 疏] 「違限不卽還符」, 謂執符之司勘符訖, 依公式令: 「封符付使人. 若使人更往別處未卽還者, 附餘使傳送. 若州內有使次, 諸府總附. 五日內無使次, 差傳使送之.」 若違此令限, 不卽還符者, 得徒一年.

[律文2의 疏] 「餘符各減二等」, 餘符者, 謂禁苑及交, 巡魚符之類, 若符至不合卽從其事, 或勘符不合不速奏聞徒一年, 不卽還符杖九十: 是名「餘符各減二等」. 注云「凡言餘符者, 契亦同. 卽契應發兵者, 同發兵符法」, 依令: 「車駕巡幸, 皇太子監國, 有兵馬受處分者爲木契. 若王公以下在京留守, 及諸州有兵馬受處分, 竝行軍所及領兵五百人以上, 馬五百匹以上征討, 亦給木契.」 旣用木契發兵, 卽同發兵符法. 監門式: 「皇城內諸街鋪各給木契, 京城諸街鋪各給木魚.」 金部、司農準式亦竝給木契. 但是在式諸契, 竝同「餘符」.

[율문1a②] 부를 합해보지 않고 일을 처리하거나, 부가 합치하지 않은데도 신속히 보고하지 않았다면 각각 도2년에 처하고,
[율문1b] 기한을 어기고 즉시 부를 반송하지 않은 자는 도1년에 처한다.
[율문2] 그 밖의 부는 각각 2등을 감한다. 무릇 그 밖의 부라고 말한 경우는 계도 또한 같다. 즉 계가 병력을 조발하는 것일 경우에는

발병부에 관한 법과 같다.

[율문1a②의 소] 의하여 말한다: 부를 합해보지 않고 일을 처리하였다는 것은, 병력을 관장하는 관사는 좌부를 받으면 항상 우부와 함께 맞추어 보고 비로소 병력 조발의 일을 처리한다는 것을 말한다. 만약 부를 합해보지 않고 일을 처리하거나 또는 좌부와 우부를 맞추어 보아 서로 합치되지 않은데 신속히 상주하지 않은 자는 각각 도2년에 처한다.

[율문1b의 소] "기한을 어기고 즉시 부를 반송하지 않았다."는 것은, 부를 담당하는 관사가 부를 맞추어 본 뒤에는 공식령(습유584쪽)에 의거하여, "부를 봉하여 사인에게 준다. 만약 사인이 또 다른 곳으로 가기 때문에 즉시 귀환하지 않는 경우에는 다른 사인에게 맡겨 전송한다. 만약 주 내에 (경사로) 갈 사인이 있다면 여러 부가 모두 맡긴다. 5일 내에 갈 사인이 없다면 전사를 차견하여 보내야 한다."는 것이다. 만약 이 영에 정한 기한을 어기고 즉시 부를 환송하지 않았다면 도1년을 받는다.

[율문2의 소] "그 밖의 부는 각각 2등을 감한다."에서 그 밖의 부라는 것은 금원의 문부나 교어부·순어부 따위를 말하며, 만약 부가 도착했는데 합해보지 않고 일을 처리하거나, 혹은 부를 맞추어 보아 맞지 않은데도 신속히 상주하지 않았다면 도1년에 처하고, 즉시 부를 반송하지 않았다면 장90에 처한다는 것을 말한다. 이것이 (정)명하여 "그 밖의 부는 각각 2등을 감한다."는 것이다. 주에 이르기를 "무릇 그 밖의 부라고 말한 경우는 계도 또한 같다. 즉 계가 병력을 조발하는 것일 경우에는 발병부에 관한 법과 같다."는 것은, 영(공식령, 습유587쪽)에 의거하면, "황제가 순행하고 황태자가 감국하여 병마에 대하여 (황제의) 처분을 받아야 할 경우에는 목계로 한다. 만약 왕공 이하가 경사에서 유수할 때 및 모든 주에서

병마에 대하여 (황제의) 처분을 받아야 할 경우와 아울러 행군소와 병력 500인 이상 군마 500필 이상을 이끌고 정토하는 경우도 목계를 지급한다.”고 하였으므로, 원래 목계로 병력을 조발할 경우에는 발병부의 규정과 같이 한다는 것이다. 감문식에는 “황성 내 모든 도로의 초소에 각각 목계를 지급하며 경성의 모든 도로의 초소에는 각각 목어를 지급한다.”고 (규정되어 있다). 금부사·사농시는 식에 준하여 역시 모두 목계를 지급한다. 다만 식에 규정한 모든 계는 모두 “그 밖의 부”와 같다.

제227조 천흥 4. 위사·정인의 간점을 불공평하게 한 죄(揀點衛士征人不平)

[律文1] 諸揀點衛士征人亦同. 取捨不平者, 一人杖七十, 三人加一等, 罪止徒三年. 不平, 謂捨富取貧, 捨强取弱, 捨多丁而取少丁之類.

　[律文1의 疏] 議曰: 揀點衛士, 注云「征人亦同」. 征人, 謂非衛士, 臨時募行者. 若取捨不平者, 一人杖七十, 三人加一等, 罪止徒三年. 揀點之法, 財均者取强, 力均者取富, 財力又均先取多丁, 故注云「不平, 謂捨富取貧, 捨强取弱, 捨多丁而取少丁」. 「之類」者, 謂老少·能否, 臨時比校不平者, 皆是.

[율문1] 무릇 위사를 간점하는데 정인도 역시 같다. 취하고 놓아두는 것을 공평하게 하지 않은 자는, 1인이면 장70에 처하고 3인마다 1등씩 더하되 죄는 도3년에 그친다. 공평하지 않다는 것은 부자는 놓아두고 가난한 자를 취하거나, (신체가) 강한 자를 놓아두고 약한 자를 취하거나, 정이 많은 (호를) 놓아두고 정이 적은 (호를) 취

하는 것 따위를 말한다.

　[율문1의 소] 의하여 말한다: "위사6)를 간점하는데"의 주에서 "정인도 역시 같다."고 했다. 정인은 위사가 아니라, 때를 당하여 징모되어 출정하는 자를 말한다. 만약 취하고 놓아두는 것을 공평하게 하지 않은 경우, 1인이면 장70에 처하고 3인마다 1등씩 더하되 죄는 도3년에 그친다. 간점하는 법은, 재산이 같으면 강건한 자를 취하고, 체력이 같으면 부유한 자를 취하며, 재산과 체력이 모두 같으면 정이 많은 호에서 취하는 것이므로, 주에 이르기를 "공평하지 않다는 것은 부자는 놓아두고 가난한 자를 취하거나, (신체가) 강한 자를 놓아두고 약한 자를 취하거나, 정이 많은 (호를) 놓아두고 정이 적은 (호를) 취하는 것이다."라고 한 것이다. "따위"라는 것은 나이의 많고 적음이나 능력이 있고 없음을 말하며, 때를 당하여 비교하여 변별하는 것을 공평하지 않게 한 경우는 모두 그렇다는 것이다.

[律文2a] 若軍名先定而差遣不平減二等,

[律文2b] 卽應差主帥而差衛士者加一等.

[律文3] 其有欠剩者, 各加一等.

　[律文2a의 疏] 議曰:「軍名先定」, 謂衛士之徒, 臨時差遣不平者, 減罪二等: 一人笞五十, 三人加一等, 罪止徒二年.

　[律文2b의 疏] 卽應差隊副以上而差衛士者「加一等」, 謂一人杖六十, 三人加一等, 罪止徒二年半. 此直爲主帥、衛士不同, 故加一等, 罪止徒二年半.

---

6) 衛士는 경사에 번상하고 있는 부병을 말하며, 征人은 부병이나 임시 모병 등 출정자 전체를 의미한다. 부병의 가장 중요한 임무는 번상숙위이고 위사라는 말은 부병의 뜻으로 사용되었으며, 또 모병은 전시에 병력을 보충하기 위하여 모집되어 출정하는 것이다. 따라서 여기서 征人이라는 말은 모집된 征人을 가리키는 말로 사용된 것이다.

[律文3의 疏] 其揀點衛士及征人有欠剩, 亦各加本罪一等, 主帥欠剩亦同. 其
不平之與欠剩, 旣罪名不等, 卽準「併滿」之法科之.

[율문2a] 만약 군인의 명적이 이미 정해져 있는데 차견이 공평하지 않은 때에는 2등을 감한다.
[율문2b] 만약 마땅히 (대부 이상의) 주수를 차견해야 하는데 위사를 차견한 때에는 1등을 더한다.
[율문3] 모자라거나 남음이 있을 때에는 각각 1등을 더한다.

[율문2a의 소] 의하여 말한다: "군인의 명적이 이미 정해져 있다."는 것은 위사의 무리를 말하며, 때를 당하여 차견을 공평하지 않게 했다면 죄를 2등 감하여 1인이면 태50에 처하며 3인마다 1등씩 더하되 죄는 도2년에 그친다.

[율문2b의 소] 만약 마땅히 대부 이상을 차견해야 하는데 위사를 차견하였다면 죄를 1등 더하라는 것은, 1인이면 장60에 처하고 3인마다 1등씩 더하되 죄는 도2년반에서 그친다는 것이다. 이는 바로 주수[7]는 위사와 다르므로 1등 더하되 죄는 도2년반에 그친다는 것이다.

[율문3의 소] 위사 및 정인을 간점하는데 모자라거나 남음이 있으면 또한 각각 본죄에 1등을 더하며, 주수가 모자라거나 남음이 있어도 역시 같다. 단 공평하게 하지 않게 한 것과 모자라거나 남음이 있는 것은 본래 죄명이 같지 않으므로 "병만"의 법(명45.2b)에 준하여 처벌한다.[8]

---

7) 여기의 主帥는 소에서 '대부 이상'이라 한 것에 대응하므로 '대부 이상'을 의미한다. 대정은 병사 50인을 거느리는 장교로 관품은 정9품하이고 그 부관을 대부라 한다(『통전』권29, 810쪽).
8) 위사·정인 또는 주수를 선발할 때 인원수가 부족하거나 초과할 경우 '揀點有缺剩'의 죄명이 성립한다. 이 경우에는 윗 조문의 각 죄에서 1등을 더하여 처벌하

제228조 천흥 5. 정인이 이름을 속이고 서로 대신한 죄(征人冒名相代)

[律文1a] 諸征人冒名相代者徒二年,
[律文1b] 同居親屬代者減二等.
　[律文1a의 疏] 議曰: 介冑之士, 有進無退, 征名旣定, 不可假名. 賞罰須有所歸, 何宜輒相冒代. 如有違者, 首徒二年, 從減一等.
　[律文1b의 疏] 「同居親屬代者, 減二等」, 稱同居親屬者, 謂同居共財者. 若征處得勳, 彼此俱不合敍.

[율문1a] 무릇 정인이 이름을 속이고 서로 대신한 경우 도2년에 처하되,
[율문1b] 동거하는 친속이 대신한 경우에는 2등을 감한다.
　[율문1a의 소] 의하여 말한다: 갑옷입고 투구 쓴 전사는 전진만이 있을 뿐 후퇴는 없으니 출정 명단이 이미 정해졌다면 남의 이름을 빌어서는 안 된다. 상벌이 반드시 돌아갈 곳이 있는데, 어찌 함부로 이름을 속여 대신할 수 있겠는가? 만약 어긴 자가 있으면 수범은 도2년에 처하고 종범은 1등을 감한다.
　[율문1b의 소] "동거하는 친속이 대신한 경우에는 2등을 감한다."에서 동거하는 친속이란 거주를 같이하며 재산을 공유하는 자를 말한다(명46.1a의 소). 만약 (이름을 속여 대신한 자가) 출정한 전장에서 공훈을 세웠다면 양자 모두 서훈해서는 안 된다.

며 불평과 多寡의 죄명이 같지 않기 때문에 병만법(명45.2b)에 따라 벌한다.

[律文2a] 若部內有冒名相代者, 里正笞五十, 一人加一等;

[律文2b] 縣內, 一人典笞三十, 二人加一等;

[律文2c] 州隨所管縣多少, 通計爲罪.

[律文2d] 各罪止徒二年. 佐職以上, 節級爲坐.

[律文2e] 主司知情, 與冒名者同罪.

[律文2a의 疏] 議曰: 部內有冒名者, 謂里正所部之內, 有征人冒名相代, 里正不覺, 一人里正笞五十, 一人加一等, 九人徒二年.

[律文2b의 疏] 若縣內一人, 典笞三十, 二人加一等, 十五人杖一百, 二十一人徒二年. 注云「佐職以上, 節級爲坐」, 即尉爲第二從, 丞爲第三從, 令及主簿, 錄事爲第四從.

[律文2c의 疏] 「州隨所管縣多少, 通計爲罪」, 謂管二縣者, 二人冒名, 州典笞三十, 四人加一等; 管三縣者, 三人冒名, 州典笞三十, 六人加一等之類. 判司以上, 節級皆如縣罪. 計加通計亦準此.

[律文2d의 疏] 「各罪止徒二年」, 謂里正及縣典, 州典, 各罪止徒二年. 故注云「佐職以上, 節級爲坐」.

[律文2e의 疏] 知情者, 謂里正及州縣遣兵之官若主典, 知冒代情, 竝與冒名者同罪.

[율문2a] 만약 관할 지역 내에 이름을 속이고 대신한 자가 있다면, 이정은 태50에 처하고, 1인마다 1등씩 더하며,

[율문2b] 현 내에 1인이 있으면 (현의 주)전은 태30에 처하고 2인마다 1등씩 더한다.

[율문2c] 주는 관할하는 현 수의 다소에 연동해서 계산하여 죄준다.

[율문2d] 각각 죄는 도2년에 그친다. 좌직 이상은 등급에 따라 처벌한다.

[율문2e] **주사가 사정을 알았다면 이름을 속인 자와 죄가 같다.**

[율문2a의 소] 의하여 말한다: 관할 구역 내에 이름을 속인 자가 있다는 것은, 이정의 관할 구역 내에 정인이 이름을 속여 서로 대신한 경우가 있음을 말하며, 이정이 적발하지 못한 경우 1인이면 이정은 태50에 처하고, 1인마다 1등씩 더하며 9인이면 도2년에 처한다.

[율문2b의 소] 만약 현 내에 1인이 있다면 주전은 태30에 처하고, 2인마다 1등씩 더하여 15인이면 장100에 처하고, 21인이면 도2년에 처한다. 주에 이르기를 "좌직 이상은 등급에 따라 처벌한다."고 한 것은, 곧 현위는 제2종범으로, 현승은 제3종범으로, 현령과 주부·녹사는 제4종범으로 (처벌)한다는 것이다.

[율문2c의 소] "주는 관할하는 현 수의 다소에 연동해서 계산하여 죄 준다."는 것은, 2현을 관할하는 주에서 2인이 이름을 속였으면 (주의) 주전은 태30에 처하고 4인마다 1등씩 더하며, 3현을 관할하는 주에서 3인이 이름을 속였으면 (주의) 주전은 태30에 처하고 6인마다 1등씩 더하는 것 따위를 말한다. 판사 이상은 등급에 따르는 것이 모두 현의 죄와 같게 하고, 누계하여 죄를 더하고 계산하는 것도 이에 준한다.

[율문2d의 소] "각각 죄는 도2년에 그친다."는 것은, 이정과 현의 주전과 주의 주전은 각각 죄가 도2년에 그친다는 것이다. 그러므로 주에 "좌직 이상은 등급에 따라 처벌한다."고 한 것이다.

[율문2e의 소] 정을 알았다는 것은 이정 및 주·현의 파병담당관 또는 주전이 이름을 속여 대신한 정을 알았다는 것을 말하며, 모두 이름을 속인 자와 죄가 같다.

[律文3a] **其在軍冒名者, 隊正同里正**; 凡言隊正, 隊副同.

[律文3a의 疏]議曰:「其在軍冒名者」, 謂衛士以上得罪一同征人; 隊正、副得

罪準里正, 亦一人笞五十, 一人加一等, 罪止徒二年. 「凡言隊正, 隊副同」,
稱「凡言」者, 凡稱隊正之處, 隊副卽同.

[율문3a] 단 군대에서 이름을 속인 경우 대정의 (죄는) 이정과 같
다. 무릇 대정이라고 말한 경우 대부도 같다.

[율문3a의 소] 의하여 말한다: "단 군대에서 이름을 속인 경우"라고
함은, 위사 이상이 이 죄를 얻으면 모두 정인과 같고, 대정·대부
가 (이) 죄를 범하면 이정에 준하여 또한 1인이면 태50에 처하고
1인마다 1등씩 더하며, 죄는 도2년에 그친다는 것을 말한다. "무
릇 대정이라고 말한 경우 대부도 같다."에서 "무릇 (대정이라고)
말했다."는 것은, 무릇 대정이라고 칭한 곳에서는 대부도 같다는
것이다.

[律文3b] 旅帥、校尉, 減隊正一等;

[律文3c] 果毅、折衝, 隨所管校尉多少, 通計爲罪. 其主典以上, 竝同州縣之法.

[律文3b의 疏] 議曰: 依軍防令: 「每一旅帥管二隊正, 每一校尉管二旅帥.」 既
非親監當者, 同減隊正一等, 謂一人冒名笞四十, 一人加一等, 罪止徒一年牛.

[律文3c의 疏] 「果毅、折衝, 隨所管校尉多少, 通計爲罪」, 每府管五校尉之
處, 亦有管四校尉、三校尉者, 謂管三校尉者, 三人冒名; 管四校尉者, 四人冒
名; 管五校尉者, 五人冒名: 各得笞四十. 不滿此數, 不坐. 通計之法, 竝準上
文「州管縣」之義. 注云「其主典以上, 竝同州縣之法」, 謂罪亦從下始, 府典同
州典, 兵曹爲第二從, 長史、果毅爲第三從, 折衝爲第四從, 錄事同下從. 依律,
無四等官者止準見府官爲坐.

[율문3b] 여수·교위는 대정(의 죄)에서 1등을 감하고,

[율문3c] 과의·절충은 관할하는 교위의 다소에 연동해서 계산하

여 죄준다. 단 주전 이상은 모두 주·현에 대한 규정과 같다.

　[율문3b의 소] 의하여 말한다: 군방령(습유385쪽)에 의거하면, "여수 하나마다 대정 둘을 관할하고, 교위 하나마다 여수 둘을 관할한다." (이들은) 원래 친히 감독·담당하지 않는 자이므로 다같이 대정(의 죄)에서 1등을 감하니, 1인이 이름을 속였다면 태40에 처하고 1인마다 1등씩 더하되 죄는 도1년반에 그친다는 것을 말한다.

　[율문3c의 소] "과의·절충은 관할하는 교위의 다소에 연동해서 계산해서 죄준다."는 것은, 절충부마다 교위 다섯을 관할하는 곳이 (있는가 하면) 넷·셋을 관할하는 곳도 있으므로, 교위 셋을 관할하는 곳은 이름을 속인 자 3인, 넷을 관할하는 곳은 4인, 다섯을 관할하는 곳은 5인이면 각각 태40에 처한다는 것이다. 이 수에 차지 않으면 처벌하지 않는다. 계산하는 방법은 모두 앞 조항의 "주가 관할하는 현의 (다소)"의 뜻(호3.1b)에 준한다. 주에 이르기를 "단 주전 이상은 모두 주·현에 대한 규정과 같다."는 것은, 죄는 역시 아래부터 시작하므로 (절충부의) 주전은 (주의) 주전과 같고, 병조는 제2종범이 되며, 장사·과의는 제3종범이 되고, 절충은 제4종범이 되며, 녹사는 최하종범과 같다는 것이다. 율(명40.1b)에 따라 4등관이 없는 경우는 단지 현재 절충부의 관직에 준하여 처벌한다.

제229조 천흥 6. 대집교열의 기한을 어긴 죄(校閱違期)

[律文1] 諸大集校閱而違期不到者, 杖一百, 三日加一等;

[律文2] 主帥犯者, 加二等.

[律文3] 卽差發從行而違期者, 各減一等.

[律文1의 疏] 議曰:『春秋』之義, 春蒐、夏苗、秋獮、冬狩, 皆因農隙以講大事, 卽今「校閱」是也. 又, 車駕親行, 是名「大集校閱」. 而有「違期不到者」, 謂於集時不到卽杖一百, 每更三日加一等.

[律文2의 疏] 「主帥犯者, 加二等」, 謂隊副以上、將軍以下集時不到者.

[律文3의 疏] 「卽差發從行而違限者, 各減一等」, 謂正身當時不到杖九十, 每三日加一等, 主帥以上同上解. 其折衝府校閱在式有文, 不到者各準「違式」之罪. 若所司不告者, 罪在所司.

[율문1] 무릇 대집교열하는데 기한을 어기고 도착하지 않은 자는 장100에 처하고, 3일마다 1등씩 더한다.

[율문2] 주수가 범한 때에는 2등씩 더한다.

[율문3] 만약 차견되어 (황제의 행차에) 종행하는데 (도착) 기한을 어긴 자는 각각 1등씩 감한다.

[율문1의 소] 의하여 말한다:『춘추좌전』정의에, 봄의 사냥은 수이고, 여름의 사냥은 묘이며, 가을의 사냥은 선이고, 겨울의 사냥은 수인데, 모두 농사가 한가한 틈을 타서 군사를 연습하는 것이라고9) 하였으니, 곧 지금의 "교열"이다. 또 황제께서 몸소 가시는 것을 (정)명하여 "대집교열"이라 한다. 그런데 "기한을 어기고 도착하지 않은 자"라 함은 집합 기일에 도착하지 않은 자를 말하며 바로 장100에 처하고, 또 3일이 지날 때마다 1등씩 더한다.

[율문2의 소] "주수가 범한 때에는 2등씩 더한다."는 것은, 대부 이상 장군 이하가 집합 기일에 도착하지 않은 경우를 말한다.

9) 봄에는 새끼를 배지 않은 짐승만을 골라잡는 사냥蒐을 하고, 여름에는 곡물의 싹을 해치는 것들을 사냥苗을 하며, 가을철에는 군사훈련을 겸해서 짐승을 죽이는 사냥獮을 하고, 겨울철에는 짐승을 에워싸고 마구 잡는 사냥狩을 하는데, 시절별 각 사냥은 모두 농사일이 바쁘지 않은 틈을 타서 군사훈련을 하는 것이라고 하였다(『춘추좌전정의』권3, 106~107쪽).

[율문3의 소] "만약 차견되어 (황제의 행차에) 종행하는데 (도착) 기한을 어긴 자는 각각 1등씩 감한다."는 것은, 본인이 당시에 도착하지 않았다면 장90에 처하고 3일마다 1등씩 더한다는 것이며, 주수 이상은 위의 해석과 같다.[10] 단 절충부의 교열은 식에 조문이 있으니, 도착하지 않은 자는 각각 "위식"죄(잡61.2)에 준하여 처벌한다.[11] 만약 담당 관사가 (기한을) 고지하지 않은 경우에 죄는 그 담당 관사에게 있다.

제230조 천흥 7. 핍군흥의 죄(乏軍興)

[律文1] 諸乏軍興者斬, 故、失等. 謂臨軍征討, 有所調發而稽廢者.

　　[律文1의 疏] 議曰: 興軍征討, 國之大事. 調發征行, 有所稽廢者, 名「乏軍興」. 犯者合斬, 故、失罪等: 爲其事大, 雖失不減. 注云「謂臨軍征討, 有所調發」, 兵馬及應須供軍器械或所須戰具, 各依期會, 克日俱充. 有所闕者, 卽是「稽廢」, 故云「有所調發而稽廢者」. 若充使命告報軍期, 而違限廢事者, 亦是

---

10) 소에서 "주수 이상은 위의 해석과 같다."고 한 것은 위 조항(227, 천4.2b의 소)에서 隊副 이상을 주수라고 해석한 것을 의미한다.

11) 절충부는 병력 공급 또는 지방치안을 위해 설치한 군부이다. 관할 구역 내의 민을 선발해서 훈련하여 병사를 양성하고, 부병을 통솔하여 지방경비를 담당하는 한편 경사의 숙위를 위한 衛士나 국경 방위를 위한 진·수의 방인으로 파견했다. 절충부는 각각 중앙의 諸衛府·諸率府에 통속되며, 부·주는 징병·소집·파견·동원 업무를 감시하지만 통속관계는 없다. 장관인 절충도위 휘하에 果毅都尉·別將·旅帥·隊正·副隊正 등 통속관과 長史 이하 군정관이 있다. 府兵은 매년 12월 농한기에 소속 절충부에 집합하여 전투 훈련을 받게 되어 있는데 이것이 바로 교열이다. 절충부 교열에 대한 식의 규정은 현재 남아있지 않으나 이는 당연히 병부식일 것이다. 또한 식에 규정이 있으므로 違期不到의 罪는 이 조항에 의하지 않고 위식죄로 태40에 처한다(449, 잡61.2).

「乏軍興」. 故,失罪等.

[율문1] 무릇 핍군흥한 자는 참형에 처하는데, 고의든 과실이든 같다. 군대의 정토에 임하여 조발하는 것이 있는데 지체하거나 갖추지 못한 것을 말한다.

[율문1의 소] 의하여 말한다: 군대를 일으켜 정토하는 것은 국가의 대사이다. 정행에 임하여 조발하는 것이 있는데 지체하거나 갖추지 못한 것을 (정)명하여 "핍군흥"이라 한다. (이를) 범한 자는 참형에 처해야 하는데, 고의든 과실이든 죄는 같다. 그 사안이 중대하므로 과실이라도 죄를 감하지 않는 것이다. 주에 "군대의 정토에 임하여 조발하는 것이 있다."는 것은, 병마 및 군대에 공급해야 할 기계, 혹은 갖추어야 할 전투 기구는 각각 집합 기일에 의거하여 정해진 날짜에 모두 완비되어야 한다는 것이다. 빠진 것이 있다면 바로 이것이 "지체하거나 갖추지 못한 것"이며, 그러므로 "조발하는 것이 있는데 지체하거나 갖추지 못한 것"이라고 한 것이다. 만약 사인으로 임명되어 명령을 받들고 군사의 기일을 전달하는데 기한을 어겨서 일을 그르쳤다면 이것 역시 "핍군흥"이며, 고의든 과실이든 죄는 같다.

[律文2] 不憂軍事者, 杖一百. 謂臨軍征討, 闕乏細小之物.

[律文2의 疏] 議曰: 謂隨身七事及火幕,行具細小之物, 臨軍征討, 有所闕乏, 一事不充, 卽杖一百. 注云「謂臨軍征討」, 亦據臨戰, 不及別求. 若未從軍, 尙容求覓, 卽從「違式」法.

[율문2] 군장을 갖추지 않은 자는 장100에 처한다. 군대의 정토에 임하여 세소한 물품이 결핍된 것을 말한다.

[율문2의 소] 의하여 말한다: 몸에 지녀야할 물품 일곱 가지12)와 화막13)·행군 용구 등 군대의 정토에 임하여 세소한 물품에 빠지거나 부족한 바가 있는 경우, (그 중) 하나라도 갖추어지지 않았다면 장100에 처한다는 것을 말한다. 주에 "군대의 정토에 임하여"라는 것은 또한 전투에 임하여서는 따로 구할 수 없는 것에 의거한다. 만약 종군하기 이전이라면 그래도 찾아 구하는 것은 허용하되, 바로 "위식"의 (처벌)법(잡61.2)에 따른다.

제231조 천흥 8. 정인이 지체한 죄(征人稽留)

[律文1] 諸征人稽留者, 一日杖一百, 二日加一等, 二十日絞.

[律文2] 卽臨軍征討而稽期者流三千里, 三日斬.

[律文1의 疏] 議曰: 謂名已從軍, 兵馬竝發, 不卽進路而致稽留者, 一日杖一百, 二日加一等, 二十日絞, 謂從軍人上道日計滿二十日.

[律文2의 疏] 卽臨軍征討者, 謂鉦鼓相聞, 指期交戰而稽期者流三千里, 經三日者斬.

[율문1] 무릇 정인이 지체한 경우, 1일이면 장100에 처하고, 2일마다 1등씩 더하되 20일이면 교형에 처한다.

---

12) 七事는 병사 개인이 소지해야 할 장구인 화살통[胡祿]·칼[橫刀]·숫돌[礪石]·송곳[大觸]·털모자[氈帽]·털옷[氈裝]·각반[行縢]을 말한다(『신당서』권50, 1325쪽). 무관 5품 이상은 허리띠에 패검(佩刀)·창칼[刀子]·숫돌[礪石]·침(契苾眞)·자르개(噦厥)·침통(針筒)·불쏘시개(火石袋)를 차야 한다(『구당서』권45, 1953쪽).

13) 火는 10인으로 구성된 군대의 최소 편제단위이며, 火幕은 1火가 공동으로 사용하는 烏布幕을 가리키는 것으로 보인다(『신당서』권50, 1325쪽).

[율문2] 만약 군대가 정토에 임하는데 기일을 지체하였다면 유 3000리에 처하고, 3일을 (지체하였다면) 참형에 처한다.

[율문1의 소] 의하여 말한다: 명단이 확정되어 종군해야 하는 (자가) 군대가 모두 출발했는데도 즉시 길을 떠나지 않고 지체하며 머무른 때에는, 1일이면 장100에 처하고, 2일마다 1등씩 더한다는 것을 말한다. 20일이면 교형에 처한다는 것은 군대가 출발한 날부터 계산하여 만 20일이 된 것을 말한다.

[율문2의 소] 만약 군대가 정토에 임하였다는 것은 (적군과 아군의) 징소리·북소리[14]가 서로 들리고 기일을 정해 교전하려는 것을 말하며, 기일을 지체한 자는 유3000리에 처하고, 3일이 지나면 참형에 처한다.

[律文3] **若用捨從權, 不拘此律.** 或應期赴難, 違期卽斬; 或捨罪求功, 雖怠不戮: 如此之類, 各隨臨時處斷, 故不拘常律.

[律文3의 疏] 議曰: 推轂寄重, 義資英略, 閫外之事, 見可卽爲. 軍中號令, 理貴機速, 用捨從權, 務在成濟. 故注云「或應期赴難, 違期卽斬; 捨罪求功, 雖怠不戮」者, 謂或違於軍令, 別求異功; 或雖卽愆期, 擬收後效; 或戮或捨, 隨事處斷. 如此之類, 不拘此律.

[율문3] 혹은 죄주고 용서하고는 정황에 따르며, 이 율에 얽매이지 않는다. 혹은 기한에 맞추어 위급한 곳에 달려와야 하는데 기한을 어겼다면 바로 참형에 처할 수도 있고, 혹은 죄를 용서하여 군공을 세우기를 바란다면 비록 태만했더라도 죽이지 않아도 된다. 이와 같은 따위는 각각 때에 따라 처단하는 것이므로 통상적인 율에 얽매이지 않는다.

---

14) 징을 쳐 군대를 정지하고 북을 쳐 군대를 진격시킨다(『모시정의』권9, 754쪽).

[율문3의 소] 의하여 말한다: (황제께서 장수의) 전차 바퀴를 밀어주며 중임을 맡긴(『한서』 권50, 2314쪽) 뜻은 그의 뛰어난 지략을 빌자는 것이므로 외방의 일은 (장수 스스로) 옳다고 생각하면 그렇게 할 수 있는 것이다. 군중의 호령은 마땅히 기민하고 신속한 것이 우선이므로, 죄주고 용서하고는 정황에 따라 해서 승리하는데 힘써야 한다. 그러므로 주에 이르기를 "혹은 기한에 맞추어 위급한 곳에 달려와야 하는데 기한을 어겼다면 바로 참형에 처할 수도 있고, 혹은 죄를 용서하여 군공을 세우기를 바란다면 비록 태만했더라도 죽이지 않아도 된다."라고 한 것이다. (이는) 혹 군령을 어겼더라도 이후에 특별한 군공을 세우기를 바라거나, 혹 비록 기한을 어겼으나 훗날 공을 세울 수 있을 듯하면 죽일 수도 있고 용서할 수도 있으니, 사정에 따라 처단한다는 것을 말한다. 이와 같은 것 따위는 이 율에 얽매이지 않는다.

제232조 천흥 9. 간첩죄(征討告賊消息)

[律文1a] 諸密有征討而告賊消息者斬,
[律文1b] 妻、子流二千里.
[律文2] 其非征討而作間諜, 若化外人來爲間諜, 或傳書信與化內人竝受, 及知情容止者, 竝絞.

　[律文1a의 疏] 議曰: 或伺賊間隙, 密期征討, 乃有姦人告賊消息者, 斬;
　[律文1b의 疏] 妻、子流二千里.
　[律文2의 疏] 其非征討而作間諜者, 間謂往來, 諜謂覘候, 傳通國家消息以報賊徒; 化外人來爲間諜者, 謂聲敎之外, 四夷之人, 私入國內, 往來覘候者; 或

傳書信與化內人, 竝受化外書信, 知情容止停藏者: 竝絞.

[율문1a] 무릇 은밀히 정토하려 하는데 적에게 소식을 알린 자는 참형에 처하고,

[율문1b] 처·자는 유2000리에 처한다.

[율문2] 단, 정토(에 대한 것)은 아니지만 간첩 (행위)를 하였다면, 또는 외국인이 (중국에) 와서 간첩 행위를 하거나, 혹 서신을 전하여 내국인에게 주거나, 아울러 (외국의 서신을) 받거나, (간첩이라는) 정을 알고도 머무르는 것을 용인한 자는 모두 교형에 처한다.

[율문1a의 소] 의하여 말한다: 혹 적의 틈을 염탐하여 은밀히 정토를 기약하는데, 간첩이 있어 적에게 소식을 알린 때에는 참형에 처하고,

[율문1b의 소] 처·자는 유2000리에 처한다.

[율문2의 소] 단, 정토(에 대한 것)은 아니지만 간첩 (행위)를 하였다는 것은 -간은 오고감을 말하고, 첩은 정찰함을 말한다.- 국가의 소식을 전해서 적도에게 알리는 것이다. 외국인이 (중국에) 와서 간첩행위를 하였다는 것은, 황제의 교화가 미치지 않는 곳의 외국인이 몰래 중국에 들어와 오고가며 정찰하거나, 혹 서신을 전하여 내국인에게 주거나, 아울러 (내국인이) 외국의 서신을 받거나 (외국인이 간첩이라는) 정을 알고도 머무르는 것을 용인하거나 숨겨준 때에는 모두 교형에 처한다는 것을 말한다.

제233조 천흥 10. 성을 지키지 못한 죄(主將守城棄去)

[律文1] 諸主將守城, 爲賊所攻不固守而棄去, 及守備不設爲賊所掩覆者斬.

[律文2a] 若連接寇賊, 被遣斥候, 不覺賊來者徒三年,

[律文2b] 以故致有覆敗者亦斬.

[律文1의 疏] 議曰: 主將者, 謂主領人兵, 親爲主將者. 或鎭將·戍主, 或留守邊城, 州縣城主之類. 守城爲賊所攻擊, 不能固守, 棄城而去;「及守備不設」, 謂預備有闕, 巡警不嚴, 被賊所掩襲覆敗者: 斬.

[律文2a의 疏]「若連接寇賊」, 謂軍壘連接, 旗旟相望.「被遣斥候」, 謂指斥候望, 不覺賊來入境者: 徒三年.

[律文2b의 疏]「以故致有覆敗者」, 以其不覺賊來, 爲賊掩襲, 致城及人兵有覆敗者, 亦斬.

[율문1] 무릇 주장이 성을 지키다가 적에게 공격을 받았는데, 굳게 지키지 않고 (성을) 버리고 도망하거나 방어 준비를 갖추지 않고 있다가 적에게 습격당하여 패한 때에는 참형에 처한다.

[율문2a] 만약 적과 연접해 있으면서 척후병으로 파견되었는데 적이 온 것을 알아차리지 못한 자는 도3년에 처하고,

[율문2b] 그로 인하여 패하게 된 때에는 역시 참형에 처한다.

[율문1의 소] 의하여 말한다: 주장이란 사람과 병력을 거느리고 친히 그 주장이 된 자로서, 예컨대 진장·수주,15) 혹은 변방 성의 유수,

---

15) 鎭·戍는 唐代 군사 거점의 특별한 행정 단위로 각각 상·중·하 3등급으로 나누어져 있으며, 현종 개원년간(713~741) 진·수의 수는 상진 20, 중진 90, 하진 135개소, 상수 11, 중수 86, 하수 235개소가 있었다(『당육전』권5, 162쪽 및 『역주당육전』상, 531쪽). 상진의 장관은 진장으로 정6품하이고, 상수의 장관은

주현의 성주 따위를 말한다. 성을 지키다가 적에게 공격을 받아 굳게 지킬 수 없어 성을 버리고 도망하거나 또는 방어준비를 갖추지 않고 있다가 -미리 대비해야 하는데 하지 않았거나, 순찰과 경계를 삼엄히 하지 않은 것을 말한다.- 적의 엄습을 받아 패한 경우에는 참형에 처한다.

[율문2a의 소] "만약 적과 연접해 있으면서"라는 것은, 적군과 아군의 보루가 연접하여 서로 군기를 바라볼 수 있음을 말한다. "척후병으로 파견되었다."는 것은, 척후병으로 지명되어 살피는 것을 말하며, 적이 경내로 들어 왔는데도 적발하지 못한 때에는 도3년에 처한다.

[율문2b의 소] "그로 인하여 패하게 된 때"라는 것은, 적이 경내로 들어왔음을 적발하지 못함으로써 적의 습격을 받아 성과 사람과 병력이 전복되고 패하게 된 경우로, 역시 참형에 처한다.

제234조 천흥 11. 주장 이하가 전투에 임해서 먼저 퇴각한 죄(主將臨陣先退)

[律文1] 諸主將以下, 臨陣先退; 若寇賊對陣, 捨仗投軍及棄賊來降而輒殺者: 斬.

　[律文1의 疏] 議曰: 「主將以下」, 謂戰士以上, 臨陣交兵而有先退; 「若寇賊對陣而捨仗投軍」, 謂背彼凶徒, 捨仗歸命, 及雖非對陣, 棄賊來降而輒殺之

　　수주로 정8품하이다. 진·수는 다 같이 관할구역을 보호하고 방비하는 것을 주임무로 하지만, 장관의 품계로 알 수 있듯이 진이 수보다 광역을 관장한다 (『당육전』권30, 755~756쪽 및 『역주당육전』하, 478~482쪽).

者: 斬. 謂「先退」以下, 皆從此坐.

[율문1] 무릇 주장 이하가 전투에 임하여 먼저 물러나거나, 또는 적병이 대진하다가 무기를 버리고 투항하거나, 적을 저버리고 내항하였는데 함부로 살해한 때에는 참형에 처한다.

[율문1의 소] 의하여 말한다: "주장 이하"라는 것은 전사 이상을 말한다. 전투에 임하여 접전하다가 먼저 물러나거나, 적병이 대진하다가 무기를 버리고 투항하거나 -그들 흉악한 무리를 등지고 무기를 버리고 귀순함을 말한다.- 대진하지는 않았더라도 적을 저버리고 내항하였는데 그를 함부로 살해한 때에는 참형에 처한다. "먼저 물러나거나" 이하의 조문은 모두 이 처벌에 따른다.

[律文2] 卽違犯軍令, 軍還以後, 在律有條者依律斷, 無條者勿論.

[律文2의 疏] 議曰: 若違犯軍中號令者, 軍還以後, 其所違之罪在律有條者, 仍依律斷. 直違將軍教令, 在律無條, 軍還之後不合論罪, 故云「無條者勿論」.

[율문2] 만약 군령을 위반한 경우, 회군 후에 율에 조항이 있으면 율에 따라 처단하고 조문이 없으면 논하지 않는다.

[율문2의 소] 의하여 말한다: 만약 군중의 호령을 위반한 자는 회군 후에 그 위반한 죄가 율에 조항이 있는 경우 율에 따라 처단한다. 단지 장군의 교령을 위반하였으나 율에 조문이 없으면 회군 후에 논해서는 안 된다. 그러므로 "조문이 없으면 논하지 않는다."고 한 것이다.

제235조 천흥 12. 군소 및 진·수에서 사사로이 정인·방인을 풀어 돌려보낸 죄(私放征防人還)

[律文1a] 諸在軍所及在鎭戍, 私放征、防人還者, 各以征、鎭人逃亡罪論;
[律文1b] 卽私放輒離軍、鎭者, 各減二等.

[律文1a의 疏] 議曰: 在軍所者, 謂在行軍之所. 在鎭戍者, 謂在鎭戍之處. 「私放征、防人還者」, 謂征、防之人未合還家輒私放者. 「各以征、鎭人逃亡罪論」, 依捕亡律: 「從軍征討而亡者, 一日徒一年, 一日加一等, 十五日絞. 臨對寇賊而亡者斬. 主司故縱, 與同罪.」 若放征人令還, 各得此罪. 又條: 「防人向防及在防未滿而亡者, 鎭人亦同, 一日杖八十, 三日加一等.」 放防人還者, 各得此罪. 是名「各以征、鎭人逃亡罪論」.

[律文1b의 疏] 「卽私放輒離軍鎭者」, 謂放軍人去軍, 防人離鎭, 旣非卽放還家, 征、防二色, 各減本罪二等.

[율문1a] 무릇 군소 및 진·수에서 사사로이 정인이나 방인을 풀어주어 귀환하게 한 자는 각각 정인·진인의 도망죄로 논하고,
[율문1b] 만약 사사로이 풀어주어 함부로 군·진을 이탈하게 한 자는 각각 2등을 감한다.

[율문1a의 소] 의하여 말한다: 군소에서란 행군하는 곳에서라는 말이고, 진·수에서란 진·수하는 곳에서라는 말이다. "사사로이 정인이나 방인을 풀어주어 귀환하게 한 자"라 함은, 정인·방인이 아직 집으로 귀환해서는 안 되는데 사사로이 풀어준 자를 말한다. "각각 정인·진인의 도망죄로 논한다."는 것은, 포망률(포7.1)에 의거하면 "정벌에 종군하고 있는데 도망한 자는 1일이면 도1년에 처하고, 1일마다 1등씩 더하며, 15일이면 교형에 처한다. 수적 대치하고 있

는데 도망한 자는 참형에 처한다. 주사가 고의로 방임했다면 더불어 같은 죄를 준다."고 하였으니, 만약 정인을 풀어주어 돌아가게 하였다면 각각 이 죄를 받는다. 또 (다른) 조항(표8)에, "방인이 방수하는 곳으로 가다가 또는 방수 기간이 아직 만료되지 않았는데 도망한 때에는 -진인도 역시 같다.- 1일이면 장80에 처하고 3일마다 1등씩 더한다."고 하였으니, 방인을 풀어주어 귀환하게 한 자는 각각 이 죄를 받는다. 이것이 (정)명하여 "각각 정인·진인의 도망죄로 논한다."는 것이다.

[율문1b의 소] "만약 사사로이 풀어주어 함부로 군·진을 이탈하게 한 자"라는 것은, (행군하는) 군인을 풀어주어 군대를 떠나게 하거나 방인을 (풀어주어) 진을 이탈하게 하였지만, 원래 풀어주어 집으로 귀환하게 한 것은 아님을 말한다. 정인·방인의 경우에는 각각 본죄에서 2등을 감한다.

[律文1c] 若放人多者, 一人準一日; 放日多者, 一日準一人. 謂放三人各五日, 放五人各三日, 累成十五日之類. 竝經宿乃坐.

[律文2] 臨軍征討而放者斬.

[律文3] 被放者, 各減一等.

[律文1c의 疏] 議曰: 依捕亡律「從軍征討而亡, 一日徒一年, 一日加一等, 十五日絞.」 若放十五人, 一日亦合絞. 其放鎭戍人而還, 一人一日杖八十, 三日加一等, 三十一日流三千里. 若放三十一人, 一日亦流三千里. 卽私放輒離軍鎭者, 各減二等, 謂放征人去軍, 一日杖九十, 一日加一等, 十五日徒三年; 若放防人離鎭, 一日杖六十, 三日加一等, 罪止徒二年半. 是爲「放人多者, 一人準一日; 放日多者, 一日準一人.」 注云「謂放三人各五日, 放五人各三日, 俱累成十五日」, 各合絞. 稱「之類」者, 或放七人各二日, 又放一人經一日, 亦爲十五日, 合絞. 人之與日, 竝得相累, 或人或日, 累成十五日, 皆至死刑,

故云「之類」.「竝經宿乃坐」, 不經宿者無罪. 雖經宿, 不滿日者一人, 從「不應爲」之坐: 征人從重, 鎭戌從輕. 注云「經宿乃坐」者, 以人·日相率, 恐放十人經半日即爲五人之罪, 故云「經宿乃坐」, 還與百刻義同.

[律文2의 疏]「臨軍征討而放者斬」, 謂臨陣對寇, 輒放征人, 不待終日, 即合處斬, 被放者流三千里,

[律文3의 疏] 被放征人·防人各減主司罪一等, 故云「各減一等」.

[율문1c] 만약 풀어준 사람이 많은 때에는 1인을 1일에 준하고, 풀어준 날짜가 많은 때에는 1일을 1인에 준한다. 3인을 각각 5일 동안 풀어주거나 5인을 각각 3일 동안 풀어주었다면 누계하여 15일이 되는 것 따위를 말한다. 모두 밤을 경과해야 처벌한다.

[율문2] 군대가 정토에 임하고 있는데 풀어주었다면 참형에 처하고,

[율문3] 풀려난 자는 각각 1등을 감한다.

[율문1c의 소] 의하여 말한다: 포망률(포7.1)에 의거하면, "정벌에 종군하고 있는데 도망한 자는 1일이면 도1년에 처하고, 1일마다 1등씩 더하며, 15일이면 교형에 처한다."고 하였으니, 만약 15명을 풀어주었다면 1일이더라도 교형에 처해야 한다. 단 진·수인을 풀어주어 귀환하게 하였다면 1인에 1일이면 장80에 처하고, 3일마다 1등씩 더하여 31일이면 유3000리에 처한다. 만약 31인을 풀어주었다면 1일이라도 유3000리에 처한다. 사사로이 풀어주어 함부로 군·진을 이탈하게 한 자는 각각 2등을 감한다는 것은 정인을 풀어주어 군대를 떠나게 한 경우 1일이면 장90에 처하고 1일마다 1등씩 더하여 15일이면 도3년에 처하고, 만약 방인을 풀어주어 진을 떠나게 한 경우 1일이면 장60에 처하고 3일마다 1등씩 더하되 죄는 도2년반에 그친다는 것이다. 이것이 "풀어준 사람이 많은 때에는 1인을 1일에 준하고, 풀어준 날짜가 많은 때에는 1일을 1인에 준한다."

는 것이다. 주에 이르기를 "3인을 각각 5일 동안 풀어주거나 5인을 각각 3일 동안 풀어주었다면 누계하여 15일이 되는 것을 말한다."라고 하였는데, (이 때는) 각각 교형에 처해야 한다. "따위"라고 한 것은 혹 7인을 각각 2일 풀어주고 또 1인을 1일 풀어주었다면 또한 모두 15일이 되어 교형에 처해야 하고, 사람 수와 날짜 수는 모두 서로 누계할 수 있으며 사람 수든 날짜 수든 누계하여 15일이 되면 모두 사형에 이르기 때문에 "따위"라 한 것이다. "모두 밤을 경과해야 처벌한다."고 하였으니, 밤이 지나지 않았으면 무죄이고 밤을 지났더라도 만 1일이 되지 않은 자 1인이면 "해서는 안 되는데 행한 (죄)"(잡62)에 따라 처벌하되, 정인은 무거운 쪽에 따르고 진·수인은 가벼운 쪽에 따른다. 주에 이르기를 "모두 밤을 경과해야 처벌한다."고 한 것은, 사람 수와 날 수를 서로 곱하도록 되어 있으니 10인을 풀어주어 반일이 경과된 것을 5인을 (풀어준) 죄로 처벌할 것을 염려하여 "모두 밤을 경과해야만 처벌한다."고 한 것이며, (이는) 또한 100각과 뜻이 같다.

[율문2의 소] "군대가 정토에 임하고 있는데 풀어주었다면 참형에 처한다."는 것은, 적과 대치하고 있을 때 함부로 정인을 풀어주었다면 1일이 되지 않았더라도 즉시 참형에 처하고, 풀려난 자는 유 3000리에 처한다는 것이다.

[율문3의 소] 풀려난 정인이나 방인은 각각 주사의 죄에서 1등을 감하기 때문에 "각각 1등을 감한다."고 한 것이다.

제236조 천흥 13. 군이 정토에 임하고 있는데 교묘하게 정역을 피한 죄(征人巧詐避役)

[律文1a①] 諸臨軍征討而巧詐以避征役, 巧詐百端, 謂若誣告人、故犯輕罪之類.
　[律文1a①의 疏] 議曰: 臨對寇賊, 即欲追討, 乃巧詐方便, 推避征役. 注云
　「巧詐百端」, 或有誣告人罪, 以求推對; 或故犯輕法, 意在留連; 或故自傷殘;
　或詐爲疾患. 姦詐不一, 故云「百端」. 不可備陳, 故云「之類」.

[율문1a①] 무릇 군이 정토에 임하고 있는데 교묘하게 속여 정역
을 피하거나, 교묘하게 속이는 방법은 갖가지인데, 혹은 사람을 무고
하거나 고의로 가벼운 죄를 범하는 것 따위를 말한다.
　[율문1a①의 소] 의하여 말한다: 적과 대치하여 곧 추격해서 토벌하
　려는데 교묘하게 속이는 수법으로 정역을 회피하려는 것이다. 주
　에 이르기를 "교묘하게 속이는 방법은 갖가지이다."라고 한 것은,
　가령 사람이 죄를 범했다고 무고하여 추국 대질을 바라거나, 고의
　로 가벼운 법을 범하여 계속 붙잡혀 있으려고 하거나, 고의로 자신
　을 상해하거나, 꾀병을 앓는 것 등 간사한 속임수가 한두 가지가
　아니므로 "갖가지"라 한 것이며, 다 늘어놓을 수 없으므로 "따위"라
　한 것이다.

[律文1a②] 若有校試以能爲不能, 以故有所稽乏者以「乏軍興」論,
[律文1b] 未廢事者減一等.
[律文2a] 主司不加窮覈而承詐者減罪二等,
[律文2b] 知情者與同罪, 至死者加役流.
　[律文1a②의 疏] 議曰: 有所「校試」, 謂臨軍之時, 一藝以上, 應供軍用, 軍

中校試. 故以能爲不能, 以巧詐不能之故, 於軍有所稽違及致闕乏廢事者, 「以乏軍興論」, 故, 失俱合斬.

[律文1b의 疏] 若於事未廢, 減死一等.

[律文2a의 疏] 「主司不加窮覈」, 主司謂應檢勘校試之人, 不加窮研覈實而承詐依信者, 減罪人罪二等.

[律文2b의 疏] 「知情者」, 謂知巧詐之情, 竝與犯者同罪, 至死者加役流, 未闕事者流三千里.

[율문1a②] 만약 시험해서 평가하는데, 능하면서 능하지 않게 하여 고의로 (군사를) 지체시키거나 부족하게 한 자는 "핍군흥"으로 논하며,

[율문1b] 일을 그르치게 하지 않은 때에는 1등을 감한다.

[율문2a] 주사가 철저히 조사하지 않아 속임수에 따른 때에는 죄를 2등 감하고,

[율문2b] 정을 안 때에는 같은 죄를 주되, 사죄에 이른 때에는 가역류에 처한다.

[율문1a②의 소] 의하여 말한다: 시험해서 평가할 바가 있다는 것은 행군에 임해서는 한 가지 이상의 기예로 군의 쓰임에 이바지해야 하므로 행군 중에 시험해서 평가한다는 것을 말한다. 고의로 능하면서 능하지 않게 하거나, 능하지 않은 것처럼 교묘하게 속인 까닭에 군사가 지체되거나 차질이 빚어졌거나 빠지거나 부족해 그르치게 한 경우, "핍군흥으로 논하며", 고의든 과실이든 모두 참형에 처해야 한다(천7.1).

[율문1b의 소] 만약 군사를 그르치게 하지 않았다면 사죄에서 1등을 감한다.

[율문2a의 소] "주사가 철저히 조사하지 않아"라고 한 데에서 주사란

마땅히 시험해서 평가하는 것을 검사하고 확인해야 하는 사람을 말하며, 사실을 철저히 파헤치고 조사하지 않아 속임수를 그대로 따르고 믿은 때에는, 죄인의 죄에서 2등을 감한다는 것이다.

[율문2b의 소] "정을 안 때"란 교묘하게 속인 실정을 알고도 (그대로 따른 자)를 말하며, 모두 이 죄를 범한 자와 같은 죄를 준다. 사죄에 이른 경우에는 가역류에 처하며, 군사를 그르치게 하지 않은 때에는 유3000리에 처한다.

제237조 천흥 14. 처벌 규정이 없는 방인의 죄(鎭戍有犯)

[律文] 諸鎭、戍有犯, 本條無罪名者, 各減征人二等.

[律文의 疏] 議曰: 鎭、戍有所犯法,「本條無罪名者」, 謂鎭、戍防人冒名相代及主司知情、不知情; 若鎭、戍拒賊而有巧詐避役, 若有校試以能爲不能: 竝在鎭、戍中無有罪名者, 各減征人二等.

[율문] 무릇 진·수에서 범함이 있는데, 본조에 죄명이 없는 경우 각각 정인(의 죄)에서 2등을 감한다.

[율문의 소] 의하여 말한다: 진·수에서 범을 범한 바가 있는데 "본조에 죄명이 없는 경우"라는 것은, 진·수의 방인이 이름을 속여 서로 대신하거나, 주사가 그 정을 알았거나 몰랐거나, 혹은 진·수에서 적을 방어해야 하는데 교묘한 속임수로 역을 피하거나, 혹은 시험해서 평가하는데 능한 것을 능하지 않다고 한 경우 등이 모두 진·수에서 (범한 죄인데) 죄명에 (대한 조문이) 없다는 것을 말하며, 각각 정인의 (죄에서) 2등을 감한다.

제238조 천흥 15. 공문에 의하지 않고 병기를 지급한 죄(非公文出給戎仗)

[律文1] 諸戎仗非公文出給而輒出給者, 主司徒二年.

[律文2] 雖有符牒合給, 未判而出給者杖一百.

[律文3] 儀仗各減三等.

[律文1의 疏] 議曰: 出給戎仗兵器, 非得公文而輒出給者, 「主司徒二年」, 主司謂當判署者.

[律文2의 疏] 「雖有符牒合給, 未判而出給」, 謂有符牒到司, 仍未行判, 卽準符牒出給者杖一百. 其於留守所及諸州·府差發, 或應用魚符, 勅書而不用者, 亦徒二年.

[律文3의 疏] 「儀仗各減三等」, 儀仗謂吉凶鹵簿·諸門戟矟之類, 無文輒出給者杖一百, 未判出給者杖七十. 故云「各減三等」.

[율문1] 무릇 공문으로 내주라고 한 것이 아닌데 병장기를 함부로 내준 경우, 주사는 도2년에 처한다.

[율문2] 비록 부·첩이 있어 지급할 수 있더라도 판하지 않았는데 내준 때에는 장100에 처한다.

[율문3] 의장은 각각 3등을 감한다.

[율문1의 쇼] 의하여 말한다: 융장·병기를 지급하는데 공문을 받지 않고 함부로 지급한 경우, 주사는 도2년에 처한다. 주사란 판과 서명을 담당하는 자를 말한다.

[율문2의 쇼] "비록 부·첩이 있어 지급할 수 있더라도 판하지 않았는데 내주었다."는 것은, 부·첩이 관사에 도착했지만 판을 행하지 않았는데 그대로 부·첩에 준하여 지급하였다면 장100에 처한다는

것을 말한다. 단 유수소 및 모든 주·부에서의 차발에 혹 (동)어부·칙서를 사용해야 하는데 사용하지 않은 때에도 역시 도2년에 처한다.

[율문3의 소] "의장은 각각 3등을 감한다."고 한 것에서 의장은 길례·흉례의 노부나 모든 문에 세우는 창 따위를 말하며, 이를 문서 없이 함부로 지급한 자는 장100에 처하고 판하지 않았는데 지급한 자는 장70에 처한다. 그러므로 "각각 3등을 감한다."고 한 것이다.

제239조 천흥 16. 진·수의 교대 근무자 파견 기한을 위반한 죄(遣番代違限)

[律文1a] 諸鎭、戌應遣番代而違限不遣者, 一日杖一百, 三日加一等, 罪止徒二年;
[律文1b] 卽代到而不放者, 減一等.
　[律文1a의 疏] 議曰: 依軍防令:「防人番代, 皆十月一日交代.」如官司違限不遣, 若準程稽違不早遣者, 一日杖一百, 三日加一等, 罪止徒二年.
　[律文1b의 疏] 「卽代到不放」, 謂防人十月一日替到不放者, 「減一等」, 謂一日杖九十, 三日加一等, 罪止徒一年半.

[율문1a] 무릇 진·수에 순번에 따라 교대할 자를 파견해야 하는데 기한을 어기고 파견하지 않은 자는, 1일이면 장100에 처하고, 3일마다 1등씩 더하되, 죄는 도2년에 그친다.
[율문1b] 만약 교대할 자가 도착하였는데 풀어주지 않은 자는 1등을 감한다.

[율문1a의 소] 의하여 말한다: 군방령(습유387쪽)에 의거하면, "방인의 순번 교대는 모두 10월 1일에 교대한다." 만약 관사가 기한을 어기고 파견하지 않거나, 행정에 비추어 지체하며 기한을 어기고 일찍 파견하지 않은 경우 1일이면 장100에 처하고, 3일마다 1등씩 더하되 죄는 도2년에 그친다.

[율문1b의 소] "만약 교대할 자가 도착하였는데 풀어주지 않았다."는 것은, 교대할 자가 도착하였는데도 10월 1일에 방인을 풀어주지 않았다는 것을 말하며, "1등을 감한다."는 것은 1일을 어기면 장90에 처하고 3일마다 1등씩 더하되, 죄는 도1년반에 그친다는 것이다.

[律文2] 若鎭、戌官司役使防人不以理, 致令逃走者, 一人杖六十, 五人加一等, 罪止徒一年半.

[律文2의 疏] 議曰: 依軍防令:「防人在防, 守固之外, 唯得修理軍器、城隍、公廨、屋宇. 各量防人多少, 於當處側近給空閑地, 逐水陸所宜, 斟酌營種, 竝雜蔬菜, 以充糧貯及充防人等食.」此非正役, 不責全功, 自須苦樂均平, 量力驅使. 鎭、戌官司使不以理, 致令逃走者, 一人杖六十, 五人加一等, 罪止徒一年半. 若使不以理, 而防人雖不逃走, 仍從「違令」科斷.

[율문2] 또한 진·수의 관사가 방인을 부당하게 사역하여 도주하게 한 경우, 1인이면 장60에 처하고 5인마다 1등씩 더하되, 죄는 도1년반에 그친다.

[율문2의 소] 의하여 말한다: 군방령(습유388쪽)에 의거하면, "방인은 복역기간에 굳게 지키는 것 이외에, 오직 군기·성벽과 해자·관청 건물과 주거를 수리하고, 각각 방인의 다소를 헤아려 해당 지역 부근의 공한지를 지급하고 풍토에 맞게 작물과 아울러 여러 채소를 재배해서 양식의 저장과 방인 등의 식량에 충당할 수 있게 할뿐이

다." 이것은 정역이 아니니 전력을 다할 것을 요구해서는 안 되며, 당연히 반드시 고락을 고르게 하고 힘을 헤아려 부려야 한다. 진·수 관사의 사역이 부당하여 (방인이) 도주한 경우, 1인이면 장60에 처하고 5인마다 1등씩 더하되 죄는 도1년반에 그친다. 만약 사역이 부당하였다면 방인이 비록 도주하지 않았더라도 여전히 "위령"(죄)(잡61.1)에 따라 처단한다.

제240조 천흥 17. 함부로 영조를 일으킨 죄(興造不言上待報)

[律文1] 諸有所興造, 應言上而不言上, 應待報而不待報, 各計庸坐贓論減一等.

[律文1의 疏] 議曰: 修城郭, 築堤防, 興起人功, 有所營造, 依營繕令: 「計人功多少, 申尙書省聽報, 始合役功.」 或不言上及不待報, 各計所役人庸坐贓論減一等, 其庸倍論, 罪止徒二年半.

[율문1] 무릇 흥조할 바가 있으면 위에 보고해야 하는데 보고하지 않거나, 회답을 기다려야 하는데 회답을 기다리지 않았다면, 각각 그 노임을 계산하여 좌장으로 논하되 1등을 감한다.

[율문1의 소] 의하여 말한다: 성곽의 보수나 제방의 축조 등 인력을 동원하여 공사할 바가 있으면, 영선령(습유800쪽)에 의거하여 "(소요되는) 인력의 다소를 계산하여 상서성에 보고하고 회답을 받은 다음에 비로소 기공할 수 있다." (그런데도) 혹 위에 보고하지 않거나 회답을 기다리지 않았다면 각각 부린 사람의 노임을 계산하여16) 좌장(잡1.1)으로 논하되 1등을 감한다. 단 노임은 절반[倍]하여

(명45.2c) 논하되 죄는 도2년반에 그친다.

[律文2a] **卽料請財物及人功多少違實者笞五十;**

[律文2b] **若事已損費, 各倂計所違贓庸重者, 坐贓論減一等.** 本料不實料者坐, 請者不實請者坐.

　　[律文2a의 疏] 議曰:「卽料請財物及人功多少違實者」, 謂官有營造, 應須市買, 料請所須財物及料用人功多少, 故不以實者笞五十.

　　[律文2b의 疏]「若事已損費」, 或已損財物, 或已費人功, 各倂計所費功庸, 準贓重者坐贓論減一等. 重者, 謂重於笞五十. 卽五疋一尺以上坐贓論減一等, 合杖六十者爲贓重. 本料不實, 止坐元料之人. 若由請人不實, 卽請者合坐. 失者, 各減三等. 依名例律, 以贓致罪頻犯者各倍論. 此旣因贓獲罪, 功、庸出衆人之上, 竝通官物, 卽合累而倍論. 若直費官財物, 不損庸直, 止據所費財科, 不在倍限. 雖費人功, 倍倂不重於官物, 止從官物科斷, 卽是「累倂不加重者, 止從重」論.

[율문2a] 만약 재물 및 인력의 다소를 실제와 다르게 산정하여 신청한 자는 태50에 처하고,

[율문2b] 만약 일이 끝나서 (재물 및 인력이) 허비되었는데, 각각 잘못 사용된 (재물 및 인력을 좌장의) 장물로 계산한 (죄)가 무거운 경우에는 좌장으로 논하되 1등을 감한다. 본래 산정이 부실하였다면 산정한 자를 처벌하고, 신청한 자가 부실하였다면 신청한 자를 처벌한다.

　　[율문2a의 소] 의하여 말한다: "만약 재물 및 인력의 다소를 실제와

---

16) 노임은 1인의 1일을 견 3척으로 계산하며, 소·말·낙타·노새·나귀·수레의 경우도 역시 같다(명34.2a).

다르게 산정하여 신청한 자"라는 것은, 관에 공사가 있어 시장에서 구입해야 하면 소요될 재물을 산정해서 신청하고, 필요한 인력의 다소를 산정해야 하는데 고의로 실제대로 하지 않은 자를 말하며, 태50에 처한다.

[율문2b의 소] "일이 끝나서 (재물 및 인력이) 허비되었다."는 것은 혹 이미 재물이 손실되었거나 인력이 낭비되었다는 것을 말하며, 각각 손실된 재물과 낭비된 (인력의) 노임을 (좌장의) 장물로 계산한 (죄)가 무거운 경우에는 좌장으로 논하되 1등을 감한다. 장(죄가) 무거운 경우란 태50보다 무거운 것을 말하는데, 가령 (장물이) 5필1척 이상이면 좌장으로 논하되 1등을 감하여 장60에 처해야 하니 이것이 장(죄)가 무거운 경우이다. 본래 산정이 부실하였다면 산정한 자만을 처벌하고, 신청한 사람의 부실이면 곧 신청한 자를 처벌해야 한다. 과실이면 각각 3등을 감한다. 명례율(명45.2a~c)에 의거하면, 장물로 인한 죄를 여러 번 범한 경우는 각각 (장물을 누계하고) 절반하여 논한다. 이는 원래 장물로 인해 얻은 죄이고 공력의 가치는 여러 사람으로부터 나온 것이니, 관물과 합하여 모두 누계하고 절반하여 논하는 것이다. 만약 관의 재물만 낭비하고 노임의 가치는 손실하지 않았다면 낭비한 재물에 의거하여 처벌하고 절반하는 범위에 두지 않는다. 비록 인력을 낭비하였더라도 누계하고 절반한 것이 관물을 낭비한 쪽보다 무겁지 않다면 다만 관물(을 낭비한 죄)에 따라 처단한다. 이것이 바로 "누계하거나 병합해도 (죄가) 가중되지 않는 경우 단지 (그 중) 무거운 것에 따라" 논한다는 것(명45.1a)이다.

제241조 천흥 18. 불법으로 영조를 일으킨 죄(非法興造)

[律文] 諸非法興造及雜徭役, 十庸以上坐贓論. 謂爲公事役使而非法令所聽者.

  [律文의 疏] 議曰:「非法興造」, 謂法令無文; 雖則有文, 非時興造亦是, 若作池,亭,賓館之屬.「及雜徭役」, 謂非時科喚丁夫, 驅使十庸以上坐贓論. 旣準衆人爲庸, 亦須累而倍折. 故注云「謂爲公事役使而非法令所聽者」. 因而率斂財物者, 亦倂計坐贓論, 仍亦倍折. 以其非法賦[17]斂, 不自入己, 得罪故輕.

[율문] 무릇 법에 어긋난 흥조 및 잡다한 요역이 10용 이상이면 좌장으로 논한다. 공사를 위해 사역했으나 법령에 허용되지 않는 것을 말한다.

  [율문의 소] 의하여 말한다: "법에 어긋난 흥조"라는 것은 법령에 규정이 없는 것을 말하며, 규정이 있더라도 때가 아닌데 흥조한 것도 그렇다. 예컨대 연못을 파고 정자를 짓거나 빈관을 짓는 것 따위이다. "잡다한 요역"이라는 것은 때가 아닌데 정부를 모아 부림을 말하며, 10용 이상을 구사한 경우 좌장(잡1.1)으로 논한다. 원래 여러 사람의 용[18]에 준하므로 역시 반드시 누계해서 절반해야 한다. 그러므로 주에 "공사를 위해 사역했으나 법령에 허용되지 않는 것을 말한다."고 한 것이다. 이로 인하여 거두어들인 재물 역시 모두 합산하여 좌장(잡1.1)으로 논하며 그대로 절반한다. 그것이 법에 의하지 않고 거두어들인 것이지만 자기에게 들인 것이 아니기 때문에 죄를 얻음이 가벼운 것이다.

---

17) 저본에는 "贓"으로 되어 있으나 『당률소의』의 여러 판본들과 『송형통』에 따라 "賦"로 고친다. 의미상으로도 "賦斂"이 더 타당해 보인다.
18) 功과 庸을 평가하는 것은 1인의 1일을 견 3척으로 계산한다(명34.2a).

제242조 천흥 19. 공작을 법대로 하지 않은 죄(工作不如法)

[律文1a] 諸工作有不如法者笞四十;
[律文1b] 不任用及應更作者, 併計所不任贓、庸, 坐贓論減一等.
[律文2] 其供奉作者, 加二等.
[律文3] 工匠各以所由爲罪,
[律文4] 監當官司各減三等.

[律文1a의 疏] 議曰:「工作」, 謂在官司造作. 輒違樣式, 有不如法者, 笞
四十.

[律文1b의 疏]「不任用」, 謂造作不任時用, 及應更作者, 併計所不任贓、庸,
累倍坐贓論減一等, 十疋杖一百, 十疋加一等, 罪止徒二年半.

[律文2의 疏] 其供奉作加二等者, 供奉之義已於職制解訖, 若不如法, 杖六
十; 不任用及應更作, 坐贓論加一等, 罪止流二千里. 其併倍訖, 不重費官物
者, 竝直計官物科之, 其贓不倍.

[律文3의 疏] 工匠各以所由爲罪.

[律文4의 疏] 監當官司各減三等者, 謂親監當造作, 若有不如法, 減工匠
三等, 笞十; 不任用及應更作, 減坐贓四等, 罪止徒一年; 供奉作, 罪止徒二年
之類.

[율문1a] 무릇 (기물의) 공작을 법대로 하지 않은 것이 있으면 태
40에 처하고,

[율문1b] 사용할 수 없거나 다시 만들어야 하는 경우에는 허비된
재물과 노임 등을 모두 합산하여 좌장으로 논하되 1등을 감한다.

[율문2] 단 공봉을 위해 만든 경우에는 2등을 더한다.

[율문3] 공장은 각각 말미암은 바에 따라 죄를 주고,
[율문4] 감독관사는 각각 3등을 감한다.

[율문1a의 소] 의하여 말한다: "공작"이란 관사에서 제조하는 것을 말한다. 함부로 규격을 어기고 법대로 하지 않은 것이 있다면 태40에 처한다.

[율문1b의 소] "사용할 수 없거나" -제조하였으나 때의 용도에 맞지 않는 것을 말한다.- 다시 만들어야 하는 경우, 사용하지 못하게 된 재물과 노임을 모두 누계하고 절반하여 좌장(잡1.1)으로 논하되 1등을 감하고, 10필이면 장100에 처하며, 10필마다 1등씩 더하되, 죄는 도2년반에 그친다.

[율문2의 소] 단 공봉을 위해 만든 경우에는 2등을 더하라고 하였는데, 공봉의 의미는 이미 직제율(직15.5)에서 해석하였다.19) 만약 법대로 하지 않았다면 장60에 처하며, 사용할 수 없거나 다시 만들어야 하는 경우 좌장으로 논하되 1등을 더하고 죄는 유2000리에 그친다. 단 합산하여 절반한 것이 낭비한 관물보다 무겁지 않으면 관물의 가치만 계산하여 처벌하며, 그 장물은 절반하지 않는다.

[율문3의 소] 공장은 각각 말미암은 바에 따라 죄를 준다.

[율문4의 소] 감독관사는 각각 3등을 감한다는 것은 직접 제작을 감독하였는데 법대로 하지 않은 것이 있다면 공장의 죄에서 3등을 감하여 태10에 처하고, 사용할 수 없거나 다시 만들어야 하는 경우 좌장(죄)에서 4등을 감하되 죄는 도1년에 그치며, 공봉을 위해 제작한 경우 죄는 도2년에 그친다는 것 따위를 말한다.

---

19) 供奉이란 "황제에게 바친다."는 뜻이다. 일단 황제에게 바쳐야 할 물품은 모두 반드시 미리 갖추어야 하며, 없거나 부족한 것이 있을 때에는 곧 도1년에 처한다(105, 직15.5의 소).

제243조 천흥 20. 금병기 사유죄(私有禁兵器)

[律文1] 諸私有禁兵器者徒一年半, 謂非弓、箭、刀、楯、短矛者.

[律文1의 疏] 議曰:「私有禁兵器」, 謂甲、弩、矛、矟、具裝等, 依令私家不合有. 若有矛、矟者, 各徒一年半. 注云「謂非弓、箭、刀、楯、短矛者」, 此上五事, 私家聽有. 其旌旗、幡幟及儀仗, 竝私家不得輒有, 違者從「不應爲重」杖八十.

[율문1] 무릇 금병기를 사유한 자는 도1년반에 처한다. 활·화살·칼·방패·짧은 창이 아닌 것을 말한다.

[율문1의 소] 의하여 말한다: "금병기를 사유하였다."는 것은, 갑옷·쇠뇌·창[矛]·창[矟]·마갑[20] 등은 영(군방령, 습유380쪽)에 의거하여 사가에서 소유해서는 안 된다는 것을 말한다. 만약 창[矛]이나 창[矟]을 사적으로 소유한 자는 각각 도1년반에 처한다. 주에 "활·화살·칼·방패·짧은 창이 아닌 것을 말한다."고 하였으니, 위의 다섯 가지는 사가에서 소유할 수 있다. 단 정기·번치 및 의장은 모두 사가에서 함부로 소유할 수 없으며, 어긴 자는 "해서는 안 되는데 행한 (죄의) 무거운 것"(잡62.2)에 따라 장80에 처한다.

[律文2a] 弩一張加二等,

[律文2b] 甲一領及弩三張流二千里,

[律文2c] 甲三領及弩五張絞.

[律文3] 私造者各加一等, 甲, 謂皮、鐵等. 具裝與甲同. 即得闌遺, 過三十日不

---

20) 具裝은『당률석문』에서 "今名掩心也.", 즉 가슴을 가리는 갑옷이라고 해석하였으나『진서』(권74, 1944쪽 및 권81, 2119쪽)와『남사』(권38, 979쪽) 등의 기사에 따라 馬甲이라 보는 것이 타당할 것이다.

送官者同私有法.

　[律文2a의 疏] 議曰:「弩一張, 加二等」, 謂加私有禁兵器罪二等, 合徒二年半.

　[律文2b의 疏]「甲一領及弩三張, 流二千里」, 有甲、有弩, 各得此罪.

　[律文2c의 疏]「甲三領及弩五張, 絞」, 亦甲、弩準數, 各得絞罪.

　[律文3의 疏]「私造者, 各加一等」, 謂私造甲、弩及禁兵器, 各加私有罪一等.

[율문2a] 쇠뇌 1장(을 사유했다면) 2등을 더하고,

[율문2b] 갑옷 1령 및 쇠뇌 3장(을 사유했다면) 유2000리에 처하며,

[율문2c] 갑옷 3령 및 쇠뇌 5장(을 사유했다면) 교형에 처한다.

[율문3] 사적으로 제조한 자는 각각 1등을 더한다. 갑옷은 피갑이든 철갑이든 같다. 마갑도 갑옷과 같다. 만약 유실된 것을 습득하고도 30일이 지나도록 관에 보내지 않은 경우는 사유의 법과 같이 (처벌)한다.

　[율문2a의 소] 의하여 말한다: "쇠뇌 1장은 2등을 더한다."는 것은, 금병기를 사유한 죄에 2등을 더하여 도2년반에 해당함을 말한다.

　[율문2b의 소] "갑옷 1령 및 쇠뇌 3장은 유2000리에 처한다."고 하였으니, 갑옷이나 쇠뇌를 사유하면 각각 이 죄를 받는다.

　[율문2c의 소] "갑옷 3령 및 쇠뇌 5장은 교형에 처한다."고 하였으니, 역시 갑옷과 쇠뇌(를 사유하면 이) 수에 따라 각각 교형의 죄를 받는다.

　[율문3의 소] "사적으로 제조한 자는 각각 1등을 더한다."는 것은, 갑옷·쇠뇌와 금병기를 사적으로 제조하였다면 각각 사유한 죄에 1등을 더한다는 것을 말한다.

　[律文3의 問] 曰: 私有甲三領及弩五張, 準依律文, 各合處絞. 有人私有甲二領竝弩四張, 欲處何罪?

[律文3의 答] 曰: 畜甲、畜弩, 各立罪名, 旣非一事, 不合併滿. 依名例律: 「其應入罪者, 擧輕以明重.」有甲罪重, 有弩坐輕; 旣有弩四張已合流罪, 加一滿五卽至死刑, 況加甲二領, 明合處絞. 私有弩四張, 加甲一領者, 亦合死刑.

[율문3의 문] 묻습니다: 갑옷 3령이나 쇠뇌 5장을 사유한 경우 율문에 준하면 각각 교형에 처해야 합니다. 어떤 사람이 갑옷 2령과 아울러 쇠뇌 4장을 사유하였다면 어떤 죄로 처벌해야 합니까?

[율문3의 답] 답한다: 갑옷을 비축하거나 쇠뇌를 비축한 것은 각각 죄의 등급이 정해져 있고, 원래 한 가지 사안이 아니기 때문에 병만해서는 안 된다. 명례율(명50.2)에 의하면, "그것이 죄를 더해야 할 것이면 가벼운 것(이 무겁게 처벌된 것)을 들어 (그보다 무거우니 처벌이) 무겁다는 것을 밝힌다."고 하였는데, 갑옷을 사유한 것은 죄가 무겁고 쇠뇌를 사유한 것은 처벌이 가벼운데, 원래 쇠뇌 4장을 사유한 것은 유죄에 해당하고 하나를 더하여 다섯이 되면 사형에 이른다. 하물며 갑옷 2령을 더하였다면 교형에 처함이 분명하다. 쇠뇌 4장을 사유한 것에 갑옷 1령을 더 하였더라도 역시 사형에 해당한다.

[律文3의 注] 甲, 謂皮、鐵等. 具裝與甲同. 卽得闌遺, 過三十日不送官者同私有法.

[律文3의 注의 疏] 議曰: 鐵甲、皮甲, 得罪皆同. 私有具裝, 與甲無別: 有一具裝, 流二千里; 有三領者, 亦合絞. 「卽得闌遺, 過三十日不送官」, 謂得闌遺禁兵器以下, 三十一日不送官者, 同私有法. 旣稱過三十日, 卽三十日內不合此罪. 又, 依軍防令:「闌得甲仗, 皆卽輸官.」不送輸者, 從「違令」, 笞五十. 滿五日者, 依雜律「各以亡失罪論」, 其亡失之罪從本條解釋. 其甲非皮、鐵者, 依庫部式亦有聽畜之處, 其限外剩畜及不應畜而有者, 亦準禁兵器論. 但甲有

禁文, 非私家合有, 爲非皮ᆞ鐵, 量罪稍輕, 坐同禁兵器, 理爲適中.

[율문3의 주] 갑옷은 피갑이든 철갑이든 같다. 마갑도 갑옷과 같다. 만약 유실된 것을 습득하고도 30일이 지나도록 관에 보내지 않은 경우는 사유의 법과 같이 (처벌)한다.

  [율문3의 주의 소] 의하여 말한다: 철갑과 피갑은 죄를 받는 것이 모두 같다. 마갑을 사유하는 것은 갑옷을 (사유한 것과) 다르지 않으니, 마갑 1령을 사유하면 유2000리에 처하고, 3령을 사유하면 교형에 처해야 한다. "만약 유실된 것을 습득하고도 30일이 지나도록 관에 보내지 않았다."는 것은, 유실된 금병기 이하의 (병장기를) 습득하였는데 31일째에도 관에 보내지 않았다면 사유의 법과 같이 (처벌)한다. "30일이 지나도록"이라고 말하였으므로 30일 내에 (관에 보냈다면) 이 죄에 해당하지 않는다. 또 군방령(습유380쪽)에 의거하면 "유실된 甲ᆞ仗을 습득하면 모두 즉시 관에 보내야 한다."고 하였으니, 보내지 않은 자는 "위령(죄)"(잡61.1)에 따라 태50에 처한다. 5일이 차면 잡률(잡60.1)에 따라 "각각 망실죄로 논하되", 그 망실죄는 본조(잡56.3a)의 해석에 따른다.[21] 단 가죽이나 철로 만들어지지 않은 갑옷은 고부식에 따라 역시 비축이 허용되는 곳이 있으나, 한도 외에 더 비축하거나 비축해서는 안 되는 자가 가지고 있는 경우에는 역시 금병기에 준해서 논한다. 단 갑옷은 사가에서는 소유해서는 안 된다는 금지 조문이 있으므로, 가죽이나 철이 아닌 것은 죄를 헤아리면 조금 가볍지만 금병기와 같게 처벌하는 것이 이치에 맞다.

---

21) 官에 청구하여 받은 기장을 망실한 것 및 착오로 훼손한 것은 10分으로 논한다. 이는 100건을 청구하였다면 10건을 1分으로 하는 것을 말한다. 가령 100건을 청구하였는데 10건을 망실하였거나 혹은 20건을 훼손하였으면 각각 장60에 처한다. 죄의 최고형은 장100이다(444, 잡56.3a의 소).

[律文4a] 造未成者減二等.

[律文4b] 卽私有甲、弩非全成者杖一百,

[律文4c] 餘非全成者勿論.

　[律文4a의 疏] 議曰:「造未成者」, 謂從上「禁兵器」以下未成者, 各減私造罪
　二等, 謂甲三領、弩五張以上, 縱更多有, 各止處徒三年.

　[律文4b의 疏]「卽私有甲、弩非全成者」, 謂不堪著用, 又非私造, 杖一百.

　[律文4c의 疏]「餘非全成者, 勿論」, 謂甲、弩之外, 所有禁兵器, 非全成者皆
　不坐. 旣是禁兵器, 雖不合罪, 亦須送官.

[율문4a] 제조하였으나 완성되지 않은 때에는 2등을 감한다.

[율문4b] 만약 완성된 것이 아닌 갑옷과 쇠뇌를 사유한 때에는
장100에 처하고,

[율문4c] 다른 것은 완성된 것이 아닌 경우 논하지 않는다.

　[율문4a의 소] 의하여 말한다: "제조하였으나 완성되지 않은 때"란 위
　의 "금병기" 이하가 아직 완성되지 않은 것을 말하며, 각각 사적으로
　제조한 죄에서 2등을 감한다는 것은, (완성되지 않은) 갑옷 3령 또는
　쇠뇌 5장 이상이 있거나, 설령 이보다 더 많이 있더라도, 각각 도3년
　에 처하는 데에 그친다는 것이다.

　[율문4b의 소] "만약 완성된 것이 아닌 갑옷과 쇠뇌를 사유한 때"라
　는 것은, 착용하거나 사용할 수 없을 뿐 아니라 사적으로 제조한
　것도 아니므로 장100에 처한다는 것이다.

　[율문4c의 소] "다른 것은 완성된 것이 아닌 경우 논하지 않는다."는
　것은, 갑옷과 쇠뇌 이외의 금병기를 소유하였더라도 완성된 것이
　아닌 경우 모두 처벌하지 않는다는 것이다. 원래 금지된 병기이므
　로 비록 죄가 되지 않더라도 또한 반드시 관에 보내야 한다(명32.1b).

제244조 천흥 21. 공력을 허비한 죄(功力採取不任用)

[律文1] 諸役功力有所採取而不任用者, 計所欠庸, 坐贓論減一等.

    [律文1의 疏] 議曰: 謂官役功力, 若採藥或取材之類, 而不任用者. 若全不任用, 須計全庸; 若少不任用, 準其欠庸, 併倍坐贓論減一等.

[율문1] 무릇 (백성의) 공력을 부려 채취한 것이 쓸모가 없을 때에는 허비한 노임을 계산하여 좌장으로 논하되 1등을 감한다.

    [율문1의 소] 의하여 말한다: 관이 (백성의) 공력을 부려 약이나 재목 따위를 채취하였으나 쓸모가 없는 경우를 말한다. 만약 모두 쓸모없는 것이면 반드시 전체 노임을 계산해야 하고, 일부만 쓸모없는 것이면 그 허비한 노임에 준하여 합산하고 절반하여 좌장(잡1.1)으로 논하되 1등을 감한다.

[律文2a] 若有所造作及有所毀壞, 備慮不謹而誤殺人者, 徒一年半;

[律文2b] 工匠、主司各以所由爲罪.

    [律文2a의 疏] 議曰: 謂有所繕造營作及有所毀壞崩撤之類, 不先備慮謹愼而誤殺人者, 徒一年半.

    [律文2b의 疏] 「工匠、主司各以所由爲罪」, 或由工匠指撝, 或是主司處分, 各以所由爲罪, 明無連坐之法. 律旣但稱「殺人」, 卽明傷者無罪.

[율문2a] 만약 짓는 것이 있거나 허무는 것이 있는데 신중하게 대비하지 않아 과오로 사람을 살해한 경우 도1년반에 처하되,

[율문2b] 공장과 주사는 각각 그 말미암은 바에 따라 죄준다.

    [율문2a의 소] 의하여 말한다: 보수·건축 및 허물거나 무너뜨리는

것 따위가 있는데, 미리 신중하게 대비하지 않아 과오로 사람을 살해한 자[22]는 도1년반에 처한다는 것이다.

[율문2b의 소] "공장과 주사는 각각 그 말미암은 바에 따라 죄준다."는 것은, (사고가) 공장의 지휘로 말미암을 수도 있고 주사의 처분으로 말미암을 수도 있으므로 각각 그 말미암은 바에 따라 죄준다는 것이니, 연좌의 법(명40.2)이 적용되지 않음을 분명히 한 것이다. 율문에 원래 단지 "(과오로) 사람을 살해했다."고 칭했으니 상해한 것은 죄가 없다는 것이 분명하다.

제245조 천흥 22. 정·부의 차견을 공평하게 하지 않은 죄(丁夫差遣不平)

[律文1] 諸應差丁夫而差遣不平及欠剩者, 一人笞四十, 五人加一等, 罪止徒一年.

[律文2] 卽丁夫在役, 日滿不放者, 一日笞四十, 一日加一等, 罪止杖一百. 各坐其所由.

[律文1의 疏] 議曰: 差遣之法, 謂「先富强, 後貧弱; 先多丁, 後少丁」. 凡丁分番上役者, 家有兼丁, 要月; 家貧單身, 閑月之類. 違此不平及令人數欠剩者, 一人笞四十, 五人加一等, 罪止徒一年.

[律文2의 疏] 「卽丁夫在役」, 謂在役之人, 日滿不放者, 一日笞四十, 一日

---

22) 투송률의 오살(336, 투35.1)은 고의성이 없을 때의 처벌규정이다. 그러나 이율의 오살은 대비를 부실하게 하여 사망에 이르게 한 것으로 업무상 과실치사에 가깝다. 또한 과실살상(339, 투38)은 실형에 처하지 않고 속동을 징수하는 것이 원칙이나 여기에서는 적용되지 않는다.

加一等, 罪止杖一百. 注云「各坐其所由」, 謂止坐不放者所由之人, 明無連坐之法.

[율문1] 무릇 정·부를 차출하는데 차견이 공평하지 않거나 모자라거나 남게 한 자는, 1인이면 태40에 처하고 5인마다 1등씩 죄를 더하되 죄는 도1년에 그친다.

[율문2] 만약 정·부의 복역 기간이 만료되었는데도 풀어주지 않은 자는 1일이면 태40에 처하고, 1일마다 1등씩 더하되 죄는 장100에 그친다. 각각 그 말미암은 바에 따라 처벌한다.

[율문1의 소] 의하여 말한다: 차견하는 법은, "부유하고 강건한 자를 먼저하고, 가난하고 약한 자를 나중으로 하며, 정이 많은 호를 우선하고, 정이 적은 호를 나중으로 한다."(부역령, 습유690쪽)는 것을 말한다. 무릇 정을 분번하여 복역시키는 경우 집안에 겸정이 있으면 농번기에 할당하고, 집이 가난하고 단신이면 농한기에 할당한다. 이를 어기고 공평하게 하지 않거나 사람의 수가 모자라거나 남게 한 경우, 1인이면 태40에 처하고 5인마다 1등씩 더하되 죄는 도1년에 그친다.

[율문2의 소] "만약 복역하는 정·부"라는 것은 복역 중에 있는 사람을 말하며, 기간이 만료되었는데도 풀어주지 않은 경우, 1일이면 태40에 처하고 1일마다 1등씩 더하되 죄는 장100에 그친다. 주에 이르기를 "각각 그 말미암은 바에 따라 처벌한다."고 한 것은, 풀어주지 않은 것에 대한 책임이 있는 자만 처벌하는 것에 그치고, 연좌법(명40.2)이 적용되지 않는다는 것을 밝힌 것이다.

제246조 천흥 23. 정·부·잡장이 기일을 위반하고 도착하지 않은 죄(丁夫雜匠稽留)

[律文1] 諸被差充丁夫、雜匠而稽留不赴者, 一日笞三十, 三日加一等, 罪止杖一百;

[律文2] 將領主司加一等.

[律文3] 防人稽留者, 各加三等.

[律文4] 卽由將領者, 將領者獨坐. 餘條將領稽留者, 準此.

　[律文1의 疏] 議曰: 丁夫、雜匠被官差遣, 不依程限而稽留不赴者, 一日笞三十, 三日加一等, 罪止杖一百.

　[律文2의 疏] 「將領主司加一等」, 主司謂親領監當者, 一日笞四十, 三日加一等, 罪止徒一年.

　[律文3의 疏] 其「防人稽留者, 各加三等」, 一日杖六十, 三日加一等, 罪止徒二年. 其將領主司亦加一等.

　[律文4의 疏] 若由將領主司稽留, 丁夫、雜匠、防人不合得罪, 唯罪將領之人, 故云「將領者獨坐」. 注云「餘條將領稽留者, 準此」, 餘條謂征人等, 但是差行有主司將領, 本條無將領罪名, 事由將領者, 皆將領者獨坐.

[율문1] 무릇 차출되어 충당된 정·부·잡장이 지체하며 부임하지 않은 때에는, 1일이면 태30에 처하고 3일마다 1등씩 죄를 더하되 죄는 장100에 그친다.

[율문2] 인솔하는 주사는 1등을 더한다.

[율문3] 방인이 지체한 때에는 각각 3등을 더한다.

[율문4] 만약 인솔자로 말미암았다면 인솔자만 처벌한다. 다른 조

항의 인솔자가 지체한 경우는 이에 준한다.

[율문1의 소] 의하여 말한다: 정·부·잡장이 관에 의해 차견되었는데 규정된 기한에 따르지 않고 지체하며 부임하지 않은 때에는 1일이면 태30에 처하고, 3일마다 1등씩 더하되 죄는 장100에 그친다.

[율문2의 소] "인솔하는 주사는 1등을 더한다."에서 주사란 친히 인솔하거나 감독하는 자를 말하며, (지체한 것이) 1일이면 태40에 처하고 3일마다 1등씩 죄를 더하되 죄는 도1년에 그친다.

[율문3의 소] "방인이 지체한 때에는 각각 3등을 더한다."고 하였으니, 1일이면 장60에 처하고 3일마다 1등씩 죄를 더하되 죄는 도2년에 그친다. 그 인솔하는 주사도 역시 1등을 더한다.

[율문4의 소] 만약 인솔하는 주사로 말미암아 지체하였으면 정·부·잡장·방인은 죄를 받아서는 안 되고 오직 인솔한 사람만을 처벌하므로 "인솔자만 처벌한다."고 한 것이다. 주에 "다른 조항의 인솔자가 지체한 경우는 이에 준한다."고 한 것에서 다른 조항이라는 것은, 정인 등이 차출되어 감에 주사가 인솔하는 것이 있으나 본조에 인솔자에 대한 죄명이 없는 경우를 말하며, 일이 인솔자로 말미암은 경우에는 모두 인솔자만 처벌한다는 것이다.

제247조 천흥 24. 정·부·잡장·병인·방인을 사사로이 사역시킨 죄(私使丁夫雜匠)

[律文1] 諸丁夫、雜匠在役而監當官司私使，及主司於職掌之所私使兵防者，各計庸準盜論；

[律文2] 卽私使兵防出城、鎭者，加一等.

[律文1의 疏] 議曰: 丁夫、雜匠見在官役役限之內, 而監當官司私役使;「及主司」, 謂應判署及親監當兵防之人, 於職掌之所私使:「各計庸準盜論」, 謂從丁夫以下各計私使之庸準盜論, 卽雜使計庸不滿尺者, 從「盜不得財」笞五十.

[律文2의 疏] 兵、防竝據城隍內使者, 若私使出城、鎭加罪一等, 謂計庸加準盜論罪一等. 卽强使者, 依職制律:「强者加二等, 餘條强者準此.」若强使兵、防出城者, 卽亦於本罪加一等上累加. 雖稱丁夫、雜匠及兵、防, 非在役限內而使者, 丁夫、雜匠依上條「日滿不放」笞四十, 一日加一等, 罪止杖一百; 兵、防從「代到不放」, 一日杖九十, 三日加一等, 罪止徒一年半. 計庸重者, 若見是監臨官, 依「役使所監臨」之罪; 其非本部官者, 依「不應得爲」從輕笞四十, 庸多得罪重者依職制律:「去官而受舊官屬、士庶饋與若乞取、借貸之屬, 各減在官時三等.」非監臨官私使亦於準盜論上減三等.

[율문1] 무릇 정·부·잡장이 복역 중인데 감독하는 관사가 사적으로 사역하거나, 주사가 관장하는 곳에서 병인·방인을 사적으로 사역한 경우에는 각각 노임을 계산하여 절도에 준하여 논한다.

[율문2] 만약 성·진을 벗어나서 병인·방인을 사적으로 사역한 때에는 1등을 더한다.

[율문1의 소] 의하여 말한다: 정부·잡장이 현재 관에 복역하고 있고 복역 기한 내인데 감독하는 관사가 사적으로 사역하거나, 주사가 -판하고 서명하는 자 및 병인·방인을 직접 감독하는 자를 말한다.- 관장하는 곳에서 사적으로 사역하면 "각각 노임을 계산하여 절도에 준하여 논한다."는 것은, 정부 이하를 각각 사적으로 사역한 노임을 계산한 것에 따라 절도에 준하여 논한다는 것이다. 만약 잡다하게 사역하였으나 노임을 계산해 1척에 차지 않으면 "절도하였으나 재물을 얻지 못한 죄"(적35.1)에 따라 태50에 처한다.

[율문2의 소] (여기서) 병인·방인은 모두 성 내에서 사역한 것에 의

거하며, 만약 성·진을 벗어나서 사적으로 사역하면 죄 1등을 더한다는 것은 노임을 계산하여 절도에 준하여 논하고 죄 1등을 더한다는 것이다. 만약 강제로 사역한 자는 직제율(직52.1c)의 "강제한 자는 (각각) 2등을 더한다. 다른 조항의 강제한 자는 이에 준한다."는 조문에 따른다. 병인·방인을 강제로 사역한 것이 성을 벗어났다면 본죄에서 1등을 더한 것에 다시 누가한다. 비록 정부·잡장이나 병인·방인이라고 칭하더라도 복역 기한이 아닌데 사역한 경우에는 정부와 잡장은 위 조항(천22.2)의 "(복역)일이 찼는데도 풀어주지 않은 기일"에 의거하여 태40에 처하고 1일마다 1등씩 더하되 죄는 장100에 그치며, 병인·방인은 "교대근무자가 도착하였는데도 풀어주지 않은 경우"(천16.1b)에 따라 1일이면 장90이고 3일마다 1등씩 죄를 더하되 죄는 도1년반에 그친다. 노임을 계산한 쪽이 무거운 경우에는 만약 현재 감림관인 경우는 "감림하는 바를 사역한" 죄(직53.1)에 의거하며, 단 본부의 관이 아닌 경우에는 '해서는 안되는데 행한 (죄)'의 가벼운 쪽(잡62.1)에 따라 태40에 처한다. 노임의 액수가 많아 죄를 받는 것이 무거운 경우에는 직제율(직57)의 "관을 떠나면서 옛 관속이나 사서가 보낸 재물을 받거나 또는 걸취하거나 빌린 것 따위는 각각 관에 있을 때에서 3등을 감한다."는 조문에 의거하며, 감림관이 아니면서 사적으로 사역했다면 역시 절도에 준하여 논하되 3등을 감한다.

당률소의 권 제17 적도율 모두 13조

역주 이완석

[疏] 議曰: 賊盜律者, 魏文侯時里悝首制法經, 有盜法、賊法, 以爲法之篇目. 自秦、漢逮至後魏, 皆名賊律、盜律. 北齊合爲賊盜律. 後周爲劫盜律, 復有賊叛律. 隋開皇合爲賊盜律, 至今不改. 前禁擅發兵馬, 此須防止賊盜, 故次擅興之下.

[소] 의하여 말한다: 적도율은, (전국) 위 문후 때 이회가 처음 편찬한 『법경』에 도법·적법이 있어, 법의 편목으로 삼은 것이다. 진·한에서 북위까지 모두 (편)명을 적률·도율이라 하였는대, 북제에서 합쳐서 적도율이라 하였다. 북주에서는 겁도율이라 하였는데 또 적반율이 있었다. 수의 개황(률)에서 (이를) 합쳐 적도율이라 하였으며, 지금까지 고치지 않았다.[1] 앞 편에서는 군대를 함부로 출동하는 것을 금하였으므로, 여기에서는 모름지기 적·도를 방지하여야 한다. 그러므로 천흥률의 다음에 둔 것이다.

제248조 적도 1. 모반 및 대역의 죄(謀反·大逆)

[律文1a] 諸謀反及大逆者, 皆斬;
[律文1b] 父子年十六以上皆絞,

---

1) 전국시대 魏의 이회는 盜法·賊法·囚法·捕法·雜法·具法의 6편으로 구성된 『법경』을 찬하였다. 商鞅이 『법경』을 전해서 시행한 秦에서도 『법경』의 편목을 사용하였다. 漢의 蕭何가 興·廐·戶를 더하여 九章律을 만들었고, 삼국시대 위는 漢律의 盜律·賊律을 나누어 劫略律·詐律·毀亡律·請求律 등을 만들었으나 盜律·賊律은 그대로 유지하였다. 晉律에는 盜律·賊律이 존재하였다. 남조 宋·陳은 晉律을 사용하였고 梁律에는 盜劫·賊叛이 존재하였다. 北齊律에는 賊盜이, 北周律에는 劫盜·賊叛이 존재하였다. 隋律에는 賊盜가 존재하였다(『唐六典』권6, 180~183쪽; 『역주당육전』상, 550~568쪽).

[律文1c] 十五以下及母女、妻妾、子妻妾亦同.　祖孫、兄弟、姊妹若部曲、資財、
田宅並沒官,

[律文1d] 男夫年八十及篤疾、婦人年六十及廢疾者並免: 餘條婦人應緣坐者,
準此.

[律文1e] 伯叔父, 兄弟之子皆流三千里, 不限籍之同異.

[律文1a의 疏] 議曰: 人君者, 與天地合德, 與日月齊明, 上祇寶命, 下臨率
土. 而有狡竪凶徒, 謀危社稷, 始興狂計, 其事未行, 將而必誅, 卽同眞反. 名
例稱:「謀者, 二人以上.」若事已彰明, 雖一人同二人之法. 大逆者, 謂謀毁
宗廟、山陵及宮闕. 反則止據始謀, 大逆謂其行訖. 故謀反及大逆者皆斬,

[律文1b의 疏] 父子年十六以上皆絞. 言「皆」者, 罪無首從.

[律文1c의 疏] 十五以下及母女、妻妾, 注云「子妻妾亦同」, 祖孫、兄弟、姊妹若
部曲、資財、田宅, 並沒官. 部曲不同資財, 故特言之. 部曲妻及客女, 並與部
曲同. 奴婢同資財, 故不別言.

[律文1d의 疏] 男夫年八十及篤疾, 婦人年六十及廢疾, 並免緣坐. 注云
「餘條婦人應緣坐者, 準此」, 謂「謀叛已上道」及「殺一家非死罪三人」, 并「告
賊消息」, 此等之罪緣坐各及婦人, 其年六十及廢疾亦免. 故云「婦人應緣坐
者, 準此」.

[律文1e의 疏] 「伯叔父、兄弟之子皆流三千里, 不限籍之同異」, 雖與反逆人
別籍, 得罪皆同. 若出繼同堂以外, 卽不合緣坐.

[율문1a] 무릇 모반 및 대역한 자는 모두 참형에 처하고,

[율문1b] (죄인의) 부와 16세 이상의 자는 모두 교형에 처하며,

[율문1c] 15세 이하의 (자) 및 모녀·처첩 자의 처첩도 역시 같다. 조·
손·형제·자매 그리고 부곡·자재·전택은 모두 관에 몰수하되,

[율문1d] 남자는 80세 (이상) 및 독질인 경우, 부인은 60세 (이상)

및 폐질인 경우 모두 (연좌를) 면제한다. 다른 조항에서 부인을 연좌해야 할 경우에는 이에 준한다.

[율문1e] 백·숙부와 형제의 자는 모두 유3000리에 처하되, 호적의 같고 다름을 구분하지 않는다.

[율문1a의 소] 의하여 말한다: 인군이란 천지와 더불어 덕을 짝하고 일월과 더불어 밝음이 같으며(『주역정의』권1, 27쪽), 위로부터 천명을 받아 아래로 천하에 군림한다. 그런데도 교활하고 흉악한 무리가 있어 황제를 위해하려고 모의하여(명6.1) 바야흐로 광망한 계획을 세웠을 경우, 그 일을 아직 실행하지 않았더라도 도모하였다면 반드시 주살하니 곧 진반과 같다.[2] 명례(명55.5)에 말하기를 "모라 칭한 것은 2인 이상이다."라고 하였다. 만약 모의의 정상이 이미 명백히 드러났다면 1인이라도 2인과 같은 법(을 적용)한다. 대역[3] 이라는 것은 종묘·산릉 및 궁궐을 훼손하려고 모의한 것을 말한다 (명6.2). 반은 곧 단지 처음 모의를 시작한 것에 근거하지만, 대역은 그것을 실행한 것을 말한다. 그러므로 모반 및 대역한 자는 모두 참형에 처하고,

[율문1b의 소] 부와 16세 이상의 자[4]는 모두 교형에 처한다. "모두"

---

2) 모반은 명례(명6.1)에서 정의한 바와 같이 황제에게 위해를 가하려고 모의한 것을 구성요건으로 한다. 그 소에서는 『春秋公羊傳』을 인용하면서 도모하면 반드시 주멸한다고 하여 장차 역심을 품고 君·父를 위해하려는 자는 반드시 주살하라고 하였다. 모반은 반을 몰래 모의하고 예비하는 것만으로 극형을 가하며 실행에 착수[真反]했는가 아닌가는 문제가 되지 않는다.

3) 대역은 십악(명6.2)의 두 번째 죄명인 모대역을 시행한 것이다. 모대역은 종묘·산릉 및 궁궐을 훼손하려고 모의한 것을 그 구성요건으로 한다. 모반과 달리, 대역을 모의한 경우[모대역]와 착수하여 실행한 경우[대역]의 형이 각각 다르다. 모대역은 교형에 처하나, 대역은 모반과 동일하게 참형에 처하고 친속을 연좌하며 자재 등을 관에 몰수한다.

4) 율에서 '子'라고 칭한 것은 아들과 딸 모두를 가리키지만, 연좌할 경우에는 딸이 제외된다(명52.5). 다만 모반·대역의 죄(248, 적1.1)에서 딸은 연좌는 되지

라고 말한 것은 죄에 수범·종범의 (구분이) 없다는 것이다(명43.2).

[율문1c의 소] 15세 이하의 (자) 및 모녀·처첩 -주에 "자의 처첩도 역시 같다."고 하였다.- 조·손5)·형제·자매 그리고 부곡·자재·전택은 모두 관에 몰수한다. 부곡은 자재와 같지 않으므로 특별히 언급한 것이다. 부곡처 및 객녀는 모두 부곡과 같다. 노비는 자재와 같으므로 별도로 언급하지 않은 것이다.

[율문1d의 소] 남자는 80세 이상 및 독질6)인 경우, 부인은 60세 이상 및 폐질이면 모두 연좌를 면제한다.7) 주에 "다른 조항에서 부인을 연좌할 경우에는 이 조항에 준한다."고 한 것은, "반을 모의하여 이미 길을 나선" 것(적4.2b) 및 "1가 내 사죄에 해당하지 않는 3인을 살해한" 것(적12)과 아울러 "적에게 소식을 알린" 것(천9.1b) 등의 죄는 각각 부인에게까지 연좌가 미치지만, 그 나이가 60세 이상이거나 폐질인 경우에는 역시 면제한다는 것을 말한다. 그러므로 "부인을 연좌할 경우에는 이에 준한다."고 한 것이다.

만 사죄가 아닌 몰관의 대상이 된다.

5) '祖'는 조부모를 가리키며 남편이 없는 조모는 포함되지 않는다(249, 적2.2의 소). 조·손은 증조와 고조, 증손과 현손을 포함한다(명52.1·2).

6) '疾'은 신체의 장애를 의미하며, 그 정도에 따라 殘疾·廢疾·篤疾의 3단계로 나눈다. 폐질은 언어장애[癡瘂], 왜소증[侏儒], 척추장애[腰脊折], 사지 가운데 하나가 장애인 경우[一肢廢]이다. 독질은 난치병[惡疾], 정신질환[癲狂], 사지 가운데 둘이 장애인 경우[二支廢], 두 눈이 모두 먼 경우[兩目盲] 등이다(『宋刑統』권12, 190쪽; 『白氏六帖事類集』권9, 疾).

7) 율에서는 나이와 질병·장애의 정도에 따라 형을 완화하였다. 즉 나이 70세 이상인 자와 15세 이하인 자 및 廢疾인 자가 유죄 이하의 죄를 범하면 속동을 징수한다. 80세 이상과 10세 이하 및 篤疾은 謀反·모대역·살인으로 사형에 처해야 할 경우에는 上請하며, 盜 및 사람을 상해한 경우 역시 속동을 징수하고, 나머지 죄는 모두 논하지 않는다. 90세 이상 및 7세 이하는 비록 사죄가 있더라도 형을 집행하지 않는다. 다만 加役流·反逆緣坐流·會赦猶流의 죄를 범한 경우, 유배 장소에서 거작을 면제한다(명30). 본 조항은 반역연좌가 면제되는 나이와 질병·장애 요건을 규정하고 있다.

[율문1e의 소] "백숙부와 형제의 자는 모두 유3000리에 처하되, 호적의 같고 다름을 구분하지 않는다."고 하였으니, (백숙부와 형제의 자는) 비록 모반·대역한 자와 호적이 다르더라도 죄를 받는 것은 모두 같다. 만약 동당 이외의 친속에게 출계하였다면8) 연좌에 해당하지 않는다.

[律文2a] 卽雖謀反, 詞理不能動衆, 威力不足率人者, 亦皆斬; 謂結謀眞實, 而不能爲害者. 若自述休徵, 假託靈異, 妄稱兵馬, 虛說反由, 傳惑衆人而無眞狀可驗者, 自從祅法.

[律文2b] 父子、母女、妻妾並流三千里,

[律文2c] 資財不在沒限.

[律文3] 其謀大逆者, 絞.

　　[律文2a의 疏] 議曰: 卽雖謀反者, 謂雖構亂常之詞, 不足動衆人之意; 雖騁凶威若力, 不能驅率得人; 雖有反謀, 無能爲害者: 亦皆斬.

　　[律文2b의 疏] 父子、母女、妻妾並流三千里,

　　[律文2c의 疏] 資財不在沒限. 注云「謂結謀眞實, 而不能爲害者」. 若自述休徵, 言身有善應; 或假託靈異, 妄稱兵馬; 或虛論反狀, 妄說反由: 如此傳惑衆人, 而無眞狀可驗者,「自從祅法」, 謂一身合絞, 妻子不合緣坐.

　　[律文3의 疏]「謀大逆者, 絞」, 上文「大逆」卽據逆事已行, 此爲謀而未行, 唯得絞罪. 律不稱「皆」, 自依首從之法.

[율문2a] 만약 비록 반을 모의했더라도 말의 이치가 군중을 선동

---

8) 백숙부 외의 叔行 친속의 양자가 되는 것을 의미한다. 이 경우는 적도율(249. 적2.3b)에 규정된 바대로 養家를 따라 연좌한다. 이와 상대적으로 '동당에 出繼'한 것, 예를 들어 출계한 자의 本生의 父 혹은 조부가 反·逆을 범했다면 각각 그들의 형제의 자·손에 해당하기 때문에 본생에 따라서 연좌하는 것이다.

할만하지 못하거나 위엄과 세력이 사람을 이끌 정도는 못되는 경우라도 모두 참형에 처하고, (반을) 모의한 것은 사실이지만 위해가 되지 못하는 것을 말한다. 예컨대 스스로에게 상서로운 징조가 있다는 말을 지어내거나, 영물이나 이적에 가탁해서 망령되게 전쟁이 일어난다고 말하거나, 근거 없이 반이 일어날 이유를 설파하거나, (이를) 전하여 뭇사람을 미혹하게 했으나 검증할 수 있는 진상이 없을 경우에는 당연히 요서·요언을 지어낸 자에 대한 법에 따른다.

[율문2b] 부자·모녀·처첩은 모두 유3000리에 처하되,

[율문2c] 자재는 관에 몰수하는 범위에 넣지 않는다.

[율문3] 단 대역을 모의한 자는 교형에 처한다.

[율문2a의 소] 의하여 말한다: "만약 비록 반을 모의했더라도"라는 것은, 비록 강상을 어지럽히겠다는 말을 꾸몄으나 뭇 사람의 뜻을 움직이기에 부족하고, 흉악한 위엄 또는 세력을 빙자했더라도 사람을 이끌 정도는 못되어, 비록 반을 모의한 것은 있으나 해가 되지 못하는 경우라도 (죄인 본인은) 모두 참형에 처한다는 것을 말한다.

[율문2b의 소] (죄인의) 부자·모녀·처첩은 모두 유3000리에 처하고,9)

[율문2c의 소] 자재는 관에 몰수하는 범위에 넣지 않는다. 주에서는 "(반을) 모의한 것은 사실이지만 위해가 되지 못하는 것을 말한다."고 하였다. 예컨대 스스로에게 상서로운 징조가 있다는 말을 지어내어 자신에게 좋은 (하늘의) 응답이 있을 것이라고 말하거나, 혹은 영물이나 이적에 가탁해서 망령되이 전쟁이 일어난다고 말하

---

9) 모반·대역에 연좌된 反逆緣坐流는 연좌 대상이 늙거나 병들어도 속을 허용하지 않는다. 부인은 留住法에 따라 장(100)을 치고 현 거주지에서 노역 3년을 과한다(명11.2b). 다만 관품이 있는 부인은 유형을 도4년으로 비정하여 관당하는 법에 따르고, 또한 제명한다. 그 딸 및 처·첩의 나이가 15세 이하나 60세 이상이면 역시 유형을 면제하고 동 100근을 징수한다(명30.1의 주의 소).

거나, 근거 없이 반역이 일어날 정황을 논하여 망령되이 반역이 일어날 이유를 떠들거나, 이와 같은 것들을 전하여 뭇 사람을 미혹하게 했으나 검증할 수 있는 진상이 없는 경우에는 "당연히 요서·요언을 지어낸 자에 대한 법(적21.1)에 따른다."고 하였는데, 이는 죄인 자신만 교형에 처하고 처자는 연좌하지 않는다는 것을 말한다.

[율문3의 소] "대역을 모의한 자는 교형에 처한다."고 하였고 앞 조문에서는 "대역"은 곧 대역의 일을 이미 실행된 것에 근거한다 하였는데, 여기에서는 모의했으나 아직 실행하지 않았으므로 오직 교형의 죄를 받는 것이다. 율에 "모두"라고 말하지 않았으므로(명43.2) 당연히 수범·종범을 구분하는 법에 따른다.[10]

[律文3의 問] 曰: 反、逆人應緣坐, 其妻妾據本法雖會赦猶離之、正之; 其繼、養子孫依本法雖會赦合正之. 準離之、正之, 卽不在緣坐之限. 反、逆事彰之後始訴離之、正之, 如此之類, 並合放免以否?

[律文3의 答] 曰: 刑法愼於開塞, 一律不可兩科, 執憲履繩, 務從折中. 違法之輩, 已汨朝章, 雖經大恩, 法須離、正. 離、正之色, 卽是凡人. 離、正不可爲親, 須從本宗緣坐.

[율문3의 문] 묻습니다: 모반·대역의 (죄)인은 마땅히 연좌하고, 그 처첩은 본법(호45.1)에 의거하여 비록 은사령이 내리더라도 여전히 이혼시키고 (본래의 신분으로) 바로잡으며, 그 (출)계·(입)양된 자·손은 본법(명36의 주1)에 의거하여 은사령을 만나더라도 (이전의 신분으로) 바로잡아야 합니다. 이혼시키고 (본래의 신분으로) 바로잡

---

10) 모반·대역과 달리 '모두'라고 말하지 않았기 때문에 주모자를 수범으로 하고, 수종자는 1등을 감하는 법(명42.1)에 따른다는 것을 말한다. 또한 원래 情을 함께 하지 않고 일시적으로 선동된 자는 적도율(251, 적4)에 따라 죄를 받지 않는다.

은 것에 준하면 곧 연좌의 범위에 있지 않습니다. 모반·대역의 모의의 정상이 명확하게 드러난 후에 비로소 이혼하거나 (본래의 신분으로) 바로잡아줄 것을 소원하였다면 이와 같은 따위는 모두 방면에 해당합니까?

[율문3의 답] 답한다: 형법은 벌주고 아니하고를 신중해야 하고 같은 법률로 다른 죄를 주어서는 안 되니, 법을 집행할 때는 원칙에 따라 공평하도록 힘써야 한다. 법률을 위반한 무리가 이미 조정의 헌장을 문란하게 하였다면 대(사령)이 내리더라도 법은 반드시 이혼시키고 (본래의 신분으로) 바로잡는다. 이혼하거나 (본래의 신분으로) 바로잡은 사람은 곧 (죄인과 관계가 없는) 남남이다. 이혼하거나 (본래의 신분으로) 바로잡았다면 친속이 될 수 없으니, 반드시 본종에 따라 연좌한다.11)

제249조 적도 2. 연좌되지 않는 자와 면류자의 자재(緣坐非同居)

[律文1] 諸緣坐非同居者, 資財、田宅不在沒限.

[律文2] 雖同居非緣坐, 及緣坐人子孫應免流者, 各準分法留還. 老、疾得免者, 各準一子分法.

---

11) 율에 의하면, 위법한 혼인이나 양자는 은사령이 내린 경우라도 혼인·양자가 무효가 되어 원래 신분으로 되돌린다(194, 호45.1; 명36의 주1). 혼인·양자가 무효가 되면 女는 夫家와, 子는 養家와의 사이에 친족관계는 당연히 소멸되고 그들은 각각 부가·양가에 따라 연좌되지 않는다. 이 문답에서는 이를 전제로 하고서 反·大逆이 발각된 후에라도 위법한 신분상태의 해소를 청구하는 訴가 있을 경우 일관성 있게 연좌하지 않음을 확인하고 있다.

[律文1의 疏] 議曰: 「緣坐非同居者」, 謂謀反、大逆人親伯叔兄弟已分異訖, 田宅、資財不在沒限.

[律文2의 疏] 雖見同居準律非緣坐, 謂非期以上親及子孫, 其祖母及伯叔母、姑、兄弟妻, 各謂無夫者, 律文不載, 並非緣坐; 其「緣坐人子孫」, 謂伯叔子及兄弟孫, 據律亦不緣坐. 「各準分法留還」, 謂未經分異, 犯罪之後, 並準戶令分法. 其孫婦雖非緣坐, 夫沒即合歸宗, 準法不入分限. 注云「老、疾得免者」, 男夫年八十及篤疾, 婦人年六十及廢疾, 各準戶內應分人多少, 人別得準一子分法留還.

[율문1] 무릇 (모반·대역에) 연좌되었으나 동거자가 아닌 경우 자재·전택은 관에 몰수하는 범위에 포함하지 않는다.

[율문2] 동거자이더라도 연좌되지 않거나 연좌되는 사람의 자·손이 유형이 면제된 때에는 각각 분(재)법에 준하여 남겨서 돌려준다. 노·질로 면제된 때에는 각각 일자분법에 따른다.

[율문1의 쇼] 의하여 말한다: "(모반·대역에) 연좌되었으나 동거12)가 아닌 경우"라는 것은, 모반·대역한 사람의 백숙부모·형제가 이미 재산을 나누고 호적을 달리한 경우를 말하며, (이들의) 전택·자재는 관에 몰수하는 범위에 넣지 않는다.

[율문2의 쇼] 비록 현재 동거자이더라도 율에 준하여 연좌되지 않는 경우라는 것은, 기친 이상의 친속 및 자·손이 아니거나 또는 조모 및 백숙모·고모·형제의 처는 -모두 남편이 없는 자를 말한다.- 율문(적1)에 기재되지 않았으니 모두 연좌하지 않음을 말한다.13) 그

---

12) 동거는 재산을 공유하고 같이 거주하는 것을 말하는데, 호적이 같고 다름을 구분하지 않고 비록 服이 없는 자라도 함께 살고 있다면 모두 동거이다(명 46.1a의 쇼)

13) 만약 남편이 관에 몰수된다면 그 처는 쇼의 뒷부분에 나오는 손부의 예처럼 생가로 되돌아가야 할 것이고, 만약 남편이 연좌에 의해 유배된다면 그 처는

"연좌되는 사람의 자·손"이라는 것은 백숙부모의 자 및 형제의 손을 말하며, 율(적1.1)에 의거하여 역시 연좌되지 않는다. "각각 분(재)법에 준하여 남겨서 돌려준다."는 것은, 아직 분이하지 않았다면 죄를 범한 후라도 모두 호령(습유245쪽)의 분(재)법[14]에 따른다는 것을 말한다. 단 손부는 연좌되지 않지만 남편이 관에 몰수되면 곧 친정으로 돌아가야 하므로, 법에 따라 분재의 범위에 속하지 않는다. 주에 이르기를 "노·질로 면제된 경우"라고 하였는데, 남자는 80세 이상 및 독질인 경우와 여자는 60세 이상 및 폐질인 경우 각각 호 내의 재산을 분배받을 수 있는 사람[15]의 다소에 준하여 사람별로 일자분법에 따라 남겨서 돌려주는 것을 받는다는 것이다.

[律文2의 問] 曰:「老疾得免者, 各準一子分法.」假有一人年八十, 有三男、十孫, 或一孫反逆, 或一男見在; 或三男俱死, 唯有十孫. 老者若爲留分?

[律文2의 答] 曰: 男但一人見在, 依令作三男分法, 添老者一人, 即爲四分. 若三男死盡, 依令諸子均分, 老人共十孫爲十一分, 留一分與老者, 是爲「各準

율(명24.2a)에 따라 남편을 따라가야 한다. 또한 고모는 기혼·미혼이던 간에 연좌의 대상이 아니고, 고모의 남편도 연좌하는 대상이 아니기 때문에 여기에 포함된 것은 잘못이다(戴炎輝, 『唐律各論』上, 349~350쪽).

14) 영에 규정된 분재법을 정리하면 다음과 같다. (1) 남자 ① 원칙상 형제가 균분한다. ② 형제 가운데 사망자가 있으면, 자식이 그 몫을 승계한다. ③ 만약 형제[가장의 아들들]가 모두 죽은 경우에는 아들[가장의 손자들]이 균분해서 승계한다. (2) 과부 ① 형제들이 균분하는 경우 당연히 처의 몫은 없다. ② 형제 중에 사망자가 있고 자식이 없는 경우 자식이 아비의 몫을 승계한다. ③ 형제가 모두 죽고 그 아들들이 균분하는 경우, 각 과부는 '일자분법'과 같다. 즉 이미 죽은 형제의 자식들과 같다. 바꾸어 말하면 손자 각각의 몫과 같다. (3) 미혼남녀의 결혼자금 ① 남자는 따로 결혼자금을 나누어 얻는다. ② 결혼하지 않은 고모·자매는 그것의 반을 얻는다. 이미 출가한 자는 나누어 받을 대상이 아니다(『唐令拾遺』, 245쪽).

15) '應分人'이란 가산을 공유하고 유산을 분배받을 수 있는 사람이다. 동거인이라도 첩은 해당되지 않는다.

一子分法」.

[율문2의 문] 묻습니다: "노·질로 면제된 경우에는 각각 일자분법에 따른다."고 하였습니다. 가령 80세의 1인과 3남 10손이 있는데, 혹은 1손이 반·역하고 1남만 생존해 있거나 혹은 3남이 모두 사망하고 10손만 생존해 있는 경우에 노인에게 어떻게 남겨서 나누어 줍니까?

[율문2의 답] 답한다: 1남만 생존해 있다면 영에 의거하여 3남분법으로 하고 여기에 노 1인을 더해서 곧 4분으로 한다. 만약 3남 모두 사망하였다면 영에 의거해서 (3남의) 모든 자가 균분하므로 노인과 10손을 합하여 모두 11분으로 하고 1분을 남겨서 노인에게 주는데, 이것이 "각각 일자분법에 따른다."는 것이다.

[律文3a] 若女許嫁已定, 歸其夫.

[律文3b] 出養、入道及娉妻未成者, 不追坐. 出養者, 從所養坐.

[律文4] 道士及婦人若部曲、奴婢犯反逆者, 止坐其身.

[律文3a의 疏] 議曰:「女許嫁已定」, 謂有許婚之書及私約或已納娉財, 雖未成皆歸其夫.

[律文3b의 疏] 「出養」, 謂男女爲人所養;「入道」, 謂爲道士、女官若僧、尼;「娉妻未成者」, 雖克吉日, 男女未相見: 並不追坐. 出養者從所養家緣坐, 不涉本生.

[律文4의 疏] 「道士及婦人」, 稱道士, 僧、尼亦同; 婦人不限在室及出嫁、入道. 若部曲、奴婢者, 奴婢不限官、私.「犯反逆者, 止坐其身」, 自道士以下, 若犯謀反、大逆, 並無緣坐, 故云「止坐其身」.

[율문3a] 만약 딸의 출가를 허락해서 혼인이 이미 정해졌다면 (딸은) 그 남편에게 귀속되고,

[율문3b] 출양·입도(한 자) 및 정혼하고 아직 (혼인이) 성립하지 경우의 (여자는 본가의 죄에) 소급해서 연좌하지 않는다. 출양자는 출양된 곳에 따라 연좌한다.

[율문4] 도사 및 부인 또는 부곡·노비가 모반·대역을 범하였다면 그 당사자만 처벌한다.

[율문3a의 소] 의하여 말한다: "딸의 출가를 허락해서 혼인이 이미 정해졌다."는 것은 혼인을 허락한 서면 및 사약이 있거나 혹은 이미 빙재를 받은 것을 말하며,16) 비록 아직 (혼인이) 성립하지 않았더라도 모두 그 남편에게 귀속된다.

[율문3b의 소] "출양"은 남·여가 다른 사람에게 입양되는 것을 말하고, "입도"는 도사·여관 또는 승·니가 되는 것을 말하며, "정혼하고 아직 (혼인이) 성립하지 경우"라는 것은 길일을 정했더라도 남녀가 아직 서로 만나지 않은 것을 말하는데, 모두 (본가의 죄에) 소급하여 연좌하지 않는다. 출양자는 입양되는 집에 따라 연좌하며 본가와는 무관하다.

[율문4의 소] "도사 및 부인"이라고 하여 도사만 칭하였으나 승·니도 역시 같고(명57.1), 부인은 재실·출가나 입도를 구분하지 않는다. "부곡·노비"에서 노비는 관·사를 구분하지 않는다. "모반·대역을 범하였다면 그 당사자만 처벌한다."고 하였는데, 도사 이하 (부인·

---

16) 혼인 약속의 요건이나 효력에 관해서는 호혼율(175, 호26.1)에 규정되어 있다. '許婚之書' 즉 혼서는 실질적인 합의가 성립한 후에 정식으로 예를 갖추어 주고받는 문서이며, 남자 집에서 혼서를 보내 예를 갖춰 청혼하면 여자 집에서 답서로 허락한다. '私約'은 남편 될 자의 나이·질병과 장애·양자와 서자 여부 따위를 알리어 혼인을 약속한 것을 말한다. 娉財는 남자 집에서 여자 집으로 보내는 약혼 예물로, '허혼지서'가 없어도 빙재를 받았다면 혼인 약속이 성립한다. 즉 율에서는 '허혼지서', '사약', '빙재' 중에서 어느 하나만 이루어졌어도 혼인이 정해진 것으로 인정된다.

부곡·노비가) 모반·대역을 범하였다면 모두 연좌하지 않으므로 "그 당사자만 처벌한다."고 한 것이다.

[律文4의 問] 曰: 雜戶及太常音聲人犯反、逆, 有緣坐否?

[律文4의 答] 曰: 雜戶及太常音聲人各附縣貫, 受田、進丁、老免與百姓同, 其有反、逆及應緣坐亦與百姓無別. 若工、樂、官戶不附州縣貫者, 與部曲例同, 止坐其身, 更無緣坐.

[율문4의 문] 묻습니다: 잡호 및 태상음성인이 반·(대)역을 범하였다면 연좌가 있습니까?

[율문4의 답] 답한다: 잡호 및 태상음성인은 각각 현의 적관에 기재되어 있고, 수전·진정·노면도 백성과 같다(전령 습유639쪽). 그들에게 반·(대)역 및 연좌해야 할 (죄가) 있으면 백성과 다르지 않다. 만약 공호·악호·관호와 같이 주·현의 적관에 기재되지 않는 자는 부곡의 예와 같이 그 당사자만을 처벌하며 다시 연좌는 없다.17)

---

17) 관·사노비보다 한 단계 위의 천인으로 관호와 부곡이 있으며, 관호가 다시 한 단계 해방된 것이 잡호이다. 또한 주·현의 호적에 오르지 않았다는 점에서 관호와 공통점을 지니나, 특기를 지니고 관에 복역하여 관호보다 약간 상위인 공호·악호가 있다. 잡호는 주현의 호적에 오른다는 점에서 양인과 같으나, 통상의 과역 대신에 관사에 번상 노역한다는 것이 양인과 다르다. 악호가 한 번 해방되면 주현의 호적을 지닌 태상음성인이 되고, 태상음성인은 잡호보다 지위가 높아 거의 양인과 동등하다(일본역『唐律疏議』1, 162~165쪽, 주1).

제250조 적도 3. 입으로 반하겠다고 말한 죄(口陳欲反之言)

[律文] 諸口陳欲反之言, 心無眞實之計, 而無狀可尋者, 流二千里.

  [律文의 疏] 議曰: 有人實無謀危之計, 口出欲反之言, 勘無實狀可尋, 妄爲狂 悖之語者, 流二千里. 若有口陳欲逆·叛之言, 勘無眞實之狀, 律·令旣無條制, 各從「不應爲重」.

[율문] 무릇 입으로는 반하겠다는 말을 했으나 마음으로는 실질 적인 계책이 없고, (모반의) 정상을 찾을 수 없는 경우에는 유 2000리에 처한다.

  [율문의 소] 의하여 말한다: 어떤 사람이 실제로 위해를 도모할 계책 도 없이 입으로 반하겠다는 말을 했으나 조사해서 실질적인 정상 을 찾을 수 없거나, 망령되이 광패한 말을 한 자는 유2000리에 처 한다. 만약 입으로 대역·모반(적4)하겠다는 말을 했으나 조사해서 실질적인 정상이 없는 경우에는 율·영에 원래 처벌 규정이 없으므 로 각각 "마땅히 해서는 안 되는데 행한 죄의 무거운 쪽"(잡62.2)에 따른다.

제251조 적도 4. 반을 모의한 죄(謀叛)

[律文1] 諸謀叛者, 絞.

[律文2a] 已上道者皆斬, 謂協同謀計乃坐, 被驅率者非. 餘條被驅率者, 準此.

  [律文1의 疏] 議曰: 謀叛者, 謂欲背國投僞. 始謀未行事發者, 首處絞, 從者流.

[律文2a의 疏] 已上道者, 不限首從, 皆斬. 注云「謂協同謀計乃坐」, 協者和也, 謂本情和同, 共作謀計, 此等各依謀叛之法. 「被驅率者非」, 謂元本不共同情, 臨時而被驅率者, 不坐. 「餘條被驅率者, 準此」, 餘條謂「謀反, 謀大逆」, 或「亡命山澤, 不從追喚」, 旣肆凶悖, 堪擅殺人, 幷「劫囚」之類, 被驅率之人, 不合得罪.

[율문1] 무릇 반을 모의한 자는 교형에 처한다.

[율문2a] (반을 모의하여) 이미 길을 나선 자는 모두 참형에 처하고, 협동해서 계획을 모의해야 비로소 처벌하며, 강제로 따르게 된 자는 처벌하지 않는다는 것을 말한다. 다른 조항에서 강제로 따르게 된 자는 이에 준한다.

[율문1의 쇼] 의하여 말한다: 반을 모의함이란 국가를 배반하여 적대세력에 투항하고자 한 것을 말한다. 모의를 시작했으나 실행에 옮기지 못하고 사건이 적발된 경우 수범은 교형에 처하고, 종범은 유형에 처한다.

[율문2a의 쇼] (반을 모의하여) 이미 길을 나선 자는 수범·종범을 구분하지 않고 모두 참형에 처한다. 주에 "협동해서 계획을 모의해야 비로소 처벌하며"라고 한 것에서 '협'은 합의이며, 본심으로 합의해서 함께 계획을 모의했다면 이들은 각각 모반의 법에 따른다. "강제로 따르게 된 자는 처벌하지 않는다."는 것은, 원래 함께 뜻을 같이 하지 않았으나 때에 이르러 강제로 따르게 된 자는 처벌하지 않는다는 것을 말한다. "다른 조항에서 강제로 따르게 된 자는 이에 준한다."에서 다른 조항이라는 것은 "모반·모대역"(적1) 혹은 "산택에 망명해서 소환 명령에 따르지 않는 것"(적4.3)이나 흉폭하게 행동하면서 함부로 사람을 살해한 것과 더불어 "죄수를 탈취한"(적10.1) 것 따위를 말하며, 강제로 따르게 된 사람은 죄를 받지

않는다.

[律文2b] 妻、子流二千里;

[律文2c] 若率部衆百人以上, 父母、妻、子流三千里.

[律文2d] 所率雖不滿百人, 以故爲害者, 以百人以上論. 害, 謂有所攻擊虜
掠者.

　[律文2b의 疏] 議曰: 叛者, 身得斬罪, 妻、子仍流二千里. 若唯有妻及子年十
　五以下合贖, 婦人不可獨流, 須依留住之法, 加杖, 居作. 若子年十六以上, 依
　式流配, 其母至配所免居作. 在室之女, 不在配限, 名例律「緣坐者, 女不同」
　故也.

　[律文2c의 疏] 若率部衆百人以上, 罪狀尤重, 故父母及妻、子流三千里.

　[律文2d의 疏] 所率雖不滿百人, 以故爲害者, 以百人以上論. 注云「害, 謂有
　所攻擊虜掠者」, 或攻擊城隍, 或虜掠百姓, 依百人以上論, 各身處斬, 父母、
　妻、子流三千里. 其攻擊城隍, 因卽拒守, 自依反法.

[율문2b] 처·자는 유2000리에 처하며,

[율문2c] 만약 거느린 무리가 100명 이상이라면 부모·처·자는 유
3000리에 처하고,

[율문2d] 거느린 무리가 100명 미만일지라도 그로써 해를 일으킨
경우는 100명 이상으로 논한다. 해라는 것은 공격하거나 약탈한
경우를 말한다.

　[율문2b의 소] 의하여 말한다: 반한 자 자신은 참형의 죄를 받고,
　처·자는 그대로 유2000리에 처한다. 만약 처 및 속에 해당하는 15
　세 이하의 자만 있다면,[18] 부인은 홀로 유형에 처할 수 없으므로

---

18) 만·역에 연좌되어 유배[反逆緣坐流]되는 자는 연좌 대상이 늙거나 병들었어도

반드시 유주의 법에 따라 장형으로 대체하고 거작하게 한다.19) 만약 16세 이상인 자가 있다면 식에 따라 유형에 처하고, 그 모는 유배지에 이르러 거작을 면제한다.20) 출가하지 않은 딸은 유배의 범위에 넣지 않는데, 이것은 명례율(명52.5)에 "연좌할 경우 딸은 같지 않다."(는 규정이 있기) 때문이다.21)

[율문2c의 소] 만약 거느린 무리가 100명 이상이면 죄상이 더욱 무거우므로 부모 및 처자는 유3000리에 처한다.

[율문2d의 소] 거느린 무리가 100명 미만일지라도 그로써 해를 일으

본래 속을 행할 수 없다(명30.1의 주). 그러나 본 조항에서 말하는 謀叛에 연좌된 15세 이하 11세 이상인 子의 유형에는 속을 적용할 수 있다.

19) 신분 상 특별한 조건을 지닌 자에 대한 유죄 처벌 관련 특례로 留住法이 있으며 그 내용은 다음과 같다. ① 工戸·樂戸·雜戸 및 太常音聲人이 유죄를 범한 경우 유2000리는 장100을 치고, 1등마다 장30을 더하며, 거주지에 머무르게 하여 3년간 복역시키며, 가역류를 범한 때에는 장160을 치고 4년을 복역시킨다. ② 업무의 학습이 이미 이루어져 그 일을 전담할 수 있는 공호·악호 등과 천문을 익힌 天文生과 給使·散使가 유죄를 범한 경우 각각 장200으로 대체한다. ③ 부인이 유죄를 범한 경우 거주지에 머무르게 하는데, 유2000리는 장60을 치고, 1등마다 장20을 더하며, 모두 3년간 복역시키나 가역류는 4년간 복역케 한다(명28). ④ 官戸·部曲·官私奴婢가 유죄를 범한 경우 역시 장형으로 대체하지만 복역은 면한다(명47.2). 또한 율에서는 蠱毒을 조합하거나 소지한 죄(262, 적15)에 의한 경우가 아니고서는 부인을 단독으로 유배하지 않는다. 본 조항의 소에서 세운 예에서는 子가 贖刑이 되어 유배자는 妻뿐이기 때문에, 유주법을 따르게 된다. 부인의 유2000리는 장60과 현재 거주지에서 3년간 복역하는 것으로 대체된다.

20) 16세 이상의 子와 함께 유배된 처가 거작을 면하는 것에 대하여 의문점이 존재한다. 즉 '그 모는 유배지에 이르러 거작을 면제한다.'는 것은 명례율(명28.3c)의 '만약 남편·아들이 유죄를 범하여 유배되는 경우, 그들을 따라 유배장소로 가는 것을 허용하되 거작을 면제한다.'에 의거한 것 같으나, 그 조항은 부인이 유배자를 따라가는 것에 관한 규정이지 謀叛의 緣坐流를 범한 경우에 관한 것이 아니므로 적용할 수 없는 것이다(戴炎輝, 『唐律各論』上, 354쪽).

21) 명례율(명52.2)에 의해 연좌의 경우 딸은 子라고 칭하는 범주에 포함하지 않기 때문에 본 조항에서 딸은 연좌하지 않는다. 그러나 전술한 反·逆罪에서는 딸도 연좌하고, 蠱毒을 조합하거나 소지한 죄(262, 적15)에서도 연좌한다.

킨 경우는 100명 이상으로 논한다. 주에 "해라는 것은 공격하거나 약탈한 경우를 말한다."고 하였는데, 성황을 공격하거나 백성을 약탈하였다면 100명 이상에 의거해서 논하여, (반한 자) 자신은 각각 참형에 처하고 (그) 부모·처자는 유3000리에 처한다. 단 성황을 공격하고 그곳에서 항전하였다면 당연히 (모)반의 법(적1.1)에 따른다.

[律文3a] 卽亡命山澤, 不從追喚者, 以謀叛論;

[律文3b] 其抗拒將吏者, 以已上道論.

[律文3a의 疏] 議曰: 謂背誕之人, 亡命山澤, 不從追喚者, 以謀叛論, 首得絞刑, 從者流三千里.

[律文3b의 疏] 「抗拒將吏者」, 謂有將吏追討, 仍相抗拒者, 以已上道論, 並身處斬, 妻、子配流. 抗拒有害者, 父母、妻、子流三千里, 並準上文: 率部衆百人以上, 不須有害; 若不滿百人, 要須有害, 得罪乃與百人以上同.

[율문3a] 만약 산택에 망명해서 소환 명령에 따르지 않는 자는 반을 모의한 것으로 논하되,

[율문3b] 단 장리에게 저항한 자는 (반을 모의하여) 이미 길을 나선 것으로 논한다.

[율문3a의 소] 의하여 말한다: 법을 어기고 방종하는 사람이 산택에 망명해서 소환 명령에 따르지 않는 경우 반을 모의한 것으로 논하여,[22] 수범은 교형을 받고 종범은 유3000리에 처한다는 것을 말한다.

---

22) 反과 叛의 차이를 살펴보면, 反이라는 것은 조정에 정면으로 공격하는 것을 말하며, 叛이라는 것은 조정을 배반하고 이탈하는 것이다. 단 叛하는 자들이 한 지역을 점거해서 관군에 대하여 철저히 항전하면 이것은 叛이 아닌 反이 된다. 또한 소에서 亡을 叛으로 논하는 것을 보면 叛과 亡[도망] 사이에는 近似性이 있음을 알 수 있다. 포망률(468, 포18.1)에서도 "도망·叛하는 것 따위"라고 하여 양자를 병칭하고 있다.

[율문3b의 소] "장리에게 저항한 자"는 장리가 추격·토벌하는데도 여전히 저항한 자를 말하며, (이 경우 반을 모의하여) 이미 길을 나선 것으로 논하여 그 자신은 참형에 처하고 처자는 유(2000리의) 형에 처한다(적4.2). 저항하여 해가 있는 경우에는 부모·처자는 유3000리에 처하되, 모두 앞의 조문에 준하여 거느린 무리가 100명 이상이면 반드시 해가 없더라도 (유2000리에 처하고) 100명 미만이면 반드시 해가 있어야만 100명 이상과 같은 (유3000리의) 죄를 받는다.

제252조 적도 5. 제사 및 장관 모살죄(謀殺制使府主)

[律文1] 諸謀殺制使, 若本屬府主、刺史、縣令及吏卒謀殺本部五品以上官長者, 流二千里; 工樂及公廨戶、奴婢與吏卒同. 餘條準此.

[律文2a] 已傷者, 絞;

[律文2b] 已殺者, 皆斬.

　[律文1의 疏] 議曰: 制使、本屬府主、國官、邑官, 已從名例解訖. 刺史、都督、縣令, 並據本部者. 吏卒謀殺都水使者, 或折衝府衛士謀殺本府折衝、果毅, 如此之類, 並流二千里. 工樂, 謂不屬縣貫, 唯隷本司, 並公廨戶、奴婢謀殺本司五品以上官長, 罪與吏卒同. 若司農官戶、奴婢謀殺司農卿者, 理與工樂謀殺太常卿、少府監無別. 「餘條」, 謂工樂、官戶、奴婢毆詈本部五品以上官長, 當條無罪名者, 並與吏卒同.

　[律文2a의 疏] 已傷者絞, 仍依首從法.

　[律文2b의 疏] 已殺者, 皆斬.

[율문1] 무릇 제사 또는 본속부주·자사·현령을 살해하려고 모의한 자 및 이·졸이 소속 관부 5품 이상의 장관을 살해하려고 모의한 때에는 유2000리에 처한다. 공호·악호 및 공해호·공해노비는 이졸과 같다. 다른 조항도 이에 준한다.

[율문2a] (살해를 모의하여) 상해한 때에는 교형에 처하고,

[율문2b] 살해한 때에는 모두 참형에 처한다.

[율문1의 소] 의하여 말한다: 제사·본속부주·국관·읍관은 이미 명례(명6.9의 주1의 소)에서 설명하였다. 자사·도독·현령은 모두 관할 구역에 의거한다.23) 이·졸24)이 도수사자25)를 살해하려고 모의한 경우 혹은 절충부26)의 위사가 본부 절충도위·과의도위를 살해하려고 모의한 경우, 이와 같은 따위는 모두 유2000리에 처한다. "공호·악호"와 -현의 적관에 속해 있지 않고 오로지 해당 관사에 예속되어 있다.- 모든 공해호27)·공해노비가 본사 5품 이상의 장관28)을

---

23) 制使는 황제의 사자이다. 영에 의하면 "직사관 5품 이상이 훈관 3품 이상을 겸대하면 府의 속료로 親事와 帳內를 둔다."고 하였으니, 친사와 장내가 섬기는 부의 主官을 府主라고 한다. 親王의 封國의 관리[國官]와 公主의 封邑의 관리[邑官]가 친왕·공주에 대해 범한 경우도 또한 부주와 같다(명6.9의 주1의 소). 刺史·縣令은 주·현의 장관이고 都督은 도독부의 장관이다(『唐六典』권30, 三府督護州縣官吏). 가해주체는 부주의 경우 친사·장내이고, 자사·도독·현령의 경우는 그 관내의 인민이다. 제사의 경우에는 일반의 관리·인민으로 해석된다.

24) 吏는 流內에 들지 못한 관사의 하급직(流外官 이하)이고, 卒은 병사(庶士·衛士)이다(명6.9의 주2의 소).

25) 都水監의 장관(2인, 정5품상)으로 강·못과 나루터·다리의 정령을 관장한다(『역주당육전』하, 154~160쪽).

26) 당대에는 전국 10道에 대략 574~633개의 折衝府를 설치하였다. 절충부는 경사의 12衛(16위) 및 東宮 6率府에 대략 50개 정도씩 분속되어 상번했다. 衛士는 절충부의 병사이며, 이들은 상번하여 12위 등에서 숙위하거나 征行과 鎭戍·鎭防에 差發되었다. 절충부의 장관은 折衝都尉, 通判官은 果毅都尉이다(『역주당육전』상, 484~485쪽; 498~503쪽).

살해하려고 모의한 경우 죄는 이·졸이 (범한 경우와) 같다. 또는 사농관호·관노비가 사농경29)을 살해하려고 모의한 것은 이치상 공·악호가 태상경30)·소부감31)을 살해하려고 모의한 것과 다름이 없다. "다른 조항(도 이에 준한다)."는 것은 공호·악호·관호·관노비가 자신이 속한 관부의 5품 이상의 관장을 구타하거나 욕한 것에 대한 해당 조항에서 죄명이 없는 경우 모두 이·졸이 (범한 경우와) 같다는 것을 말하며,32)

[율문2a의 소] (살인을 모의하여) 상해한 때에는 교형에 처하되 그대로 수범·종범을 구분하는 법에 따르고,

[율문2b의 소] 살해한 때에는 모두 참형에 처한다.

---

27) 당대 각 관사는 獨立採算的으로 경상비를 조달하는 特別會計가 있고 이를 위해서 田産을 경영하는데, 이에 종사하는 천역이 公廨戶이다(일본역『唐律疏議』 3, 80쪽, 주8).

28) 원문의 '官長'은 장관을 의미한다. 대부분 관사의 차관도 관장에 포함된다(313, 투12의 소). 다만 도수감에는 도수사자 이외에 5품관이 존재하지 않으며, 折衝府 果毅都尉 중에서도 5품 이상의 관장에 해당하는 자가 없다.

29) 司農寺의 장관은 司農卿(종3품)이고 차관은 司農少卿(2인, 종4품상)이다(『新唐書』권48, 1259쪽). 사농경은 나라의 곡물창고와 비축에 관한 政令을 관장한다.

30) 太常寺의 장관은 太常卿(정3품)이고 차관은 太常少卿(2인, 정4품상)이다(『新唐書』권48, 1241쪽). 태상경은 나라의 禮樂·郊廟·社稷의 일을 관장한다.

31) 少府監의 장관은 少府監(종3품)이고 차관은 少府少監(2인, 종4품하)이다(『新唐書』권48, 1268쪽). 소부감은 百工의 技藝에 관한 정령을 관장한다.

32) 예를 들면, 制使·本屬府主·刺史·縣令을 구타한 자 및 吏·卒이 소속 관사의 5품 이상의 관장을 구타한 자는 도3년에 처하고 상해한 때에는 유2000리에 처하며, 골절상이면 교형(312, 투11.1a)에 처하는 것을 공호·악호·관호·관노비가 구타한 경우에도 적용한다는 뜻이다.

제253조 적도 6. 존장 모살죄(謀殺期親尊長)

[律文1] 諸謀殺期親尊長、外祖父母、夫、夫之祖父母、父母者, 皆斬.

[律文1의 注] 犯姦而姦人殺其夫, 所姦妻妾雖不知情, 與同罪.

[律文1의 疏] 議曰: 期親尊長、外祖父母、夫、夫之祖父母、父母, 並於名例解訖. 若妻妾同謀, 亦無首從.

[律文1의 注의 疏] 注云「犯姦而姦人殺其夫」, 謂妻妾與人姦通, 而姦人殺其夫, 謀而已殺、故殺、鬪殺者, 所姦妻妾雖不知情, 與殺者同罪, 謂所姦妻妾亦合絞.

[율문1] 무릇 기친존장·외조부모·남편·남편의 조부모·부모를 살해하려고 모의한 자는 모두 참형에 처한다.

[율문1의 주] 간통을 범하고, 간한 사람이 그 남편을 살해했다면 간한 바의 처·첩이 정을 알지 못했더라도 살해한 자와 같은 죄를 준다.

[율문1의 소] 의하여 말한다: "기친존장·외조부모·남편·남편의 조부모·부모"에 대해서는 모두 명례(명6.4의 주)에서 해석하였다.[33] 만약 처·첩이 함께 모의하였다면 역시 수범·종범의 구분이 없다.

[율문1의 주의 소] 주에 "간통을 범하고 간한 사람이 그 남편을 살해했다."라는 것은 처·첩이 다른 사람과 간통하였는데 간한 사람이 그 (처·첩의) 남편을 살해한 것을 말하며, 모의해서 이미 살해했든 고의로 살해했든 싸우다가 살해했든[34] 간한 바의 처·첩이 정을 알

---

33) 조부모·부모를 살해하려고 모의하는 것은 十惡 중 惡逆(명6.4의 주)에 해당한다. 伯叔父母·姑·兄姊(이상이 期親尊長)·외조부모·夫·夫의 祖父母父母를 살해하려고 모의하는 것은 십악 중 不睦(명6.8의 주1)에 해당한다. 또한 백숙부모 이하를 살해하였다면 악역에 해당한다(명6.4의 주).

34) 모의해서 살해한 경우는 참형(256, 적9.1), 故殺·鬪殺의 경우는 각각 참형·교

지 못했더라도 살해한 자와 같은 죄를 준다는 것은 간한 바의 처·
첩도 역시 교형에 해당한다는 것을 말한다.[35]

[律文2a] **謀殺緦麻以上尊長者, 流二千里;**

[律文2b] **已傷者, 絞;**

[律文2c] **已殺者, 皆斬.**

　　[律文2a의 疏] 議曰:「謀殺緦麻以上尊長」, 則大功以下皆是, 外姻有服尊長
　　亦同, 俱流二千里.

　　[律文2b의 疏] 已傷者, 首處絞, 從者流.

　　[律文2c의 疏] 謀而殺訖者, 皆斬, 罪無首從.

[율문2a] 시마친 이상 존장을 살해하려고 모의한 자는 유2000리
에 처하고,

[율문2b] 이미 상해한 때에는 교형에 처하며,

[율문2c] 이미 살해한 때에는 모두 참형에 처한다.

　　[율문2a의 소] 의하여 말한다: "시마친 이상 존장을 살해하려고 모의
　　하였다."고 했으니 대공친 이하 (시마친 이상 존장은) 모두 해당하
　　며,[36] 복이 있는 외척·인척[37] 존장도 역시 마찬가지로 모두 유
　　2000리에 처한다.

　　형에 처한다(306, 투5).

35) 명례율(명53.1)에 의하면 '與同罪'인 경우의 사형은 교형에 그친다. 또한 '與同
　　罪'는 本罪와 완전히 同視하라는 의미를 지닌 것은 아니므로, 이 경우 처·첩은
　　惡逆(명6.4)에 해당하지 않는다.

36) 시마·소공·대공친의 존장이 여기에 속한다.

37) 복이 있는 외척·인척은 다음과 같다. 姑從兄弟姉妹(시마)·甥(시마)·壻(시마)·
　　外孫(시마), 외조부모(소공)·舅(소공)·姨(소공)·內兄弟姉妹(시마)·從母兄弟姉妹
　　(시마), 妻父母(시마)이다(日本譯『唐律疏議』1, 15쪽, 圖2).

[율문2b의 쇼] 이미 상해한 경우 수범은 교형에 처하고, 종범은 유형에 처한다.[38]

[율문2c의 쇼] 모의해서 이미 살해한 경우 모두 참형에 처하며, 죄에 수범·종범의 구분이 없다.

[律文3a] **即尊長謀殺卑幼者, 各依故殺罪減二等;**

[律文3b] **已傷者, 減一等;**

[律文3c] **已殺者, 依故殺法.**

[律文3의 疏] 議曰: 謂上文「尊長」謀殺卑幼, 當條無罪名者, 各依故殺罪減二等, 已傷者減一等. 假如有所規求, 謀殺期親卑幼, 合徒三年; 已傷者, 流三千里; 已殺者, 依故殺法合絞之類. 言「故殺法」者, 謂罪依故殺法, 其首各依本謀論: 造意者雖不行仍爲首, 從者不行減行者一等. 假有伯叔數人, 謀殺猶子訖, 即首合流二千里, 從而加功合徒三年: 從者不加功, 徒二年半: 從者不行, 減行者一等, 徒二年之類. 略擧殺期親卑幼, 餘者不復備文. 其應減者, 各依本罪上減.

[율문3a] 만약 존장이 비유를 살해하려고 모의한 때에는 각각 고살죄에서 2등을 감하고,

[율문3b] 이미 상해한 때에는 1등을 감하며,

[율문3c] 이미 살해한 때에는 고살법에 따른다.

[율문3의 쇼] 의하여 말한다: 앞 율문(적6.1)의 존장이 비유를 살해하려고 모의한 것에 대해서는 이 조항에 죄명이 없는데, 모두 고살죄에서 2등을 감하고, 상해한 때에는 1등을 감한다는 것을 말한다.[39]

---

38) 주모자를 수범으로 하고, 수종자는 1등을 감하는 법(명42.1)에 따라 유3000리에 처한다.

39) 존장비유 각각의 謀殺罪를 종합해 보면 다음과 같다.

가령 노리는 바가 있어 기친비유를 살해하려고 모의하였다면 도3
년에 해당하며, 이미 상해하였다면 유3000리에 처하고, 이미 살해
하였다면 고살법에 의거하여 교형에 해당한다(적40.2)는 것 따위이
다. (여기서) "고살법"이라고 말한 것은 죄는 고살법에 의거한다는
것을 말하지만, 단 수범은 각각 본래의 모(살)에 의거해서 논한
다.40) (따라서) 조의자는 (범행 현장에) 가지 않았더라도 곧 수범
이 되며, 수종자는 가지 않았다면 간 자의 죄에서 1등을 감한다(적
9.3). 가령 여러 명의 백숙이 조카를 모의하여 살해하였다면 수범
은 유2000리에 해당하고(투27.4), 수종해서 힘을 더한 자는 도3년에
해당하며, 종범이 힘을 더하지 않았다면 도2년반에 처하며, 종범이
가지 않았다면 간 사람의 죄에서 1등을 감하여 도2년에 처하는 것
따위이다. 대략 기친비유를 살해한 것만을 (예로) 들고 다른 경우
에 대해서는 다시 (소)문을 갖추지 않지만, 단 감해야 할 경우에는
각각 본죄에 의거해서 감한다.41)

피해자	모의	상해	살해	가해자	모의	상해	살해
기친 이상 존장 (외조부모, 남편, 남편의 조부모·부모 포함)	참형	참형	참형	기친 존장, 외조부모, 남편, 남편의 조부모·부모	수범: 도2년반 종범: 도2년	수범: 도3년 종범: 도2년반	수범: 유2000리 종범: 도3년
대공친 이하 존장 (소공친 존장, 시마친 존장 포함)	수범: 유2000리 종범: 도3년	수범: 교형 종범: 유3000리	참형	대공친 이하 존장	수범: 도3년 종범: 도2년반	수범: 유3000리 종범: 도3년	수범: 교형 종범: 유3000리

40) 본래 故殺에는 수범·종범의 구분이 없기 때문에 형은 고살법에 따라 과하지만
죄는 謀殺로 논한다는 뜻이다. 이에 따라 주모자가 수범이 되고 수종자가 종
범이 되어 각각 형을 받는다.
41) 시마·소공·대공친 존장이 비유를 살해하려고 모의하거나 이미 상해하거나 살
해한 경우 故殺罪에서 2등을 감하거나 1등을 감하거나 그대로 고살죄로 처벌
해야 하며, 가해자가 여럿인 경우 주모자와 수종자를 나누어 힘을 더한 종범
은 수범의 죄에서 1등을 감하고 힘을 더하지 않은 종범은 다시 1등을 감하며

제254조 적도 7. 부곡·노비의 주인 모살죄(部曲奴婢謀殺主)

[律文1] 諸部曲、奴婢謀殺主者, 皆斬.
[律文2a] 謀殺主之期親及外祖父母者, 絞;
[律文2b] 已傷者, 皆斬.

[律文1의 疏] 議曰: 稱部曲、奴婢者, 客女及部曲妻並同. 此謂謀而未行. 但同籍良口以上, 合有財分者, 並皆爲「主」. 謀殺者, 皆斬, 罪無首從.

[律文2a의 疏] 「謀殺主之期親」, 爲別戶籍者, 及外祖父母者, 絞, 依首從科.

[律文2b의 疏] 「已傷者皆斬」, 謂無首從. 其媵及妾, 在令不合分財, 並非奴婢之主.

[율문1] 무릇 부곡·노비가 주인을 살해하려고 모의한 때에는 모두 참형에 처한다.

[율문2a] 주인의 기친 및 외조부모를 살해하려고 모의한 때에는 교형에 처하고,

[율문2b] 이미 상해한 때에는 모두 참형에 처한다.

[율문1의 소] 의하여 말한다: "부곡·노비"라고 말한 경우는 객녀 및 부곡처도 모두 같다(명47.1). 이 (조항은 살해를) 모의했으나 실행하지 않은 것을 말한다. 단지 호적을 같이하는 양인 이상의 신분으로 재산을 분배받을 수 있는 자는[42] 모두 "주인"이 된다. (주인

가지 않은 종범은 다시 1등을 감해서 처벌해야 한다는 뜻이다. 시마·소공·대공친 존장이 비유 고살의 형은 교형이다.

42) 재산을 분배받을 수 있는 자는 동거 여부와는 상관없이 호적 상 하나의 호에 올라 있어 유산 상속 자격이 있는 자를 말한다. 당대의 分財法에 의하면 형제가 유산을 균등하게 나누며 형제가 사망한 경우에는 그 아들이 아버지의 몫을 승계한다(249, 적2.2의 문답).

을) 살해하려고 모의한 때에는 모두 참하며, 죄에 수범·종범의 구분이 없다.

[율문2a의 소] "주인의 기친" -즉 호적을 달리하는 자이다.[43]- 및 외조부모를 살해하려고 모의한 때에는 교형에 처하며, 수범·종범에 의거해서 죄준다.

[율문2b의 소] "이미 상해한 때에는 모두 참형에 처한다."는 것은 수범·종범의 (구분이) 없음을 말한다. 단 잉[44] 및 첩은 영(호령 습유 245쪽)에 의하면 재산을 분배받을 수 없으므로 모두 노비의 주인이 되지 않는다.

제255조 적도 8. 전 신분관계인 모살죄(謀殺故夫祖父母)

[律文1a] 諸妻妾謀殺故夫之祖父母、父母者, 流二千里;

[律文1b] 已傷者, 絞;

[律文1c] 已殺者, 皆斬.

[律文2] 部曲、奴婢謀殺舊主者, 罪亦同.

---

43) 別籍·異財의 상태에 있는 기친을 가리킨다. 부곡·노비가 주인의 기친을 구타하면 교형을 받도록 율에 규정되어 있는데 그 소에서 주인의 기친을 주인과 재산을 달리하는(異財) 자라고 해석하였다(323, 투22.2a의 소).

44) 당의 제도에는 5품관 이상에 한해 각각의 官階에 따라 다음과 같이 정해진 수의 媵을 둘 수 있도록 규정되어 있다. 무릇 親王의 孺人은 2인으로 정5품에 비하고, 잉은 10인으로 정6품에 비한다. 嗣王·郡王 및 1품관의 잉은 10인으로 종6품에 비하고, 2품관의 잉은 8인으로 정7품에 비하며, 3품관 및 國公의 잉은 6인으로 종7품에 비하고, 4품관의 잉은 4인으로 정8품에 비하며, 5품관의 잉은 3인으로 종8품에 비한다. 이 아래로는 모두 妾이 된다(『唐六典』권2, 39~40쪽; 『역주당육전』상, 235쪽).

[律文2의 注] 故夫, 謂夫亡改嫁. 舊主, 謂主放爲良者. 餘條故夫·舊主, 準此.

　[律文1a의 疏] 議曰:「妻妾謀殺故夫之祖父母·父母者, 流二千里;

　[律文1b의 疏] 已傷者, 絞」, 並據首從科之.

　[律文1c의 疏]「已殺者, 皆斬」, 罪無首從. 謂一家之內妻妾寡者數人, 夫亡之後並已改嫁, 後共謀殺故夫之祖父母·父母, 俱得斬刑. 若兼他人同謀, 他人依首從之法, 不入「皆斬」之限.

　[律文2의 疏] 部曲·奴婢謀殺舊主, 稱「罪亦同」者, 謂謀而未殺流二千里, 已傷者絞, 已殺者皆斬.

　[律文2의 注의 疏] 注云「故夫, 謂夫亡改嫁. 舊主, 謂主放爲良者」, 妻妾若被出及和離, 卽同凡人, 不入「故夫」之限. 其「舊主」, 謂經放爲良及自贖免賤者, 若轉賣及自理訴得脫卽同凡人.「餘條故夫·舊主準此」, 謂「毆詈」·「告言」之類, 當條無文者, 並準此.

[율문1a] 무릇 처첩이 사망한 남편의 조부모·부모를 살해하려고 모의한 때에는 유2000리에 처하고,

[율문1b] 이미 상해한 때에는 교형에 처하며,

[율문1c] 이미 살해한 때에는 모두 참형에 처한다.

[율문2] 부곡·노비가 옛 주인을 살해하려고 모의한 때의 죄 역시 같다.

[율문2의 주] 사망한 남편이라는 것은 남편이 사망해서 개가한 경우를 말한다. 옛 주인이라는 것은 주인이 방면하여 양인이 된 경우를 말한다. 다른 조항에서 사망한 남편·옛 주인은 이에 준한다.

　[율문1a의 소] 의하여 말한다: "처첩이 사망한 남편의 조부모·부모를 살해하려고 모의한 때에는 유2000리에 처하고,

　[율문1b의 소] 이미 상해한 때에는 교형에 처하며", 모두 수범·종범에 의거해서 처벌한다.

[율문1c의 소] "이미 살해한 때에는 모두 참형에 처한다."고 하였으므로, 죄에 수범·종범의 구분이 없다. (만약) 한 집안 안에 과부가 된 처첩이 여러 사람인데 남편이 사망한 후 모두 이미 개가하였고, 그 뒤에 사망한 남편의 조부모·부모를 살해하려고 공모한 때에는 모두 참형을 받는다는 것을 말한다. 만약 다른 사람을 데리고 함께 모의하였다면, 다른 사람은 수범·종범을 구분하는 법에 따르고 "모두 참한다."는 범위에 포함하지 않는다.45)

[율문2의 소] 부곡·노비가 옛 주인을 살해하려고 모의한 때에는 "죄 역시 같다."고 말한 것은, 모의하였으나 살해하지 못했다면 유2000리에 처하고, 이미 상해한 때에는 교형에 처하며, 이미 살해한 때에는 모두 참형에 처한다는 것을 말한다.

[율문2의 주의 소] 주에 "사망한 남편이라는 것은 남편이 사망해서 개가한 경우를 말한다. 옛 주인이라는 것은 주인이 방면하여 양인이 된 경우를 말한다."고 하였는데, 처첩이 만약 쫓겨났거나 합의 이혼한 때에는46) 곧 남남과 같으므로 사망한 남편의 범위에 넣지 않는다. 단 "옛 주인"이라는 것은 (주인이) 방면하여 양인으로 삼거나 스스로 속하여 면천한 경우를 말한다. 만약 전사·매매되거나47) 스스로 소송하여 (천인 신분을) 벗어날 수 있었다면48) 곧 남

---

45) 과부가 되어 개가한 數人의 처·첩이 죽은 남편의 조부모·부모를 타인과 공모하여 살해한 경우 처·첩은 특수한 신분 관계이어서 본조에 의해 수·종을 묻지 않고 모두 참하지만, 타인은 적도율(256, 적9.3)의 규정에 따라 수·종을 나누어 논하라는 뜻이다. 공동으로 죄를 범하였으나 적용되는 본죄가 다른 경우에는 비록 서로 말미암아 수범·종범이 되었더라도 그 죄는 각각 本律에 따라서 수범·종범으로 논한다는 규정(명43.1)이 적용된 것이다.

46) 남편은 처에게 七出의 사유가 있으면 쫓아낼 수 있다(189, 호40.1의 소). 또한 남편이나 처가 義絕의 정상을 범한 경우에도 갈라놓으며 어긴 자는 도1년에 처한다. 만약 부부가 서로 간에 정이 맞지 않아 양측이 갈라서기를 합의한 경우에는 처벌하지 않는다. 처·첩이 함부로 떠난 경우에는 도2년으로 처벌한다 (190, 호41.3)

남과 같다. "다른 조항의 사망한 남편·옛 주인은 이에 준한다."는 것은, "구타·욕설"·"고언"[49] 따위의 해당 조항에 규정이 없는 경우에는 모두 이에 준한다는 것을 말한다.

제256조 적도 9. 모살죄(謀殺人)

[律文1] 諸謀殺人者, 徒三年.

[律文2] 已傷者, 絞.

[律文3a] 已殺者, 斬;

[律文3b] 從而加功者絞, 不加功者流三千里;

[律文3c] 造意者雖不行仍爲首, 雇人殺者, 亦同.

　[律文1의 疏] 議曰:「謀殺人者」, 謂二人以上; 若事已彰露, 欲殺不虛, 雖獨一人亦同二人謀法, 徒三年.

　[律文2의 疏] 已傷者, 絞.

---

47) 부곡과 사노비는 주인에게 예속되어 있기에, 주인이 모반·대역을 범한 경우 자재·전택과 함께 관에 몰수되었다. 다만 율에서는 노비와 달리 부곡을 재물로 간주하지 않아서(248, 적1.1c의 소) 주인은 부곡을 '매매'할 수 없었으며, 대신 衣食費를 받고 타인에게 양도하였다. 이를 '轉事'라고 하였다.

48) 해방되어 양인이 된 부곡·노비가 옛 주인에 의해 다시 천인 신분으로 부당하게 떨어지게 되었을 때, 스스로 억울함을 관사에 소를 제기해서 다시 양인 신분으로 회복하는 것을 말한다.

49) '구타·욕설'과 관련하여, 부곡·노비가 옛 주인을 욕한 때에는 도2년에 처하고, 구타한 때에는 유2000리, 상해한 때에는 교형, 살해한 때에는 참형에 처한다 (337, 투36.1). 또한 처·첩이 사망한 남편의 조부모·부모를 구타한 때에는 도3년, 욕한 때에는 도2년, 切齒 이상의 상해를 입힌 때에는 가역류, 사망에 이른 때에는 참형에 처한다.(331, 투30.1). 그러나 사망한 남편의 조부모·부모나 옛 주인을 告한 경우의 죄는 율에서 찾을 수 없다.

[律文3a의 疏] 已殺者, 斬.

[律文3b의 疏] 「從而加功者, 絞」, 謂同謀共殺, 殺時加功; 雖不下手殺人, 當時共相擁迫, 由其遮遏, 逃竄無所, 旣相因藉, 始得殺之: 如此經營, 皆是 「加功」之類, 不限多少, 並合絞刑. 同謀從而不加功力者, 流三千里.

[律文3c의 疏] 「造意者」, 謂元謀屠殺, 其計已成, 身雖不行, 仍爲首罪, 合斬. 餘加功者, 絞. 注云「雇人殺者, 亦同」, 謂造意爲首, 受雇加功者爲從.

[율문1] 무릇 사람을 살해하려고 모의한 자는 도3년에 처한다.

[율문2] 이미 상해한 때에는 교형에 처한다.

[율문3a] 이미 살해한 때에는 참형에 처하고,

[율문3b] 수종하여 힘을 더한 자는 교형에 처하며, 힘을 더하지 않은 자는 유3000리에 처한다.

[율문3c] 조의자는 비록 (범행 현장에) 가지 않았더라도 수범으로 삼고, 사람을 고용해서 살해한 경우도 역시 같다.

[율문1의 소] 의하여 말한다: "사람을 살해하려고 모의하였다."는 것은 2인 이상이 (함께 모의한 것을) 말한다. 만약 일이 이미 명백히 드러나서 살해하려 한 것이 사실이면 비록 한 사람이라도 역시 2인 이상이 모의한 법과 같이 도3년에 처한다.

[율문2의 소] 이미 상해한 때에는 교형에 처한다.

[율문3a의 소] 이미 살해한 때에는 참형에 처한다.

[율문3b의 소] "수종하여 힘을 더한 자는 교형에 처한다."는 것은, 함께 살해할 것을 같이 모의하고서 살해할 때 힘을 더한 것을 말하며, 비록 직접 손을 대서 살인하지 않았더라도 (살해할) 당시 함께 붙들어 압박하거나 가로막아 도망칠 곳을 없게 함으로써 비로소 살해할 수 있었다면 이와 같은 조직적인 행위가 모두 "힘을 더한 것" 따위이며, (힘을 더한 것이) 많고 적음을 불문하고 모두 교

형에 해당한다. 같이 모의하고 수종하였으나 힘을 더하지 않은 자
는 유3000리에 처한다.

[율문3c의 소] "조의자"라는 것은 살해를 처음 모의한 자를 말하며,
그 계획이 이미 이루어졌으면 그 자신이 비록 (범행 현장에) 가지
않았더라도 그대로 수범이 되어 참형에 해당한다. 그 밖에 힘을
더한 자는 교형에 처한다. 주에 "사람을 고용해서 살해한 경우도
역시 같다."는 것은 조의자를 수범으로 하고, 고용되어 힘을 더한
자를 종범으로 함을 말한다.

[律文3d] **卽從者不行減行者一等**. 餘條不行, 準此.

[律文3d의 疏] 議曰: 謂謀殺人, 從者不行, 減行者一等, 合徒三年. 注云「餘
條不行, 準此」, 餘條謂「劫囚傷人」及「謀殺緦麻以上尊長已傷」之類, 從者不
行, 亦減一等. 其有發心謀殺卽皆斬者, 同謀不行不在減例, 謂謀殺期親尊長,
同謀不行亦得斬罪.

[율문3d] **만약 수종자가 (범행 현장에) 가지 않았다면 간 자의 죄
에서 1등을 감한다.** 다른 조항의 가지 않은 경우도 이에 준한다.

[율문3d의 소] 의하여 말한다: 사람을 살해하려고 모의하는데 수종
한 자가 (범행 현장에) 가지 않았다면 간 자의 죄에서 1등을 감하
여 도3년에 해당함을 말한다. 주에 "다른 조항의 가지 않은 경우도
이에 준한다."고 하였는데, "다른 조항"이란 죄수를 탈취하다가 다
른 사람에게 상해를 입혔거나(적10.1b), 시마친 이상 존장을 살해하
려고 모의하여 이미 상해한 경우(적6.2b)를 말하며, (모의하는데)
수종한 자가 (범행 현장에) 가지 않았다면 역시 1등을 감한다. 단
작정하고 살해하려고 모의했다면 곧 모두 참한다는 것은 함께 모
의했으면 (범행 현장에) 가지 않았더라도 감하는 예를 적용하지

않는다는 것인데, 예컨대 기친존장을 살해하려고 모의함에(적6.1) 함께 모의하였으면 (범행 현장에) 가지 않았더라도 역시 참형을 받는다는 것을 말한다.

제257조 적도 10. 죄수 탈취죄(劫囚)

[律文1a] 諸劫囚者, 流三千里;
[律文1b] 傷人及劫死囚者, 絞;
[律文1c] 殺人者, 皆斬. 但劫卽坐, 不須得囚.

[律文1a의 疏] 議曰: 犯罪之人, 身被囚禁, 凶徒惡黨, 共來相劫奪者, 流三千里.

[律文1b의 疏] 若因劫輕囚傷人, 及劫死囚而不傷人, 各得絞罪, 仍依首從科斷.

[律文1c의 疏] 因劫囚而有殺人者, 皆合處斬, 罪無首從, 注云「但劫卽坐, 不須得囚」, 謂以威若力强劫囚者, 卽合此坐, 不須要在得囚.

[율문1a] 무릇 죄수를 탈취한 자는 유3000리에 처한다.
[율문1b] (죄수를 탈취하다가) 사람을 상해한 자 및 사죄수를 탈취한 자는 교형에 처한다.
[율문1c] (죄수를 탈취하다가) 사람을 살해한 자는 모두 참형에 처한다. 다만 탈취하려 했으면 바로 처벌하며, 반드시 죄수를 확보해야 (처벌)하는 것은 아니다.

[율문1a의 소] 의하여 말한다: 죄를 범한 사람이 구금되어[50] 있는데 흉악한 도당이 함께 와서 (죄수를) 겁탈한 때에는[51] 유3000리에

처한다.

[율문1b의 소] 만약 경죄수를 탈취하다가 사람을 상해한 때 및 사죄수를 탈취하되 사람을 상해하지 않은 때에는 각각 교죄를 받으며, 그대로 수범·종범으로 구분해서 처벌한다.

[율문1c의 소] 죄수를 탈취하면서 사람을 살해한 자는 모두 참형에 처해야 하며, 죄에 수범·종범의 구분이 없다. 주에 "다만 탈취하려 했으면 바로 처벌하며, 반드시 죄수를 확보해야 (처벌)하는 것은 아니다."라는 것은, 위협이나 폭력을 행사하여 강제로 죄수를 탈취하려 한 때에는 곧 이 처벌을 해야 하며, 반드시 죄수를 확보해야 (처벌하는 것이) 아님을 말한다.

[律文2a] 若竊囚而亡者, 與囚同罪; 他人、親屬等.

[律文2b] 竊而未得, 減二等;

[律文2c] 以故殺傷人者, 從劫囚法.

[律文2a의 疏] 議曰: 謂私竊取囚, 因卽逃逸. 與囚同罪者, 謂竊死囚, 還得死罪; 竊流徒囚, 還得流徒罪之類. 假使得相容隱, 亦不許竊囚, 故注云「他人、親屬等.」

[律文2b의 疏] 「竊而未得, 減二等」, 謂竊計已行, 未離禁處者, 減所竊囚罪二等. 謂未得死囚者, 徒三年; 未得流囚者, 徒二年半之類.

[律文2c의 疏] 若因竊囚之故而殺傷人者, 卽從「劫囚」之法科罪.

---

50) 유죄·무죄를 불문하고 단지 정상에 의거하여 구금해야 하는 경우를 말한다 (465, 포15.1a의 소). 따라서 이 소에서 구금된 범죄인은 기결·미결을 가리지 않고 범죄 혐의로 인해 관에 의해 적법하게 신체의 자유를 구속당한 일체의 사람들을 포함한다.

51) 죄수 탈취[劫囚]는 위협이나 폭력을 사용하여 죄수를 도망시킨 경우를 말하고, 뒤에 나오는 죄수 절취[竊囚](257, 적10.2)는 비밀리에 죄수를 빼내어 도망시킨 경우를 말한다.

[율문2a] 만약 죄수를 절취해서 도망시킨 자는 죄수와 같은 죄를 주고, 다른 사람이나 친속이나 마찬가지이다.

[율문2b] 절취를 시도했지만 성공하지 못했다면 2등을 감하며,

[율문2c] 그로 인하여 사람을 살상한 때에는 죄수를 탈취한 법에 따른다.

[율문2a의 소] 의하여 말한다: 사사로이 죄수를 절취하여 이로 인해서 곧 도망하게 하는 것을 말한다. "죄수와 같은 죄를 준다."는 것은 사죄수를 절취한 때에는 되돌려 사죄를 받고, 유·도죄수를 절취한 때에는 되돌려 유·도죄를 받는 것 따위를 말한다. 가령 서로 숨겨줄 수 있는 (사람이라도)[52] 역시 죄수를 절취하는 것은 허용되지 않으므로 주에 "다른 사람이나 친속이나 마찬가지이다."라고 한 것이다.

[율문2b의 소] "절취를 시도했지만 성공하지 못했다면 2등을 감한다."는 것은, 절취하려는 계획을 이미 실행하였지만 아직 구금된 장소를 벗어나지 못한 때에는 절취한 바의 죄수의 죄에서 2등을 감한다는 것을 말한다.[53] 즉 사죄수의 (절취를 시도했지만) 성공하지 못한 때에는 도3년, 유죄수의 (절취를 시도했지만) 성공하지

---

52) 율(명46)에서 친족관계에 기초하여 범인을 숨겨주어도 죄를 묻지 않는 자, 즉 서로 숨겨주는 것[容隱]이 허락되는 자라도 죄수의 탈취·절취는 면책 대상이 되지 않는다. 탈옥 방조가 면책되지 않는 것(470, 단2,3)과 유사하다.

53) 죄수의 탈취와 달리 죄수의 절취는 죄수가 禁處 즉 간수의 지배하에 있는 구금된 장소로부터 벗어난 것으로서 기수가 된다. 따라서 죄수를 절취하려다가 구금된 장소를 아직 벗어나지 못한 단계에서 일이 실패로 끝났을 때에는 기수가 아니어서 형을 감경한다. 盜罪의 기수 시기와 관련된 규정(300, 적53)에서 馬·牛·駝·騾 따위를 훔쳤을 때 통상적으로 묶어둔 곳이나 가두어 둔 곳에서 벗어난 때를 기수로 하고 있다. 가축과 죄수는 원래 다르지만 이 소에서 구금된 장소를 벗어난 것을 기수로 삼은 것도 비슷한 관념에서 나왔다고 할 수 있다. 아래의 문답(257, 적10,2의 문답2)에서도 죄수를 절취한 일은 절도로 인한 죄와 같은 부류라 하고 있다.

못한 때에는 도2년반에 처하는 것 따위를 말한다.

[율문2c의 소] 만약 죄수를 절취하는 것으로 인해 사람을 살상한 때에는 곧 죄수를 탈취한 법에 따라 처벌한다.

[律文2의 問1] 曰: 父祖、子孫見被囚禁而欲劫取, 乃誤殺傷祖孫, 或竊囚過失殺傷他人, 各合何罪?

[律文2의 答1] 曰: 據律: 「劫囚者, 流三千里; 傷人及劫死囚者, 絞; 殺人者, 皆斬.」據此律意, 本爲殺傷傍人. 若有誤殺傷被劫之囚, 止得劫囚之坐. 若其誤殺父祖, 論罪重於劫囚, 旣是因誤而殺, 須依過失之法; 其因竊囚過失殺傷他人者, 下條云「因盜而過失殺傷他人者以鬪殺傷論. 至死者加役流.」旣竊囚之事類因盜之罪, 其有過失, 彼此不殊, 殺傷人者亦依鬪殺傷人論. 應至死者從加役流坐. 其有誤殺傷本法輕於「竊囚未得」者, 卽從重科.

[율문2의 문1] 묻습니다: 부조·자손이 구금되어 있는데 탈취하려다가 착오로 (부)조(자)손을 살상하거나 혹은 죄수를 절취하려다가 다른 사람을 과실살상한 때에는 각각 무슨 죄로 처벌해야 합니까?

[율문2의 답1] 답한다: 율에 따르면 "죄수를 탈취한 자는 유3000리에 처하고, 사람을 상해한 때 및 사죄수를 탈취한 때에는 교형에 처하며, 사람을 살해한 때에는 모두 참형에 처한다."고 하였다. 이 율의 뜻에 의거하면 원래 곁에 있는 사람을 살상한 것을 말한다. 만약 과실로 탈취하려던 죄수를 살상한 때에는 단지 탈취죄로 처벌한다. 만약 그 착오로 인한 살인이 부·조에 대한 것이면 죄를 논하는 것이 죄수 탈취죄보다 무거워야 한다. 그러나 이 경우는 착오로 살해한 것이므로 마땅히 과실로 살해한 법(투38)에 의거해야한다.[54] 단 죄수를 절취하다가 타인을 과실로 살상한 경우에 대해서

---

54) 죄수 탈취죄는 유3000리에 해당하고(257, 적10.1), 착오로 祖·父를 살해한 것

는, 아래 조항(적42.1)에 "절도하다가 과실로 사람을 살상한 자는 투살상으로 논하되, 사(죄)에 이른 경우에는 가역류한다."고 하였고, 본래 죄수를 절취한 일은 절도로 인한 죄와 같은 부류이므로 과실이 있다면 두 경우 모두 다르지 않다. (따라서) 사람을 살상한 때에는 역시 사람을 투살상한 것으로 처벌하고, 사형에 이른 때에는 가역류로 처벌한다. 단 착오로 살상하게 된 경우에 본조의 법이 절취를 시도했지만 죄수를 확보하지 못한 경우보다 가벼운 경우는 곧 무거운 쪽에 따라서 죄준다(명49.2).[55]

[律文2의 問2] 曰: 竊囚而亡, 被人追捕, 棄囚逃走, 後始拒格, 因而殺傷, 罪同劫囚以否?

[律文2의 答2] 曰: 下條「竊盜發覺, 棄財逃走, 因相拒捍, 如此之類, 事有因緣者, 非强盜」. 今者「竊囚而亡, 棄囚逃走」, 理與「竊盜發覺, 棄財逃走」義同, 止得「拒捕」而科, 不同「劫囚」之坐.

[율문2의 문2] 묻습니다: 죄수를 절취해서 도망하다가 사람들에게 추격되어 체포되려하자 죄수를 버리고 도주한 후에 비로소 저항하

은 조·부의 과실살해죄(329, 투28.1b)에 따라 유3000리에 해당한다. 죄수를 탈취한 것과 착오로 조·부를 살해한 것은 같은 형을 받지만 죄질로 보면 착오로 조·부를 죽인 쪽이 더 무겁다(명11.2c의 五流 중 하나에도 해당). 따라서 투송률의 조부모·부모를 과실로 살해한 경우의 형벌을 따르게 되는 것이다.

55) 죄수의 절취를 시도했지만 성공하지 못한 자는 죄수의 죄에서 2등을 감하여 처벌한다(257, 적10.2b). 또한 죄수 절취 도중 과실로 타인을 살상하였을 때는 투살상으로 처벌한다. 이 문답에서는 후자의 형이 전자의 형과 비교해서 더 가볍다면 무거운 쪽에 따라서 처벌하라고 규정하고 있다. 예를 들어 유죄수를 절취하려다가 착오로 타인의 이 하나를 부러뜨렸다면, 죄수 절취를 시도했지만 성공하지 못한 경우 유죄수의 죄에서 2등을 감한 처벌인 도2년반과 타인의 이를 부러뜨린 경우의 처벌인 도1년을 비교하여 더 무거운 쪽인 도2년반으로 처벌한다.

며 가격해서 그로 인하여 살상한 경우, 죄는 죄수를 탈취한 것과
같습니까?

[율문2의 답2] 답한다: 아래 조항(적34.1a①)에 "절도하다가 발각되
어 재물을 버리고 도주하는데 (재물의 주인이 뒤쫓아 체포하려 하
여) 그로 인해 항거하는 것과 같이 일이 연유가 있는 경우는 강도
가 아니다."라고 하였다. 지금 "죄수를 절취해서 도망하다가 죄수
를 버리고 도주"한 것은 이치상 "절도하다가 발각되어 재물을 버
리고 도주"한 것과 뜻이 같으므로, 다만 "체포에 저항한 것"(표2.4)
으로 죄를 받으니 죄수를 탈취한 죄와는 같지 않다.

제258조 적도 11. 인질의 죄(有所規避執人質)

[律文1] 諸有所規避而執持人爲質者, 皆斬.

[律文2] 部司及隣伍知見避質不格者, 徒二年.

[律文2의 注] 質期以上親及外祖父母者, 聽身避不格.

　[律文1의 疏] 議曰: 有人或欲財, 或欲避罪, 執持人爲質. 規財者求贖, 避
　罪者防格. 不限規避輕重, 持質者皆合斬坐.

　[律文2의 疏] 「部司」, 謂持質人處村正以上, 並四隣伍保, 或知見, 皆須捕
　格. 若避質不格者, 各徒二年.

　[律文2의 注의 疏] 注云「質期以上親及外祖父母, 聽身避不格」者, 謂賊執此
　等親爲質, 唯聽一身不格, 不得率衆總避. 其質者無期以上親及非外祖父母,
　而避不格者, 各徒二年.

[율문1] 무릇 노리거나 피하려는 바가 있어 사람을 잡아서 인질

로 삼은 자는 모두 참형에 처한다.

[율문2] 부사 및 이웃이 알거나 보면서도 인질을 보호하기 위해 (범인을) 가격하지 않은 자는 도2년에 처한다.

[율문2의 주] 기친 이상 친속이나 외조부모가 인질이 된 경우에는 자신은 (인질을) 보호하기 위해 가격하지 않는 것을 허용한다.

[율문1의 소] 의하여 말한다: 어떤 사람이 재물을 노리거나 죄를 피하려고 사람을 잡아서 인질로 삼았다면, 재물을 노리는 자는 몸값을 구하고 죄를 피하려고 하는 자는 체포되는 것을 거부하기 위한 것이다. (재물을) 노리거나 (죄를) 피하는 것의 경중을 가리지 않고, 인질을 잡았다면 모두 참형에 해당한다.

[율문2의 소] "부사" -인질을 잡은 지역의 촌정 이상[56]을 말한다.- 와 아울러 사린오보[57]가 알거나 보았다면 모두 반드시 체포하기 위해 가격해야 한다. 만약 인질을 보호하기 위해 대적하지 않았다면 각각 도2년에 처한다.

[율문2의 주의 소] 주에 "기친 이상 친속이나 외조부모가 인질이 된 경우에는 자신은 (인질을) 보호하기 위해 가격하지 않는 것을 허용한다."는 것은, 인질범이 이들 친속을 잡아 인질로 삼았다면 오직 자신이 가격하지 않는 것만 허용하고, 이끌고 간 무리 모두가 (인질을) 보호하기 위해 (가격하지 않아서는) 안 된다는 것을 말한다. 단 인질이 기친 이상 친속이 아니거나 외조부모가 아닌데도

---

56) '촌정 이상'이란 村正·坊正·里正 등을 말한다. 촌정이란 원칙적으로 縣官이 白丁 중에서 한 사람을 지명해서 촌의 출입을 관리하거나 촌 내의 범죄·惡事의 단속 등을 담당하게 하는 자이다. 방정은 성내에서 이정에 다음 가는 자로 촌정과 같은 임무를 담당한다. 이정은 현관이 이에서 공정하고 유능한 자로 임명하며, 이의 호구 파악·과역 징수·비위 감찰 등을 담당한다.

57) 4家·5家를 隣保로 조직하여 서로 사람들의 출입을 감시하는 것 등에 의해 치안 유지의 역할을 수행하도록 한 제도이다.

보호하기 위해 가격하지 않았다면 각각 도2년에 처한다.

제259조 적도 12. 1가 내 3인을 살해한 죄 및 사람을 분해한 죄(殺一家三人支解人)

[律文] **諸殺一家非死罪三人,** 同籍及期親爲一家. 卽殺雖先後, 事應同斷; 或應合同斷, 而發有先後者: 皆是. 奴婢·部曲非. **及支解人者,** 謂殺人而支解者. **皆斬; 妻·子流二千里.**

[律文의 疏] 議曰: 殺人之法, 事有多端, 但據前人身死, 不論所殺之狀. 但殺一家非死罪良口三人, 卽爲「不道」. 若三人內一人先犯死罪而殺之者, 卽非「不道」, 只依殺一人罪法. 注云「同籍及期親爲一家」, 同籍不限親疏, 期親雖別籍亦是. 卽殺一家三人雖有先後, 發時應合同斷; 或所殺之事應合同斷, 事發乃有先後者: 皆爲一時殺法, 總入「不道」. 殺一家三人內, 兼殺部曲·奴婢者非. 「及支解人者」, 注云「謂殺人而支解者」, 或殺時卽支解, 或先支解而後殺之, 皆同支解, 並入「不道」. 若殺訖絶時後更支解者, 非. 或故焚燒而殺, 或殺時卽焚燒者, 文雖不載, 罪與「支解」義同, 皆合處斬, 罪無首從. 妻·子流二千里.

[율문] **무릇 1가 내 사죄에 해당하지 않는 3인을 살해하거나,** 호적이 같은 자 및 기친을 1가로 한다. 곧 비록 전후로 (3인을) 살해했으나 사건이 마땅히 같이 단죄해야 하는 것이거나, 혹은 마땅히 합해서 같이 단죄해야 하는데 발각에 선후가 있는 경우라도 모두 같다. 노비·부곡은 포함되지 않는다. **사람을 절단한 자는** 사람을 살해해서 절단한 것을 말한다. **모두 참형에 처하고, 처자는 유2000리에 치**

한다.

[율문의 소] 의하여 말한다: 살인의 방법과 정황은 다양하지만 단지 피살자가 사망한 것에 의거하고 살해한 바의 정상은 논하지 않으며,[58] 단지 1가의 사죄에 해당하지 않는 양인 3인을 살해한 때에는 곧 부도(명6.5의 주1의 소)가 된다. 만약 3인 가운데에 1인이 앞서 사죄를 범한 자이면 그들을 살해한 것은 곧 부도가 아니며, 단지 (각각) 1인을 살해한 죄의 처벌법에 의거한다. 주에 "호적이 같은 자 및 기친을 1가로 한다."고 하였는데, "호적이 같은 자"는 친소를 구분하지 않고 기친은 호적이 다르더라도 또한 그러하다. 만약 1가의 3인을 살해한 때에는 비록 전후로 (살해했더라도) 발각된 때에 합해서 같이 단죄해야 하거나, 혹은 살해한 바의 사건이 마땅히 합해서 단죄해야 하는데 사건이 전후로 발각되었더라도 모두 일시 살인의 법으로 (단죄)하며, 모두 부도를 적용한다. 1가에서 살해된 3인 가운데 부곡·노비가 포함된 경우에는 (부도를) 적용하지 않는다. "사람을 절단한 자"라는 것은 주에 "사람을 살해해서 절단한 것을 말한다."고 하였다. 혹은 살해하고 바로 절단하거나 혹은 먼저 절단하고 후에 살해했더라도 모두 분해와 같으며, 모두 부도를 적용한다. 단 살해한 뒤 시간이 지난 다음 다시 절단한 것은[59] (부도가) 아니다. 혹은 고의로 불에 태워 살해하거나 혹은 살해한 즉시 불에 태운 경우는 비록 조문이 없지만 죄는 절단과 의미가 같으므로 모두 참형에 해당하며, 죄에 수범·종범의 구분이 없다. 처·

---

58) 謀殺·故殺·鬪殺 등을 불문하며, 그 외에 예를 들어 방화에 의한 살인 혹은 강도 도중에 범한 살인 등의 양태나 가해자·피해자의 존비 관계가 어떠한가 등 등을 논하지 않는다는 뜻이다.

59) 시간이 흐른 뒤에 절단하는 것은 본래 절단의 의도는 없었고 다만 살해를 은폐하기 위해 사체를 훼손한 것으로 해석하고 있다고 생각된다. 또한 사체를 절단하거나 유기한 자는 유3000리로 처벌하는데(266, 적19.1), 이 경우는 살인 죄와 경합범이 되어서 重罪인 살인죄에 흡수되는 것으로 생각된다.

자는 유2000리에 처한다.

[律文의 問] 曰: 假有部曲若奴, 殺別人部曲·奴婢一家三人或支解, 依例「有犯各準良人」, 合入十惡以否?

[律文의 答] 曰: 部曲·奴婢雖與良人有殊, 至於同類殺三人及支解者, 不可別爲差等, 坐同良人, 還入十惡.

[律文의 문] 묻습니다: 가령 부곡 또는 노가 다른 사람의 부곡·노비의 1가 내 3인을 살해하거나 혹은 절단한 때에는 명례(명47.1)의 "죄를 범하였는데, (본조에 바로 그 처벌 규정이 없는 경우) 각각 양인에 준한다."는 (규정에) 의거해서 십악을 적용해야 합니까?

[律文의 답] 답한다: 부곡·노비는 비록 양인과 다르지만 같은 신분의 3인을 살해하거나 절단 경우에는 별도로 차등을 둘 수 없으니, 처벌은 양인과 같이 역시 십악을 적용한다.

제260조 적도 13. 친속을 살해한 자와 사사로이 화해한 죄(親屬爲人殺私和)

[律文1a] 諸祖父母·父母及夫爲人所殺, 私和者流二千里;

[律文1b] 期親, 徒二年半;

[律文1c] 大功以下, 遞減一等.

[律文1d] 受財重者, 各準盜論.

[律文2] 雖不私和, 知殺期以上親, 經三十日不告者, 各減二等.

[律文1a의 疏] 議曰: 祖父母·父母及夫爲人所殺, 在法不可同天. 其有忘大痛

之心, 捨枕戈之義, 或有窺求財利便卽私和者, 流二千里.

[律文1b의 疏] 若殺期親, 私和者徒二年半.

[律文1c의 疏] 「大功以下, 遞減一等」, 謂大功徒二年, 小功徒一年半, 緦麻徒一年.

[律文1d의 疏] 「受財重者, 各準盜論」, 謂受讎家之財重於私和之罪, 假如緦麻私和合徒一年, 受財十疋準盜徒一年半之類.

[律文2의 疏] 雖不私和, 知殺期以上親經三十日不告所在官司者, 各減前私和之罪二等. 雖則私和罪重, 受財罪輕, 其臟本合計限, 爲數少從重終合沒官. 發後輸財私和, 依法合重其事. 如傍親爲出財私和者, 自合「行求」之法, 依雜律坐臟論減五等, 其臟亦合沒官. 其有五服內親自相殺者, 疏殺親, 合告; 親殺疏, 不合告; 親疏等者, 卑幼殺尊長得告, 尊長殺卑幼不得告. 其應相隱者, 疏殺親, 義服殺正服, 卑幼殺尊長, 亦得論告, 其不告者, 亦無罪. 若殺祖父母, 父母應償死者, 雖會赦, 仍移鄕避讎, 以其與子孫爲讎, 故令移配. 若子孫知而不告, 從「私和」及「不告」之法科之.

[율문1a] 무릇 조부모·부모 및 남편이 타인에게 살해되었는데 사사로이 화해한 자는 유2000리에 처하고,

[율문1b] 기친이 (살해된 경우는) 도2년반에 처하며,

[율문1c] 대공친 이하가 (살해된 경우는) 1등씩 감하고,

[율문1d] 재물을 받은 (죄가 이보다) 무거운 경우에는 각각 절도에 준하여 논한다.

[율문2] 비록 사사로이 화해하지 않았더라도 기친 이상이 살해된 것을 알면서 30일이 지나도록 고하지 않았다면 각각 2등을 감한다.

[율문1a의 소] 의하여 말한다: 조부모·부모 및 남편이 타인에게 살해되었다면 법도 상 하늘을 같이 일 수 없는 것이다.[60] 그런데도

큰 슬픔을 잊고 침과61)의 뜻을 (잠시라도) 저버리거나, 혹은 재물을 탐내어 곧바로 사사로이 화해한 자는 유2000리에 처한다.

[율문1b의 소] 만약 기친이 살해되었는데 사사로이 화해한 자는 도2년반에 처한다.

[율문1c의 소] "대공친 이하가 (살해된 경우라면) 1등씩 감한다."는 것은 대공친이라면 도2년, 소공친은 도1년반, 시마친은 도1년에 처한다는 것을 말한다.

[율문1d의 소] "재물을 받은 (죄가 이보다) 무거운 경우에는 각각 절도에 준하여 논한다."는 것은 원수의 집에서 받은 재물을 (절도의 장물로 계산한 죄가) 사사로이 화해한 죄보다 무거운 경우에는 (절도에 준하여 논한다는 것을) 말하는데, 가령 시마친이 살해당하였는데 사사로이 화해한 것은 도1년에 해당하지만 10필의 재물을 받았다면 절도에 준하여 도1년반에 처하는 것과 같은 따위이다.

[율문2의 소] 사사로이 화해하지 않았더라도 기친 이상이 살해된 것을 알면서 30일이 지나도록 소재 관사에 고하지 않는 경우에는 각각 앞의 사사로이 화해한 죄에서 2등을 감한다. 사사로이 화해한 죄는 무겁고 재물을 받은 죄는 가볍더라도, 그 장물은 본래 (죄를) 계산하는 범위 내에 (포함된) 것이니, (장물의) 수가 적어 (처벌은) 무거운 (화해)죄에 따르더라도 (장물은) 끝내 관에 몰수해야 한다.62) 발각된 후 재물을 보내 사사로이 화해한 때에는 법(명29.1)에

---

60) 부모의 원수는 한 하늘을 이지 않는다[父之讎弗與共戴天]고 하였다(『禮記正義』 권3, 98쪽).

61) '枕戈'는 '枕干'과 같다. 부모의 원수를 갚아야 할 자는 거적자리에 방패를 베개로 하여[寢苫枕干] 잠자고, 벼슬하지 않으며, 원수와는 하늘을 같이 하지 않는 마음을 지녀야 한다는 것이다(『禮記正義』권7, 284쪽).

62) 가령 시마친이 살해당하였는데 사사로이 화해한 자는 도1년에 처한다. 화해할 때 재물을 받았다면 그 재물은 본래 盜罪에 準한(282, 적35.2) 장물로 계산하므로, 10필의 재물이었다면 도1년반에 해당한다. 이런 경우 화해죄보다 무거

따라 그 일을 거듭해서 (처벌해야 한다.)[63] 예컨대 (가해자의) 방계
친속이 재물을 내어 사사로이 화해한 때에는 (가해자의 방계친속
은) 당연히 청탁의 법(직47.1)에 해당하므로, 잡률의 좌장(잡1)에 의
거하여 논하되 5등을 감하고, 그 장물은 역시 관에 몰수해야 한다.
단 오복 내의 친속이 서로 살해한 경우, 먼 친속이 가까운 친속을
살해한 때에는 고해야 하지만, 가까운 친속이 먼 친속을 살해한 때
에는 고해서는 안 된다. 친소 관계가 같은 경우에는 비유가 존장을
살해한 때에는 고할 수 있지만, 존장이 비유를 살해한 때에는 고할
수 없다. 만약 서로 숨겨줄 수 있는 관계(명46.1)[64]인 경우에는 먼
친속이 가까운 친속을 살해하거나 의복(친)이 정복(친)[65]을 살해하
거나 비유가 존장을 살해한 때에는 역시 고해야 하지만 고하지 않
더라도 역시 죄는 없다. 만약 (남의) 조부모·부모를 살해하여 죽음
으로 죄(값)을 갚아야 할 자는 은사령이 내리더라도 타향으로 이주
시켜 복수를 피하게 하는데(적18.1), 그와 (피살자의) 자·손은 원수
가 되므로 (복수를 피해서) 이주시키는 것이다. 만약 (피살자의)
자·손이 (이향하지 않은 것을) 알면서도 고하지 않았다면 "사사로

운 準盜罪인 도1년반에 처하며 장물은 관에 몰수하게 된다. 반대로 화해죄 쪽
이 무겁고 재물을 받은 준도죄가 가볍다면 처벌은 무거운 쪽인 화해죄를 따르
지만 그 재물은 피차 모두 죄가 있는[彼此俱罪] 장물(명32.1)이어서 반드시 관
에 몰수한다.
63) 살인이라는 하나의 죄가 발각된 후에 가해자가 피살자의 친속에게 재물을 주
   어 사사로이 화해한 경우, 이는 살인의 죄와 사사로이 화해한 죄에 각각 대응
   하는 형벌을 병과하는 것(장물은 관에 몰수)을 말한다(명29.1).
64) 동거자 또는 대공 이상의 친속 및 외조부모·외손 또는 孫婦·남편의 형제 및
   형제의 처에게 죄가 있을 때 서로 숨겨주는 것[容隱]과 부곡·노비가 주인을 숨
   겨주는 것은 죄로 논하지 않는다. 또한 사건에 관해 누설하거나 소식을 은밀
   히 전한 것도 처벌하지 않는다(명46.1).
65) 義服은 혼인·양자 등 후천적이고 사회적인 원인에 의해 생겨난 복이며, 正服
   은 자연적인 혈연에 기초를 둔 복이자, 한편으로는 사회적인 강등 사유의 영
   향을 받지 않는 본래의 복이다.

운 화해한 것" 및 "고하지 않은 것"(에 대한) 법에 따라서 죄준다.

[律文2의 問1] 曰: 監臨親屬爲部下人所殺, 因玆受財私和, 合得何罪?

[律文2의 答1] 曰: 依律:「監臨之官, 知所部有犯法, 不擧劾者, 減罪人罪三等.」況監臨內相殺, 被殺者又是本親, 一違律條, 二乖親義, 受財一疋以上, 並是枉法之贓, 贓輕及不受財, 各得「私和」之罪. 其間有罪重者, 各從重科.

[율문2의 문1] 묻습니다: 감림관의 친속이 관할 구역 사람에게 살해되었는데 (감림관이) 그 일로 재물을 받고 사사로이 화해하였다면 어떤 죄를 받습니까?

[율문2의 답1] 답한다: 율(투60.1a)에 의거하면, "감림(·주사)가 관할 구역 내에 범법이 있음을 알고도 이를 탄핵하지 않은 때에는 죄인의 죄에서 3등을 감한다." 하물며 감림 구역 안의 살인이고 살해된 자가 또한 (본인의) 친속이면, 첫째는 율의 조문을 위반한 것이고, 둘째는 친속의 의리를 어긴 것이다. 1필 이상의 재물을 받았다면 모두 (수재)왕법(직48.1)의 장죄가 되고, 장물이 가볍거나 재물을 받지 않았다면 각각 "사사로이 화해한" 죄를 받는다. 그 중에 죄가 무거운 것이 있으면 각각 무거운 것에 따라서 처벌한다(명49.2).

[律文2의 問2] 曰: 主被人殺, 部曲·奴婢私和受財, 不告官府, 合得何罪?

[律文2의 答2] 曰: 奴婢·部曲, 身繫於主. 主被人殺, 侵害極深. 其有受財私和, 知殺不告, 金科雖無節制, 亦須比附論刑. 豈爲在律無條, 遂使獨爲僥倖. 然奴婢·部曲, 法爲主隱, 其有私和不告, 得罪並同子孫.

[율문2의 문2] 묻습니다: 주인이 다른 사람에게 살해되었는데, 부곡·노비가 사사로이 화해하여 재물을 받고 관사에 고하지 않았다면 어떤 죄를 받습니까?

[율문2의 답2] 답한다: 노비·부곡은 주인에게 예속되며, 주인이 다른 사람에게 살해되었다면 침해가 매우 심한 것이다. 만약 살해된 것을 알면서도 재물을 받고 사사로이 화해하여 고하지 않았다면, 율문66)에 규정이 없더라도 또한 반드시 유추해서 형을 논해야 한다.67) 어찌 율문이 없다고 해서 홀로 요행을 누리게 해서야 되겠는가? 그런데 법(명46.1b)에 의하면 부곡·노비는 주인의 죄를 숨겨야 하므로, 그들이 사사로이 화해하거나 고하지 않았다면 죄를 얻는 것은 모두 자·손과 같다.

---

66) 晉代이래 율의 조문을 金科라고 하고, 영의 조문을 玉條라고 하였다. 본 조문의 소 이외에도 잡률(450, 잡62.1의 소)에서도 '金科玉條'를 거론하였다.

67) 원문의 '比附'란 범죄에 직접적으로 적용할 조항이 없을 때 유사한 조항을 인용해서 죄를 결정하는 것을 말한다. 여기서는 노비·부곡이 사사로이 화해한 죄에 대한 율문이 없기에, 容隱罪를 인용해서 자·손의 사사로운 화해죄로 처벌하라는 뜻이다.

당률소의 권 제18 적도율 모두 9조

제261조 적도 14. 특별한 방법으로 사람을 살상한 죄(以物置人耳鼻孔竅中)

[律文1] 諸以物置人耳、鼻及孔竅中, 有所妨者, 杖八十.

[律文2] 其故屛去人服用、飮食之物, 以故殺傷人者, 各以鬪殺傷論.

[律文1의 疏] 議曰: 耳鼻孔竅皆爲要所, 輒以他物置中, 有所妨者, 杖八十. 本條毆罪重者依毆法, 毆未有罪者亦不科.

[律文2의 疏] 「其屛去人服用、飮食之物」, 謂寒月屛去人衣服, 或登高、乘馬私去梯轡, 或飢渴之人屛去飮食之類. 以屛去之故及置物於人孔竅之中而殺傷人者, 各以鬪殺傷論. 若殺凡人或傷尊長應死, 或於卑幼及賤人雖殺不合償死, 及傷尊卑、貴賤各有等差, 須依鬪訟律, 從本犯科斷, 故云「各以鬪殺傷論」.

[율문1] 무릇 물건을 사람의 귀·코 및 (기타) 구멍 속에 넣어 (신체기관의 정상적인 기능에) 지장을 준 자는 장80에 처한다.

[율문2] 만약 고의로 사람이 입고 쓰고 마시고 먹을 것을 제거함으로써 사람을 살상한 자는 각각 투살상으로 논한다.

[율문1의 소] 의하여 말한다: 귀·코와 (기타) 구멍1)은 모두 (신체의) 중요한 곳이다. 함부로 타물2)을 (그) 속에 넣어 (신체기관의 정상

---

1) 2개의 귓구멍, 2개의 눈, 2개의 콧구멍, 입이 7孔(혹은 7竅)이며, 2개의 배설구를 합하여 9규라 한다. 이들 구멍은 모두 인체 내부 장기와 직결되는 급소로 물리적 피해를 입을 경우 정상적인 기능에 장애가 초래될 수 있는 곳이다. 또한 싸우다가 귀나 코, 입이나 눈을 훼손시켰거나 이지러뜨렸으면 도1년으로 처벌한다(303, 투2.1).

2) '他物'이란 손발이 아닌 다른 모든 물건을 말하며, 비록 병장기라 하더라도 날[刃]을 사용한 것이 아니라면 타물이다(302, 투1.2). 이 조항에서는 타물이 무엇인지 특별히 정의하고 있지 않지만, 淸律(권26, 人命屛去人服食條의 夾注)에서는 타물을 사람을 상해할 수 있는 물건으로 정의하고 『大淸律輯注』에서는

적인 기능에) 지장을 준 자는 장80에 처한다. 본조의 (투)구(상)죄가 (이보다) 무거운 경우에는 (투)구(상)의 법에 따른다.[3] 구타하였지만 죄가 되지 않는 경우에는 역시 처벌하지 않는다.[4]

[율문2의 소] "사람이 입고 쓰고 마시고 먹을 것을 제거하였다."는 것은, 겨울에 사람의 의복을 제거하거나 또는 높은 곳에 오르거나 말을 탔는데 몰래 사다리나 고삐를 제거하거나, 또는 굶주리고 목마른 사람에게서 마시고 먹을 것을 제거하는 것 따위를 말한다. 그것들을 제거하거나 사람의 구멍 속에 물건을 넣음으로써 사람을 살상한 자는 각각 투살상으로 논한다. 만약 일반인을 살해하거나 또는 존장을 상해하여 사형에 처해야 하는 경우, 또는 비유 및 천인을 대해 (범하여) 비록 살해했더라도 사형에 해당하지 않는 경우 및 존비·귀천을 상해하여 각각 차등이 있는 경우, 반드시 투송률의 본조에 의거해서 범한 바에 따라 죄를 주어야 하므로 "각각 투살상으로 논한다."고 한 것이다.

[律文3] 若恐迫人使畏懼致死傷者, 各隨其狀, 以故、鬪、戲殺傷論.

[律文3의 疏] 議曰: 若恐迫人者, 謂恐動逼迫, 使人畏懼而有死傷者. 若履危

모래와 돌, 쇠못 등 및 독약으로 해석하였다. 요컨대 사람의 신체기관의 기능을 해칠 수 있는 물건들을 말하는 것으로 보인다.

3) 他物을 사람의 구멍 속에 넣은 자는 장80으로 처벌하고, 타물로 사람을 구타하여 상해한 경우도 장80에 해당하므로(302, 투1.3의 소) 양자의 형이 같다. '본조의 (투)구(상)죄가 (이보다) 무거운 경우'란 비유가 존장을 범한 경우와 賤이 貴를 범한 경우를 말하는데, 비유가 존장을 범한 경우 및 천이 귀를 범한 경우의 투구상죄에 따라 처벌한다.

4) 존장이 비유를 구타하여 골절상을 입힌 경우 시마친이면 일반인을 범한 죄에서 1등을 감하고, 소공친·대공친은 차례로 1등씩 감하며 골절상 이하의 상해라면 처벌하지 않는다(327, 투26.2). '구타하였지만 죄가 되지 않는 경우'는 이런 경우를 말한다. 따라서 존장이 비유의 구멍에 타물을 넣는 행위 역시 죄가 되지 않는다.

險, 臨水岸, 故相恐迫, 使人墜陷而致死傷者, 依故殺傷法; 若因鬪, 恐迫而致
死傷者, 依鬪殺傷法; 或因戲恐迫, 使人畏懼致死傷者, 以戲殺傷論. 若有如
此之類, 各隨其狀, 依故·鬪·戲殺傷法科罪.

[율문3] 만약 사람을 공박해서 두렵게 하여 사망이나 상해에 이
르게 한 자는 각각 그 정상에 따라서 고·투·희살상으로 논한다.

[율문3의 소] 의하여 말한다: "만약 사람을 공박하였다."는 것은, 공
동·핍박해서 사람으로 하여금 두렵게 하여 사망이나 상해에 이르
게 한 것을 말한다. 만약 위험한 곳을 밟고 있거나 물가 절벽에 서
있는데 고의로 공박하여 사람으로 하여금 떨어지거나 빠지게 하여
사망이나 상해에 이르게 한 때에는 고살상의 법(투5)에 의거해서
논한다. 만약 싸우다가 공박하여 사망이나 상해에 이르게 한 때에
는 투살상의 법(투1~5)에 따른다. 혹은 놀이하다가 공박하여 사람
으로 하여금 두렵게 하여 사망이나 상해에 이르게 한 때에는 희살
상(투37.1)으로 논한다. 만약 이와 같은 따위가 있다면 각각 그 정
상에 따라서 고·투·희살상의 법에 따라 죄를 준다.

제262조 적도 15. 고독을 조합하거나 소지한 죄(造畜蠱毒)

[律文1] 諸造畜蠱毒 謂造合成蠱, 堪以害人者. 及敎令者, 絞;
[律文2] 造畜者同居家口雖不知情, 若里正 坊正、村正亦同. 知而不糾者, 皆
流三千里.

[律文1의 疏] 議曰: 蠱有多種, 罕能究悉, 事關左道, 不可備知. 或集合諸蟲,
置於一器之內, 久而相食, 諸蟲皆盡, 若蛇在卽爲「蛇蠱」之類. 造謂自造, 畜

謂傳畜, 可以毒害於人, 故注云「謂造合成蠱, 堪以害人者」. 若自造,若傳畜
猫鬼之類及敎令人, 並合絞罪. 若同謀而造, 律不言「皆」, 卽有首從.

[律文2의 疏] 其所造及畜者同居家口, 不限籍之同異, 雖不知情, 若里正,坊
正,村正知而不糾者, 皆流三千里.

[율문1] 무릇 고독을 조합하거나 소지한 자 조합해서 고를 완성하
였는데, 사람을 해할만한 것을 말한다. **교령한 자는 교형에 처한다.**
[율문2] 조합하거나 소지한 자의 동거가족은 비록 정을 알지 못
했더라도 (유3000리에 처하고), 만약 이정이 방정·촌정도 역시 같
다. **알면서도 규찰하지 않았다면 모두 유3000리에 처한다.**

[율문1의 소] 의하여 말한다: 고5)에는 많은 종류가 있어 모두 밝힐
수는 없으며, 일이 좌도6)에 관련되어 모두 알 수 없다. 혹은 많은
독 있는 것을 모아서 한 그릇 안에 넣어두면 오랫동안 서로 잡아
먹어 독충은 다 없어지고 뱀만 살아남아 곧 '사고'가 되는 것 따위
이다. 조합하다라는 것은 스스로 만든 것을 말하며, 소지하다라는
것은 전수받아 소지한 것을 말하는데, 독으로 사람을 해할 수 있는
것을 말한다. 그러므로 주에 "조합해서 고를 완성하였는데, 사람을
해할만한 것을 말한다."고 한 것이다. 만약 묘귀7)를 스스로 조합

---

5) 蠱와 관련하여 『隋書』(권30, 887쪽)에 다음과 같은 기사가 있다. "(揚州의) 여
러 군에서는 종종 고를 기르는데, 宜春郡이 특히 심하였다. 그 방법은 다음과
같다. 5월 5일에 백 가지 독충을 모으는데, 큰 것은 蛇까지 이르고 작은 것은
蝨까지 이른다. 한 그릇 안에 넣어 서로 잡아먹게 하여 하나만 남기는데, 蛇
가 남으면 蛇蠱이고 蝨이 남으면 蝨蠱라 부른다. 이를 부려 사람을 살해하는
데, 음식을 통해 사람의 뱃속에 넣으면 고가 그 五臟을 먹어치운다. 죽은 자
의 재산은 고의 주인에게 이전되지만, 사용한지 3년이 되도록 사람이 죽지 않
으면 고를 기른 자가 그 폐해를 입는다." 이 조항의 소에서 예로 든 蛇蠱 이외
에도 淸律에서는 중국 남부에 鵝蠱·小兒蠱·金蠶蠱 등이 있다고 예시하였다.
6) 左道란 邪道·妖術을 가리킨다(『禮記正義』권13, 482쪽).

하거나 혹은 전수받아 소지하거나 교령8)한 자는 모두 교죄에 해당한다.9) 만약 같이 모의해서 조합한 경우는, 율에 "모두"라고 말하지 않았으므로 곧 수범·종범의 구분이 있다.

[율문2의 소] 단 조합하거나 소지한 자의 동거가족은 호적의 같고 다름을 구분하지 않고 비록 정을 알지 못했더라도 (유3000리에 처하고), 만약 이정·방정·촌정이 알고 있으면서도 규찰하지 않았다면 모두 유3000리에 처한다.

[律文2의 問] 曰: 律文唯言里正·坊正·村正等罪, 不言州·縣知情之法. 若州·縣官司知而不糾, 復合何罪?

[律文2의 答] 曰: 里正之等, 親管百姓, 旣同里閈, 多相諳委. 州·縣去人稍遠,

---

7) 猫鬼는 巫蠱이며, 무고란 사람을 저주하기 위해 조종할 수 있는 생물을 말한다. 즉 여기에서는 영물인 고양이를 가리킨다. 묘귀를 부려 사람을 살해하면 죽은 자의 재물이 묘귀를 부린 자의 집으로 이전된다고 믿어졌다. 이와 관련하여 『隋書』(권79, 1790~1791쪽)에는 다음과 같은 내용의 기사가 있다. 외척인 獨孤陁는 左道를 좋아했고 부인과 어머니는 일찍이 묘귀를 섬겨서 그의 집에 묘귀가 들어왔다. 隋 文帝는 이를 들었지만 사실로 믿지 않았다. 그런데 皇后와 楊素의 부인이 병이 들자 의사들이 모두 묘귀에 의한 병이라고 진단했다. 독고타가 황후의 異母弟이고 그 부인 양씨가 양소의 異母妹였기에 문제는 독고타의 소행이라고 짐작했다. 결국 조사 중에 독고타의 婢 徐阿尼가 재물을 노린 독고타의 사주로 자신이 묘귀를 부린 일을 자복하였다. 문제는 독고타 부부를 賜死하려다가 그를 除名하고 부인 양씨는 비구니로 만들었다. 이보다 앞서 어떤 사람이 자기 어머니가 타인의 묘귀에게 살해되었다고 고발하였는데 문제는 요망한 일이라고 여겨 성내고 돌려보냈다. 이 때에 이르러 묘귀를 부렸다고 고발된 집을 주살하도록 조서를 내렸다. 독고타의 일화에서 보듯 묘귀나 蠱는 현대적 관점에서 보면 미신에 불과하지만 전근대 중국에서는 그 존재와 효력을 확신하였고 그 폐해를 막기 위해 율에 처벌을 명시하였다.

8) 여기에서의 敎令이란 단지 사람을 교사하는 것이 아니라 蠱毒의 제조방법이나 입수경로 등에 대한 비밀 지식을 전수하는 행위, 즉 기술지도를 의미한다.

9) 蠱毒을 조합하거나 소지한 본인은 十惡 중 不道에 해당한다. 그러나 만들다가 아직 완성하지 못한 경우는 해당하지 않는다(명6.5의 주2의 소).

管戶又多, 是故律文遂無節制, 若知而不糾, 依鬪訟律: 「監臨之官, 知所部有犯法, 不擧劾者, 減罪人罪三等. 糾彈之官, 唯減二等.」

[율문2의 문] 묻습니다: 율문에 단지 이정·방정·촌정 등의 죄만을 말하고, 주·현이 정을 안 것에 대한 법은 말하지 않고 있습니다. 만약 주·현의 관사가 알고 있으면서도 규고하지 않았다면 또한 어떤 죄를 주어야 합니까?

[율문2의 답] 답한다: 이정 등은 친히 백성을 관할하며 원래 같은 마을에 거주하므로, 대부분 (그 사정을) 자세히 알고 있다. 주·현은 사람들과 조금 멀리 떨어져 있고 관할하는 호 또한 많으므로 미처 율문에 규정을 만들지 않은 것이다. 만약 알고 있으면서도 규고하지 않았다면 투송률의 "무릇 감림(·주사)가 관할지역 내에 범법이 있음을 알고도 이를 적발하여 조사하지 않은 때에는 죄인의 죄에서 3등을 감하고, 규찰·탄핵 임무를 맡은 관은 2등을 감한다."(투 60.1)는 것에 따른다.

[律文3] 造畜者雖會赦, 並同居家口及敎令人, 亦流三千里. 八十以上、十歲以下及篤疾, 無家口同流者, 放免.

[律文4] 卽以蠱毒毒同居者, 被毒之人父母、妻妾、子孫不知造蠱情者, 不坐.

[律文3의 疏] 議曰: 造畜蠱毒之人, 雖會大赦, 並同居家口及敎令人, 亦流三千里. 注云: 「八十以上、十歲以下及篤疾, 無家口同流者, 放免.」 據此, 老、幼及篤疾, 身自犯罪猶尚免流, 今以同居共活, 有同流家口亦配, 無同居家口共去, 其老、小及篤疾不能自存, 故從放免.

[律文4의 疏] 卽造畜蠱毒之人, 以蠱毒毒同居者, 其被毒之人父母、妻妾、子孫不知造蠱毒情者, 並免流罪.

[율문3] (고독을) 조합하거나 소지한 자는 비록 은사령이 내리더라

도 동거가족 및 교령인과 함께 역시 유3000리에 처한다. 80세 이
상과 10세 이하 및 독질자는 함께 유배될 가족이 없을 경우 방면한다.
[율문4] 만약 고독으로 동거하는 자에게 독해를 입힌 경우, 독으로 해를 입은 사람의 부모·처첩·자손은 고독을 조합한 정을 알지 못했다면 처벌하지 않는다.

[율문3의 소] 의하여 말한다: 고독을 조합하거나 소지한 사람은 은사
령이 내리더라도 동거가족 및 교령인과 함께 역시 유3000리에 처
한다.10) 주에, "80세 이상과 10세 이하 및 독질자는 함께 유배될
가족이 없을 경우 방면한다."고 하였다. 이에 의거하면 노·유 및
독질자는 자신이 직접 죄를 범했더라도 오히려 유형을 면하니, 현
재 동거하며 같이 생활하는 자는 함께 유배될 가족이 있으면 역시
유배하지만, 함께 유배될 동거하는 가족이 없으면 그 노·소나 독
질자는 스스로 생활할 수 없는 까닭에 방면하는 것이다.

[율문4의 소] 만약 고독을 조합하거나 소지한 사람이 고독으로 동거
하는 자에게 독해를 입혔을 경우, 그 독으로 해를 입은 사람과 (그
의) 부모·처첩·자손은 고독을 조합한 정을 알지 못했다면 모두 유
죄를 면제한다.

[律文4의 問1] 曰: 被毒之人父母不知情者, 放免. 假有親兄弟, 大房造蠱, 以
毒小房, 旣同父母, 未知父母合免以否?

[律文4의 答1] 曰: 蠱毒家口, 會赦猶流, 恐其涉於知情, 所以例不聽住. 若以
蠱毒毒同居, 被毒之人父母, 妻妾, 子孫不知情者, 不坐. 雖復兄弟相毒, 終是

---

10) 蠱毒을 조합하거나 소지한 죄는 은사령이 내려도 사면의 대상이 되지 않는 會
赦猶流罪에 해당한다(명11.2e). 이밖에도 小功尊屬·從父兄姊를 살해하거나 謀
反·大逆한 경우 은사령이 내려 사형을 면해도 여전히 유2000리에 처한다(489,
단21.2).

被毒之人父母, 旣無不免之制, 不知情者合原.

[율문4의 문1] 묻습니다: 독해를 입은 사람의 부모가 정을 알지 못했을 때에는 방면합니다. 가령 친형제가 있는데, 형이 고독을 조합해서 동생에게 독해를 입혔다면, 원래 부모가 같은데 부모는 방면해야 합니까?

[율문4의 답1] 답한다: 고독을 (조합하거나 소지한 사람의) 가족은 은사령이 내리더라도 유형에 처하는데, 그들이 정을 알았을 것을 염려하기 때문에 명례율에 머물러 사는 것을 허용하지 않는 (규정을 둔) 것이다.[11] 만약 고독을 사용해서 동거하는 자에게 독해를 입힌 경우 독해를 입은 사람과 (그의) 부모·처첩·자손이 정을 알지 못했다면 처벌하지 않는다. 또 비록 형제가 서로 독해를 입혔더라도 결국 독해를 입은 사람의 부모는 원래 방면할 수 없다는 규정이 없으므로 정을 알지 못했을 때에는 용서해야 한다.

[律文4의 問2] 曰: 老·小·篤疾無家口同流者放免. 其家總無良口, 惟有部曲, 若有奴婢一人, 得爲有同流家口, 老·小·篤疾仍配以否?

[律文4의 答2] 曰: 部曲旣許轉事, 奴婢比之資財, 諸條多不同良人, 卽非同流家口之例.

[율문4의 문2] 묻습니다: 노·소·독질자는 함께 유배할 가족이 없을 경우에는 방면합니다. 그 집에 양인은 전혀 없고 부곡만이 있거나 혹은 노비 1인만 있다면 함께 유배할 가족으로 간주하여 노·소·독질자를 유배에 처해야 합니까?

---

11) 명례율(명28.3a)에서는 留住法이 적용되지 않는 유일한 경우로서 蠱毒의 조합·소지를 들고 있다.

[율문4의 답2] 답한다: 부곡은 원래 (주인을) 바꾸어 섬길 수 있으며, 노비는 자재에 비견된다. 모든 조항의 (규정에서) 대부분 양인과 같지 않으므로, 곧 함께 유배할 가족의 예가 아니다.

[律文4의 問3] 曰: 依律, 犯罪未發自首合原. 造畜蠱毒之家, 良賤一人先首, 事旣首訖, 得免罪以否?

[律文4의 答3] 曰: 犯罪首免, 本許自新. 蠱毒已成, 自新難雪, 比之會赦, 仍並從流.

[율문4의 문3] 묻습니다: 율(명37.1)에 의하면 죄를 범하고 발각되기 전에 자수한 자는 (그 죄를) 용서해야 합니다. 고독을 조합하거나 소지한 집에서 양인이나 천인 1인이 먼저 자수하여 사건이 이미 자수로 처리되었다면 죄를 면제할 수 있습니까?

[율문4의 답3] 답한다: 죄를 범하였으나 자수하면 형을 면제하는 것은 본래 스스로 잘못을 뉘우치는 것을 인정하기 때문이다. 고독이 이미 완성되었다면 스스로 잘못을 뉘우쳐도 죄를 씻기 어려우니 은사령이 내린 경우에 비부하여 (사형을 면하고) 그대로 모두 유형에 처한다.

제263조 적도 16. 다른 사람에게 독약을 먹인 죄 및 독 있는 포육에 관한 죄(以毒藥藥人)

[律文1a] 諸以毒藥藥人及賣者, 絞;

[律文1a의 注] 謂堪以殺人者. 雖毒藥, 可以療病, 買者將毒人, 賣者不知情, 不坐.

[律文1b] **卽賣買而未用者, 流二千里.**

[律文1a의 疏] 議曰: 凡以毒藥藥人, 謂以鴆毒·冶葛·烏頭·附子之類堪以殺人者, 將用藥人, 及賣者知情, 並合科絞. 注云: 謂堪以殺人者.

[律文1a의 注의 疏] 雖毒藥, 可以療病, 買者將以毒人, 賣者不知毒人之情, 賣者不坐.

[律文1b의 疏] 「卽賣買而未用者」, 謂買毒藥擬將殺人, 賣者知其本意, 而未用者, 流二千里.

[율문1a] **무릇 독약을 사람에게 먹인 자 및 판매한 자는 교형에 처하고,**

[율문1a의 쥐] 사람을 살해할 만한 것을 말한다. 비록 독약이라도 병을 치료할 수 있으므로, 구매한 자가 사람에게 독약을 먹였더라도 판매한 자가 정을 알지 못했다면 처벌하지 않는다.

[율문1b] **만약 매매했으나 사용하지 않았다면 유2000리에 처한다.**

[율문1a의 소] 의하여 말한다: 무릇 사람에게 독약을 먹인 경우, -짐독·야갈·오두·부자[12] 따위와 같이 사람을 살해할 수 있는 것을 사람에게 먹인 것을 말한다.- 판매한 자가 (사람에게 독약을 먹일) 정을 안 경우 모두 교형을 과해야 한다.[13] 주에, "사람을 살해할 만한 것을 말한다."

[율문1a의 주의 소] "비록 독약이라도 병을 치료할 수 있으므로, 구매

---

12) 짐독은 鴆의 깃털을 술에 담가 만든 독이다. 짐은 새의 이름으로 뱀을 잡아먹기에 그 몸에 여러 독이 모여 있다고 한다(『資治通鑑』권6, 219쪽, 胡注). 야갈은 독초의 이름으로 鉤吻이라고도 한다. 草本과 木本의 두 종류가 있는데, 초본은 斷腸草라고도 한다. 오두·부자는 모두 바곳의 뿌리로 맹독을 지닌다.

13) 독약의 사용자를 교형에 처하는 것은 율문1의 문답으로 보아 사람에게 약을 먹였으나 살해에는 이르지 않은 경우이다. 이미 살해한 경우는 살해를 모의하여 이미 살해한 것(256, 적9.3)과 마찬가지로 참형에 처한다고 해석된다.

한 자가 사람에게 독약을 먹였더라도 판매한 자가 정을 알지 못했다면 처벌하지 않는다."고 하였다.

[율문1b의 소] "만약 매매했으나 사용하지 않았다."는 것은, 독약을 사서 사람을 살해하려고 했고 판매한 자가 그 본의를 알았으나 (구매한 자가) 사용하지 않은 때를 말하며 (모두) 유2000리에 처한다.

[律文1의 問] 曰: 毒藥藥人合絞. 其有尊卑·長幼·貴賤, 得罪並依律以否?

[律文1의 答] 曰: 律條簡要, 止爲凡人生文. 其有尊卑·貴賤, 例從輕重相擧. 若犯尊長及貴者, 各依謀殺已殺法; 如其施於卑賤, 亦準謀殺已殺論; 如其藥而不死者, 並同謀殺已傷之法.

[율문1의 문] 묻습니다: 독약을 사람에게 먹였다면 교형에 처해야 합니다. 만약 (가해자와 피해자가) 존비·장유·귀천 (관계)라도 죄를 얻는 것은 모두 이 율에 따릅니까?

[율문1의 답] 답한다: 율의 조문은 간명하고 요령이 있어야 하므로 단지 일반인을 대상으로 조문을 만든다. 만약 (가해자와 피해자가) 존비·귀천 (관계)라면 (처벌하는) 예는 경중을 서로 비교하여 (형을 정하는 방법에) 따른다. 예컨대 존장 및 귀인을 범한 때에는 각각 살해를 모의하여 이미 살해한 법에 따르고, 만약 비유·천인에게 사용하였다면 역시 살해를 모의하여 이미 살해한 죄에 준해서 논하며, 만약 독약을 먹였으나 사망하지 않았다면 모두 살해를 공모하여 이미 상해한 것과 같은 법으로 (단죄)한다.14)

---

14) 일반인에게 독약을 먹이면 교형에 처한다(263, 적16.1). 그러나 가해자와 피해자가 존비·귀천 관계라면 경중을 비교하여 처벌의 예를 만든다. 존장 및 귀인을 범한 경우라면 살해를 모의하여 이미 살해한 법에 따라 참형에 처하고 (252~255, 적5~8), 비유를 범한 경우라면 살해를 모의하여 이미 살해한 법(253, 적6.3)에 준하여 처벌하되 준하는 것이기에 유3000리에 그치며, 독약을 사용

[律文2a] 脯肉有毒, 曾經病人, 有餘者速焚之, 違者杖九十;

[律文2b] 若故與人食並出賣, 令人病者徒一年,

[律文2c] 以故致死者絞;

[律文2d] 卽人自食致死者, 從過失殺人法. 盜而食者, 不坐.

[律文2a의 疏] 議曰:「脯肉有毒」, 謂曾經人食, 爲脯肉所病者. 有餘, 速卽焚之, 恐人更食, 須絕根本. 違者杖九十.

[律文2b의 疏] 其知前人食已得病, 故將更與人食或將出賣, 以故令人病者合徒一年,

[律文2c의 疏] 因而致死者絞.

[律文2d의 疏]「卽人自食致死者」, 謂有餘不速焚之, 雖不與人, 其人自食, 因卽致死者, 從過失殺人法, 徵銅入死家. 注云「盜而食者, 不坐」, 謂人竊盜而食之, 以致死傷者, 脯肉主不坐, 仍科不速焚之罪. 其有害心, 故與尊長食, 欲令死者, 亦準謀殺條論; 施於卑賤致死, 依故殺法.

[율문2a] 포육에 독이 있어 이미 사람을 병나게 했는데 남은 것이 있다면 신속히 태워야 하며, 위반한 자는 장90에 처한다.

[율문2b] 만약 고의로 사람에게 먹이거나 내다 팔아 사람을 병나게 했다면 도1년에 처하고,

[율문2c] 그 때문에 사망했다면 교형에 처하며,

[율문2d] 만약 사람이 스스로 먹고 사망했다면 과실살인의 법에 따른다. 훔쳐서 먹은 경우 (포육 주인은) 처벌하지 않는다.

[율문2a의 소] 의하여 말한다: "포육에 독이 있다."는 것은, 이미 사람이

했으나 죽지 않은 경우라면 살해를 모의하여 이미 상해한 법(252~255, 적5~8)에 따라 교형·참형에 처하거나 혹은 각각의 고살죄에서 1등을 감하여 처벌한다(252~255, 적5~8).

먹고 포육 때문에 병이 난 것을 말한다. 남은 것이 있으면 신속히 태워 버리는 것은 사람들이 다시 먹을 것을 염려해 반드시 근본을 끊어버리려는 것이다. 위반한 자는 장90에 처한다.

[율문2b의 소] 단 앞의 사람이 먹고 병이 난 것을 알면서도 고의로 다시 다른 사람에게 주어서 먹게 하거나 혹은 내다 팔아 그 때문에 사람을 병나게 한 자는 도1년에 처해야하며,

[율문2c의 소] 그 때문에 사망에 이르렀다면 교형에 처한다.

[율문2d의 소] "만약 사람이 스스로 먹고 사망했다."는 것은, 남은 것이 있는데 그것을 신속히 태워 버리지 않았다면 비록 다른 사람에게 주지 않고 그 사람이 스스로 먹고 그로 인하여 사망했더라도 과실살인의 법(투38)에 따라 속동을 추징하여 사망자의 집에 준다는 것을 말한다.15) 주에 "훔쳐서 먹은 경우 (물건 주인은) 처벌하지 않는다."고 한 것은 사람이 그것을 훔쳐 먹어 사망상해에 이르게 된 경우 포육의 주인은 처벌하지 않는다는 것을 말하며, (그렇지만) 신속히 태워 버리지 않은 죄는 그대로 과한다. 만약 해치려는 마음이 있어 고의로 존장에게 먹여 사망하게 하고자 한 경우에는 역시 모살죄에 준해서 논하며, 비·천에게 주어서 사망하게 하였다면 고살의 법에 따른다.16)

---

15) 과실로 사람을 살상한 경우에는 투살상죄의 형에 상당하는 속동을 징수한다 (339, 투38). 독이 있는 포육을 스스로 주워 먹고 죽은 경우에는 투살상의 사죄에 해당하는 속동 120근(명5)을 추징하여 피해자의 집에 준다.

16) 존장이 비유의 살해를 모의하였다면 각각의 고살죄에서 2등을 감하고, 이미 상해하였다면 1등을 감하며, 이미 살해하였다면 고살의 법에 따라 교형에 처한다(253, 적6.3).

제264조 적도 17. 염매·저주에 관한 죄(憎惡造厭魅)

[律文1a] **諸有所憎惡, 而造厭魅及造符書呪詛, 欲以殺人者, 各以謀殺論減二等;**

[律文1a의 注] 於期親尊長及外祖父母、夫、夫之祖父母、父母, 各不減.

[律文1a의 疏] 議曰: 有所憎嫌前人而造厭魅, 厭事多方, 罕能詳悉, 或圖畫形象, 或刻作人身, 刺心釘眼, 繫手縛足, 如此厭勝, 事非一緖; 魅者, 或假託鬼神, 或妄行左道之類; 或呪或詛, 欲以殺人者: 各以謀殺論減二等.

[律文1a의 注의 疏] 若於期親尊長及外祖父母、夫、夫之祖父母、父母, 各不減, 依上條皆合斬罪.

[율문1a] 무릇 증오하는 바가 있어 염매를 만들거나 부서를 만들어 저주해서 사람을 살해하고자 한 자는 각각 모살로 논하되 2등을 감하고,

[율문1a의 주] 기친존장 및 외조부모·남편, 남편의 조부모·부모에 대한 것이면 각각 감하지 않는다.

[율문1a의 소] 의하여 말한다: 상대방을 미워하고 싫어하는 바가 있어 염·매를 만드는 것이다. 염의 일은 방법이 매우 많아서 상세히 모두 다 기록할 수 없는데, 혹은 형상을 그리거나 사람 몸을 조각하여 심장을 찌르고 눈에 못을 박으며 손발을 묶으니, 이와 같은 염승17)은 일이 한 가지가 아니다. 매라는 것은 귀신에 가탁하거나 또는 망령되이 좌도 따위를 행하는 것이다.18) (이 같은 염·매로)

---

17) 厭勝이란 주술을 부려 사람을 복종시키는 것을 말한다. 또는 사람을 制伏하는 주술을 가리킨다.

18) 율문의 '符書'가 이 소에서는 해석되어있지 않다. 다만 淸律(권26, 造畜蠱毒殺

저주하여 사람을 살해하고자 한 자는 각각 모살(적9)로 논하되 2등을 감한다.

[율문1a의 주의 소] 만약 기친존장 및 외조부모·남편, 남편의 조부모·부모를 (살해하고자 한 때에는) 각각 감하지 않으니, 앞의 조항(적6.1)에 의거해서 모두 참형의 죄에 해당한다.

[律文1b] 以故致死者, 各依本殺法.

[律文2] 欲以疾苦人者, 又減二等.

[律文2의 注] 子孫於祖父母·父母, 部曲·奴婢於主者, 各不減.

[律文1b의 疏] 議曰:「以故致死者」, 謂以厭魅·符書呪詛之故, 但因一事致死者, 不依減二等, 各從本殺法.

[律文2의 疏] 「欲以疾苦人者」, 謂厭魅·符書呪詛, 不欲令死, 唯欲前人疾病苦痛者, 又減二等. 稱「又減」者, 謂大功以下親及凡人, 非外祖父母, 謀殺得減二等者, 謂從謀殺上總減四等.

[律文2의 注의 疏] 注云「子孫於祖父母·父母, 部曲·奴婢於主者, 各不減」, 卽是期親尊長·外祖父母·夫·夫之祖父母·父母, 唯減二等; 其祖父母·父母以下, 雖復欲令疾苦, 亦同謀殺之法皆斬, 不同減例.

[율문1b] 그 때문에 사망했다면 각각 해당하는 (모)살의 법에 의거한다.

[율문2] 이로써 사람을 병들게 하거나 고통스럽게 하고자 한 경우에는 또 2등을 감하고,

人條 總注)에서 '書符呪詛'라 하여 邪法을 사용해 부적을 작성하고 그 문서를 매장하여 재앙을 일으키거나 혹은 태워서 요사함을 일으키는데, 모두 살해하고자 하는 사람의 생년월일을 적어서 저주한 것 따위라고 설명하고 있어서 참고가 된다.

[율문2의 주] 자손이 조부모·부모에 대해서, 부곡·노비가 주인에 대해서 (저주한) 경우는 각각 감하지 않는다.

[율문1b의 소] 의하여 말한다: "그 때문에 사망했다."는 것은 염매나 부서로 저주하였기 때문임을 말하는데, 단지 그 가운데 한 가지 일로 인하여 사망에 이르렀다면, 2등을 감하는 것에 의거하지 않고 각각 해당하는 (모)살의 법(적5~8)에 따른다.19)

[율문2의 소] "이로써 사람을 병들게 하거나 고통스럽게 하고자 한 경우"라는 것은, 염매나 부서로 저주하였지만 사망하게 하고자 한 것이 아니라 다만 상대방을 병들거나 고통스럽게 하고자 한 경우를 말하며 또 2등을 감한다. "또 감한다."는 것은 대공친 이하 및 일반인을 가리키며, -외조부모는 아니다.- 모살죄에서 또 2등을 감하므로 총 4등을 감한다는 것을 말한다.

[율문2의 주의 소] 주에 "자손이 조부모·부모에 대해서, 부곡·노비가 주인에 대해서 (저주한) 경우는 각각 감하지 않는다."고 하였는데, 곧 기친존장·외조부모·남편, 남편의 조부모·부모에 대한 경우에는 비록 2등을 감하지만, (자손이) 조부모·부모에 (대한 경우와) 이하 (부곡·노비가 주인에 대한 경우는) 단지 병들게 하거나 고통스럽게 하고자 하였더라도 역시 모살의 법과 같으므로 모두 참하고, 같이 감하는 예를 적용하지 않는다는 것이다.

---

19) 죽은 자의 신분에 따라 살해하려고 모의해서 이미 살해한 경우의 처벌법에 따르라는 의미이다. 존장을 범한 경우라면 모살죄 그대로 처벌하고 비유를 범한 경우라면 모살죄에서 2등을 감하여 처벌한다(264, 적17.1) 즉 制使·府主·刺史 등을 저주로 죽음에 이르게 하였으면 참형에 처하고(252, 적5.3), 시마친 이상의 존장을 범한 경우라면 참형에 처하며(253, 적6.2), 노비가 주인을 범한 경우라면 참형에 처하고(254, 적7.2), 처가 옛 남편을 범한 경우라면 참형에 처하는 것(255, 적8.1) 따위이다.

[律文2의 問] 曰: 呪詛大功以上尊長·小功尊屬, 欲令疾苦, 未知合入十惡
以否?

[律文2의 答] 曰: 疾苦之法, 同於毆傷. 謀毆大功以上尊長·小功尊屬, 不入十
惡; 如其已疾苦, 理同毆法, 便當「不睦」之條.

[율문2의 問] 묻습니다: 대공친 이상 존장과 소공존속을 저주해서 병들
게 하거나 고통스럽게 하고자 하였다면 십악을 적용해야 합니까?
[율문2의 답] 답한다: 병들게 하거나 고통스럽게 하고자 한 것의 법
은 구타·상해(의 법)과 같다. 대공친 이상 존장이나 소공존속을 구
타하려고 모의만 하였다면 십악을 적용하지 않지만, 만약 이미 병
들거나 고통을 받았다면 이치상 구타한 법과 같으니 곧 불목의 조
항(명6.8)에 해당한다.

[律文3] **卽於祖父母·父母及主, 直求愛媚而厭呪者, 流二千里.**
[律文4] **若涉乘輿者, 皆斬.**

[律文3의 疏] 議曰: 子孫於祖父母·父母, 及部曲·奴婢於主, 造厭呪符書直求
愛媚者, 流二千里.

[律文4의 疏] 若涉乘輿者, 罪無首從, 皆合處斬. 直求愛媚便得極刑, 重於「
盜服御之物」, 準例亦入十惡.

[율문3] 만약 조부모·부모 및 주인에 대해서 단지 총애를 구하려
고 염매·저주한 자는 유2000리에 처한다.
[율문4] 만약 황제와 관련된 때에는 모두 참형에 처한다.
[율문3의 소] 의하여 말한다: 자손이 조부모·부모에 대해서, 부곡·
노비가 주인에 대해서 염매를 만들어 빌거나 부서를 만들었는데
단지 총애를 구하려고 했다면 유2000리에 처한다.

[율문4의 소] 만약 황제[20]와 관련된 때에는 죄에 수범·종범의 구분 없이 모두 참형에 처해야 한다. (이처럼) 단지 총애만을 구하였더라도 곧 극형을 받게 되어 "황제가 입고 쓰는 물품을 훔친" 죄(적 24.2a)[21]보다 무거우니, 명례율(명50.2)에 준해서 역시 십악(명6.6)에 포함한다.

제265조 적도 18. 사면된 살인자의 이향을 법대로 하지 않은 죄(殺人移鄕)

[律文1a] 諸殺人應死會赦免者, 移鄕千里外.
[律文1b] 其工、樂、雜戶及官戶、奴, 並太常音聲人, 雖移鄕, 各從本色.
[律文1의 注] 部曲及奴, 出賣及轉配事千里外人.

　[律文1a의 疏] 議曰: 殺人應死, 會赦免罪, 而死家有期以上親者, 移鄕千里外爲戶. 其有特勅免死者, 亦依會赦例移鄕.
　[律文1b의 疏] 工、樂及官戶、奴, 並謂不屬縣貫. 其雜戶、太常音聲人有縣貫, 仍各於本司上下, 不從州縣賦役者. 此等殺人, 會赦雖合移鄕, 「各從本色」, 謂移鄕避讎, 並從本色驅使.
　[律文1의 注의 疏] 注云「部曲及奴, 出賣」, 謂私奴出賣, 部曲將轉事人, 各

---

20) 원문의 '乘輿'는 황제를 완곡하게 가리키는 말이다. 황제뿐만 아니라 太皇太后·皇太后·皇后도 포함하며, 또 皇太子나 皇太子妃도 이에 준한다. 황태자에 대한 범행은 승여에 대한 죄에서 1등을 감한다(명51.3). 황태자비에 대한 범행 역시 승여에 대한 죄에서 1등을 감한다(271, 적24의 소). 황태자·비에 대한 범죄도 역시 십악에 해당한다.
21) '황제가 입고 쓰는 물품을 훔친' 죄는 유2500리이다. '황제가 입고 쓰는 물품'이란 황제 및 태황태후·황태후·황후·황태자·황태자비의 입고 쓰는 물품들을 말하며, 衣冠·寢具·茵席 등을 가리킨다.

於千里之外.

[율문1a] 무릇 살인해서 사형에 처해야 하는데 은사령이 내려 (죄가) 면제된 자는 1000리 밖으로 거처를 옮기되,

[율문1b] 단 공호·악호·잡호 및 관호·관노·태상음성인은 거처를 옮기더라도 각각 본래의 신분에 따르게 하며,

[율문1의 주] 부곡 및 (사)노는 1000리 밖의 사람에게 넘겨 섬기게 하거나 판다.

　[율문1a의 소] 의하여 말한다: 살인해서 사형에 처해야 하는데 은사령이 내려 죄를 면제받았지만 사망자의 집에 기친 이상의 친속이 있다면 1000리 밖으로 거처를 옮겨 호를 이루게 한다.[22] 그가 특별히 칙으로 사형을 면제받은 자라도 역시 은사령이 내린 예에 따라 거처를 옮긴다.

　[율문1b의 소] 공호·악호 및 관호·관노는 모두 현의 적관에 속하지 않는다. 단 잡호·태상음성인은 현의 적관이 있지만 그대로 각각 본래의 (소속) 관사에 복역하고, 주·현에 부역을 부담하지 않는 자이다. 이들이 살인하고 은사령이 내리면 비록 거처를 옮기더라도 "각각 본래의 신분에 따르게 한다."는 것은, 거처를 옮겨 복수를 피하게 하더라도 모두 각각 본래의 신분에 따라 복역하게 한다는 것을 말한다.

　[율문1의 주의 소] 주에 "부곡 및 (사)노는 (1000리 밖의 다른 사람에

---

22) 移鄕은 이향된 곳에서 복역하지 않는 것 이외에는 유형과 같다. 즉 이향된 곳에서 編戶하여 호구의 예에 따르며 과역은 백성과 같다. 또한 이향자의 처·첩은 그를 따라가게 하고, 父·祖·子·孫이 따라가려는 경우 이를 허용한다. 만약 이향자 자신이 사망하였다면, 家口가 비록 이향된 곳의 호적에 등재되었더라도 3년 안에 귀환을 원하는 경우 석방하여 귀환시킨다(명24).

게 넘겨 섬기게 하거나) 판다."는 것은, 사노는 팔고 부곡은 다른
사람에게 넘겨 섬기게 하되, 각각 1000리 밖으로 한다는 것을 말
한다.23)

[律文1c] 若羣黨共殺, 止移下手者及頭首之人.

[律文2] 若死家無期以上親, 或先相去千里外, 卽習天文業已成, 若婦人有
犯及殺他人部曲、奴婢, 並不在移限,

[律文2의 注] 部曲、奴婢自相殺者, 亦同.

[律文3] 違者徒二年.

[律文1c의 疏] 議曰:「羣黨共殺」, 謂謀殺, 造意合斬, 從而加功者絞; 同謀
共鬪, 各以下手重者爲重罪, 亦合處絞. 律故云「止移下手及頭首之人」, 謂雖
不下手, 發意元謀, 或以威力使人殺者, 並合移鄕; 雖有從而加功, 準律合死,
旣不下手共殺者, 卽不移鄕.

[律文2의 疏] 若死家無期以上親, 或先相去千里外;「卽習天文」, 謂天文觀生
、天文生以上業已成者;「若婦人有犯」, 謂無常居, 隨夫所在; 及殺他人部曲、
奴婢: 此等並不在移鄕避讎之限.

[律文2의 注의 疏] 注云「部曲、奴婢自相殺者, 亦同」, 謂亦不在移鄕之例.

[律文3의 疏] 此以上應移而不移, 不應移而移, 違者各徒二年.

[율문1c] 만약 무리가 함께 살해하였다면 단지 살인행위를 한 자
와 주동자만을 거처를 옮긴다.
[율문2] 만약 사망자의 집에 기친 이상 친속이 없는 경우, 혹은
이미 (가해자와 피해자가) 서로 1000리 밖에 떨어져 있는 경우,

---

23) 奴라고만 하고, 婢를 말하지 않고 있다. 이는 아래 조문에 정해진 대로 婦人
은 자기의 범죄로 인해 이향되는 예에 넣지 않기 때문이다.

혹은 천문의 학업을 이미 성취한 경우, 혹은 부인이 (살인죄를) 범한 경우, 또는 타인의 부곡·노비를 살해한 경우 등은 모두 거처를 옮기는 범위에 넣지 않으며,

[율문2의 주] 부곡·노비가 같은 신분끼리 서로 살해한 경우에도 역시 같다.

[율문3] 위반한 자는 도2년에 처한다.

[율문1c의 소] 의하여 말한다: "무리가 함께 살해하였다."는 것은, 모의해서 살해한 경우 조의자는 참형에 해당하고 수종해서 힘을 더한 자는 교형에 처하며(적9.3), 만약 같이 모의해서 함께 싸우다 (살해한 경우) 각각 행위가 무거운 자를 중죄로 하여 역시 교형에 처해야 한다는 것(투7.1)을 말한다. 율에 일부러 "단지 살인행위를 한 자와 주동자만을 거처를 옮긴다."고 한 것은, 비록 살인행위를 하지 않았더라도 원래의 모의를 발의하였거나 혹은 위세 또는 폭력으로 다른 사람으로 하여금 살인을 하게 한 경우(투8.2)에는 모두 거처를 옮겨야 한다는 것을 말한 것이다. 비록 수종해서 힘을 더한 것이 율에 준하여 사형에 해당하더라도 원래 함께 살해할 때 행위를 하지 않은 자라면 곧 거처를 옮기지 않는다.

[율문2의 소] 만약 사망자의 집에 기친 이상 친속이 없는 경우, 혹은 이미 (가해자와 피해자가) 서로 1000리 밖에 떨어져 있는 경우, 혹은 천문의 학업을 이미 성취한 경우 -천문관생·천문생[24] 이상이 학업을 이미 성취한 것을 말한다.- 혹은 부인이 죄를 범한 경우 -(부인은) 정해진 거처가 없이 남편이 있는 곳에 따름을 말한다.- 및 타인의 부곡·노비를 살해한 경우, 이러한 경우의 (살인자는) 모두 거처를 옮겨 복수를 피하게 하는 범위에 넣지 않는다.[25]

---

24) 天文觀生은 秘書省 太史局의 천문관측기술자이고 天文生은 그 보조이다(『唐六典』권10, 304쪽; 『역주당육전』중 175~177쪽).

[율문2의 주의 소] 주에 "부곡·노비가 같은 신분끼리 서로 살해한 경우에도 역시 같다."는 것은, 역시 거처를 옮기는 예를 적용하지 않는다는 것을 말한다.

[율문3의 소] 이 (율문) 이상에서 거처를 옮겨야 하는데 거처를 옮기지 않거나 거처를 옮기지 않아야 하는데 거처를 옮겨 (법을) 위반한 자는 각각 도2년에 처한다.

제266조 적도 19. 시체를 잔해한 죄(殘害死屍)

[律文1] 諸殘害死屍, 謂焚燒、支解之類. 及棄屍水中者, 各減鬪殺罪一等;
[律文1의 注] 緦麻以上尊長不減.

　[律文1의 疏] 議曰:「殘害死屍」, 謂支解形骸, 割絶骨體及焚燒之類; 及棄屍水中者:「各減鬪殺罪一等」, 謂合死者死上減一等, 應流者流上減一等之類.
　[律文1의 注의 疏] 注云「緦麻以上尊長不減」, 謂殘害及棄屍水中, 各依鬪殺合斬, 不在減例.

---

25) 학업을 성취한 工戶·樂戶·雜戶·太常音聲人 및 天文觀生·天文生은 그 특수 기예로 인한 봉사를 확보하기 위해 留住法(명28)이 적용되어 유형이 장200으로 대체되고 현 소재지에 그대로 거주한다. 그러나 移鄕과 관련하여서는 학업을 성취한 천문관생 등이 거처를 옮기지 않는 반면 공호·악호 등은 거처를 옮긴다는 차이점이 발견된다. 또한 부인이 유죄를 범한 경우 장60에 처하고 1등마다 장20을 더하며, 모두 3년간 노역시키나 가역류는 4년간 복역케 하여 남편의 소재지에 따르며 단독으로 유배하지 않는다(蠱毒을 조합하거나 소지한 죄는 예외적으로 유배). 官戶·部曲·官私奴婢가 유죄를 범한 경우 역시 장형으로 대체하지만 복역은 면한다(명47.2). 부인이나 부곡·노비가 거처를 옮기지 않는 것은 역시 동일한 관념에서 기인한 것으로 보인다.

[율문1] 무릇 시체를 잔해하거나 불태우거나 절단한 것 따위를 말한다. 시체를 수중에 버린 자는 각각 투살죄에서 1등을 감하고,

[율문1의 주] 시마친 이상 존장의 (시체이면) 감하지 않는다.

[율문1의 소] 의하여 말한다: "시체를 잔해하거나 -시체를 절단하거나 뼈를 절단하거나 불태우는 것 따위를 말한다.- 및 시체를 수중에 버린 자는 "각각 투살죄에서 1등을 감한다."는 것은, (투살죄가) 사죄에 해당하면 사죄에서 1등을 감하고, 유죄에 해당하면 유죄에서 1등을 감한다는 것 따위를 말한다.

[율문1의 주의 소] 주에 "시마친 이상 존장의 (시체이면) 감하지 않는다."고 한 것은, (시마친 이상 존장의 시체를) 잔해하거나 시체를 수중에 버린 것은 각각 (존장을) 투살(한 죄)에 의거해서 참형에 처하고 감하는 예를 적용하지 않는다는 것을 말한다.

[律文2] 棄而不失及髡髮若傷者, 各又減一等.

[律文3] 卽子孫於祖父母·父母, 部曲·奴婢於主者, 各不減.

[律文3의 注] 皆謂意在於惡者.

[律文2의 疏] 議曰: 棄屍水中, 還得不失. 髡髮, 謂髡去其髮. 傷, 謂故傷其屍, 傷無大小, 但非支解之類. 「各又減一等」, 謂凡人各減鬪殺罪二等, 緦麻以上尊長唯減一等, 大功以上尊長及小功尊屬仍入「不睦」.

[律文3의 疏] 卽子孫於祖父母·父母, 部曲·奴婢於主者, 各不減, 並同鬪殺之罪, 子孫合入「惡逆」, 決不待時.

[律文3의 注의 疏] 注云「皆謂意在於惡者」, 謂從殘害以下, 並謂意在於惡. 如無惡心, 謂若願自焚屍, 或遺言水葬及遠道屍柩, 將骨還鄉之類, 並不坐.

[율문2] (시체를) 버렸지만 잃어버리지 않았거나 머리털을 잘랐거나 혹은 상해하다면 각각 또 1등을 감하되,

[율문3] 만약 자손이 조부모·부모에게, 부곡·노비가 주인에 대해서 (그렇게 한) 때에는 각각 감하지 않는다.

[율문3의 쥐] 모두 의도가 악한 경우를 말한다.

[율문2의 소] 의하여 말한다: 시체를 수중에 버렸지만 다시 찾아 잃어버리지 않았다는 것이다. "머리털을 잘랐다."는 것은 머리카락을 제거한 것을 말한다. "상해하였다."는 것은 고의로 그 시체에 상처를 낸 것으로, 상처는 대소를 구분하지 않으나, 절단한 것 따위는 아닌 것을 말한다.[26] "각각 또 1등을 감한다."는 것은 (시체가) 일반인의 것이면 각각 투살죄에서 2등을 감하고, 시마친 이상 존장의 것이면 단지 1등만을 감한다는 것을 말하는데, 대공친 이상 존장이나 소공친 존속의 것이면 곧 '불목'(명6.8)에 넣는다.

[율문3의 소] 만약 자손이 조부모·부모에게, 부곡·노비가 주인에 대해서 (그렇게 하였다면) 각각 감하지 않고 모두 투살과 같은 죄를 주고, 자손은 마땅히 '악역'(명6.4)을 적용하며, (사형의) 집행은 때를 기다리지 않는다.[27]

[율문3의 주의 소] 주에 "모두 의도가 악한 경우를 말한다."는 것은 "시체를 잔해하거나" 이하(의 조문)에서 모두 의도가 악한 것을 말

---

26) 사람과 鬪毆해서 머리카락을 뽑은 것이 1촌 이상이면 장80(302, 투1.3), 머리카락을 깎았다면 도1년반(303, 투2.2)으로 처벌한다. 상해죄는 상해의 정도, 가해의 수단에 대응한 형의 경중이 있지만, 이 조항에서는 사체의 상해가 생명과는 관계없는 사안이기 때문에 대소를 구분하지 않고 있다.

27) 사형의 집행은 때를 기다리지 않는다는 것은, 판결이 내리면 계절이나 시기를 가리지 않고, 곧바로 사형을 집행하는 것을 말한다. 당에서는 입춘부터 추분까지와 여러 특정한 시기에는 사형을 奏決할 수 없지만 惡逆 이상의 범죄(명 6.1~6.4) 또는 부곡·노비가 주인을 살해한 경우에는 이 규정에 구애받지 않도록 하였다(496, 단28). 이 소에서는 악역에 해당하는 자손에 대해서만 언급하고 있지만, 부곡·노비가 주인에 대해서도 투살의 죄와 같게 하라고 하였으므로 부곡·노비 역시 때를 기다리지 않고 사형을 집행하도록 하였을 것이다.

한다. 만약 악한 마음이 없다는 것은, 예컨대 스스로 화장을 원했거나, 혹은 수장을 유언했거나, 길이 멀어 관곽을 (옮기기 어려워) 유골만 수습해서 고향에 돌아가는 것 따위를 말하며, 모두 처벌하지 않는다.

제267조 적도 20. 시체·무덤에 대해 과실로 오욕한 죄(穿地得死人)

[律文1a] 諸穿地得死人不更埋, 及於冢墓燻狐狸而燒棺槨者, 徒二年;

[律文1b] 燒屍者, 徒三年.

[律文2a] 緦麻以上尊長, 各遞加一等;

[律文2b] 卑幼, 各依凡人遞減一等.

[律文1a의 疏] 議曰: 因穿地而得死人, 其屍不限新舊, 不卽埋掩, 令其曝露; 或於他人冢墓而燻狐狸埋之類, 因燒棺槨者: 各徒二年. 謂唯燒棺槨, 火不到屍. 其燒棺槨者, 緦麻以上尊長從徒二年上遞加一等, 至期親尊長流二千五百里. 其卑幼各依凡人遞減一等: 緦麻於二年上減一等徒一年半, 小功徒一年, 大功杖一百, 期親杖九十. 若穿地得死人, 可識知是緦麻以上尊長而不更埋, 亦從徒二年上遞加一等, 卑幼亦從徒二年上遞減一等, 各準「燒棺槨」之法.

[律文1b의 疏] 其燒屍者徒三年,

[律文2a의 疏] 緦麻以上尊長各遞加一等, 謂從徒三年上遞加一等, 燒大功尊長屍流三千里, 雖期親尊長, 罪亦不加.

[律文2b의 疏] 其卑幼, 各遞減一等, 謂緦麻卑幼減凡人一等徒二年半, 遞減至期親卑幼猶徒一年.

[율문1a] 무릇 땅을 파다가 시체가 나왔는데 다시 묻지 않거나 무덤에서 여우나 삵을 (잡기 위해) 연기를 피우다가 관곽을 태운 자는 도2년에 처하고,

[율문1b] 시체를 태운 자는 도3년에 처한다.

[율문2a] 시마친 이상 존장에 대한 경우에는 각각 차례로 1등을 더하고,

[율문2b] 비유의 경우에는 각각 일반인(에 대한 죄)에서 차례로 1등씩 감한다.

[율문1a의 소] 의하여 말한다: 땅을 파다가 시체가 나왔는데, 그 시체가 새 것이든 오래된 것이든 바로 묻지 않고 밖으로 드러나게 한 (자는 도2년에 처한다). 혹은 타인의 무덤에서 여우나 삵 따위를 잡기 위해 연기를 피운 것으로 인해 관곽을 태운 자는 각각 도2년에 처하는데, (이는) 관곽만을 태우고 불이 시체에 미치지 않은 경우를 말한다. 단 시마친 이상 존장의 관곽을 태운 때에는 도2년에서 차례로 1등을 더하니 기친존장에 이르면 유2500리가 된다. 단 (관곽의 주인이) 비유이면 각각 일반인(에 대한 죄)에서 1등을 감하니, 시마친 비유는 도2년에서 1등을 감하여 도1년반에 처하고, 소공친 (비유는) 도1년에 처하며, 대공친 (비유는) 장100에 처하고, 기친 (비유는) 장90에 처한다. 만약 땅을 파다가 나온 시체가 시마친 이상 존장의 것임을 알 수 있는데도 다시 묻지 않았다면 역시 도2년에서 차례로 1등을 더하고, 비유의 (것이면) 역시 도2년에서 차례로 1등을 감하는데, 각각의 (형차(刑次)는) "관곽을 태운" 법에 준한다.

[율문1b의 소] 단 (일반인의) 시체를 태운 자는 도3년에 처하고,

[율문2a의 소] 시마친 이상 존장의 (시체이면) 각각 차례로 1등을 더하라고 했으니 도3년에서 차례로 1등을 더하여 대공친 존장의 시

체를 태웠다면 유3000리에 처하되, 기친존장의 시체를 태웠더라도 죄는 다시 더하지 않는다.

[율문2b의 소] 단 비유의 (시체이면) 역시 1등씩 감하라고 했으니 시마친 비유의 (시체이면) 일반인에 대한 (죄 도3년에서) 1등을 감해 도2년반에 처하고, (소공·대공친 비유이면) 차례로 감해서 기친 비유에 이르러도 그대로 도1년에 처한다.

> **[律文2의 問]** 曰: 下條「發冢者, 加役流」, 注云「招魂而葬亦是」. 此文燒屍者徒三年, 未知招魂而葬亦同以否?
>
> **[律文2의 答]** 曰: 準律, 招魂而葬, 發冢者與有屍同罪. 律有「燒棺槨」之文, 復著「燒屍」之罪; 招魂而葬, 棺內無屍, 止得從「燒棺槨」之法, 不可同「燒屍」之罪.

[율문2의 문] 묻습니다: 아래 조항(적30.1)에 "무덤을 파헤친 자는 가역류에 처한다."고 하였는데 그 주에 "초혼[28]해서 매장한 것도 역시 그러하다."고 합니다. 위 조문에 시체를 태운 자는 도3년에 처한다고 했는데 초혼해서 매장했더라도 역시 마찬가지입니까?

[율문2의 답] 답한다: 율(적30.1)에 따른다면 초혼해서 매장했더라도 무덤을 파헤친 경우에는 시체가 있는 것과 죄가 같다. 그러나 위의 율에 "관곽을 태웠다."는 조문이 있고 또 "시체를 태운" 죄를 적시하고 있는데, 초혼해서 매장했다면 관 안에 시체가 없으므로 단지 "관곽을 태운" 법에 따르며, "시체를 태운" 것과 같은 죄를 줄 수

---

28) 招魂은 죽은 자의 영혼을 불러 되돌리는 것으로 '復'이라고도 한다. 사람이 죽으면 지붕에 올라 북쪽을 향해 세 번 그 이름을 외치고 영혼을 부른다(『禮記正義』 권21, 777쪽). 그러나 이 문답과 해당 조문(277, 적30.1)에서의 '초혼해서 매장했다.'라는 것은 시체가 없어서 의관을 관곽에 넣고 죽은 자의 영혼을 불러 매장한 것, 즉 衣冠墓를 가리킨다(劉俊文, 『唐律疏議箋解』, 1365쪽, 箋釋3).

는 없다.

[律文3a] 若子孫於祖父母、父母, 部曲、奴婢於主家墓燻狐狸者, 徒二年;

[律文3b] 燒棺槨者, 流三千里;

[律文3c] 燒屍者, 絞.

[律文3a의 疏] 議曰: 稱子孫於祖父母、父母者, 曾、高亦同. 部曲、奴婢者, 隨身、客女亦同. 子孫於祖父母、父母, 部曲、奴婢於主家墓燻狐狸者, 徒二年;

[律文3b의 疏] 若燒棺槨者, 流三千里;

[律文3c의 疏] 燒屍者, 絞.

[율문3a] 만약 자손이 조부모·부모의 무덤에서, 부곡·노비가 주인의 무덤에서 여우나 삵을 (잡기 위해) 연기를 피운 때에는 도2년에 처하고,

[율문3b] 관곽을 태운 때에는 유3000리에 처하며,

[율문3c] 시체를 태운 때에는 교형에 처한다.

[율문3a의 소] 의하여 말한다: "조부모·부모"라고 한 경우는 증조·고조도 역시 같다(명52.1). "부곡·노비"라고 한 경우는 수신[29]·객녀도 역시 같다. 자손이 조부모·부모의 무덤에서, 부곡·노비가 주인의 무덤에서 여우나 삵을 (잡기 위해) 연기를 피운 때에는 도2년에 처하고,

[율문3b의 소] 만약 관곽을 태운 때에는 유3000리에 처하며,

[율문3c의 소] 시체를 태운 때에는 교형에 처한다.[30]

---

29) 隨身은 부곡·객녀·노비와 같은 家僕으로 主家에 대해서 無對價 노동을 제공하였다. 또한 그 법적 위치는 사위율(375, 사14.3의 문답)에서 수신과 타인이 서로 범하였다면 모두 부곡의 법과 같다고 한 것으로 보아 부곡과 같다.

30) 여기에서는 조부모와 부모의 시체임을 알고도 매장하지 않은 경우에 대해서

제268조 적도 21. 요서·요언을 지어낸 죄(造祆書祆言)

[律文1a] 諸造祆書及祆言者, 絞. 造, 謂自造休咎及鬼神之言, 妄說吉凶, 涉於不順者.

    [律文1a의 疏] 議曰:「造祆書及祆言者」, 謂構成怪力之書, 詐爲鬼神之語. 「休」, 謂妄說他人及己身有休徵. 「咎」, 謂妄言國家有咎惡. 觀天畫地, 詭說災祥, 妄陳吉凶, 並涉於不順者, 絞.

[율문1a] 무릇 요서 및 요언을 지어낸 자는 교형에 처하고, 지어냈다는 것은 스스로 휴·구 및 귀신의 말을 지어내서 망령되이 길흉을 설파하는데, 불순에 관련되는 것을 말한다.

    [율문1a의 소] 의하여 말한다: "요서 및 요언을 지어냈다."는 것은 괴력에 관한 글을 짓거나, 거짓으로 귀신의 말을 지어내는 것을 일컫는다. "휴"라는 것은 망령되이 타인이나 자기의 몸에 길한 징후가 있다고 설파하는 것을 말하고, "구"라는 것은 망령되이 국가에 흉조가 있다고 말하는 것을 가리킨다. 하늘을 바라보고 땅을 그려보면서 거짓으로 재상을 설파하고 망령되이 길흉을 진술하는 것은 모두 불순에 관련된 것이니 교형에 처한다.

[律文1b] 傳用以惑衆者, 亦如之; 傳, 謂傳言. 用, 謂用書.

[律文1c] 其不滿衆者, 流三千里.

[律文1d] 言理無害者, 杖一百.

    는 언급하고 있지 않지만, 이 경우 앞 조항에서 기친 존장의 시체를 매장하지 않은 것과 동일하게 유3000리로 처벌하리라 생각된다. 부곡·노비와 주인 사이에서도 마찬가지일 것이다.

[律文2a] **卽私有祅書, 雖不行用, 徒二年;**

[律文2b] **言理無害者, 杖六十.**

　[律文1b의 疏] 議曰,「傳用以惑衆者」, 謂非自造, 傳用祅言、祅書, 以惑三
人以上, 亦得絞罪. 注云:「傳, 謂傳言. 用, 謂用書.」

　[律文1c의 疏]「其不滿衆者」, 謂被傳惑者不滿三人. 若是同居, 不入衆人之
限; 此外一人以上, 雖不滿衆, 合流三千里.

　[律文1d의 疏] 其「言理無害者」, 謂祅書、祅言, 雖說變異, 無損於時, 謂若
豫言水旱之類, 合杖一百.

　[律文2a의 疏]「卽私有祅書」, 謂前人舊作, 衷私相傳, 非己所製, 雖不行用,
仍徒二年.

　[律文2b의 疏] 其祅書言理無害於時者, 杖六十.

[율문1b] (이를) 전하거나 이용해서 무리를 미혹시킨 자도 또한
같다. 전한다는 것은 요언을 전하는 것을 말하며, 이용한다는 것은 요
서를 이용한 것을 말한다.

[율문1c] 단 (전한 것이) 무리에 차지 않은 때에는 유3000리에 처
하고,

[율문1d] 말의 이치가 해가 되지 않는 경우에는 장100에 처한다.

[율문2a] 만약 사사로이 요서를 가지고 있으면 비록 사용하지 않
았더라도 도2년에 처하고,

[율문2b] (요서의) 말의 이치가 해가 되지 않는 경우에는 장60에
처한다.

　[율문1b의 소] 의하여 말한다: "(이를) 전하거나 이용해서 무리를 미
혹시켰다."는 것은, 스스로 지어낸 것이 아니라 요언·요서를 전하
거나 이용해서 3인 이상을 미혹시킨 것을 말하며, 역시 교형의 죄

를 얻는다. 주에 "전한다는 것은 요언을 전하는 것을 말하며, 이용한다는 것은 요서를 이용한 것을 말한다."고 하였다.

[율문1c의 소] "단 (전한 것이) 무리에 차지 않은 때"라는 것은 전하는 것을 듣고 미혹된 자가 3인이 되지 않은 것을 말한다. 만약 동거인이면 무리의 범위에 넣지 않는다.[31] 그 밖의 1인 이상일 경우 무리가 되지 못하였더라도 유3000리에 처해야 한다.

[율문1d의 소] 그것이 "말의 이치가 해가 되지 않는다."는 것은 요서·요언으로 변이를 설파하였지만 시(세)에 해가 되지 않는 것[32]을 말하며, 예컨대 수해·한해를 예언한 것 따위는 장100에 해당한다.[33]

[율문2a의 소] "만약 사사로이 요서를 가지고 있었다."는 것은 다른 사람이 이전에 만든 것을 은밀히 사사로이 서로 전한 것으로 자기가 만든 것이 아님을 말하며, 이용하지 않았더라도 그대로 도2년에 처한다.

[율문2b의 소] 단 요서의 말의 이치가 시(세)에 해가 되지 않는 경우에는 장60에 처한다.

---

31) 동거는 재산을 공유하고 같이 거주하는 것을 말하는데, 호적이 같고 다름을 구분하지 않고 비록 服이 없는 자라도 함께 살고 있다면 모두 동거이다(명 46.1a의 소). 동거자를 무리[衆]의 범주에 넣지 않는다는 것은 동거자는 쉽게 미혹되므로 무리의 범주에 넣지 않는다는 뜻이다.

32) 時世에 해가 되지 않는다는 것은, 국가·사회나 人身의 길흉을 예언하는 것과 같이 不穩을 언급하지 않는 경우를 말한다.

33) '(요서의) 말의 이치가 해가 되지 않는' 경우 장100에 처하는 것은 전하거나 사용하는 경우 이외에 지어낸 경우도 역시 포함하는 것으로 보인다(일본역 『唐律疏議』3, 148쪽, 주7). 또 이 경우 전하거나 사용하여 사람들을 미혹시켰을 때에 무리[衆]인가 무리가 되지 못하는가는 따지지 않을 것이다(戴炎輝, 『唐律各論』上, 389쪽).

제269조 적도 22. 야간 주거 침입의 죄(夜無故入人家)

[律文1] 諸夜無故入人家者, 笞四十.

[律文2a] 主人登時殺者, 勿論;

[律文2b] 若知非侵犯而殺傷者, 減鬪殺傷二等.

　[律文1의 疏] 議曰:「夜無故入人家」, 依刻漏法: 晝漏盡爲夜, 夜漏盡爲晝.
謂夜無事故輒入人家, 笞四十. 家者, 謂當家宅院之內.

　[律文2a의 疏] 登於入時被主人格殺之者, 勿論.

　[律文2b의 疏]「若知非侵犯」, 謂知其迷誤或因醉亂, 及老·小·疾患並及婦人,
不能侵犯而殺傷者, 減鬪殺傷二等. 若殺他人奴婢合徒三年, 得減二等, 徒二
年之類.

[율문1] 무릇 밤에 이유 없이 남의 집에 들어간 자는 태40에 처한다.
[율문2a] 주인이 즉시 살해한 때에는 논하지 않고,
[율문2b] 만약 침범한 것이 아님을 알면서도 살상한 때에는 투살
상죄에서 2등을 감한다.

　[율문1의 소] 의하여 말한다: "밤에 이유 없이 남의 집에 들어갔다."
는 것은 -각루법[34]에 따라 주루가 다한 것을 밤으로 하고, 야루가
다한 것을 낮으로 한다.- 밤에 이유 없이 함부로 남의 집에 들어간
것을 말하며 태40에 처한다. "집"이라는 것은 해당 집의 건물이나

---

34) 刻漏라는 것은 물시계로, 漏刻이라고도 한다. 구멍이 있는 항아리에서 물이
　흘러나오면 잣대의 눈금을 읽어 시각을 계측하였다. 晝漏는 물시계의 눈금이
　주간을 가리키는 경우이며, 夜漏는 물시계의 눈금이 야간을 가리키는 경우이
　다. 당대에는 주야를 합하여 100각으로 정하고 동절기는 낮이 40각 밤이 60각
　이었고, 하절기는 낮이 60각 밤이 40각이었으며 춘·추분에는 낮밤이 각 50각
　이었다(『唐六典』권10, 305쪽; 『역주당육전』중, 181쪽).

원의 안을 말한다.

[율문2a의 쇼] 들어간 즉시 주인이 때려 살해한 경우 (주인은) 논하지 않는다.

[율문2b의 쇼] "만약 침범한 것이 아님을 알았다."라는 것은, 그가 길을 잃었거나 혹은 술에 취해 정신이 없거나, 노·소·질환자 및 부인이어서 모두 침범할 수 없다는 것을 알면서도 살상한 때에는 투살상죄에서 2등을 감한다는 것을 말한다. 만약 다른 사람의 노비를 살해한 것은 도3년에 해당하지만(투19.2) 2등을 감할 수 있으니 도2년에 처하는 것 따위이다.

[律文2의 問] 曰: 外人來姦, 主人舊已知委, 夜入而殺, 亦得勿論以否?

[律文2의 答] 曰: 律開聽殺之文, 本防侵犯之輩. 設令舊知姦穢, 終是法所不容, 但夜入人家, 理或難辨, 縱令知犯, 亦爲罪人. 若其殺卽加罪, 便恐長其侵暴, 登時許殺, 理用無疑. 況文稱「知非侵犯而殺傷者, 減鬪殺傷二等」, 卽明知是侵犯而殺, 自然依律勿論.

[율문2의 문] 묻습니다: 외부의 사람이 와서 간통하는 것을 주인이 전부터 이미 잘 알고 있었습니다. 마침 밤에 들어오자마자 살해하였다면 역시 논하지 않습니까?

[율문2의 답] 답한다: 율에서 살인을 허용하는 조문을 둔 것은 본래 침범하는 무리를 막기 위한 것이다. 설령 전부터 간통하는 것을 알았더라도 결국 이것은 이 법에서 용납하지 않는 것이다. 단 밤에 남의 집에 들어갔다면 이치상 판별하기 어려울 뿐만 아니라 설령 (주인이 그 간인을) 알아보았더라도 역시 (그는) 죄인이다. 만약 그 살인에 대해 죄를 가한다면 곧 그 침폭을 조장할 우려가 있으므로 즉시 살해를 허용하는 것은 이치로 보아 의문이 없다. 하물며

조문에 "침범한 것이 아님을 알면서도 살상한 때에는 투살상(죄)에서 2등을 감한다."고 하였으니, 침범하여 (주인이) 살해한 것은 당연히 율에 따라 논하지 않아야 한다는 것이 분명하다.

[律文2c] 其已就拘執而殺傷者, 各以鬪殺傷論, 至死者加役流.

[律文2c의 疏] 議曰:「已就拘執」, 謂夜入人家, 已被擒獲, 拘留執縛, 無能相拒, 本罪雖重, 不合殺傷. 主人若有殺傷, 各依鬪法科罪, 至死者加役流.

[율문2c] 단 이미 붙잡았는데 살상한 때에는 각각 투살상으로 논하고, 사죄에 이른 경우에는 가역류에 처한다.

[율문2c의 소] 의하여 말한다: "이미 붙잡았다."는 것은 밤에 남의 집에 들어갔으나 이미 사로잡혀 구류·결박되어 저항할 수 없음을 말하며, 본래 죄는 무겁더라도 살상해서는 안 된다. 주인이 만약 살상한 때에는 각각 투구의 법에 의거해서 죄를 주되, 사죄에 이른 경우에는 가역류에 처한다.

당률소의 권 제19 적도율 모두 17조

역주 정재균

제270조 적도 23. 대사의 신이 쓰는 물품을 절도한 죄(盜大祀神御物)

[律文1] 諸盜大祀神御之物者, 流二千五百里. 謂供神御者, 帷帳几杖亦同.
[律文2a①] 其擬供神御, 謂營造未成者.

　[律文1의 疏] 議曰:「盜大祀神御之物」, 公取、竊取皆爲盜. 大祀, 謂天地,宗廟,神州等. 其供神御所用之物而盜之者, 流二千五百里. 注云「謂供神御者, 帷帳几杖亦同」, 謂見供神御者, 雖帷帳几杖亦得流罪, 故云「亦同」.

　[律文2a①의 疏]「其擬供神御」, 謂上文神御之物及帷帳几杖, 營造未成, 擬欲供進者, 故注云「謂營造未成者」.

[율문1] 무릇 대사의 신이 쓰는 물품을 절도한 자는 유2500리에 처한다. 신이 쓰도록 바친 것을 말하며, 유장·궤장 역시 같다.

[율문2a①] 단 신이 쓰도록 바치려고 예정했거나 제작을 완성하지 못한 것을 말한다.

　[율문1의 소] 의하여 말한다: 대사의 신이 쓰는 물품을 절도한 경우 공취든 절취든 모두 도(죄)가 된다(적53). 대사는 천지·종묘·중원대지[神州] 등(에 지내는 제사)를 말한다(직8; 사령, 습유159쪽). 만약 신이 쓰는 데 사용될 것으로 바친 물품을 절도한 자는 유2500에 처한다. 주에 이르기를 "신이 쓰는 데 바친 것을 말하며, 유장·궤장 역시 같다."[1]고 한 것은, 지금 신이 쓰는 데 바친 것이면 비록

---

1) '帷帳'은 휘장, '几'는 案席, '杖'은 지팡이이다. 이 조항에서 유장과 궤장은 大祀나 大祭·大享에 神이 쓰는 데 바치는 물품으로 제공된 것을 말한다. 신에게 바치는 데 사용될 물품으로 만들어졌으나 아직 제사에 쓰이지 않은 것이나 酒醴와 饌具 및 籩·豆·簠·簋 등 신 앞에 놓은 것을 절도한 경우도 大不敬에 해

유장·궤장이라도 역시 유죄를 받는다는 것을 말하며, 그러므로 "역시 같다."고 한 것이다.

[율문2a①의 소] "단 신이 쓰는 데 바치려고 예정했거나"란, 위의 조문에서 신이 쓰는 물품 및 유장·궤장의 제작을 완성하지 못했으나 바치려고 예정한 것을 말하므로, 주에 "제작을 완성하지 못한 것을 말한다."라고 한 것이다.

[律文2a②] 及供而廢闕, 若饗薦之具已饌呈者, 徒二年; 饗薦, 謂玉幣·牲牢之屬. 饌呈, 謂已入祀所, 經祀官省視者.

[律文2b] 未饌呈者, 徒一年半. 已闋者, 杖一百. 已闋, 謂接神禮畢.

[律文3] 若盜釜·甑·刀·匕之屬, 並從常盜之法.

[律文2a②의 疏] 議曰:「供而廢闕」, 謂神御之物供祭已訖, 退還所司者, 故云「廢闕」.「若饗薦之具已饌呈者」, 謂牲牢·棗栗·脯修之屬, 已入神所呈闋祀官訖. 而盜者, 各徒二年. 故注云「饗薦, 謂玉幣·牲牢之屬」.

[律文2b의 疏] 「未饌呈者, 徒一年半」, 謂以上玉幣·牲牢·饌具之屬, 未饌呈祀官而盜者, 徒一年半.「已闋者」, 謂神前飲食薦饗已了, 退而盜者, 得杖一百.

[律文3의 疏] 「若盜釜·甑·刀·匕之屬」, 謂並不用供神, 故從常盜之法; 一尺杖六十, 一疋加一等; 五疋徒一年, 五疋加一等, 罪止加役流. 言「之屬」, 謂盤·盂·雜器之類.

[율문2a②] 바쳐서 쓰고 물렸거나, 또는 이미 갖추어 차려서 들인 제물을 (절도한 자는) 도2년에 처한다. 제물은 옥폐·생뢰 따위를 말한다. 차려서 들였다는 것은 이미 제사를 지내는 곳으로 들여 제사 담당관의 검열을 거친 것을 말한다.

당한다. 단 신 앞에 놓지 않은 것을 절도했을 때는 大不敬을 적용하지 않는다 (명6. 十惡 大不敬의 주).

[율문2b] 아직 차려서 들이지 않은 것을 (절도한 자는) 도1년반에 처한다. 이미 물린 것을 (절도한 자)는 장100에 처한다. 이미 물렸다는 것은 신을 접하여 예를 마쳤다는 것을 말한다.

[율문3] 만약 솥·시루·칼·숟가락 따위를 절도한 것은 모두 일반 절도의 법에 따른다.

[율문2a②의 소] 의하여 말한다: "바쳐서 쓰고 물렸다."는 것은, 신이 쓰는 물품으로 바쳤는데 제사를 마치고 물려서 담당자에게 반환된 것을 말하며, 그러므로 "쓰고 물렸다."라고 한 것이다. "또는 이미 갖추어 차려서 들인 제물"이란 생뢰²⁾·대추와 밤·말린 고기 따위가 이미 신의 장소에 들여져 제사담당관의 검열을 마친 것을 말하며, 절도한 자는 각각 도2년에 처한다. 그러므로 주에 "제물은 옥폐·생뢰 따위를 말한다."고 한 것이다.

[율문2b의 소] "아직 차려서 들이지 않은 것을 (절도한 자는) 도1년반에 처한다."는 것은, 위의 옥폐³⁾·생뢰⁴⁾·식기 따위가 아직 제사담당관 앞에 놓이지 않았는데 절도한 자는 도1년반에 처한다는 것을 말한다. "이미 물린 것"이란, 신이 앞에 (차려진) 음식과 제물을 흠향하는 것을 마쳐 물린 것을 말하며, 절도한 자는 장100을 받는다.

[율문3의 소] "만약 솥·시루·칼·숟가락 따위를 절도했다."는 것은 모두 신에게 바치는 용도가 아닌 것을 (절도했다는 것을) 말하며, 그러므로 통상의 도(죄)의 처벌법(적35)에 따라 1척이면 장60에 처

---

2) 牲牢의 牲은 소·양·돼지를 말하고, 牢는 牲의 몸체이다(98, 직8.2의 소). 희생은 滌官에서 大祀에 사용할 것은 90일, 中祀에 사용할 것은 30일, 小祀에 사용할 것은 10일 동안 사육한다(200, 구5의 소).

3) '玉幣'에서 '玉'은 하늘에 제사 지내는 蒼璧, 땅에 제사 지내는 璜琮을 가리킨다. '幣'는 神에게 바치는 비단(幣帛)을 말한다(98, 직8.2의 소).

4) '祀官'은 제사를 담당한 官으로 太常卿을 가리키는데, 태상경의 직임은 나라의 禮樂·郊廟·社稷의 일을 관장하며, 大祭祀 때에는 먼저 그 犧牲과 기물을 살피는 것이다(『당육전』권14, 394~395쪽 및 『역주당육전』중, 343~344쪽).

하고 1필마다 1등을 더하며, 5필이면 도1년에 처하고 5필마다 1등
을 더하되 죄는 가역류에 그친다. "따위"라고 한 것은, 소반·사발
과 잡다한 기물 따위를 말한다.

제271조 적도 24. 어보 및 황제가 입고 쓰는 물품을 절도한 죄(盜御寶及乘輿服御物)

[律文1] 諸盜御寶者, 絞;

[律文2a] 乘輿服御物者, 流二千五百里; 謂供奉乘輿之物. 服通衾,茵之屬,
眞、副等. 皆須監當之官部分擬進, 乃爲御物.

[律文2b] 其擬供服御及供而廢闕若食將御者, 徒二年; 將御, 謂已呈監當之官.

[律文2c] 擬供食御及非服而御者, 徒一年半.

[律文1의 疏] 議曰: 稱「御」者, 太皇太后,皇太后,皇后亦同, 皇太子減一等.
皇帝八寶, 皆以玉爲之, 有「神寶」、「受命寶」、「皇帝行寶」、「皇帝之寶」、「皇
帝信寶」、「天子行寶」、「天子之寶」、「天子信寶」. 此等八寶, 皇帝所用之物,
並爲「御寶」. 其三后寶, 以金爲之, 並不行用. 盜者, 俱得絞刑. 其盜皇太子
寶, 準例合減一等, 流三千里. 若盜皇太子妃寶, 亦流三千里: 后寶旣與御寶
不殊, 妃寶明與太子無別.

[律文2a의 疏] 「乘輿服御物」, 謂供奉乘輿服用之物, 三后服御之物亦同, 盜
者流二千五百里. 若盜皇太子及妃所服用物, 準例減一等, 合徒三年. 計贓重
者, 卽準贓同常盜之法加一等. 注云「謂供奉乘輿之物. 服通衾,茵之屬」, 稱
「之屬」者, 氈,褥之類. 「眞、副等」, 眞謂見供服用之衣, 副謂副貳之服. 皆須
監當之官部分擬進者, 乃爲御物.

[律文2b의 疏] 「其擬供服御」, 謂營造未成. 「及供而廢闕」, 謂已供用事畢,

是名「廢闕」.「若食將御者」, 謂御食已呈監當之官擬進而盜及食者. 從「擬供服御」以下, 各徒二年. 故注云「將御, 謂已呈監當之官」.

[律文2c의 疏] 「擬供食御」, 謂未呈監當之官; 及非服而御之物者, 若食及盜: 各徒一年半. 贓重者, 各計贓以常盜論加一等.

[율문1] 무릇 어보를 절도한 자는 교형에 처한다.

[율문2a] 황제가 입고 쓰는 물품(을 절도한 자)는 유2500리에 처한다. 황제의 물품으로 바친 것을 말한다. 입는 것은 이불·자리 따위도 포함되며, 현용[眞]이나 예비용이나 같다. 모두 반드시 감독·담당하는 관이 선별해서 올리려고 예정한 것이어야 비로소 황제의 물품이된다.

[율문2b] 단 (황제가) 입고 쓰는 것으로 바치려고 예정한 것 및 바쳐서 쓰고 물린 것을 (절도한 자) 또는 황제께서 드시려던 음식을 먹은 자는 도2년에 처한다. 황제께서 드시려던 (음식은) 이미 감독·담당하는 관에게 올린 것을 말한다.

[율문2c] (황제가) 드실 음식으로 바치려고 예정한 것을 (먹은 자) 및 (황제가) 입고 쓰는 것이 아닌 것을 (절도한 자는) 도1년반에 처한다.

[율문1의 소] 의하여 말한다: "어御"라 칭한 경우, 태황태후·황태후·황후 역시 같고, 황태자는 1등을 감한다(명51.1). 황제의 팔보는 모두 옥으로 만들며, "신보"·"수명보"·"황제행보"·"황제지보"·"황제신보"·"천자행보"·"천자지보"·"천자신보"가 있다.5) 이들 팔보는 황제

---

5) 神寶는 傳國神寶를 의미하는데, 사용하지는 않는다. 受命寶는 封禪할 때에 사용한다. 皇帝行寶는 王·公 이하에게 회신하는 문서에 사용하고, 皇帝之寶는 왕·공 이하를 위로하는 문서에 사용하며, 皇帝信寶는 왕·공 이하를 징소하는 문서에 사용한다. 天子行寶는 番國에 회신하는 문서에 사용하고, 天子之寶는

가 사용하는 물품으로 모두 "어보"가 된다. 단 삼후의 보는 금으로 만들며, 모두 사용하지 않는다. (이것들을) 절도한 자는 모두 교형을 받는다. 단 황태자의 보를 절도했다면 예(명51.3)에 준해서 1등을 감하여 유3000리에 처해야 한다. 만약 황태자비의 보를 절도했다면 역시 유3000리에 처한다. (황)후의 보가 원래 어보와 다르지 않으니, (황태자)비의 보도 태자(의 보)와 다르지 않다는 것은 분명하다.

[율문2a의 소] "황제가 입고 쓰는 물품"은 황제가 입고 쓰는 물품으로 바친 것을 말하고, 삼후가 입고 쓰는 물품 역시 같으며, 절도한 자는 유2500리에 처한다. 만약 황태자 및 (황태자)비가 입고 쓰는 바의 물품을 절도했다면 예(명51.3)에 준해 1등을 감하여 도3년에 처해야 한다. 장물을 계산한 (절도죄가 이보다) 무거운 경우는 곧 장물에 준하여 통상의 도(죄)와 같이하되 1등을 더한다(적33). 주에 이르기를 "황제의 물품으로 바친 것을 말한다. 입는 것은 이불·자리 따위도 포함된다."고 했는데, "따위"라고 칭한 것은 담요·요 따위이다. "현용이나 예비용이나 마찬가지이다."에서, 현용은 현재 입을 것으로 바친 옷을 말하고, 예비용은 예비의 옷을 말한다.[6] 모두 반드시 감독·담당하는 관이 선별해서 올리려고 예정한 것이

번국을 위로하는 문서에 사용하며, 天子信寶는 번국의 兵馬를 징집하는 문서에 사용한다. 모두 白玉으로 만든다(『당육전』권8, 251~252쪽 및 『역주당육전』중, 70~71쪽). 황제의 寶를 위조한 자는 참형, 태황태후·황태후·황후·황태자의 寶를 위조한 자는 교형, 황태자비의 寶를 위조한 자는 유2000리에 처한다(362, 사1.1 및 소).

6) 황제에게 바쳐야 할(供奉) 물품은 모두 예비품을 갖추어 놓아야 한다. 만약 그렇지 못하여 없거나 부족한 것이 있는 경우 담당관은 도1년에 처한다. 또한 황제가 바치는 물품 가운데 잡다한 물품, 곧 의복이나 음식과 같은 것도 없거나 부족한 것이 있는 경우 담당관은 태50의 처벌을 받게 되므로 반드시 예비품을 갖추어 놓아야 한다(105, 직15.5·6 및 소).

어야 비로소 황제의 물품이 된다.

[율문2b의 소] "단 (황제가) 입고 쓰는 것으로 바치려고 예정했다."라는 것은, 제작을 완성하지 못한 것을 말한다. "바쳐서 쓰고 물렸다."라는 것은, 이미 바쳐져 쓰는 일이 끝났음을 말하며, 이것이 정명하여 "쓰고 물렸다."는 것이다. "황제께서 드시려던 음식이면"이라는 것은, 황제의 음식이 이미 감독·담당하는 관에게 올려져 (황제께서) 드시려고 예정된 것을 말한다. (이러한 것을) 절도하거나 먹은 자, (그리고) "(황제가) 입고 쓰는 데 바치는 것으로 예정되었다." 이하는 각각 도2년에 처한다. 그러므로 주에 "황제에게 바치려던 (음식은) 이미 감독·담당하는 관에게 올린 것을 말한다."라고 한 것이다.

[율문2c의 소] "(황제가) 먹거나 쓰도록 바치려고 예정한 것" -아직 감독·담당하는 관에게 올리지 않은 것을 말한다.- 및 (황제가) 입고 쓰는 것이 아닌 것을 먹거나 절도했다면 각각 도1년반에 처한다. (절도의) 장물로 계산하여 (죄가 이보다) 무거운 경우는 각각 장물을 계산하여 통상의 도(죄)로 논하되 1등을 더한다.

제272조 적도 25. 관문서의 인장을 절도한 죄(盜官文書印)

[律文] 諸盜官文書印者, 徒二年. 餘印, 杖一百. 謂貪利之而非行用者. 餘印, 謂印物及畜産者.

[律文의 疏] 議曰: 印者, 信也. 謂印文書施行, 通達上下, 所在信受, 故曰「官文書印」. 盜此印者, 徒二年. 「餘印, 杖一百」, 餘印謂給諸州封函及畜産之印, 在令·式, 印應官給, 但非官文書之印, 盜者皆杖一百. 注云「謂貪利之

而非行用者」, 皆謂藉以爲財, 不擬行用. 若將行用, 卽從「僞造」、「僞寫」、「封
用規避」之罪科之.

[율문] 무릇 관문서인을 절도한 자는 도2년에 처한다. 그 밖의 인
장은 장100에 처한다. 그것을 재물로 탐하고 행용하지는 않은 것을
말한다. 그 밖의 인장이란 물품 및 축산에 날인하는 것을 말한다.

[율문의 소] 의하여 말한다: 인장이란 신표이다. 문서에 날인해서 시
행하여 위아래로 통하게 하며, 모든 곳에서 믿고 수령하기 때문에
"관문서인"이라고 한다. 이 인장을 절도한 자는 도2년에 처한다. "그
밖의 인장은 장100에 처한다."에서 그 밖의 인장이란, 모든 주에 지
급해서 봉함 및 축산에 사용하는 인장으로, 영·식에 인장은 마땅히
관에서 지급하게 되어 있지만 관문서인이 아닌 것을 말하며, (이를)
절도한 자는 모두 장100에 처한다. 주에 이르기를 "그것을 재물로
탐하고 행용하지는 않은 것을 말한다."라고 한 것은, 모두 그것을
재물로 삼고 행용하려고 하지 않은 것을 말한다. 만약 행용했다면,
곧 "위조"·"위사"[7]·"봉용·규피"[8]의 죄에 따라 죄준다.

---

7) '僞造'와 '僞寫'는 속일 목적으로 가짜를 만든다는 점에서 의미상 동일하지만,
적용하는 대상에 차이가 있다. 律에 의하면 황제의 八寶는 백옥으로 만들기
때문에 "만든다[造]"라고 하고, 관문서인 등 公印은 동으로 만들기 때문에 "본
뜨다[寫]"라고 하였다(363, 사2.1a의 소). 이에 따르면 '僞造'는 황제 및 태황태
후, 황태후, 황후, 황태자, 황태자비의 寶를 가짜로 만든 경우에 사용하는 용
어이고(362, 사1), '僞寫'는 公印 및 符節 등을 가짜로 만든 경우에 쓰는 용어
이다(363, 사2; 364, 사3).
8) '封用'이란 문서에 인장[印]을 찍고, 또 文簿를 봉하는 데에도 인장을 찍어, 인장
을 두 번 사용한 사건임을 말한다(363, 사2.2의 소). '規避'는 탐하거나 회피하고
자 문서를 위조거나 증감한 것을 말하는데, 가령 법률상 관인이 되어서는 안
되는 자가 속이고 관이 되기를 구하여 획득한 것이나 거짓으로 관문서를 만들
거나 증감하여 관직이 해임되지 않기를 도모하는 것을 '탐하다[規]'라고 하고,
본래 범한 죄를 피하기 위한 것을 '회피하다[避]'라고 한다(369, 사8.1의 소).

제273조 적도 26. 제서 및 관문서를 절도한 죄(盜制書官文書)

[律文1a] 諸盜制書者, 徒二年.

[律文1b] 官文書, 杖一百; 重害文書, 加一等; 紙券, 又加一等. 亦謂貪利之, 無所施用者. 重害, 謂徒罪以上獄案及婚姻、良賤、勳賞、黜陟、授官、除免之類.

  [律文1a의 疏] 議曰: 盜制書徒二年, 勅及奏抄亦同. 勅旨無御畫, 奏抄卽有御畫, 不可以御畫奏抄輕於勅旨, 各與盜制書罪同.

  [律文1b의 疏] 「官文書」, 謂在司尋常施行文書, 有印無印等. 「重害文書, 加一等」, 合徒一年. 注云「亦謂貪利之」, 亦如上條盜印藉爲財用, 無所施行. 「重害, 謂徒罪以上獄案及婚姻、良賤、勳賞、黜陟、授官、除免之類」, 稱「之類」者, 謂倉糧、財物、行軍文簿帳及戶籍、手實之屬, 盜者各徒一年. 若欲動事, 盜者自從增減之律.

[율문1a] 무릇 제서를 절도한 자는 도2년에 처하고,

[율문1b] 관문서는 장100에 처하며, 중요한 문서는 1등을 더하고, 지권은 또 1등을 더한다. 역시 그것을 재물로 탐하고 시행해서 사용한 바가 없는 경우를 말한다. 중요하다는 것은 도죄 이상의 옥안 및 혼인·양천·훈상·출척·수관·제면 따위를 말한다.

  [율문1a의 소] 의하여 말한다: 제서를 절도한 자는 도2년에 처하며, 칙(서) 및 주초 역시 같다. 칙지에 (따른 제서는) 황제의 서명이 없고 주초에는 곧 황제의 서명이 있는데, 황제의 서명이 있는 주초를 칙지(에 따른 제서)보다 가볍게 해서는 안 되므로 각각 제서를 절도한 죄와 같게 하는 것이다.[9]

---

9) 制書는 황제가 내리는 7종의 王言 중 가장 대표적인 문서 형식으로 황제의 뜻

[율문1b의 소] "관문서"는 관사에서 일상적으로 시행하는 문서를 말하며, 날인이 있든 없든 같다. "중요한 문서는 1등을 더하니" 도1년에 해당한다. 주에 "역시 그것을 재물로 탐한 것을 말한다."라고 한 것은, 역시 위 조항(적25)과 같이 인장을 절도하여 재물로 삼고 시행한 바가 없다는 것이다. "중요하다는 것은 도죄 이상의 옥안 및 혼인·양천·훈상·출척·수관·제면 따위를 말한다."에서 "따위"라고 칭한 것은, 창고의 양식·재물과 행군에 관한 문서와 장부 및 호적·수실 따위를 말하며, 절도한 자는 각각 도1년에 처한다. 만약 내용을 바꾸고자 했다면 절도한 자는 당연히 (문서의 내용을) 증감한 경우의 율(사6·8)에 따른다.

[律文2] 卽盜應除文案者, 依凡盜法.

[律文2의 疏] 議曰:「卽盜應除文案者」, 依令:「文案不須常留者, 每三年一揀除.」旣是年久應除, 卽非見行文案, 故依凡盜之法, 計贓科罪.

[율문2] 만약 폐기해야 할 문안을 절도한 경우는 일반 도죄의 법에 의거한다.

[율문2의 소] 의하여 말한다: "만약 폐기해야 할 문안을 절도한 경우"란, 영(공식령, 습유602쪽)에 의거하면 "문안은 항상 보존해야 할 것이 아니면 3년마다 한 번씩 가려내어 폐기한다."고 했고, 원래 연도가 오래되어 폐기해야 할 것으로 곧 현행 문안이 아니기 때문에, 일반

을 받들어 선포하여 시행하는 것이지만, 황제가 "可"라고 서명하여 門下省에 내리면 侍中이 대신하여 "制可(황제께서 제가하신 것)"로 注記하므로(118, 직28.2의 소) 황제의 서명이 없다. 반면 勅(書)는 發日을 御畫로 하는 勅을 말한다."(『당육전』권9, 274쪽)고 했고 奏抄는 "황제가 친히 '聞'이라고 서명하는 것"(112, 직22의 問答)이라고 한 것으로 보듯이, 칙서와 주초는 황제의 서명이 있다.

도죄의 법에 의거하여 장물을 계산하여 죄를 준다는 것이다.

제274조 적도 27. 부절 및 문약을 절도한 죄(盜符節門鑰)

[律文1a] 諸盜宮殿門符、發兵符、傳符者, 流二千里;

[律文1b] 使節及皇城、京城門符, 徒三年;

[律文1c] 餘符, 徒一年.

[律文2a] 門鑰, 各減三等.

[律文2b] 盜州、鎭及倉廚、廐庫、關門等鑰, 杖一百.

[律文2c] 縣、戍等諸門鑰, 杖六十.

[律文1a의 疏] 議曰: 開閉殿門, 皆用銅魚合符. 用符鑰法式, 已於擅興律解訖. 「發兵符」, 以銅爲之, 左者進內, 右者付州、府、監及提兵鎭守之所並留守應執符官人. 其符雖通餘用, 爲發兵事重, 故以發兵爲目. 「傳符」, 謂給將乘驛者, 依公式令: 「下諸方傳符, 兩京及北都留守爲麟符, 東方靑龍, 西方白虎, 南方朱雀, 北方玄武. 兩京留守二十, 左十九, 右一; 餘皆四, 左三, 右一. 左者進內, 右者付外州、府、監應執符人. 其兩京及北都留守符, 並進內. 須遣使向四方, 皆給所詣處左符, 書於骨帖上, 內着符, 裏用泥封, 以門下省印印之. 所至之處, 以右符勘合, 然後承用.」 盜者, 合流二千里.

[律文1b의 疏] 節者, 皇華出使, 黜陟幽明, 輶軒奉制, 宣威殊俗, 皆執旌節, 取信天下. 「及皇城門」, 謂朱雀等門; 「京城門」, 謂明德等門. 盜此門符及使節者, 各徒三年.

[律文1c의 疏]: 「餘符, 徒一年」, 餘符謂禁苑及交巡等符. 案擅興律: 「凡言餘符者, 契亦同. 即契應發兵者, 同發兵符法.」 然則盜發兵契, 各同魚符之罪.

[律文2a의 疏] 「門鑰, 各減三等」, 謂各減所開閉之門魚符三等. 假有盜宮殿

門符, 合流二千里; 門鑰減三等, 得徒二年. 餘鑰應減門符, 並準此. 若是禁
苑門鑰, 不可輕於州, 鎮, 關門等鑰.

[律文2b의 疏] 盜州,鎮及官倉廚,廐庫及關門等鑰, 各杖一百.

[律文2c의 疏] 「縣戍等諸門鑰」, 稱「諸門鑰」者, 謂內外百司及坊市門, 官有
門禁, 盜其鑰者各杖六十.

[율문1a] 무릇 궁·전의 문부, 발병부·전부를 절도한 자는 유2000
리에 처하고,

[율문1b] 사절 및 황성·경성의 문부는 도3년에 처하며,

[율문1c] 그 밖의 부는 도1년에 처한다.

[율문2a] 문의 열쇠(를 절도한 자)는 각각 3등을 감하고,

[율문2b] 주와 진 및 창주·구고·관문 등의 열쇠는 장100에 처하며,

[율문2c] 현과 수 등의 모든 문의 열쇠는 장60에 처한다.

[율문1a의 소] 의하여 말한다: 전문을 열고 닫는 것은 모두 동어부를
합쳐보고서 한다. (동어)부와 열쇠를 사용하는 법식은 이미 천흥
률(천3)에서 설명했다. "발병부"[10]는 동으로 만드는데, 좌부는 안에
들이고 우부는 주·부·감 및 군대를 거느리고 진수하는 곳과 아울
러 유수로서 부를 소지해야 할 관인에게 교부한다. 단 부는 비록
그 밖의 용도로도 통용되지만, 병력을 동원·파견하는 일이 중요하
기 때문에 병력을 동원·파견하는 것을 명목으로 한 것이다. "전부"
라는 것은 역(마·려)를 타야 할 자에게 지급하는 것을 말하는데,
공식령(습유538쪽)에 의거하면, "모든 방면으로 내려보내는 전부는,
양경 및 북도 유수(의 부)는 인부로 만들며, 동방은 청룡(부), 서방
은 백호(부), 남방은 주작(부), 북방은 현무(부)이다. 양경의 유수

---

10) 軍防令(습유371쪽)에 의하면, 發兵符는 병력 10人 이상을 調發할 경우에 사용
   되는 銅魚符이다(224, 천1의 소).

(의 부)는 20개인데, 좌부가 19개, 우부가 1개이다. 나머지는 모두 4개인데, 좌부가 3개, 우부가 1개이다. 좌부는 안에 들이고, 우부는 (경사) 바깥의 주·부·감의 부를 소지해야 할 사람에게 교부한다. 단 양경 및 북도 유수의 부는 모두 안에 들인다. 사인을 사방으로 파견해야 할 때는 모두 가는 목적지의 좌부를 지급하되, 골첩11)의 위에 (수신처를) 쓰고 안에는 (동어)부를 넣어두며, 내부는 진흙으로 봉하고 문하성인으로 날인한다. 도착한 곳에서는 우부로 (좌부와) 감합한 연후에 받아서 사용한다." (이것을) 절도한 자는 유2000리에 해당한다.

[율문1b의 소] 절이란, 황제의 사인12)이 사명을 받아 나가서 (공적이) 미미한 자를 강등하고 분명한 자를 승진시키거나, 사인13)이 제를 받들어 풍속이 다른 곳에 (황제의) 위엄을 떨침에는 모두 정절을 잡고서 천하 사람을 믿게 하는 것이다. "및 황성문"은 주작 (문) 등의 문을 말하고, "경성문"은 명덕(문) 등의 문을 말한다. 이들 문부와 사인의 절을 절도한 자는 각각 도3년에 처한다.

[율문1c의 소] "그 밖의 부는 도1년에 처한다."에서 그 밖의 부라 함은 금원부 및 교어부·순어부 등을 말한다. 천흥율(천3)을 살펴보면, "무릇 그 밖의 부라고 말한 경우는 계 또한 같다. 만약 계가 병력을 조발하는 것일 경우에는 발병부에 관한 법과 같게 한다."고 했으니, 곧 병력을 동원·파견하는 계를 절도했다면 각각 (동)어부를 (절도한) 죄와 같다.

---

11) '骨帖'이 무엇을 가리키는지는 분명치 않다.

12) '皇華'는 "皇皇者華"(『모시정의』권9, 658쪽)의 약칭으로, 신하가 使命을 받아 使人으로 나가는 장면의 성대함을 표현한 것이다. 본래 천자가 사인을 파견할 때 읊은 노래인데, 후에는 황제가 파견한 사인을 가리키는 말로 변했다.

13) '軺軒'은 使人이 타는 가볍고 빨리 달리는 수레[輕車]의 일종이며(『육신주문선 (六臣註文選)』권5, 111쪽, 이주한의 注), 이로 인해 사인을 비유하는 말로 사용되었다(『풍속통의교주(風俗通義校注)』, 11쪽).

[율문2a의 소] "문의 열쇠(를 절도한 자)는 각각 3등을 감한다."는 것은, 열고 닫는 문의 어부(를 절도한 죄)에서 각각 3등을 감한다는 것을 말한다. 가령 궁·전문의 부를 절도했다면 유2000리에 해당하는데, 문의 열쇠라면 3등을 감하여 도2년을 받는다. 그 밖의 열쇠로 문부(를 절도한 죄)에서 감해야 할 것은 모두 이에 준한다. 만약 금원문의 열쇠이면 주·진·관의 문 등의 열쇠보다 가볍게 해서는 안 된다.14)

[율문2b의 소] 주·진이나 관의 창·주·구·고15) 및 관의 문 등의 열쇠를 절도한 경우 각각 장100에 처한다.

[율문2c의 소] "현과 수 등의 모든 문의 열쇠"에서 "모든 문의 열쇠"라고 칭한 것은 내외의 모든 관사 및 방과 시의 문에는 관에 문금이 있음을 말하는데, 그 열쇠를 절도한 자는 각각 장60에 처한다.

제275조 적도 28. 병기 절도죄(盜禁兵器)

[律文1a] 諸盜禁兵器者, 徒二年;

---

14) 이 조항의 율문에 의하면 그 밖의 符를 절도한 죄는 도1년이고, 門의 열쇠를 절도한 죄는 각 문의 부를 절도한 죄에서 3등을 경감한다고 하였다. 이에 따르면 禁苑門의 부를 절도한 죄는 도1년이고, 열쇠는 3등을 감하여 장80이 된다. 그런데 州·鎭·關의 門 등의 열쇠를 절도한 죄는 장100이지만, 疏에서 금원문의 열쇠를 절도한 죄는 이보다 가볍게 해서는 안 된다고 하였다. 따라서 금원문의 열쇠를 절도한 죄는 주·진·관의 문 등의 열쇠를 절도한 죄와 같이 장100에 처한다는 것이다.

15) '倉'은 粟·麥 등 양식을, '庫'는 器物·兵仗器·綿·絹 등을 저장하는 곳이다(214, 구14의 소). '廚'는 관인에게 일상의 음식을 만들어 제공하는 곳이다. 당에서는 모든 관청에 '官廚'를 두었다(『통전』권6, 111쪽). '廐'는 한데 모은다는 뜻으로, 말과 소를 모아 두는 곳이다(廐庫律篇의 소).

[律文1b] 甲、弩者, 流二千里. 若盜罪輕, 同私有法.

[律文1c] 盜餘兵器及旌旗、幡幟者, 杖九十.

[律文2] 若盜守衛宮殿兵器者, 各加一等.

[律文3] 卽在軍及宿衛相盜還充官用者, 各減二等.

[律文1a의 疏] 議曰:「盜禁兵器者, 徒二年」, 謂非弓、箭、刀、楯、短矛, 私家不合有者皆爲「禁兵器」.

[律文1b의 疏] 甲、弩者, 流二千里. 盜罪輕者同私有法, 卽盜弩一張流二千里, 盜甲一領亦流二千里, 案擅興律:「私有甲一領及弩三張, 流二千里. 甲三領及弩五張, 絞.」卽盜甲三領, 或盜弩五張, 並得絞罪, 是名「盜罪輕, 同私有法」.

[律文1c의 疏] 其「盜餘兵器」, 謂雖是官兵器, 私家合有者,「及旌旗、幡幟者, 杖九十」. 並據盜官物計贓重, 加凡盜一等.

[律文2의 疏] 「若盜守衛宮殿兵器者, 又各加一等」, 謂見用守衛宮殿, 加凡盜二等.

[律文3의 疏] 「卽在軍」, 謂在行軍之所, 若宿衛相盜, 還充官用者, 各減二等. 若入私者, 各同上文盜法.

[율문1a] 무릇 금병기를 절도한 자는 도2년에 처하고,

[율문1b] 갑옷·쇠뇌(를 절도한 자)는 유2000리에 처하며, 만약 도죄가 (사유죄보다) 가벼우면 사유와 같은 법으로 (처벌)한다.

[율문1c] (금병기 외의) 다른 병기 및 정기·번치를 절도한 자는 장90에 처한다.

[율문2] 만약 궁·전을 수위하는 병기를 절도한 자는 각각 1등을 더한다.

[율문3] 만약 군에서 또는 숙위가 서로 절도하여 다시 관용에 충

당한 경우는 각각 2등을 감한다.

[율문1a의 소] 의하여 말한다: "금병기를 절도한 자는 도2년에 처한다."는 것은 활·화살·칼·방패·짧은 창이 아닌 것을 말하며, 사가에서 소유해서는 안 되는 것은 모두 "금병기"가 된다.

[율문1b의 소] 갑옷·쇠뇌(를 절도한 자)는 유2000리에 처한다. 도죄가 (사유죄보다) 가벼우면 사유한 법(천20)과 같게 한다. 즉 곧 쇠뇌 1장을 절도하면 유2000리에 처하고 갑옷 1령을 절도하면 역시 유2000리에 처하지만, 천흥률(천20)을 살펴보면 "갑옷 1령 및 쇠뇌 3장을 사유하면 유2000리에 처하고, 갑옷 3령 및 쇠뇌 5장(을 사유하면) 교형에 처하므로," 곧 갑옷 3령을 절도하거나 혹은 쇠뇌 5장을 절도했다면 모두 교죄를 받게 된다. 이것이 정명하여 "도죄가 (사유죄보다) 가벼우면 사유법과 같게 한다."는 것이다.

[율문1c의 소] 단 "그 밖의 병기" -비록 관의 병기이지만 사가에서도 소유할 수 있는 것을 말한다.- "및 정기·번치16)를 절도한 자는 장90에 처한다." 모두 관물을 절도한 것에 의거하여 장물을 계산한 (죄가 이보다) 무겁다면 일반 절도(죄)에 1등을 더한다(적33).17)

---

16) '旌旗'는 군대에서 사용되는 깃발의 총칭으로, '旌'을 깃대 꼭대기에 새의 깃털이나 야크의 꼬리를 달아 장식한 기, '旗'를 곰과 호랑이를 그린 깃발이라고 했다(『주례주소』권36, 鄭玄의 注 859쪽). '정'을 새의 깃털로 만든 기, '기'를 蛟龍을 그린 깃발로 해석했다(『당률석문』권3, 627쪽). 또 '幡幟'는 軍營이나 樓船 등에 세운 긴 깃발인데, 폭이 좁은 것을 '번', 겉면을 붉게 칠한 것을 '치'라 했다(『당률석문』권3, 627쪽). 율에서 '정기'과 '번치'는 禁兵器에 들어가지 않으나 '儀仗'과 더불어 개인이 소유할 수 없다(243, 천20.1의 소). 본 조항과 명례율 32.1의 소에서는 '정기'과 '번치'만 언급하고 있으나, '의장' 역시 절도했다면 마찬가지로 장90에 처한다고 보아야 할 것이다.

17) 당률에서 官物을 절도한 경우 장물을 계산한 죄가 더 무겁다면 일반절도죄에서 1등을 가중한다고 한 규정은 없다. 그러나 疏에서 언급된 갑옷과 쇠뇌와 같은 禁兵器 외에도 활·화살·칼·방패·짧은 창 등 私家에서도 소유할 수 있는 종류의 병기와 旌旗·幡幟은 모두 죄의 등급이 정해져 있는 관물이다. 만약 이

[율문2의 소] "만약 궁·전을 수위하는 병기를 절도한 자는 또 각각 1등을 더한다."는 것은, 현재 궁·전의 수위에 사용되는 것은 일반 절도(죄)에 2등을 더한다는 것을 말한다.

[율문3의 소] "만약 군에서" -행군하는 곳을 말한다.- 또는 숙위가 서로 절도하여 다시 관용에 충당한 경우는 각각 2등을 감한다. 만약 사인私人에게 들인 때에는 각각 위 조문의 도(죄)의 (처벌)법과 같게 한다.

제276조 적도 29. 천존상·불상을 절도하거나 훼손한 죄(盜毀天尊佛像)

[律文1a] 諸盜毀天尊像、佛像者, 徒三年.

[律文1b] 卽道士、女官盜毀天尊像, 僧、尼盜毀佛像者, 加役流.

[律文2] 眞人、菩薩, 各減一等.

[律文3] 盜而供養者, 杖一百.

[律文3의 注] 盜、毀不相須.

[律文1a의 疏] 議曰: 凡人或盜或毀天尊若佛像, 各徒三年.

[律文1b의 疏] 道士、女官盜毀天尊像, 僧、尼盜毀佛像者, 各加役流: 爲其盜毀所事先聖形像, 故加役流, 不同俗人之法.

[律文2의 疏] 「眞人、菩薩, 各減一等」, 凡人盜毀, 徒二年半; 道士、女官盜毀眞人, 僧、尼盜毀菩薩, 各徒三年.

와 같은 관물을 절도했다면, 그 가치를 계산한 장물의 일반절도죄가 정해져 있는 죄의 등급보다 무거우면 일반절도죄에서 1등을 더해 처벌한다는 규정(280, 적33)이 적용된다는 것을 말한다.

[律文3의 疏]「盜而供養者, 杖一百」, 謂非貪利, 將用供養者.

[律文3의 注의 疏] 但盜之與毀, 各得徒,流之坐, 故注云「盜,毀不相須」. 其非眞人,菩薩之像, 盜毀餘像者, 若化生神王之類, 當「不應爲從重」. 有贓入己者, 卽依凡盜法. 若毀損功庸多者, 計庸坐贓論. 各令修立. 其道士等盜毀佛像及菩薩, 僧,尼盜毀天尊若眞人, 各依凡人之法.

[율문1a] 무릇 천존상이나 불상을 절도·훼손한 자는 도3년에 처한다.

[율문1b] 만약 도사·여관이 천존상을 절도·훼손하거나 승·니가 불상을 절도·훼손한 때에는 가역류에 처한다.

[율문2] 진인(상)이나 보살(상)은 각각 1등을 감한다.

[율문3] (상을) 절도하여 공양한 자는 장100에 처한다.

[율문3의 주] 절도와 훼손은 함께 해야 (죄가) 되는 것은 아니다.

[율문1a의 소] 의하여 말한다: 일반인이 천존상이나 불상을 절도하거나 혹 훼손했다면 각각 도3년에 처한다.

[율문1b의 소] 도사·여관이 천존상을 절도·훼손한 때와 승·니가 불상을 절도·훼손한 때는 각각 가역류에 처하는데, (이는) 그가 섬기는 선대 성인의 형상을 절도하고 훼손한 까닭에 가역류에 처해서 속인의 법과 같게 하지 않는 것이다.

[율문2의 소]: "진인(상)이나 보살(상)은 각각 1등을 감한다."는 것은, 일반인이 절도·훼손하면 도2년반에 처하고, 도사·여관이 진인(상)을 절도·훼손하거나 승·니가 보살(상)을 절도·훼손한 때에는 각각 도3년에 처한다는 것이다.

[율문3의 소]: "(상을) 절도하여 공양한 자는 장100에 처한다."는 것은, 이익을 탐한 것이 아니고 공양하려 한 자를 말한다.

[율문의 주의 소]: 단 절도든 훼손이든 각각 도형·유형의 처벌을 받으

므로 주에서 "절도와 훼손은 함께 해야 (죄가) 되는 것은 아니다."
라고 한 것이다. 그러나 진인·보살의 상이 아닌 그 밖의 상, 예컨
대 화생(상)18)·신왕(상)19) 따위를 절도·훼손한 경우는 "해서는 안
되는데 행한 (죄)의 무거운 쪽"(잡62)에 해당한다. 장물을 자신에게
들인 것이 있는 때에는 곧 일반 도죄의 법에 의거한다(적35). 만약
훼손하여 (수리하는) 공력[功庸]이 많이 들 경우 노임을 계산하여
좌장(잡1)으로 논한다. 각각 수리하여 세우게 한다. 단 도사 등이
불상 및 보살(상)을 절도·훼손하거나 승·니가 천존(상) 또는 진인
(상)을 절도·훼손한 때에는 각각 일반인의 (처벌)법에 의거한다.

---

18) '化生'이란 본래 없었는데 갑자기 태어난 존재, 다른 것에 의탁하지 않고 과거
　 의 業力으로부터 홀연히 나타나는 존재를 가리키는 불교의 용어이다. 『俱舍論』
　 에 의하면 六道(지옥·아귀·축생·아수라·인간·천의 세계)에서 마음을 가지고
　 삶을 영위하는 모든 존재를 有情(혹은 衆生)이라고 하는데, 유정은 태어나는
　 형태에 따라 四生으로 구분한다. 곧 사람이나 마소와 같이 어미의 배에서 태
　 어나는 胎生, 조류를 비롯한 양서류·파충류·어류와 같이 알에서 태어나는 卵
　 生, 곤충과 같이 습기가 많은 곳에서 태어나는 濕生, 그리고 화생이다. 화생으
　 로 태어나는 존재로는 諸天·地獄 및 中有(사람이 죽어서 다음 생을 받기 전까
　 지의 존재 기간 혹은 그 기간 동안 받는 잠정적인 신체)의 모든 有情, 劫初의
　 사람, 가루다·용과 같은 축생 및 일부 아귀가 있다(『俱舍論』권8). 化生像은 十
　 六國 시기부터 출현하는데, 현존하는 화생상의 대부분은 연꽃 가운데에서 사
　 람의 형상이 나타나는 모습을 묘사한 '蓮花化生像'이다.
19) 불교에서 '神王'은 불법과 그 수행자를 수호하는 호법신들이다. 佛典에는 龍
　 王·鬼神王·金翅鳥王·阿修羅王·樹林神王 및 四天王 등 여러 天神王들의 이름
　 이 기술되어 있다. 중국에서 神王像의 경우 東魏 武定元年(543)의 紀年을 가진
　 〈駱子寬造像碑〉의 臺座 뒷면과 양 측면에는 10구의 신왕을 형상화한 부조상
　 과 '龍神王'·'風神王'·'珠神王'·'(火)神王'·'樹神王'·'山神王'·'河(海)神王'·'象神王'·
　 '鳥神王' 및 '獅子神王' 등의 존명이 함께 새겨져 있는 것을 볼 수 있다. 신왕상
　 의 종류와 명칭은 남북조 시기를 거쳐 당대에 이르기까지 다양해진다.

제277조 적도 30. 무덤을 파헤친 죄(發冢)

[律文1a] **諸發冢者, 加役流;** 發徹卽坐. 招魂而葬亦是.

[律文1b] **已開棺槨者, 絞;**

[律文1c] **發而未徹者, 徒三年.**

[律文1a 疏] 議曰: 『禮』云, 葬者藏也, 欲人不得見. 古之葬者厚衣之以薪, 後代聖人易之以棺槨. 有發冢者, 加役流. 注云「發徹卽坐. 招魂而葬亦是」, 謂開至棺槨卽爲發徹. 先無屍柩, 招魂而葬, 但使發徹者, 並合加役流.

[律文1b의 疏]「已開棺槨者, 絞」, 謂有棺有槨者, 必須棺·槨兩開, 不待取物觸屍, 俱得絞罪. 其不用棺槨葬者, 若發而見屍, 亦同已開棺槨之坐.

[律文1c의 疏]「發而未徹者」, 謂雖發冢而未至棺槨者, 徒三年.

[율문1a] 무릇 무덤을 파헤친 자는 가역류에 처하고, 다 파헤치면 (이 형으로) 처벌한다. 초혼해서 매장한 것도 역시 그러하다.

[율문1b] 관곽을 연 때에는 교형에 처하며,

[율문1c] 다 파헤치지 않은 때에는 도3년에 처한다.

[율문1a의 소] 의하여 말한다: 『예기』(권8, 279쪽)에 이르길 장이란 감추는 것으로 사람들이 못 보게 하려는 것이다. 고대의 매장은 섶나무로 두텁게 쌌는데 후대에 성인이 관곽으로 바꾸었다(『주역』 권8, 355쪽). 무덤을 파헤친 자가 있다면 가역류에 처한다. 주에 "다 파헤치면 (이 형으로) 처벌한다. 초혼해서 매장한 것도 그러하다." 라고 한 것은, (무덤을) 열어 관곽에 이르면 곧 다 파헤친 것이 되며, 앞서 시신을 넣은 관이 없어 초혼해서 매장했더라도 단지 다 파헤친 경우 모두 가역류에 해당한다는 것을 말한다.

[율문1b의 소] "관곽을 연 자는 교형에 처한다."는 것은, 관과 곽이

있는 경우 반드시 관과 곽 모두를 열어야 하지만, (부장)물을 취하
거나 시신을 건드리지 않았더라도 모두 교형의 죄를 받는다는 것
을 말한다. 단 관곽을 사용하지 않고 매장한 경우 만약 파헤쳐서
시신이 드러났다면 역시 이미 관곽을 연 경우의 처벌과 같다.

[율문1c의 소] "다 파헤치지 않았다."는 것은, 비록 무덤을 파헤쳤으
나 아직 관곽에 이르지 않은 경우를 말하며, 도3년에 처한다.

[律文2a] 其冢先穿及未殯而盜屍柩者, 徒二年半;

[律文2b] 盜衣服者, 減一等;

[律文2c] 器物、甎、版者, 以凡盜論.

[律文2a의 疏] 議曰:「其冢先穿」, 謂先自穿陷, 舊有隙穴者.「未殯」, 謂屍
猶在外未殯埋.「而盜屍柩者, 徒二年半」, 謂盜者元無惡心, 或欲詐代人屍,
或欲別處改葬之類.

[律文2b의 疏]「盜衣服者, 減一等」, 得徒二年. 計贓重者, 以凡盜論加一
等. 此文旣稱「未殯」, 明上文「發冢」殯訖而發者亦是.

[律文2c의 疏] 若盜器物甎版者, 謂冢先穿, 取其明器等物或甎若版, 以
凡盜論.

[율문2a] 단 무덤이 앞서 구멍이 뚫어져 있거나 아직 시신을 입관
하여 안치하지 않았는데 시신을 넣은 관을 절도한 자는 도2년
반에 처하고,

[율문2b] 의복을 절도한 자는 1등을 감하며,

[율문2c] 기물·벽돌·판자(를 절도한) 자는 일반 도(죄)로 논한다.

[율문2a의 소] 의하여 말한다: "단 무덤이 앞서 구멍이 뚫어져 있었
다."는 것은, 앞서 저절로 구멍이 움푹 패여 있거나 예전부터 갈라
져 구멍이 나 있었던 것을 말한다. "아직 시신을 입관하여 안치하

지 않았다."는 것은, 시신이 바깥에 있고 아직 입관해서 매장하지 않은 것을 말한다. "시신을 넣은 관을 절도한 자는 도2년반에 처한 다."는 것은, 절도한 자가 원래 미워하는 마음이 없었고, (단지) 속 여 다른 사람의 시신으로 바꾸고자 하거나 다른 곳으로 옮겨 매장 하려 한 것 따위를 말한다.

[율문2b의 소] 의복을 절도한 자는 1등을 감하므로, 도2년을 받는다. (절도한 의복을) 장물로 계산하여 (죄가 이보다) 무거운 경우 일반 절도(죄)로 논하되 1등을 더한다. 이 조문에서 이미 "아직 시신을 입관하여 안치하지 않았다."라고 칭했으니, 위 조문의 "무덤을 파 헤친 (죄)"는 빈례를 마친 것을 파헤친 경우 역시 그러하다는 것이 분명하다.

[율문2c의 소] 또한 기물·벽돌·판자를 절도한 경우란 무덤이 먼저 구멍이 뚫려 있어 그 명기[20] 등의 (부장)물 또는 벽돌이나 판자[21] 을 취득한 경우를 말하며, 일반절도(죄)로 논한다.

[律文2c의 問] 曰:「發冢者, 加役流.」律旣不言尊卑·貴賤, 未知發子孫冢得 罪同凡人否?

[律文2c의 答] 曰: 五刑之屬, 條有三千, 犯狀旣多, 故通比附. 然尊卑貴賤, 等數不同, 刑名輕重, 粲然有別. 尊長發卑幼之墳, 不可重於殺罪; 若發尊長 之冢, 據法止同凡人. 律云「發冢者, 加役流」, 在於凡人便減殺罪一等, 若發 卑幼之冢須減本殺一等而科之;「已開棺槨者, 絞」, 卽同已殺之坐;「發而未

---

20) 明器는 죽은 사람을 위해 함께 副葬하는 기물을 말한다(『예기정의』권9, 323쪽).
21) '板'과 같다. '版'은 관이나 곽 따위의 묘실을 구성한 版材 혹은 材木를 가리킨
다. 예컨대 1999년에 발견된 北京 老山 漢墓의 묘실은 네 벽과 天井과 바닥
전체를 목재로 둘러싸고, 그 위에 촘촘하게 청백색의 점토와 숯을 번갈아 여
러 층으로 겹겹이 쌓을 것을 볼 수 있다(郭京寧,「央視第一次直播的老山漢墓考
古發掘」,『當代北京研究』 2012年 1期).

徹者, 徒三年」, 計凡人之罪減死二等, 卑幼之色亦於本殺上減二等而科; 若盜屍柩者, 依減三等之例. 其於尊長, 並同凡人.

[율문2c의 문] 묻습니다: "무덤을 파헤친 자는 가역류에 처한다."고 하여, 율은 존비·귀천을 언급하지 않았는데, 자손의 무덤을 파헤친 때에는 죄를 받는 것이 일반인과 같습니까?

[율문2c의 답] 답한다: 오형五刑에 속하는 조항은 3000개가 있고, 범한 정상은 원래 많으므로 (다른 조문을) 통용해서 유추한다. 그러나 존비·귀천은 등급 차가 다르고, 형의 등급과 경중은 분명하게 구별이 있다. 존장이 비유의 무덤을 파헤쳤다면 살해한 죄보다 무겁게 해서는 안 되며, 만약 (비유가) 존장의 무덤을 파헤쳤다면 법에 근거하여 단지 일반인과 같게 한다. 율에 "무덤을 파헤친 자는 가역류에 처한다."고 했으니, 일반인에 있어서는 바로 살해한 죄에서 1등을 감한다. 만약 비유의 무덤을 파헤쳤다면 반드시 본살(죄)에서 1등을 감하여 죄준다. "이미 관곽을 연 자는 교형에 처한다."는 것은 바로 이미 살해한 (죄의) 처벌과 같고, "파헤쳤지만 다 파헤치지는 않은 자는 도3년에 처한다."는 것은 일반인의 죄를 계산하여 사(죄)에서 2등을 감한 것이니, (존장이) 비유 부류의 (무덤을 파헤쳤다면) 또한 본살(죄)에서 2등을 감하여 죄주며,22) 만약 시체

22) 尊長이 卑幼를 구타나 날 선 것으로 살해하거나 혹은 고의로 살해한 경우 絞刑으로 처벌되고(327, 투26.2 및 소), 모의해서 살해한 경우도 故殺한 처벌법에 따라 교형에 처한다(253. 적6.3 및 소). 이것이 존장이 비유를 '살해한 죄'[殺罪]이다. 그런데 이 조항의 율문에 의하면 棺槨을 연 것은 絞刑이고 무덤을 파헤친 것은 加役流이다. 본래 사형(絞·斬)에서 1등을 감하면 유3000리이고 (명56.2b의 소) 가역류는 대체 형벌이지만, 이 조항의 문답에서 가역류는 일반인을 鬪殺한 경우에 처하는 교형(306, 투5.1)에서 1등 경감된 것으로 이해된다. 즉 존장이 비유의 무덤을 파헤쳤다면 본살죄에서 1등을 감하여 처벌하고 관곽을 열었다면 絞刑에 처하는데, 이것은 존장이 비유를 살해한 죄의 처벌법

를 넣은 관을 절도한 자는 3등을 감하는 예에 따른다. 단 존장에
대한 경우라면 모두 일반인과 같다.

제278조 적도 31. 원릉에서 풀이나 나무를
절도한 죄(盜園陵內草木)

[律文1] 諸盜園陵內草木者, 徒二年半.

[律文2] 若盜他人墓塋內樹者, 杖一百.

[律文1의 疏] 議曰: 園陵者,『三秦記』云:「帝王陵有園, 因謂之園陵.」『三
輔黃圖』云:「謂陵四闌門通四園.」 然園陵草木而合芟刈, 而有盜者, 徒二
年半.

[律文2의 疏]: 若盜他人墓塋內樹者, 杖一百. 若贓重者, 準下條「以凡盜論加
一等」. 若其非盜, 唯止斫伐者, 準雜律:「毀伐樹木稼穡, 各準盜論.」 園

과 같다. 또 무덤을 다 파헤치지 않은 자의 처벌인 도3년은 일반인이 사람을
살해한 죄로 처벌받는 사형(306, 투5.1)에서 2등을 경감하는 것에 상당한다.
그러므로 존장이 비유의 무덤을 다 파헤치지 못하였다면 본살죄에서 2등을
감하여 처벌한다. 예컨대 존장이 비유나 비유의 처를 살해하거나(327, 투
26.2c; 334, 투33.3c) 남편이 처를 살해한 때(325, 투24.1a)에는 모두 교형으로
처벌되므로, 존장이 비유와 비유의 처 및 남편이 처의 무덤을 파헤쳤다면 1등
을 감하여 유3000리, 다 파헤치지 않았다면 2등을 감하여 유2500리가 된다.
또 존장이 從父兄・弟의 子・孫을 살해했다면 그 처벌은 유3000리이므로(327,
투26.2d), 존장이 從父兄・弟의 子와 孫의 무덤을 파헤쳤다면 1등을 감하여 유
2500리이고, 다 파헤치지 않았다면 2등을 감하여 유2000리가 된다. 祖父母・父
母가 子와 孫을 살해한 경우는 도1년반이고(329, 투28.2a), 子婦와 孫婦를 살해
한 경우는 도3년(330, 투29.2a)이다. 그러므로 조부모・부모가 子와 孫 혹은 子
婦와 孫婦의 무덤을 파헤쳤다면 각각 도1년과 도2년반이고, 다 파헤치지 않았
다면 2등을 감하여 각각 장100과 도2년이 된다.

陵內, 徒二年半; 他人墓塋內樹, 杖一百.

[율문1] 무릇 원릉에서 풀이나 나무를 절도한 자는 도2년반에 처한다.

[율문2] 만약 타인의 묘역에서 수목을 절도한 자는 장100에 처한다.

[율문1의 소] 의하여 말한다: 원릉이란 『삼진기』[23]에 "제왕의 능에는 원이 있으므로, 이를 원릉이라 한다."고 했고, 『삼보황도』[24]에 "능은 네 문[25]이 네 원으로 통하는 것을 말한다."고 했다. 원릉의 풀이나 나무는 깎고 베어야 할 것이라도, 절도한 자는 도2년반에 처한다.

[율문2의 소]: 만약 타인의 묘역 내에서 수목을 절도한 자는 장100에 처한다. 만약 (절도한 것의) 장죄가 (이 보다) 무거운 때에는 아래

---

23) 『三秦記』는 漢 辛氏가 撰한 고대 지리서이다. '三秦'은 전국시대 秦의 故地를 가리킨다. 전국을 통일한 秦을 項羽가 멸하고 그 땅을 雍·塞·翟 3국으로 나누었기 때문에 '三秦'이라고 불렀다. 저자인 辛氏는 漢代 隴西의 大姓이나 이름은 미상이다. 이 책은 진한시기 삼진의 지리·연혁·민정·도읍·궁실 및 산천 등이 기록되어 있어, 중국 고대 관중의 역사지리를 살펴볼 수 있는 중요한 자료이다.

24) 『三輔黃圖』는 6권으로 이루어진 작자 미상의 고대 지리서이다. 『西京黃圖』라고도 하며, 『黃圖』로 약칭하기도 한다. 원서는 1권이었으나 현재는 6권 등으로 전해지고 있는데, 후에 후대의 지명과 여러 설들이 삽입되고 항목별로 分册되었기 때문이다. '三輔'는 前漢의 도성인 장안 부근에 설치된 京兆尹·右扶風·左馮翊 세 郡을 지칭하는 말이다. 『三輔黃圖』의 成書 시기에 대해서는 여러 설들이 있지만, 『水經註』에 이 책이 인용되어 있고, 『隋書』「經籍志」에 저록된 점 등을 고려하면 늦어도 南北朝 이전의 것으로 추정된다. 『삼보황도』는 진한 시기 도성의 건축물, 특히 한의 장안을 중심으로 宮殿·館閣·苑囿·池沼·辟雍·明堂·圓丘·社稷·府庫·倉庫·橋梁 등을 조목별로 분류하여 상세하게 서술하고 있기 때문에, 關中의 역사지리 연구 등에 중요한 자료이다.

25) '闌'은 '막다', '저지하다', '차단하다'는 의미로 '禁門'을 의미하는 것으로 생각된다. 조문의 "陵四闌門"은 園陵에 설치된 4개의 '禁門'으로 생각된다.

조항(적33)에 준하여 "일반절도(죄)로 논하되 1등을 더한다." 만약 절도한 것이 아니라 단지 찍거나 벤 것에 그쳤다면 잡률(잡54)의 "수목·농작물을 손상하거나 벴다면 각각 절도에 준하여 논한다." 는 (규정에) 준하여 원릉 내이면 도2년반에 처하고, 다른 사람의 묘역 내의 수목이면 장100에 처한다.[26]

제279조 적도 32. 관·사의 말이나 소를 절도하여 도살한 죄(盜殺官私馬牛)

[律文] 諸盜官私馬牛而殺者, 徒二年半.

  [律文의 疏] 議曰: 馬牛軍國所用, 故與餘畜不同. 若盜而殺者, 徒二年半. 若準贓重於徒二年半者, 以凡盜論加一等. 其有盜殺犗牛之類, 鄕俗不用耕駕者, 計贓以凡盜論.

[율문] 무릇 관·사의 말이나 소를 절도하여 도살한 자는 도2년반에 처한다.

  [율문의 소] 의하여 말한다: 말과 소는 군국에 쓰이는 바이므로 다른 축산과는 다르다. 만약 절도하여 도살한 자는 도2년반에 처한다. 만약 (절도한) 장물에 준하여 도2년반보다 무거운 때에는 일반절도 (죄)로 논하되 1등을 더한다(적33). 단 이우[27] 따위(와 같)이 지역의

---

26) 다른 사람의 묘역 내에서 수목을 절도한 경우는 盜罪를, 수목을 단지 찍거나 벤 경우는 竊盜에 준하여 처벌하는데, 그 형량은 장100으로 같다. 도죄의 경우 죄에 대한 처벌과 더불어 장물의 배를 변상케 하지만(명33.1의 주), 절도에 준하는 경우에는 그 죄에 따라서 처벌될 뿐이고 除名·免官·倍贓·監主加罪·加役流의 例가 적용되지 않는다(명53.2·3).

풍속에 경작이나 운반에 사용되지 않는 것을 절도하여 도살한 때에
는 장물로 계산하여 일반절도(죄)로 논한다.

제280조 적도 33. 장물을 계산하지 않는 도죄의 처벌원칙(盜不計贓立罪名)

[律文] 諸盜不計贓而立罪名, 及言減罪而輕於凡盜者, 計贓重, 以凡盜論加一等.

[律文의 疏] 議曰: 從「盜大祀神御之物」以下, 不計贓科, 唯立罪名. 亦有減處, 並謂得罪應重, 故別立罪名, 若減罪輕於凡盜者, 各須計贓, 以凡盜論加一等. 假有盜他人馬牛而殺, 評馬牛贓直絹二十疋, 若計凡盜, 合徒二年半; 以盜殺馬牛, 故加凡盜一等, 處徒三年. 「及言減罪輕於凡盜者」, 上條「盜屍柩者, 徒二年半. 盜衣服者, 減一等」, 假有盜屍柩上衣服, 直絹二十疋, 依凡盜徒二年半, 文稱「減一等」, 只徒二年; 故依凡盜加一等, 亦徒三年, 是名「以凡盜論加一等」. 若盜皇太子服用及盜中・小祀等物, 雖得減罪, 亦是「盜不計贓」.

[율문] 무릇 장물을 계산하지 않고 처벌 규정을 정한 도죄인데, 죄를 감한다고 언급하여 일반절도(죄)보다 가볍게 된 경우, 장물을 계산하여 (죄가 일반절도죄보다) 무겁다면 일반절도(죄)로 논하되 1등을 더한다.

[율문의 소] 의하여 말한다: "대사의 신이 쓰는 물품을 절도했다."(적

---

27) 犛牛는 氂牛, 旄牛로도 쓰는데, 검은 색의 꼬리와 털이 긴 소의 일종으로 지금의 야크를 가리킨다.

23-32) 이하(의 절도죄)는 장물을 계산해서 죄주지 않고 별도로 처벌 규정을 정한다. (그런데 각 조문에는) 역시 감하는 곳이 있어 (죄가 가벼워질 수 있는데), (장물을 계산하지 않는 죄는) 모두 죄를 받는 것은 응당 무거워야 하므로 별도로 처벌 규정을 정한 것이니, 만약 죄를 감한 것이 일반절도(죄)보다 가볍게 될 경우에는 각각 반드시 장물을 계산하여 일반절도(죄)로 논하되 1등을 더하는 것이다. 가령 다른 사람의 말이나 소를 절도하여 도살했는데 말과 소의 장물 값이 견 20필인 경우 곧 일반절도(죄)로 계산하면 도2년반에 해당하지만(적35),[28] 말이나 소를 절도하여 도살한 경우 (장물을 계산하지 않고 죄명을 정했기) 때문에 일반절도(죄)에 1등을 더하여 도3년에 처한다. "죄를 감한다고 언급하여 일반절도(죄)보다 가볍게 된 경우"라는 것은, 위 조항에서 "시신을 넣는 관을 절도한 자는 도2년반에 처한다. 의복을 절도한 자는 1등을 감한다."(적30)고 규정했는데, 가령 시신을 넣는 관에서 절도한 의복의 가치가 견 20필이라면 일반절도(죄)에 의거하면 도2년반이지만 (적35), 조문에 "(의복을 절도한 자는) 1등을 감한다."고 했으니 (관을 절도한 죄 도2년반에서 1등을 감하면) 단지 도2년이 되(어 일반절도죄보다 가볍게 된다는) 것을 말하며, 그러므로 일반절도(죄)에 1등을 더해서 역시 도3년에 처한다. 이것이 정명하여 "일반절도(죄)로 논하되 1등을 더한다."는 것이다. 만약 황태자가 입고 쓰는 물품을 절도했거나 중·소사 등(에 쓰이는) 물품을 절도했다면 비록 죄를 감할 수 있지만, 역시 장물을 계산하지 않고 (정한 처벌 규정을) 적용한다.[29]

---

28) 다른 사람의 말과 소를 절도하여 도살한 죄는 도2년반에 해당한다(적도32).
29) 황태자가 입고 쓰는 바의 물품을 절도했다면 명51.3에 준하여 황제에 대한 죄에서 1등을 감한다고 하였다(281, 적24.2a의 소). 또 中祀와 小祀의 쓰일 물품을 절도한 것은 大祀의 경우에서 각각 2등, 4등을 감한다는 규정(98, 직8.4)에

제281조 적도 34. 강도(强盜)

[律文1a①] **諸强盜**, 謂以威若力而取其財, 先强後盜、先盜後强等. 若與人藥酒及食使狂亂取財, 亦是. 卽得闌遺之物, 毆擊財主而不還; 及竊盜發覺, 棄財逃走, 財主追捕, 因相拒捍: 如此之類, 事有因緣者, 非强盜.

　[律文1a①의 疏] 議曰: 强盜取人財, 注云「謂以威若力」, 假有以威脅人不加凶力, 或有直用凶力不作威脅, 而刼掠取財者;「先强後盜」, 謂先加迫脅, 然後取財;「先盜後强」, 謂先竊其財, 事覺之後始加威力: 如此之例, 俱爲「强盜」. 若飲人藥酒, 或食中加藥, 令其迷謬而取其財者, 亦從「强盜」之法. 卽得闌遺之物, 財主來認, 因卽毆擊, 不肯還物; 及竊盜取人財, 財主知覺, 遂棄財逃走, 財主逐之, 因相拒捍: 如此之類, 是事有因緣, 並非「强盜」, 自從「鬪毆」及「拒捍追捕」之法.

[율문1a①] **무릇 강도는** 위협 또는 폭력으로 그 재물을 취한 것을 말하며, 먼저 강박하고 나중에 빼앗든 먼저 빼앗고 나중에 강박하든 같다. 만약 다른 사람에게 약을 탄 술이나 음식을 주어 미친 듯이 날뛰게 하여 재물을 취한 것 역시 그러하다. 다만 유실된 물품을 습득하고

　　따라 처단되지만, 대사에 사용될 물품을 절도한 경우 그 대부분이 장물을 계산하지 않고 별도의 처벌 규정을 적용하고 있다(280, 적23). 그런데 황태자와 중사·소사에 대해 절도한 죄의 경우 疏에서 죄를 감할 수 있다고 한 것은 장물을 계산하지 않고 별도로 정한 처벌 규정이기 때문에 이 조항을 적용받을 수 있음을 말한 것이지만, 이들 절도죄는 각각 별도로 정한 처벌 규정을 적용하는 황제 및 대사를 범한 죄에서 감해지는 것이므로 모두 감할 수가 없다. 더욱이 장물을 계산하여 처벌한다면 장물로 계산한 절도죄가 더 무겁다면 장물에 준하여 통상의 罪와 같이하되 1등을 더한다(281, 적24.2a의 소)고 하여 더 무겁게 처벌하도록 규정하고 있으므로, 疏에서 장물을 계산하지 않고 별도로 정한 처벌 규정을 적용한다고 한 것이다.

재물의 주인을 구타하고 돌려주지 않거나, 절도하다가 발각되어 재물을 버리고 도주하는데 재물의 주인이 체포하려고 뒤쫓아 그로 인해 항거한 것, 이와 같이 일에 연유가 있는 경우는 강도가 아니다.

[율문1a①의 소] 의하여 말한다: 다른 사람의 재물을 강도하여 취한 것은 주에 "위협 또는 폭력으로 (그 재물을 취한 것을) 말한다."고 했는데, 예컨대 다른 사람을 위협했으나 폭력을 가하지 않거나 혹은 폭력을 직접 사용했으나 위협하지 않고 재물을 강제로 빼앗아 취한 경우도 있다. "먼저 강박하고 나중에 빼앗다."라 함은, 먼저 핍박하고 을러댄 연후에 재물을 취한 것을 말한다. "먼저 빼앗고 나중에 강박하다."라는 것은 먼저 그 재물을 절취하고 일이 발각된 후에 비로소 위협과 폭력을 가한 것이다. 이와 같은 예는 모두 "강도"가 된다. 만약 다른 사람에게 약을 넣은 술을 마시게 하거나 혹은 음식에 약을 타 그를 혼미하게 하여 그 재물을 취한 경우 역시 "강도"의 법에 따른다. 다만 유실된 물품을 습득하고 나서 재물의 주인이 와서 인지하자 그로 인해서 구타하고 재물을 돌려주지 않으려 한 것이나, 사람의 재물을 절도하여 취하고 나서 재물의 주인이 알아차리자 이윽고 재물을 버리고 도주하다가 재물의 주인이 뒤쫓아 그로 인해 항거한 것, 이와 같이 일에 연유가 있는 경우는 모두 "강도"가 아니며, 당연히 "투구"(투1-5) 및 "체포에 저항한 것"(포2)에 대한 (처벌)법에 따른다.

[律文1a①의 問] 曰: 據捕亡律, 被盜, 雖傍人皆得捕繫. 未審盜者將財逃走, 傍人追捕, 因卽格傷, 或絕時·不絕時, 得罪同「強盜」否?

[律文1a①의 答] 曰: 依律, 盜者, 雖是傍人皆得捕繫, 以送官司. 盜者旣將財逃走, 傍人依律合捕, 其人乃拒傷捕者, 卽是「先盜後強」. 絕時以後捕者, 旣無財主尋逐, 便是不知盜由, 因相拒格, 唯有「拒捕」之罪, 不成「強盜」.

[율문1a①의 문] 묻습니다: 포망률(표3)에 의거하면, (강·절)도를 당한 때에는 비록 주변 사람이라도 모두 붙잡을 수 있습니다. 절도한 자가 재물을 가지고 도주하는데 주변 사람이 체포하려고 쫓으므로 그로 인해 때려 상해했다면 시간상 간격이 있든 없든 죄를 받는 것이 "강도"와 같은지 다른지 알기 어렵습니다.

[율문1a①의 답] 답한다: 율(표3)에 의거하면, (강·절)도한 자는 비록 주변 사람이라도 모두 붙잡아서 관사로 보내야 한다. (강·절)도한 자가 이미 재물을 가지고 도주하면 주변 사람은 율에 의거해서 체포할 수 있는데, 그 사람이 저항하여 붙잡으려는 자를 상해했다면, 곧 이것이 "먼저 빼앗고 나중에 강박한 것"이다. 시간이 흐른 뒤 붙잡은 경우는 이미 재물 주인이 뒤쫓는 것은 없어 곧 (강·절)도를 이유로 (체포하는지) 알지 못하고 항거하고 가격한 것이기 때문에, 단지 "체포에 저항"(표2)한 죄만 있고 "강도(의 죄)"는 성립되지 않는다.

[律文1a②] 不得財徒二年;

[律文1b] 一尺徒三年, 二疋加一等; 十疋及傷人者絞,

[律文1c] 殺人者斬. 殺傷奴婢亦同. 雖非財主, 但因盜殺傷, 皆是.

[律文2a] 其持仗者, 雖不得財流三千里,

[律文2b] 五疋絞,

[律文2c] 傷人者斬.

　[律文1a②의 疏] 議曰: 盜雖不得財, 徒二年.

　[律文1b의 疏] 若得一尺, 卽徒三年. 每二疋加一等. 贓滿十疋; 雖不滿十疋及不得財, 但傷人者: 並絞.

　[律文1c의 疏] 殺人者, 並斬. 謂因盜而殺、傷人者. 注云「殺傷奴婢亦同」, 諸條奴婢多悉不同良人, 於此殺傷奴婢亦同良人之坐. 「雖非財主, 但因盜殺傷

皆是」, 無問良賤, 皆如財主之法.

[律文2a의 疏] 盜人若持仗, 雖不得財, 猶流三千里;

[律文2b의 疏] 贓滿五疋, 合絞.

[律文2c의 疏] 持仗者雖不得財, 傷人者斬, 罪無首從.

[율문1a②] 재물을 얻지 못했으면 도2년에 처하고,

[율문1b] (재물을 얻은 것이 견) 1척이면 도3년에 처하며, 2필마다 1등씩 더하되 10필이거나 사람을 상해했다면 교형에 처하고,

[율문1c] 사람을 살해한 때에는 참형에 처한다. 노비를 살상한 것역시 같다. 비록 재물의 주인이 아니라도 (강·절)도로 인해 살상한 것은 모두 그러하다.

[율문2a] 단 무기를 소지한 자는 비록 재물을 얻지 못했더라도 유3000리에 처하고,

[율문2b] 5필이면 교형에 처하며,

[율문2c] 사람을 상해한 때에는 참형에 처한다.

[율문1a②의 소] 의하여 말한다: (강)도했으나 재물을 얻지 못했다면도2년에 처한다.

[율문1b의 소] 만약 (견) 1척을 얻었다면 곧 도3년에 처하고, 2필마다 1등씩 더한다. 장물이 만 10필이거나, 비록 10필이 차지 않거나재물을 얻지 못했더라도 단지 사람을 상해했다면 모두 교형에 처한다.

[율문1c의 소] 사람을 살해한 때에는 모두 참형에 처한다. (모두)(강·절)도로 인해 사람을 살상한 것을 말한다. 주에 "노비를 살상한 것도 역시 같다."고 했는데, (이는) 모든 조문에서 노비는 대부분 양인과 같지 않지만 여기서 노비를 살상한 것은 역시 양인(을살상한 것)과 같이 처벌한다는 것이다.[30] "비록 재물의 주인이 아

니라도 (강·절)도로 인해 살상한 것은 모두 그러하다."라는 것은, 양인 천인을 불문하고 모두 같이 재물의 주인에 대한 법으로 한다는 것이다.

[율문2a의 소] 절도하는 사람이 만약 무기를 소지했다면 비록 재물을 얻지 못했더라도 마땅히 유3000리에 처하고,

[율문2b의 소] 장물이 만 5필이 되면 교형에 처해야 한다.

[율문2c의 소] 무기를 소지한 자는 비록 재물을 얻지 못했더라도 사람을 상해한 경우 참형에 처하되, 죄는 수범·종범(의 구분)이 없다 (명43).

제282조 적도 35. 절도(竊盜)

[律文1] 諸竊盜, 不得財笞五十;

[律文2] 一尺杖六十, 一疋加一等; 五疋徒一年, 五疋加一等, 五十疋加役流.

[律文1의 疏] 議曰: 竊盜人財, 謂潛形隱面而取. 盜而未得者, 笞五十.

[律文2의 疏] 得財一尺杖六十, 一疋加一等, 卽是一疋一尺杖七十. 以次而加至贓滿五疋, 不更論尺, 卽徒一年. 每五疋加一等, 四十疋流三千里, 五十疋加役流. 其有於一家頻盜及一時而盜數家者, 並累而倍論. 倍, 謂二尺爲一尺. 若

---

30) 당률에서 노비의 형법상 성질은 대체로 재물·축산으로 간주하고 부곡 역시 율문 상에서 재물로 동일시하는 때도 있으며, 이 경우 양인과 범주가 다르다 (명30의 문답3). 노비와 부곡이 범죄의 가해자가 되면 책임능력을 인정하여 죄를 가중하고, 피해자가 되면 격이 낮아 가해자의 죄를 감경한다. 단 노비·부곡은 강·절도의 피해자(명37.6의 소)이거나 호적에서 누락시킨 경우(150, 호1.3)는 양인과 같이 간주하며, 기타 책임능력에 관해서는 범죄의 가해자일 때 本條에 해당하는 율문이 없는 경우 양인과 같은 책임능력을 인정하여 양인에 준하여 처벌한다(명47.1).

有一處贓多, 累倍不加重者, 止從一重而斷, 其倍贓依例總徵.

[율문1] 무릇 절도는, 재물을 취하지 못했다면 태50에 처하고,
[율문2] (재물을 취한 것이 견) 1척이면 장60에 처하며, 1필마다
1등씩 더하되 5필이면 도1년에 처하고, 5필마다 1등씩 더하되
50필이면 가역류에 처한다.

[율문1의 소] 의하여 말한다: 사람의 재물을 절도했다는 것은 형적을
감추고 얼굴을 숨기며 취하는 것을 말한다. 절도했으나 (재물을)
얻지 못한 때에는 태50에 처한다.

[율문2의 소] 재물을 얻은 것이 1척이면 장60에 처하고 1필마다 1등
씩 더하니, 곧 1필 1척이면 장70에 처한다. 차례로 더하여 장물이
만 5필에 이르면 척은 더 이상 헤아리지 않고 바로 도1년에 처한
다. 5필마다 1등씩 더하여 40필이면 유3000리에 처하고, 50필이면
가역류에 처한다. 단 한 집에서 여러 번 절도하거나 여러 집에서
절도한 경우 모두 (장물을) 누계하고 절반(倍)하여 논한다. 절반[倍]
이라 함은 2척을 1척으로 하는 것을 말한다. 만약 한 곳에서 (절도
한) 장물이 많아 (여러 집에서 절도한 것을) 누계하고 절반하여도
(죄가) 가중되지 않는 경우 단지 한 가지 무거운 쪽에 따라 단죄하
되, 단 배장은 예(명33)에 따라 모두 추징한다.[31]

---

31) 가령 한 집에서 견 3필, 3필, 4필을 3번에 걸쳐 절도한 것을 누계하면 장물은
   모두 10필이고, 그것을 절반하면 5필이 된다. 장물 5필에 대한 처벌은 도1년
   이다. 또 한 번에 세 집에서 3필, 3필, 4필을 각각 절도한 경우도 같다. 그러나
   세 집에서 2필, 2필, 6필을 절도했을 경우도 이를 누계하면 장물은 10필이 되
   고 그것을 절반하면 5疋이 되는데, 이는 한 집의 장물 6필보다 적고, 따라서
   형도 가볍게 된다. 이 같은 경우는 세 집의 장물의 합계를 절반해서 형을 과
   하는 것이 아니라 무거운 한 집의 장물에 대응해서 도1년반에 처한다. 단 배
   장은 나머지 두 집의 장물에 대해서 모두 그대로 추징하고(명46,5), 추징한 배
   장은 정장과 함께 피해자에게 돌려준다(명33.1의 주).

제283조 적도 36. 감림·주수가 스스로
절도한 죄(監臨主守自盜)

[律文] 諸監臨主守自盜及盜所監臨財物者, 若親王財物而監守自盜, 亦同. **加凡盜二等, 三十疋絞. 本條已有加者, 亦累加之.**

  [律文의 疏] 議曰: 假如左藏庫物, 則太府卿、丞爲監臨, 左藏令、丞爲監事, 見守庫者爲主守, 而自盜庫物者, 爲「監臨主守自盜」. 又如州、縣官人盜部內人財物, 是爲「盜所監臨」. 注云「若親王財物」, 依令: 「皇兄弟、皇子爲親王.」監守自盜王家財物, 亦同官物之罪. 「加凡盜二等」, 一尺杖八十, 一疋加一等, 一疋一尺杖九十; 五疋徒二年, 五疋加一等, 是名「加凡盜二等, 三十疋絞」. 注云「本條已有加者, 亦累加之」, 謂監臨主守自盜所監主不計贓之物, 計贓重者, 以凡盜論加一等, 卽是本條已有加, 於此又加二等. 假有武庫令自盜禁兵器, 計贓直絹二十疋. 凡人盜者, 二十疋合徒二年半; 以盜不計贓而立罪名, 計贓重者加凡盜一等, 徒三年. 監主又加二等, 流二千五百里. 如此之類, 是「本條已有加者, 亦累加之」.

[율문] 무릇 감림·주수가 스스로 (감림·주수하는 재물을) 절도하거나 감림하는 바 (사람의) 재물을 절도한 경우에는 만약 친왕의 재물인데 (그에 대한) 감림·주수가 스스로 절도한 때에도 같다. **일반 절도(죄)에 2등을 더하되 30필이면 교형에 처한다.** 본조에 이미 더한다는 규정이 있는 경우에는 역시 누계하여 더한다.

  [율문의 소] 의하여 말한다: 가령 예컨대 좌장고[32]의 재물이면 태부

---

32) 左藏庫는 太府寺 관할 하의 左藏署에 설치된 庫이며, 전국의 州에서 上貢한 庸·調 및 折租 등의 세물은 모두 좌장고에 보관했다. 좌장고는 京師에 東庫·西庫·朝堂庫, 東都에 東都庫·東都朝堂庫가 있었다(『당육전』권20, 540·545쪽

(시)의 경·승33)은 감림이 되고, 좌장(서)의 영·승34)은 감사가 되며, 현재 (좌장)고를 지키는 자는 주수35)가 되는데, (이들이) (좌장)고의 재물을 스스로 절도했을 때에는 "감림·주수가 스스로 절도"한 것이 된다. 또 예컨대 주·현의 관인이 관할 구역 내 사람의 재물을 절도했다면, 이것이 "감림하는 바 (사람의) 재물을 절도했다."는 것이 된다. 주에 "만약 친왕의 재물"이라고 했는데, -영(봉작령, 습유304쪽)에 의거하면, "황제의 형제와 황자는 친왕으로 삼는다."- (그) 감림·주수가 왕가의 재물을 스스로 절도했다면, 역시 관물에 대한 죄와 같다는 것이다. "일반절도(죄)에 2등을 더한다."고 하였으니, 1척이면 장80에 처하고, 1필마다 1등씩을 더하여 1필 1척이면 장90에 처하며, 5필이면 도2년에 처하고 5필마다 1등씩 더하게 되는데, 이것이 정명하여 "일반절도(죄)에서 2등을 더하되 30필이면 교형에 처한다."36)는 것이다. 주에 이르기를 "본조에 이미 더한다는 규정이

및 『역주당육전』중, 638·659쪽).

33) 太府寺의 장관은 卿 1인이고, 차관은 少卿 2인이며, 丞은 4인으로 判官이다. 疏文의 경은 장관과 차관을 합칭한 것이다. 경은 종3품으로 나라의 재화에 관한 정령을 관장하며, 소경은 종4품상으로 度量과 權衡 두 가지 표준으로 물건을 고르게 재고 다는 것을 관리한다. 승은 종6품상으로 태부시의 사무를 판정하는 것을 관장한다(『당육전』권20, 540~542쪽; 『역주당육전』중, 637~642쪽).

34) 左藏署의 장관인 令은 3인으로 종7품하이고 庫藏에 관한 일을 관장한다. 판관인 丞은 5인으로 종8품하이며 令의 차관이다(『당육전』권20, 544~545쪽; 『역주당육전』중, 657~660쪽). 좌장서의 영과 승도 그 직무에서 볼 때 좌장고에 대한 감림하는 위치에 있다고 보이지만, 이 조항의 疏에서는 상급기관인 태부시의 경과 승을 '監臨'이라고 하고 좌장서의 영과 승을 '監事'라고 했다. 이처럼 상하 두 기관의 직무 책임을 '감림'과 '감사'로 구분한 것은 당시 행정상에서는 의미가 있었겠지만, 다 같이 감림의 지위인 점에서는 차이가 없었을 것으로 생각된다.

35) '主守'는 몸소 책임지고 담당하는 자이다. 문서의 시행과 관리를 담당하는 吏屬이거나 倉庫·獄囚·雜物 등을 지키는 자 등이 있다(명54.2 및 소).

36) 일반인의 절도죄는 장물이 50필이면 최고형인 加役流에 해당한다(282, 적35.2). 감림·주수의 도죄는 일반인의 절도죄에 2등을 더하되, 30필이면 교형에

있는 경우에는 역시 누계하여 더한다."고 한 것은, 감림·주수가 스스로 절도하거나 감림하는 바 (사람의 것)을 절도한 것이 장물을 계산하지 않고 (죄명을 정한) 재물인데, 장물을 계산한 (죄가 정한 처벌규정보다) 무거운 경우 일반절도(죄)로 논하되 1등을 더하니 이것이 곧 본조에 이미 더하는 규정이 있는 것이며, 여기에 또 2등을 더한다는 것을 말한다. 가령 무고령[37]이 금병기를 스스로 절도하여 장물을 계산한 가치가 견 20필이라면, 일반인이 절도한 경우 20필이면 도2년반(적35)에 해당하지만, 장물을 계산하지 않고 처벌규정을 정한 절도(적38)이고 장물을 계산하여 (죄가 이보다) 무거운 경우 일반절도(죄)에 1등을 더하므로 도3년이 되며, 감림·주수이므로 다시 2등을 더하여 유2500리에 처한다. 이와 같은 따위가 "본조에 이미 더한다는 규정이 있는 경우에는 역시 누계하여 더한다."는 것이다.

제284조 적도 37. 고의로 사람의 집을 불태우고 절도한 죄(故燒舍屋而盜)

[律文] 諸故燒人舍屋及積聚之物而盜者, 計所燒減價, 幷贓以强盜論.

처한다. 다시 말하면 일반인이 30필을 절도한 경우 유2000리에 해당하고, 여기에 2등을 더하면 유3000리가 되지만, 감림·주수의 경우 책임을 무겁게 물어 교형에 처하는 것이다.

37) 武庫令은 衛尉寺 관할 아래 兩京에 설치된 武庫의 장관이다. 무고령은 양경에 각각 1인이 있고 종6품이하이며, 그 직임은 천하의 병기와 기계를 관장하고, 그 명칭과 숫자를 판별하여 나라의 쓰임에 준비하는 것이다(『당육전』 권16, 460쪽; 『역주당육전』 중, 461·463쪽).

[律文의 疏] 議曰: 賊人姦詐, 千端萬緒, 濫竊穿窬, 觸途詭譎. 或有燒人舍屋
及積聚之物, 因卽盜取其財, 計所燒之物減價, 併於所盜之物, 計贓以強盜論,
十疋絞.

[율문] 무릇 고의로 사람의 집 및 쌓아 둔 물건에 불을 지르고 절
도한 자는 불에 타서 감손된 가치와 (절도한) 장물을 합산해서
강도로 논한다.

[율문의 쇼] 의하여 말한다: 도적의 간사함은 복잡다단하니, 도둑질
하기 위해서는 벽을 뚫고 담을 넘으며 때와 장소를 가리지 않고
교묘하게 속인다. 혹은 사람의 집이나 쌓아 둔 재물을 불태우고
그로 인해 그 재물을 절도하여 취했다면, 불에 탄 재물의 감손된
가치를 계산해서 절도한 재물과 합한 장물을 계산하여 강도(적34)
로 논하되, 10필이면 교형에 처한다.

[律文의 問] 曰: 有人持仗燒人舍宅, 因卽盜取其財, 或燒傷物主, 合得何罪?
[律文의 答] 曰: 依雜律, 故燒人舍屋徒三年. 不限強之與竊. 然則持仗燒人舍
宅, 止徒三年. 因卽盜取財物, 便是元非盜意, 雖復持仗而行事, 同「先強後
盜」, 計贓以強盜科罪, 火若傷人者, 同強盜傷人法.

[율문의 뭔] 묻습니다: 어떤 사람이 무기를 소지하고 가옥을 불태우
고, 그로 인해 그 재물을 절도하여 취했거나 혹은 재물의 주인에게
화상을 입혔다면 어떤 죄를 받습니까?

[율문의 답] 답한다: 잡률(잡44)에 의거하면, 고의로 사람의 집을 불
태웠다면 도3년에 처한다. 강도든 절도든 구분하지 않는다. 그러한
즉 무기를 소지하고 가옥을 불태웠다면 단지 도3년에 처한다. 그
로 인해 재물을 절도하여 취했다면, 설사 원래 훔칠 의도가 없었더

라도 무기를 가지고 범행하여 "먼저 강박하고 나중에 빼앗은 것"
(적34)과 같으니 장물을 계산하여 강도로 죄주고, 불을 질러 다른
사람에게 화상을 입힌 경우에는 강도하다가 사람을 상해한 경우의
(처벌)법(적34)과 같다.

제285조 적도 38. 공갈하여 사람의 재물을 취한 죄(恐喝取人財物)

[律文1a] 諸恐喝取人財物者, 口恐喝亦是. 準盜論加一等;

[律文1b] 雖不足畏忌, 財主懼而自與, 亦同.

[律文1b의 注1] 展轉傳言而受財者, 皆爲從坐.

[律文1b의 注2] 若爲人所侵損, 恐喝以求備償, 事有因緣之類者, 非.

　[律文1a의 疏] 議曰: 恐喝者, 謂知人有犯, 欲相告訴, 恐喝以取財物者. 注云「口恐喝亦是」, 雖口恐喝, 亦與文牒同. 計贓, 「準盜論加一等」, 謂一尺杖七十, 一疋加一等, 五疋徒一年半, 五疋加一等, 三十五疋流三千里.

　[律文1b의 疏] 雖不足畏忌, 但財主懼而自與財者, 亦同恐喝之罪.

　[律文1b의 注1의 疏] 注云「展轉傳言」, 假若甲遣乙丙傳言於丁, 恐喝取物五疋, 甲合徒一年半, 乙丙並各徒一年, 是名「展轉傳言受財者, 皆爲從坐」.

　[律文1b의 注2의 疏]「若爲人所侵損, 恐喝以求備償」, 假有甲爲乙踐損田苗, 遂恐喝於乙, 得倍苗之外, 更取財者, 爲有損苗之由, 不當恐喝之坐, 苗外餘物, 卽當「非監臨主司, 因事受財」, 坐贓論科斷. 此是「事有因緣之類者」, 非恐喝.

[율문1a] 무릇 공갈하여 타인의 재물을 취한 자는 구두로 공갈한

것도 역시 그러하다. **절도에 준하여 논하되 1등을 더하며,**

[율문1b] 비록 두려워하거나 꺼릴 정도는 아니고 재물의 주인이 두려워서 스스로 주었더라도 역시 같다.

[율문1b의 주1] 대신 말을 전하고 재물을 받은 자는 모두 종범으로 처벌한다.

[율문1b의 주2] 만약 타인에게 침손당해서 공갈하여 배상을 요구한 경우는 일이 연유가 있는 부류이므로 (공갈이) 아니다.

[율문1a의 소] 의하여 말한다: 공갈이란 사람이 (죄를) 범함이 있는 것을 알고 고소한다고 공갈하여 재물을 취한 것을 말한다. 주에 이르기를 "구두로 공갈한 것도 역시 그러하다."라고 한 것은, 비록 구두로 공갈해도 문서로 (공갈)한 것과 같다는 것이다. 장물을 계산하여 "절도에 준하여 논하되 1등을 더한다."는 것은, 1척이면 장70에 처하고, 1필마다 1등씩 더하되 5필이면 도1년반에 처하며, 5필마다 1등씩 더하되 35필이면 유3000리에 처한다는 것을 말한다.

[율문1b의 소]: 비록 두려워하거나 꺼릴 정도는 아니나 재물의 주인이 두려워하여 스스로 재물을 준 경우 역시 공갈(로 재물을 취)한 죄와 같다.

[율문1b의 주1의 소]: 주에 이르기를 "대신 말을 전하다."라고 한 것은, 가령 갑이 을과 병을 보내어 정에게 말을 전해 공갈로 재물(견) 5필을 취했다면 갑은 도1년반에 해당하고 을과 병은 모두 각각 도1년에 처하는데, 이것이 정명하여 "대신 말을 전해 재물을 받은 자는 모두 종범으로 처벌한다."는 것이다.

[율문1b의 주2의 소]: "만약 사람에게 침손[38]당해서 공갈하여 변상을 요구하다."라는 것은, 가령 갑이 을에 의해 밭의 작물이 밟혀 손해

---

38) '侵'이란 재물을 盜竊한 것으로 재산상의 침해를 의미하고, '損'이란 싸우다가 죽이거나 상처를 입힌 것으로 생명과 신체상의 침해를 의미한다(명42.2b의 소).

를 입고 마침내 을에게 공갈하여 (손해 본) 작물을 변상받은 것 외에 더 재물을 취한 경우는 작물을 손해 본 사유가 있기 때문에 공갈(로 재물을 취)한 죄에 해당하지 않으며, (손해 본) 작물보다 더 받은 재물은 곧 "감림·주사가 아니면서 일로 인해 재물을 받은 것"(잡1)에 해당하므로 좌장으로 논하여 죄준다. 이것이 "일이 연유가 있는 부류이므로" 공갈이 아니라는 것이다.

[律文1b의 問1] 曰: 恐喝取財五疋, 首不行, 又不受分; 傳言者二人, 一人受財, 一人不受財, 各合何罪?

[律文1b의 答1] 曰: 律稱準盜, 須依盜法. 案下條: 「共盜者, 併贓論. 造意及從, 行而不受分, 即受分而不行, 各依本首從法; 若造意不行, 又不受分, 即以行人專進止者爲首, 造意爲從, 至死減一等; 從者不行, 又不受分, 笞四十.」 其首不行, 又不受分, 即以傳言取物者爲首, 五疋合徒一年半; 造意者爲從, 合徒一年; 又一人不受分, 亦合爲從, 笞五十.

[율문1b의 문1] 묻습니다: 공갈로 재물 5필을 취했는데, 수범은 (공갈을) 실행하지 않고 또 몫을 받지도 않았습니다. 말을 전한 자 2인 가운데 1인은 재물을 받았고 (다른) 1인은 재물을 받지 않았다면 각각 어떤 죄에 해당합니까?

[율문1b의 답1] 답한다: 율에 절도에 준하여라고 칭했으니 반드시 도(죄)의 (처벌)법에 의거해야 한다. 아래 조항(적50)을 살펴보면, "함께 절도한 경우 장물을 합산하여 논한다. 조의자 및 수종자가 (공갈을) 실행했으나 몫을 받지 않은 경우나 혹은 몫을 받았으나 실행하지 않은 경우는 각각 본래 수범·종범의 (처벌)법에 따른다. 만약 조의자가 실행하지 않고 또한 몫을 받지 않았다면 바로 실행한 사람 가운데 행동을 지휘한 자를 수범으로 하고 조의자를 종범

으로 하며, 사(죄)에 이르면 1등을 감한다. 수종자가 실행하지 않고 또 몫을 받지 않았다면 태40에 처한다."고 했으니, 만약 수범이 실행하지 않고 또 몫을 받지도 않았다면 바로 말을 전하여 재물을 취한 자는 수범으로 삼아 5필이면 도1년반에 처하고, 조의자는 종범으로 삼아 도1년 해야 한다. 또 (다른) 1인은 몫을 받지 않았으므로 역시 종범에 해당하며, 태50에 처한다.

[律文1b의 問2] 曰: 監臨恐喝所部取財, 合得何罪?
[律文1b의 答2] 曰: 凡人恐喝取財, 準盜論加一等. 監臨之官, 不同凡人之法, 名例:「當條雖有罪名, 所爲重者自從重.」理從「强乞」之律, 合準枉法而科. 若知有罪不虛, 恐喝取財物者, 合從眞枉法而斷.

[율문1b의 문2] 묻습니다: 감림관이 관할 구역에서 공갈하여 재물을 취했다면 어떤 죄를 받습니까?
[율문1b의 답2] 답한다: 일반인이 공갈해서 재물을 취했다면 절도에 준하여 논하되 1등을 더한다. 감림하는 관인은 일반인의 법과 같지 않은데, 명례율(명49)에 "해당 조항에 죄명이 정해져 있더라도 행위가 무거운 경우는 당연히 무거운 것에 따른다."고 했으니 이치상 "강요하여 걸취"(직50)의 율을 따라 왕법에 준하여 죄를 주어야 한다. 만약 (피공갈인의) 유죄가 확실함을 알고 공갈하여 재물을 취한 경우에는 진정 왕법(직48)으로 단죄해야 한다.

[律文2] 若財未入者, 杖六十.
[律文3a] 卽緦麻以上自相恐喝者, 犯尊長, 以凡人論; 强盜亦準此.
[律文3b] 犯卑幼, 各依本法.
　[律文2의 疏] 議曰: 恐喝取財, 無限多少, 財未入者, 杖六十.

[律文3a의 疏]: 卽緦麻以上自相恐喝者, 犯尊長, 以凡人準盜論加一等. 强盜亦準此者, 謂別居期親以下卑幼, 於尊長家行强盜者, 雖同於凡人家强盜得罪, 若有殺傷, 應入十惡者仍入十惡.

[律文3b의 疏]: 「犯卑幼, 各依本法」, 謂恐喝緦麻·小功卑幼取財者, 減凡人一等, 五疋徒一年; 大功卑幼減二等, 五疋杖一百; 期親卑幼減三等, 五疋杖九十之類.

[율문2] 만약 재물을 아직 들이지 못한 때에는 장60에 처한다.
[율문3a] 만약 시마(친) 이상이 스스로 서로 공갈한 경우 존장을 범했다면 일반인으로 논하고, 강도 역시 이에 준한다.
[율문3b] 비유를 범했다면 각각 본(조)의 법에 의거한다.

[율문2의 소] 의하여 말한다: 공갈하여 재물을 취하고자 했다면 많고 적음을 한정하지 않고 재물을 아직 들이지 못한 때에는 장60에 처한다.

[율문3a의 소]: 만약 시마(친) 이상이 스스로 서로 공갈한 경우 존장을 범했다면 일반인의 절도에 준하여 논하되 1등을 더한다. 강도 역시 이에 준한다는 것은, 별거하는 기친 이하 비유가 존장의 집에서 강도를 실행한 경우 비록 일반인의 집에서 강도한 것과 같은 죄를 받는 것을 말하지만, 만약 살상이 있어 마땅히 십악(명6, 악역·불목)을 적용해야 할 경우는 그대로 십악을 적용한다.

[율문3b의 소] "비유를 범했다면 각각 본(조)의 법(적40)에 따른다."는 것은, 시마·소공(친) 비유를 공갈하여 재물을 취한 경우 일반인(의 처벌법)에서 1등을 감하여 5필이면 도1년에 처하고, 대공(친) 비유는 5필이면 장100에 처하며, 기친 비유는 5필이면 장90에 처하는 따위를 말한다.

제286조 적도 39. 다른 이유로 사람을 구타하고 재물을 빼앗은 죄(以他故毆人因奪物)

[律文1] 諸本以他故毆擊人, 因而奪其財物者, 計贓以强盜論, 至死者加役流;

　　[律文1의 疏] 議曰: 謂本無規財之心, 乃爲別事毆打, 因見財物, 遂卽奪之, 事類「先强後盜」, 故計贓以强盜論, 一尺徒三年, 二疋加一等. 以先無盜心之故, 贓滿十疋應死者加役流. 若奪財物不得者, 止從故, 鬪毆法. 文稱「計贓以强盜論」, 奪物贓不滿尺, 同「强盜不得財」, 徒二年. 旣元無盜心, 雖持仗, 亦不加其罪.

[율문1] 무릇 본래 다른 이유로 사람을 구타하고 그로 인해 그의 재물을 빼앗은 자는 장물을 계산해서 강도로 논하되, 사(죄)에 이른 경우에는 가역류에 처한다.

　　[율문1의 소] 의하여 말한다: 본래 재물을 탐내는 마음이 없었는데 다른 일로 (사람을) 구타하고 나서 그로 인해 재물을 보고 즉시 그것을 빼앗은 것을 말하며, 사안이 "먼저 강박하고 나중에 빼앗다." (적34)라는 것과 유사하므로, 장물을 계산해서 강도(적34)로 논하여 1척이면 도3년에 처하고, 2필마다 1등씩 더한다. 앞서 훔칠 마음이 없었으므로 장물이 만 10필이 되어 사형에 해당할 경우는 가역류에 처한다. 만약 재물을 빼앗으려 했으나 얻지 못한 경우는 단지 고구·투구의 법(투1-5)에 따른다. 조문에 "장물을 계산해서 강도로 논한다."라고 칭했으니, 빼앗은 장물이 1척 미만이면 "강도했으나 재물을 얻지 못한 것"(적34)과 같이 도2년에 처한다. 원래 훔칠 마음이 없었으니 비록 무기를 소지했더라도 역시 그 죄를 더하지 않는다.

[律文2] 因而竊取者, 以竊盜論加一等.

[律文3] 若有殺傷者, 各從故·鬪法.

　　[律文2의 疏] 議曰: 先因他故毆擊, 而輒竊取其財, 以竊盜論加一等, 一尺杖
　　七十, 一疋加一等.

　　[律文3의 疏]「若有殺傷者」, 謂本因毆擊殺傷, 元非盜財損害.「各從故·鬪
　　法」, 謂因鬪致死者, 絞; 故殺者, 斬. 稱「各」者, 從「强奪」及「竊取」, 各以
　　故·鬪論.

[율문2] 그로 인해 몰래 (재물을) 취한 경우는 절도로 논하되 1등
을 더한다.

[율문3] 만약 살상이 있는 경우는 각각 고·투살상의 법에 따른다.

　　[율문2의 소] 의하여 말한다: 앞서 다른 이유로 구타한 것으로 인해
　　함부로 그 재물을 절취한 때에는 절도(죄)로 논하되(적35) 1등을 더
　　하여 1척이면 장70에 처하고, 1필마다 1등씩 더한다.

　　[율문3의 소] "만약 살상이 있는 경우"라는 것은, 본래 구타로 인한
　　살상이고 원래 재물을 절도하다가 손상을 입힌 것이 아니라는 것
　　을 말한다. "각각 고살상·투살상의 법에 따른다."는 것은, (본조에
　　서) 싸움으로 인하여 사망에 이르게 한 경우는 교형에 처하고(투5)
　　고의로 살해한 경우는 참형에 처하는데(투5), (여기서) "각각"이라
　　고 칭한 것은 (재물을) "강탈" 및 "절취"한 것에 따라서 각각 고살
　　상 및 투살상으로 논한다는 것을 말한다.

　　[律文3의 問1] 曰: 監臨官司, 本以他故毆擊部內之人, 因而奪其財物, 或竊
　　取三十疋者, 合得何罪?

　　[律文3의 答1] 曰: 律稱「本因他故毆擊人」, 元卽無心盜物, 毆訖始奪, 事與
　　强盜相類, 準贓雖依「强盜」, 罪止加役流, 故知其贓雖多, 法不至死.「因而竊

取, 以竊盜論加一等者」, 爲監臨主司毆擊部內, 因而竊物, 以竊盜論加凡盜三等. 上文「强盜」旣不至死, 下文「竊盜」不可引入絞刑, 三十疋者罪止加役流.

[율문3의 문1] 문습니다: 감림하는 관사가 본래 다른 이유로 관할 구역 내의 사람을 구타하고, 그로 인해 재물을 빼앗았거나 혹은 30필을 절취한 경우는 어떤 죄를 받습니까?

[율문3의 답1] 답한다: 율에 "본래 다른 이유로 사람을 구타한 것"이라고 칭한 것은, 원래 재물을 절도할 마음이 없었는데 구타하고 난 뒤 비로소 빼앗았다는 것으로, 사안이 강도와 서로 유사하므로 비록 장물에 준하여 "강도"(적34)에 의거하지만 죄는 가역류에 그치므로, 그 장물이 설령 많더라도 (처벌)법은 사형에 이르지 않음을 알 수 있다. 그로 인해 몰래 취한 경우는 절도로 논하되 1등을 더하는데, 감림주사가 되어 관할 구역 내(의 사람을) 구타하고 그로 인해 재물을 몰래 취했으니, 절도로 논하되 일반도(죄)에 3등을 더한다.39) (단) 위 조문(적39.1)의 "강도"(적34)가 원래 사형에 이르지 않으니 아래 조문(적39.2)의 "절도"(적35)에 대해 교형을 적용해서는 안 되며, (장물이) 30필인 경우 죄는 가역류에 그친다.

[律文3의 問2] 曰: 名例云: 「稱以盜論者, 與眞犯同.」 此條「因而竊取, 以竊盜論加一等」, 旣云「加一等」, 卽重於竊盜之法. 監臨竊三十疋者絞, 今答不死, 理有未通?

[律文3의 答2] 曰: 「本條別有制, 與例不同者, 依本條.」 文稱: 「奪其財物者, 以强盜論, 至死者加役流.」 又云: 「加者, 不得加至於死.」 是明本以他故毆人, 因而奪物, 縱至百疋, 罪止加役流, 況於竊取人財, 豈得加入於死? 監臨

---

39) 사람을 구타하고 재물을 竊取했다면 절도로 논하되 1등을 더하는데, 監臨·主守가 감림하는 바 사람을 대상으로 절도죄를 범한 경우 2등을 더하므로(283, 적36 및 소), 합해서 3등을 더하는 것이다.

雖有加罪, 加法不至死刑. 況下條畧奴婢及和誘, 各依强·竊等法, 罪止流三千里. 注云「雖監臨主守, 亦同.」, 卽此條雖無監臨之文, 亦不加入於死.

[율문3의 문2] 묻습니다: 명례율(명53)에 "절도로 논한다고 칭한 것은 진범과 같다."고 했습니다. 이 조항의 "그로 인해 절취한 경우는 절도로 논하되 1등을 더한다."에서 원래 "1등을 더한다."라고 했으니, 바로 절도(죄)의 (처벌)법보다 무겁습니다. 감림관이 (견)30필을 절취한 경우 교형에 처하는데(적36), 지금 답에서 사형에 이르지 않는다고 한 것은 이치상 아직 통하지 못하는 바가 있는 것 같습니다.

[율문3의 답2] 답한다: "본조에 별도의 규정이 있어 명례와 다른 경우는 본조에 의거한다."(명49) (이) 조문에 "그 재물을 빼앗은 경우에는 장물을 계산하여 강도로 논하되 사(죄)에 이른 경우에는 가역류에 처한다."(명53)고 칭하고, 또 "더하는 것은 (죄를) 더해서 사죄에까지 이를 수 없다."고 했으니, 본래 다른 이유로 사람을 구타한 것으로 인해 재물을 빼앗았다면 설령 100필에 이르더라도 죄는 가역류에 그치는 것이 분명하다. 하물며 다른 사람의 재물을 절취한 것으로 어찌 더하여 사(죄)에 들일 수 있겠는가? 비록 감림관에게는 죄를 더하는 (제도가) 있기는 하지만 더하는 법으로는 사형에 이르지 않는다. 하물며 아래 조항(적46)에 노비를 약(취)하거나 유인[和誘]한 때에는 각각 강도·절도의 (처벌)법에 의거하고, 죄는 유3000리에 그치는데, 주에 이르기를 "비록 감림·주수라도 같다."(적46)라고 했으니, 곧 이 조항에 비록 감림에 대한 율문은 없지만 역시 더하여 사(죄)에 들이지 않는다.

당률소의 권 제20 적도율 모두 15조

역주 정재균

제287조 적도 40. 시마·소공친의 재물을 절도한 죄(盜總麻小功財物)

[律文1a] 諸盜緦麻、小功親財物者, 減凡人一等;

[律文1b] 大功, 減二等;

[律文1c] 期親, 減三等.

[律文2] 殺傷者, 各依本殺傷論. 此謂因盜而誤殺者. 若有所規求而故殺期以下卑幼者, 絞. 餘條準此.

[律文1a의 疏] 議曰: 緦麻以上相盜, 皆據別居. 卑幼於尊長家强盜, 已於「恐喝」條釋訖. 其尊長於卑幼家竊盜若强盜, 及卑幼於尊長家行竊盜者, 緦麻、小功減凡人一等,

[律文1b의 疏] 大功減二等,

[律文1c의 疏] 期親減三等.

[律文2의 疏] 「殺傷者, 各依本殺傷論」, 謂因盜誤殺傷人, 若殺傷尊卑、長幼, 各依本殺傷法. 注云「此謂因盜而誤殺者」, 謂本心只欲規財, 因盜而誤殺人者, 亦同因盜過失殺人, 依鬪殺之罪. 不言傷者, 爲傷罪稍輕, 聽從誤傷之法. 但殺人坐重, 雖誤, 同鬪殺論; 若實故殺, 自依故殺傷法. 「若有所規求, 故殺期以下卑幼者, 絞」, 卽此條因盜, 是爲有所規求, 故殺期以下卑幼者, 絞. 誤殺者, 自依本鬪殺傷論. 「餘條」, 謂諸條姦及略、和誘, 但是爭競, 有所規求而故殺期以下卑幼, 本條不至死者, 並絞. 故云「餘條準此」.

[율문1a] 무릇 시마·소공친의 재물을 절도한 경우 일반인(의 재물을 절도한 죄)에서 1등을 감하고,

[율문1b] 대공친(의 재물)이면 2등을 감하며,

[율문1c] 기친(의 재물)이면 3등을 감한다.

[율문2] (사람을) 살상한 때에는 각각 본(조의) 살상(죄)에 의거하여 논한다. 이것은 절도하다가 착오로 살해한 경우를 말한다. 만약 도모하는 바가 있어 기(친) 이하 비유를 고의로 살해한 때에는 교형에 처한다. 다른 조항은 이에 준한다.

[율문1a의 소] 의하여 말한다: 시마친 이상이 서로 절도한 것은 모두 별도로 거주하는 것¹⁾에 의거한다. 비유가 존장의 집에서 강도한 것은 이미 "공갈"(적38)의 조항에서 해석했다. 만약 존장이 비유의 집에서 절도 또는 강도한 경우 및 비유가 존장의 집에서 절도를 실행한 경우, 시마·소공(친)이면 일반인(의 죄)에서 1등을 감하고,

[율문1b의 소] 대공(친)이면 2등을 감하며,

[율문1c의 소] 기친이면 3등을 감한다.

[율문2의 소] "(사람을) 살상한 때에는 각각 본(조의) 살상(죄)에 의거하여 논한다."는 것은, 절도하다가 사람을 착오로 살상하거나 또는 존비·장유를 살상했다면 각각 본(조의) 살상(죄)의 법²⁾에 의거한다는 것을 말한다. 주에 "이것은 절도하다가 착오로 살해한 경우를 말한다."라고 한 것은, 본심은 단지 재물을 탐할 뿐이었으나 절도하다가 사람을 착오로 살해한 경우를 말하며, 역시 절도하다가 과실로 사람을 살해한 것(적42.1)과 같이 투살의 죄에 의거한다.³⁾

---

1) 同居하면서 재산을 공유하는 친속 사이에는 절도죄가 성립하지 않는다. 단지 卑幼가 사람을 데리고 자기 집의 재물을 절도한 경우 동거하는 卑幼가 사사로이 함부로 재물을 사용한 죄(162, 호13.1)에 2등을 더해 처벌할 뿐이다(288, 적41). 따라서 여기서 별도로 거주한다는 것은 재산을 달리한다는 의미도 포함한다.

2) 친속 간의 鬪殺傷罪는 親疏와 존비 장유에 따라 죄가 차등적으로 규정되어 있다(327-334, 투26-33).

3) 절도하는 과정에서 사람을 '過失'로 살상한 경우 본래 도둑질하고자 하는 의도가 있었기 때문에 贖銅을 징수하지 않고 鬪殺傷으로 논죄한다(289, 적42.1). 단 친속의 재물을 절도하다가 착오로 살상이 발생했는데 피해자가 친속인 경우 처벌은 피살된 친속과의 관계에 따른다(327-334, 투26-33).

상해한 경우에 대해서 말하지 않은 것은, 상해한 죄는 조금 가벼우므로 착오로 상해한 법(투35.2)에 따르는 것을 허용하기 때문이다.[4] 단 사람을 살해한 것은 죄가 무거우므로 비록 착오라 하더라도 투살과 같이 논하고, 만약 고의살인이 확실하면 당연히 고살상법에 의거한다. "만약 도모하는 바가 있어 기친 이하 비유를 고의로 살해한 자는 교형에 처하는데," 이 조항의 "절도하다가"란 곧 도모하는 바가 있는 것이 되므로, (이 때) 기친 이하 비유를 살해한 자는 교형에 처한다는 것이다.[5] 착오로 살해한 경우는 당연히 본(조의) 투살상(죄)에 의거하여 논한다. "다른 조문"이란, 모든 조항의 간(잡23) 및 약취·유인(적47)에 (관한 조문을) 말하며, 단지 다투다가 도모하는 바가 있어 기친 이하 비유를 고의로 살해한 자는 본조의 (규정으로는) 사(죄)에 이르지 않더라도 모두 교형에 처한다. 그러므로 "다른 조항은 이에 준한다."고 한 것이다.

---

4) 절도하다가 착오로 살해했다면 鬪殺罪로 논하지만, 절도하다가 착오로 상해했다면 싸우다가 착오로 상해한 죄를 과한다. 싸우다가 착오로 상해한 경우 凡鬪傷에서 2등을 감한다(336, 투35.2).

5) 期親 이하 卑幼는 弟·妹·子·孫 및 兄弟의 子·孫과 外孫, 子·孫의 婦 및 從父의 弟·妹를 가리킨다(294, 적47의 소). 기친 이하의 비유를 살해한 경우 從父의 弟·妹를 구타하여 살해하면 유3000리, 고의로 살해하면 교형(327, 투26.2d)으로 처벌되지만, 弟·妹 및 兄弟의 子·孫과 外孫을 구타하여 살해하면 도3년, 고의로 살해하면 유2000리(328, 투27.4a)의 처벌을 받게 된다. 그러나 이 조항에서와 같이 재물 등을 탐내어 기친 이하의 비유를 살해했다면 本條의 殺傷罪에 의거하지 않고 모두 교형에 처한다는 것이다.

제288조 적도 41. 비유가 사람을 데리고 자기 집의 재물을 절도한 죄(卑幼將人盜己家財)

[律文1a] 諸同居卑幼, 將人盜己家財物者, 以私輒用財物論加二等;

[律文1b] 他人, 減常盜罪一等.

[律文2] 若有殺傷者, 各依本法.

[律文2의 注] 他人殺傷, 縱卑幼不知情, 仍從本殺傷法坐之.

[律文1a의 疏] 議曰:「同居卑幼」, 謂共居子孫·弟姪之類, 將外人共盜己家財物者, 以私輒用財物論加二等. 案戶婚律:「同居卑幼私輒用財者, 十疋笞十, 十疋加一等, 罪止杖一百.」

[律文1b의 疏] 他人減凡盜一等, 謂卑幼將人盜物雖多, 罪止徒一年半, 他人減常盜罪一等. 其於首從, 自依常例.

[律文2의 疏] 「若有殺傷者, 依本殺傷法」, 謂依故殺傷尊長·卑幼法. 縱不知情, 他人亦依强盜殺傷法.

[律文2의 注의 疏] 注云「他人殺傷, 縱卑幼不知情, 仍從本殺傷法坐之」, 謂卑幼不知他人殺傷之情, 仍從故殺傷法. 稱「坐之」者, 不在除·免·加役流之例. 若他人誤殺傷尊長, 卑幼不知情, 亦依誤法. 其被殺傷人非尊長者, 卑幼不知殺傷情, 唯得盜罪, 無殺傷之坐. 其有知情, 幷自殺傷者, 各依本殺傷之法.

[율문1a] 무릇 동거하는 비유가 사람을 데리고 자기 집의 재물을 절도한 때에는 사사로이 함부로 재물을 사용한 것으로 논하되 2등을 더하며,

[율문1b] 다른 사람은 일반 도죄에서 1등을 감한다.

[율문2] 만약 살상이 있을 때에는 각각 본(조의) 법에 따른다.

[율문2의 주] 다른 사람이 살상했다면 비유는 설령 정을 알지 못했더라도 그대로 본(조)의 살상(죄)의 법에 따라 처벌한다.

[율문1a의 소] 의하여 말한다: "동거하는 비유"란 함께 거주하는 자·손·제·질 등을 말한다. (이들이) 외부의 사람을 데리고 함께 자기 집의 재물을 절도한 때에는 사사로이 함부로 재물을 사용한 것(호13)으로 논하되 2등을 더한다. 호혼율(호13)을 살펴보면, "동거하는 비유가 사사로이 함부로 재물을 사용한 때에는 10필이면 태10에 처하고, 10필마다 1등씩 더하되 죄는 장100에 그친다."

[율문1b의 소] 다른 사람은 일반 도(죄)(적35)에서 1등을 감한다는 것은, 비유가 사람을 데리고 절도한 재물이 많더라도 죄는 도1년 반에 그치고, 다른 사람은 일반 도죄에서 1등을 감한다는 것을 말한다. 단 수범·종범(의 구분)에 대해서는 당연히 상례(명43)에 의거한다.

[율문2의 소] "만약 살상이 있을 때에는 각각 본(조의) 법에 따른다." 는 것은, 존장·비유를 고의로 살상한 법(투26-33)에 의거하고, 다른 사람 역시 설령 (그) 정을 알지 못했더라도 강도하다가 살상한 법(적34)에 의거한다는 것이다.

[율문2의 주의 소] 주에 이르기를 "다른 사람이 살상했다면, 비유는 설령 (그) 정을 알지 못했더라도 그대도 본(조)의 살상(죄)의 법에 따라 처벌한다."고 한 것은, 비유는 다른 사람이 살상한 정을 알지 못했더라도 그대로 고의살상의 법에 따른다는 것을 말한다. "처벌한다."라고 칭한 것은 제명·면관·가역류의 예를 적용하지 않는다는 것이다(명53). 만약 다른 사람이 존장을 착오로 살상했고 비유가 (그) 정을 알지 못했다면 역시 (착)오로 (살상한) 법(투35.2)에 따른다. 단 (착오로) 살상된 사람이 존장이 아닌 경우 비유가 살상된 정을 몰랐다면 다만 도죄만을 받고, 살상에 대한 처벌은 없다. 그러

나 (그) 정을 알았다면 모두 스스로 살상한 것이므로 각각 본(조의) 살상(죄)의 법에 의거한다.

[律文2의 疏의 問] 曰: 卑幼將人盜己家財物, 以私輒用財物論加二等, 他人減常盜一等. 若卑幼共他人强盜者, 律無加罪之文, 未知更加罪以否?

[律文2의 疏의 答] 曰: 强之與竊, 罪狀不同. 案職制律, 貸所監臨財物, 「强者加二等, 餘條强者準此.」 諸親相盜, 罪有等差. 將人盜己家財物者, 加私輒用財物二等, 更無强盜之文, 止明殺傷之坐: 若殺傷罪重, 從殺傷法科; 如殺傷坐輕, 卽準「强者加二等」. 此是一部通例, 故條不別生文.

[율문2의 소의 문] 묻습니다: 비유가 다른 사람을 데리고 자기 집의 재물을 절도했다면, 사사로이 재물을 사용한 것으로 논하되 2등을 더하고 다른 사람은 일반 도(죄)에서 1등을 감한다고 했습니다. 만약 비유가 다른 사람과 함께 강도한 경우 율에는 죄를 더하는 조문이 없는데 다시 죄를 더할 수 있습니까?

[율문2의 소의 답] 답한다: 강도와 절도는 죄상이 같지 않다. 직제율(직52)을 살펴보면 감림하는 바의 재물을 빌리는데 "강제한 자는 2등을 더한다. 다른 조항에서 강제한 자라고 한 경우는 이에 준한다."라고 했고, 무릇 친속이 서로 절도한 죄에는 차등이 있다.6) 다른 사람을 데리고 자기 집의 재물을 절도한 경우 사사로이 함부로 재물을 사용한 것에 2등을 더한다는 것 외에 달리 강도한 것에 대해서는 조문이 없는 것은 단지 살상의 처벌만을 명확히 하려는 것이다. 만약 살상한 죄가 무겁다면 살상한 법에 따라 죄주고, 만약 살상죄가 가볍다면 곧 "강제한 자는 2등을 더한다."는 (규정)에 준

---

6) 친속의 재물을 절도한 경우 일반 절도죄(282, 적35)에서 감하여 처벌하는데, 緦麻·小功親의 재물이라면 1등을 감하고, 大功親이면 2등을, 期親이면 3등을 감한다(287, 적40.1).

한다. 이것은 전체 율에 통용되는 법례이므로 (이) 조항에서 별도로 조문을 만들지 않은 것이다.

제289조 적도 42. 절도하다가 과실로 사람을 살상한 죄(因盜過失殺傷人)

[律文1] 諸因盜而過失殺傷人者, 以鬪殺傷論, 至死者加役流. 得財·不得財等. 財主尋逐遇他死者, 非.

[律文1의 疏] 議曰: 因行竊盜而過失殺傷人者, 以其本有盜意, 不從「過失」收贖, 故以鬪殺傷論, 其殺傷之罪至死者加役流. 注云「得財·不得財等」, 謂得財與不得財並從鬪殺傷科. 「財主尋逐, 遇他死者, 非」, 謂財主尋逐盜物之賊, 或墜馬或落坑致死之類, 是遇他故而死, 盜者唯得盜罪而無殺傷之坐.

[율문1] 무릇 절도하다가 과실로 사람을 살상한 자는 투살상으로 논하되, 사(죄)에 이른 경우에는 가역류에 처한다. 재물을 얻었든 얻지 못했든 마찬가지이다. 재물의 주인이 (도적을) 찾아서 뒤쫓다가 다른 이유로 사망한 경우는 그렇지 않다.

[율문1의 쇼] 의하여 말한다: 절도하다가 과실로 사람을 살상한 자는 그가 본래 도둑질할 마음을 가졌던 까닭에 "과실(살상)은 속(동)을 징수한다."는 (규정에) 따르지 않는 것이며, 그러므로 투살상으로 논하되7) 단 살상한 죄가 사(죄)에 이르는 경우는 가역류에 처한다.

---

7) 사람을 과실로 살상한 경우 贖銅을 징수하고 刑을 면하지만(339, 투38 및 주), 절도하는 과정에서 과실살상이 있었다면 贖銅 징수로 죄를 면하지 않고 해당하는 鬪殺傷罪(302-306, 투1-5)를 적용한다. 다만 이 죄를 범하고 자수를 했다

주에 "재물을 얻든 얻지 못했든 마찬가지이다."라고 한 것은, 재물을 얻었든 재물을 얻지 못했든 모두 투쇄상에 따라 죄준다는 것을 말한다. "재물의 주인이 (도적을) 찾아서 뒤쫓다가 다른 이유로 사망한 경우는 그렇지 않다."라는 것은, 재물의 주인이 재물을 절도한 도적을 찾아서 쫓다가 혹 말에서 떨어지거나 혹 구덩이에 빠져 사망한 따위가 바로 다른 이유로 사망한 것인데, (이 경우) 절도한 자는 다만 도죄만을 받고 살상에 대한 처벌은 없음을 말한다.

[律文2a] 其共盜臨時有殺傷者, 以强盜論;

[律文2b] 同行人不知殺傷情者, 止依竊盜法.

[律文2a의 疏] 議曰: 謂共行竊盜, 不謀强盜, 臨時乃有殺傷人者, 以强盜論.

[律文2b의 疏] 「同行人而不知殺傷情者, 止依竊盜法」, 謂同行元謀竊盜, 不知殺傷之情, 止依「竊盜」爲首從. 殺傷者, 依「强盜」法.

[율문2a] 단 함께 절도하다가 (절도할) 당시에 살상이 있을 경우에는 강도로 논하며,

[율문2b] 동행한 사람이 살상의 정을 알지 못한 경우에는 다만 절도한 법에 의거한다.

[율문2a의 소] 의하여 말한다: 함께 절도를 행하는데 강도를 모의하지 않았으나 (절도할) 당시에 사람을 살상한 경우는 강도로 논한다는 것을 말한다.

[율문2b의 소] "동행한 사람이 살상의 정을 알지 못한 경우에는 단지 절도한 법(적35)에 의거한다."는 것은, 동행(인)이 본디 절도를 모의했고 살상의 정을 알지 못했을 때에는 단지 절도(죄)에 의거해

면 盜罪는 면할 수 있으나, 過失殺傷한 죄는 本條(339, 투38)에 따라 贖銅을 징수하는 것이 허용된다(명37.6a 및 주의 소).

서 수범·종범으로 한다는 것을 말한다. 살상한 자는 강도의 법(적 34)에 의거한다.[8]

제290조 적도 43. 사인의 재물·노비로 관의 물건을 교환한 죄(以私財奴婢貿易官物)

[律文] 諸以私財物、奴婢、畜産之類, 餘條不別言奴婢者, 與畜産、財物同. **貿易 官物者, 計其等準盜論**, 官物賤, 亦如之. **計所利以盜論**. 其貿易奴婢, 計贓重 於和誘者, 同和誘法.

[律文의 疏] 議曰:「以私家財物、奴婢、畜産之類」, 或有磑磑、邸店、莊宅、車船 等色, 故云「之類」. 注云「餘條不別言奴婢者, 與畜産、財物同」, 謂「反逆」條 中稱「資財並沒官」, 不言奴婢、畜産, 即是總同財物; 又廐庫律:「驗畜産不以 實者, 一笞四十, 三加一等, 罪止杖一百. 若以故價有增減, 贓重者, 計所增 減坐贓論.」 即無驗奴婢之文, 若驗奴婢不實者, 亦同驗畜産之法. 故云「餘條 不別言奴婢者, 與畜産、財物同」.「貿易官物者」, 謂以私物貿易官物.「計其 等準盜論」, 假將私奴貿易官奴, 其奴各直絹五疋, 其價雖等, 仍準盜論, 合徒 一年. 注云「官物賤, 亦如之」, 謂私奴直絹十疋, 博官奴直絹五疋, 亦徒一年. 「計所利以盜論」, 謂以私物直絹一疋, 貿易官物直絹兩疋, 即一疋是等, 合準 盜論, 監主之與凡人並杖六十; 一疋是利, 以盜論, 凡人亦杖六十, 有倍贓. 若是監臨主守, 加罪二等, 合杖八十; 應累併者, 皆將「以盜」累於「準盜」加罪 之類, 除、免、倍贓各盡本法. 注云「其貿易奴婢, 計贓重於和誘, 同和誘法」,

---

8) 절도 당시 사람을 살상하는 것을 안 경우 비록 자신이 살상하지 않았더라도 공범 역시 強盜로 처벌한다는 것을 말한다. 강도는 수범·종범의 구분이 없다 (명43.3).

假有監臨之官, 以私奴婢直絹三十疋, 貿易官奴婢直絹六十疋, 卽是計利三十
疋, 監臨自盜合絞; 凡人貿易奴婢計利五十疋, 卽合加役流. 以本條和、略奴婢
罪止流三千里, 雖監臨主守亦同, 卽於此條「貿易」不可更重, 故云「同和誘法」,
並流三千里.

[율문] 무릇 사인의 재물·노비·축산 따위로 다른 조항에서 별도로
노비를 언급하지 않은 경우 (노비는) 축산·재물과 같다. **관물을 교환
한 경우 그 등가만큼을 계산하여 절도에 준하여 논하고,** 관물이
싸더라도 역시 이와 같다. **이익만큼을 계산하여 절도로 논한다.** 단
교환한 노비를 장물로 계산하여 (죄가 노비를) 유인[和誘]한 (죄보다)
무거운 경우는 유인과 같은 법으로 (처단)한다.

[율문의 소] 의하여 말한다: "개인의 재물·노비·축산 따위로"라고 한
것은, 또한 물레방아·저점·장원·수레와 배 등도 있기 때문에 "따
위"라고 한 것이다.9) 주에 "다른 조항에서 별도로 노비를 언급하지
않은 경우 (노비는) 축산·재물과 같다."라고 한 것은, "반역" 조항
(적1)에서 "자재는 모두 몰관한다."라고 칭하고 노비·축산은 언급하
지 않았는데 이는 곧 모두 같은 재물이기 때문이라는 것이고, 또한

---

9) 이 조항에서 '토지[田地, 地]'는 '盜罪'가 적용되는 官私物의 교역[대상에서 제
  외된다. 당률에서 "盜"의 객체는 器物·錢帛이나 畜産 등 대상물을 본래 있던
  곳에서 이탈시켜 자신의 소유로 만들 수 있는 것으로 한정하고 있다(300, 적
  53의 주 및 소). 이러한 점에서 볼 때 公·私田 등의 토지는 본래의 장소로부
  터 옮기는 것이 불가능하기 때문에 眞盜의 대상이 될 수 없으며(165, 호16의
  소), 또 贓物로 계산하여 죄를 정할 수도 없고 除名·免官·倍贓 등의 例도 적용
  되지 않기 때문이다(166, 호17의 소). 공·사전의 교역과 관련된 범죄에 대한
  처벌은 1畝 이하이면 태50이고, 5畝마다 1등씩 더하는데, 죄의 최고형은 도2
  년이다. 또 田令(당령습유, 631쪽)에 따르면 토지를 매매하여 얻은 재물은 모
  두 관에서 몰수하며, 苗子나 구매한 토지에서 얻은 재물은 모두 토지의 원주
  인에게 돌려준다(166, 호16의 소).

구고율(구2)에 "축산의 검사를 사실대로 하지 않은 자는 1두이면 태 40에 처하고, 3두마다 1등씩을 더하되, 죄는 장100에 그친다. 만약 이 때문에 (축산의) 가치에 증감이 있고, (증감된 것을 좌장의 장물로 계산하여) 장(죄)가 (장100보다) 무거운 때에는 증감된 가격을 계산해서 좌장으로 논한다."라고 하여 곧 노비를 검사한다는 조문은 없으니, 만약 노비에 대한 검사를 사실대로 하지 않은 경우도 역시 축산을 검사하는 것과 같은 법으로 (처단)한다는 것을 말한다. 그러므로 "다른 조항에서 별도로 노비를 언급하지 않은 경우 (노비는) 축산·재물과 같다."라고 한 것이다. "관물을 교환한 경우"라 함은 사물로 관물을 교환했다는 것을 말한다. "그 등가만큼을 계산하여 절도에 준하여 논한다."는 것은, 가령 사노를 관노와 교환했는데 그 노들의 가치가 각각 견 5필이어서 그 값이 비록 같더라도 그대로 절도에 준하여 논하여 도1년에 처해야 한다는 것이다. 주에 "관물이 싸더라도 역시 이와 같다."는 것은, 가치가 견 10필인 사노로 가치가 견 5필인 관노를 교환한 (죄) 또한 도1년이라는 것을 말한다. "이익만큼을 계산하여 절도로 논한다."는 것은, 가치가 견 1필인 사물로 가치가 견 2필인 관물을 교환했다면 곧 등가의 1필은 절도에 준하여 논해야 하므로 감림·주수와 일반인 모두 장60에 해당하고, 이익 본 1필은 절도로 논하므로 일반인은 역시 장60에 해당하고 (또) 배장이 있으며, 만약 감림·주수라면 죄를 2등 더하여 장80에 해당하는데,[10] (또) 응당 누계·병만해야 하는 것이니 모두 절도로 (논한 것을) 절도에 준하여 (논한 것에) 누계해서 죄를 더해 주어야 하는 부류이며, 제명·면관·배장은 각각 본(조의) 법을 다 적용한다는 것을 말한다.[11] 주에 "단 교환한 노비를 장물로 계

---

10) 監臨·主守의 盜罪는 일반 절도죄에서 2등씩 더하고, 장물의 평가액이 견 30필에 이르면 絞刑에 처한다(283, 적36).

11) "이익만큼을 계산하여 절도로[以盜] 논한다." 이하는 생략된 부분이 많으므로

산하여 (죄가 노비를) 유인한[和誘] (죄보다) 무거운 경우는 유인과 같은 법(적46.1)으로 (처단)한다."는 것은, 가령 감림하는 관인이 가치가 견 30필인 사노비로 가치가 견 60필인 관노비를 교환했다면 곧 이익을 계산하면 30필이고 감림관이 스스로 절도한 것이므로 교형에 해당하고(적36), 일반인이 노비를 교환했는데 이익을 계산하여 50필이면 바로 가역류에 해당하지만(적35), 본조(적46)에서 노비를 유인·약취한 죄는 유3000리에 그치고 비록 감림·주수라도 또한 같다고 했으므로, 곧 이 조항의 (노비를) 교환한 경우도 (죄를) 더 무겁게 할 수 없어 "유인과 같은 법으로 (처단)한다"라고 한 것이며, (따라서) 모두 유3000리에 처한다.

번역이 쉽지 않다. 이해를 돕기 위해 생략된 부분을 포함하여 설명한다. 가치가 견 1필인 私物로 가치가 견 2필인 官物을 교환한 경우, 죄는 등가의 1필에 대한 準盜罪와 이익의 1필에 대한 以盜罪로 나누어진다. 盜罪의 형은 1척 장60, 1필 1척 장70, 2필 1척 장80 따위인데, 1필은 1척이 모자라므로 그대로 장60이다. 등가의 1필은 준도죄로 논하므로 감림·주수와 일반인 모두 장60으로 그친다. 이익 본 1필은 절도[以盜]로 논하므로 일반인은 장60 외에 倍贓이 있고, 監臨·主守는 죄를 2등 더하여 장80에 처하고 아울러 배장의 추징 외에 除名한다(명18.2). 그런데 가치가 견 1필인 사물로 가치가 견 2필인 관물을 교환한 죄는 하나의 사건이 두 개의 죄로 나누어진 경우에 해당하여 응당 무거운 죄의 부분을 가벼운 죄의 부분에 누계해서 죄를 헤아린다[一事分爲二罪]"(명45.3a)는 규정이 적용된다. 그리하여 이도죄의 1필을 준도죄의 1필에 누계하면 2필의 준도죄가 된다. 이 경우 主刑은 일반인의 경우 장70에 해당하지만, 이도죄의 1필에 대한 배장은 그대로 있다. 감림·주수의 경우 죄를 2등 더하므로 주형은 장90이 되지만, 이도죄 1필에 대한 처분 즉 배장을 추징하고 또한 제명 처분은 그대로 시행한다.

제291조 적도 44. 공력을 들여 쌓아둔 산과 들의 물건을 함부로 취한 죄(山野物已加功力輒取)

[律文] 諸山野之物, 已加功力刈伐積聚, 而輒取者, 各以盜論.

　[律文의 疏] 議曰:「山野之物」, 謂草、木、藥、石之類. 有人已加功力, 或刈伐, 或積聚, 而輒取者, 「各以盜論」, 謂各準積聚之處時價, 計贓, 依盜法科罪.

[율문] 무릇 산과 들의 물건을 공력을 들여 베거나 모아서 쌓아두 었는데 함부로 취한 자는 각각 절도로 논한다.

　[율문의 소] 의하여 말한다: "산과 들의 물건"이란 풀·나무·약재·석 재 따위를 말한다. 사람이 공력을 들여 혹 베거나 혹 모아서 쌓아 두었는데 함부로 취한 자는 각각 절도로[以盜] 논한다는 것은, 각각 모아서 쌓아둔 곳의 시가에 준하여 장물로 계산해서12) 절도(죄)의 (처벌)법에 의거하여 죄준다는 것을 말한다.

---

12) '時價'란 각 市에서 매월 열흘마다[旬別] 물품별로 상·중·하 3등급으로 공시한 가격을 말하며, 官私 간에 교역하거나 贓物의 가치를 평가할 때에는 중품의 공정가를 기준으로 한다(『唐六典』권20, 543쪽 및 『역주당육전』중, 650~652 쪽). 贓物의 評價는 범죄를 저지른 소재지와 범행 당시의 時價로 정하는데, 그 방식은 먼저 장물을 해당 중품 공정가로 계산한 후 범행 당시의 絹 상품의 공 정가로 환산하는 것이다(명34.1 및 소).

제292조 적도 45. 사람을 약취·약매한 죄(略人略賣人)

[律文1] **諸略人、略賣人** 不和爲略. 十歲以下, 雖和, 亦同略法. **爲奴婢者, 絞; 爲部曲者, 流三千里; 爲妻妾子孫者, 徒三年.** 因而殺傷人者, 同强盜法.

[律文1의 疏] 議曰: 略人者, 謂設方略而取之. 略賣人者, 或爲經略而賣之. 注云「不和爲略. 十歲以下, 雖和, 亦同略法」, 爲奴婢者, 不共和同, 卽是被略; 十歲以下, 未有所知, 易爲誑誘, 雖共安和, 亦同略法. 略人、略賣人爲奴婢者, 並絞. 略人爲部曲者, 或有狀驗可憑, 勘詰知實不以爲奴者, 流三千里. 爲妻妾子孫者, 徒三年, 爲弟姪之類亦同. 注云「因而殺傷人者, 同强盜法」, 謂因略人拒鬪, 或殺若傷, 同强盜法. 旣同强盜之法, 因略殺傷傍人, 亦同. 因略傷人, 雖略人不得, 亦合絞罪. 其略人以爲奴婢不得, 又不傷人, 以强盜不得財徒二年; 擬爲部曲, 徒一年半; 擬爲妻妾子孫者, 徒一年. 在律雖無正文, 解者須盡犯狀, 消息輕重, 以類斷之: 爲奴婢者卽與强盜十疋相似, 故略人不得, 唯徒二年; 爲部曲者, 本條減死一等, 故略人未得徒一年半; 爲妻妾子孫者減二等, 故亦減「强盜不得財」二等, 合徒一年.

[율문1] 무릇 사람을 약취하거나 약매하여 합의하지 않았다면 약취가 된다. 10세 이하는 비록 합의했더라도 역시 약취와 (처벌)법이 같다. **노비로 삼은 자는 교형에 처하고, 부곡으로 삼은 자는 유3000리에 처하며, 처첩·자·손으로 삼은 자는 도3년에 처한다.** 그로 인해 사람을 살상한 경우에는 강도와 같은 법으로 (처단)한다.

[율문1의 소] 의하여 말한다: 사람을 약취하다라는 것은 술책을 세워 사람을 취하는 것을 말한다. 사람을 약매한다는 것은 사람을 약취해서 판 것이다. 주에 이르기를 "합의하지 않았다면 약취가 된다. 10세 이하는 비록 합의했더라도 역시 약취와 (처벌)법이 같다."고

한 것은, 노비로 된 자가 함께 합의하지 않았다면 곧 이것이 약취된 것이고, 10세 이하는 아직 견식이 없어 쉽게 속아 넘어가므로 비록 함께 합의했더라도 역시 약취와 같은 법으로 (처단)한다는 것이다. 사람을 약취하거나 약매하여 노비로 삼은 자는 모두 교형에 처한다.[13] 사람을 약취하여 부곡으로 삼은 것에 대해 믿을 만한 증거가 있거나 심문해서 노로 삼지 않은 것이 확실한 때에는 유3000리에 처한다. 처첩이나 자·손으로 삼은 자는 도3년에 처하고, 아우나 조카로 삼은 따위도 역시 같다. 주에 이르기를 "그로 인해 사람을 살상한 경우에는 강도와 같은 법으로 (처단)한다."고 한 것은, 사람을 약취하는 것으로 인해 저항하고 싸우다가 혹 살상했다면 강도와 같은 법으로 (처단)한다는 것이다. 원래 강도와 같은 법으로 (처단)하므로 약취하다가 주변 사람을 살상한 것도 역시 같다. 약취하다가 사람을 상해했다면 비록 사람을 얻지 못했더라도 역시 교형의 죄에 해당한다. 단 사람을 약취하여 노비로 삼으려 했으나 미수에 그쳤거나 또는 사람을 상해하지 않았다면 강도했으나 재물을 얻지 못한 것으로 (간주하여) 도2년에 처하고, 부곡으로 삼으려 했다면 도1년반에 처하며, 처첩·자·손으로 삼으려 한 자는 도1년에 처한다. 율에 비록 바로 해당하는 율문이 없더라도 (율을) 해석하는 자는 반드시 범한 (죄)상을 곡진하게 파악하고 가벼운 것은 죄를 감하고 무거운 것은 죄를 더하는 방법으로 유추해서 단죄해야 한다. (예컨대) 노비로 삼은 것은 곧 10필을 강도한 것과 유사하므로 사람을 약취하려다가 미수에 그쳤다면 단지 도2년에 처하고,[14] 부곡으로 삼은 것은 본조(적45)에서 (노비로 삼은

---

13) 略取는 이치상 強盜와 같기 때문에, 사람을 略取한 경우 수범과 종범의 구분이 없고 처벌 역시 같다(명43.3 및 소). 略賣도 당연히 포함되며, 공범도 마찬가지로 絞刑에 처한다.

14) 強盜했으나 재물을 얻지 못한 경우 죄는 도2년에 해당한다(281, 적도34).

것의) 사죄에서 1등을 감하므로 사람을 약취하(여 부곡으로 삼으)
려다 미수에 그쳤다면 도1년반에 처하며, 처첩이나 자·손으로 삼
은 자는 2등을 감하기 때문에 (처첩이나 자·손으로 삼으려다 미수
에 그친 자도) 역시 "강도했으나 재물을 얻지 못한 경우의 (죄)"에
서 2등을 감하여 도1년에 해당한다.

[律文2] 和誘者, 各減一等.

[律文3a] 若和同相賣爲奴婢者, 皆流二千里;

[律文3b] 賣未售者, 減一等. 下條準此.

[律文4] 卽略、和誘及和同相賣他人部曲者, 各減良人一等.

[律文2의 疏] 議曰:「和誘」, 謂和同相誘, 減略一等: 爲奴婢者, 流三千里;
爲部曲者, 徒三年; 爲妻妾子孫者, 徒二年半.

[律文3a의 疏]「若和同相賣」, 謂元謀兩和, 相賣爲奴婢者, 賣人及被賣人,
罪無首從, 皆流二千里. 其數人共賣他人, 自依首從之法.

[律文3b의 疏]「賣未售者, 減一等」, 謂和同相賣, 未售事發, 各徒三年. 注
云「下條準此」, 謂下條「得逃亡奴婢而賣」未售及「賣期親卑幼及子孫之婦等
爲奴婢」未售者, 亦減一等, 故云「準此」.

[律文4의 疏]「卽略、和誘、和同相賣他人部曲者」, 謂略他人部曲爲奴婢者, 流
三千里; 略部曲還爲部曲者, 合徒三年; 略爲妻妾子孫, 徒二年半. 和誘者各
減一等: 和誘部曲爲奴婢, 徒三年; 還爲部曲, 徒二年半; 爲妻妾子孫, 徒二
年. 若共他人部曲和同相賣爲奴婢, 減流一等, 徒三年; 爲部曲者, 徒二年
半. 故云「各減良人一等」. 其略、和誘緦麻以上親部曲, 客女者, 律雖無文, 令
有「轉事, 量酬衣食之直」, 不可同於凡人, 亦須依盜法而減: 緦麻、小功部曲,
減凡人部曲一等; 大功, 減二等; 期親, 減三等.

[율문2] 유인한 경우는 각각 1등을 감한다.

[율문3a] 만약 합의하여 노비로 판 자는 모두 유2000리에 처하고,
[율문3b] 팔려고 했으나 팔지 못한 때에는 1등을 감한다. 아래 조
항은 이에 준한다.

[율문4] 만약 타인의 부곡을 약취·유인하거나 합의하여 판 자는
각각 양인(에 대한 죄)에서 1등을 감한다.

[율문2의 소] 의하여 말한다: "유인[和誘]"이란 합의하여 꾀어낸 것을
말하며, 약취(죄)에서 1등을 감한다. (따라서) 노비로 삼은 자는 유
3000리에 처하고, 부곡으로 삼은 자는 도3년에 처하며, 처첩이나
자·손으로 삼은 자는 도2년반에 처한다.

[율문3a의 소] "만약 합의하여 팔았다."는 것은 원래 양자가 모의해
서 합의하에 노비로 판 것을 말하며, 판 자와 팔린 자는 죄에 수
범·종범(의 구분) 없이 모두 유2000리에 처한다. 단 여러 사람이
함께 다른 사람을 팔았다면 당연히 수범·종범을 (구분하는) 법에
의거한다(명42.2).

[율문3b의 소] "팔려고 했으나 팔지 못한 때에는 1등을 감한다."는
것은, 서로 모의해서 합의하에 팔려고 했으나 팔지 못했는데 일이
발각된 경우 각각 도3년에 처한다는 것을 말한다. 주에 이르기를
"아래 조항은 이에 준한다."고 한 것은, 아래 조항에서 도망한 노비
를 붙잡아 팔려다가 팔지 못했거나(적46.2) 기친 (이하) 비유 및
자·손의 부인 등을 노비로 팔려고 했으나 팔지 못한 경우(적47.1)도
역시 1등을 감하기 때문에 "이에 준한다."고 한 것이다.

[율문4의 소] "만약 다른 사람의 부곡을 약취·유인하거나 합의하여
판 자"란 다른 사람의 부곡을 약취하여 노비로 삼은 자는 유3000
리에 처하고, (다른 사람의) 부곡을 약취하여 다시 부곡으로 삼은
자는 도3년에 처해야 하며, (다른 사람의 부곡을) 약취해서 처첩·
자·손으로 삼은 자는 도2년반에 처한다는 것을 말한다. 유인한 경

우는 각각 1등을 감하므로, (다른 사람의) 부곡을 유인하여 노비로 삼은 자는 도3년에 처하고, 다시 부곡으로 삼은 자는 도2년반에 처하며, 처첩·자·손으로 삼은 자는 도2년에 처한다. 만약 다른 사람의 부곡과 함께 합의하여 노비로 팔았다면 유(죄)에서 1등을 감하여 도3년에 처하고, 부곡으로 팔았다면 도2년반에 처한다. 그러므로 "각각 양인(을 그렇게 한 죄)에서 1등을 감한다."라고 한 것이다. 단 시마 이상 친속의 부곡·객녀를 약취하거나 유인한 경우는 율에 비록 해당하는 율문이 없지만, 영(호령, 습유262쪽)에 "(부곡이 주인을) 바꾸어 섬기게 되면 (새 주인은) 의복·음식의 값을 헤아려 준다."라고 했고, (또한) 일반인(의 부곡)과 같을 수 없으므로, 역시 반드시 (친속 사이의) 도(죄)의 (처벌)법(적40)에 의거하여 감해야 한다.15) (따라서) 시마·소공(친)의 부곡이면 일반인의 부곡에서 1등을 감하고, 대공(친의 부곡)이면 2등을 감하며, 기친(의 부곡)이면 3등을 감한다.

[律文4의 問] 曰: 部曲,客女, 被人所誘, 將爲妻妾子孫, 而和同逐去. 誘者已有罪名, 去者合得何罪?

[律文4의 答] 曰: 名例律:「共犯罪, 以造意爲首, 隨從者減一等.」背主受誘, 卽當此條, 準其罪, 坐減誘者罪一等. 自餘受誘, 律無正文者, 並合從坐科罪. 若逃亡之罪重者, 依例:「當條雖有罪名, 所爲重者, 自從重.」

[율문4의 문] 묻습니다: 부곡·객녀가 타인에게 꾀여서 그의 처첩·

---

15) 당율에서 部曲·客女는 奴婢와 달리 재물로 간주되지 않는다. 그러나 이 조항에 언급된 戶令에서 보듯이 옛 주인은 새 주인으로부터 부양한 비용[衣食之直]을 헤아려 받고 양도할 수 있으므로, 부곡·객녀는 일종의 재물로서의 성격도 가지고 있다. 그렇기 때문에 緦麻親 이상의 친속이 소유한 부곡·객녀를 약취·유인한 때에는 親族相盜의 처벌법(287.적40.1)에 의거해서 刑을 감하는 것이다.

자·손이 되고자 떠났습니다. 꾄 자는 이미 죄명이 있지만, 떠난 자는 어떤 죄를 받게 됩니까?

[율문4의 답] 답한다: 명례율(명42.1)에 "공동으로 죄를 범했다면 조의자를 수범으로 하고, 수종자는 1등을 감한다."라고 했다. 주인을 배반하고 꾐을 받아들인 것은 곧 이 조항(의 종범)에 해당하니, 그 죄에 준하여 꾄 자의 죄에서 1등을 감하여 처벌한다.16) 이 밖에 꾐을 받아들인 것인데 율에 해당하는 조문이 없는 경우는 모두 종범으로 죄주어야 한다. 만약 도망한 죄가 무거운 경우는 명례율(명49.2)의 "해당 조항에 죄명이 정해져 있더라도 행위가 무거운 경우는 당연히 무거운 것에 따른다."(는 규정)에 의거한다.

---

16) 부곡·객녀가 다른 사람에게 꾀여서 그의 妻妾 및 子·孫이 되고자 주인을 떠난 경우, 위의 율에는 꾄 사람에 대해서는 도2년에 처한다는 규정이 있지만, 꾐을 받은 부곡·객녀의 죄에 대해서는 규정이 없다. 이에 대해서 문답은 꾐을 받은 자는 공범의 종범에 해당하므로 1등을 감해 도1년반에 해당한다고 해석했다. 본래 꾄 자와 꾐을 받아들인 자는 必要的 共犯의 對向者 쌍방에 해당하기 때문에 당률의 공범에 관한 통칙규정(명42·43), 즉 종범은 1등을 감한다는 규정이 적용되지 않고 양자는 같은 죄를 받는다. 그러나 부곡·객녀는 주인이 있어 피동적일 수밖에 없기 때문에 종범으로 간주해서 1등을 감한다고 해석한 것으로 보인다. 단 부곡·객녀가 주인에게서 떠난 경우 별도로 주인을 배반하고 도망한 죄(463, 포1)가 있다. 즉 부곡이 도망하면 1일에 장60, 3일마다 1등씩 더하므로, 19일을 도망하면 죄가 도2년에 해당하여 꾐을 받아 다른 사람의 처첩 및 자·손이 된 죄 도1년반보다 무겁게 된다. 그런데 명례율 49.2에 의거하면, 해당 조항에 죄와 형[名]이 정해져 있더라도 행위가 무거운 경우는 당연히 무거운 것에 따라야 한다. 따라서 만약 처자·자손이 되어 19일을 경과한 때에는 도망죄로 처벌을 받게 되는 것이다.

제293조 적도 46. 노비를 약취·유인한 죄(略和誘奴婢)

[律文1a] 諸略奴婢者, 以强盗論; 和誘者, 以竊盗論. 各罪止流三千里. 雖監臨主守, 亦同.

[律文1b] 卽奴婢別齎財物者, 自從强、竊法, 不得累而科之.

[律文1a의 疏] 議曰:「略奴婢者」, 亦謂不和, 經略而取, 計贓以强盗論.「和誘者」, 謂兩共和同, 以竊盗論. 各依强、竊爲罪, 其贓並合倍備, 各罪止流三千里. 注云「雖監臨主守, 亦同」, 謂雖是監臨主守應加, 亦同罪止流三千里.

[律文1b의 疏]「卽奴婢別齎財物者」, 謂除奴婢身所著衣服外剩有財物, 自從强、竊法: 因略者, 一尺徒三年, 二疋加一等; 和誘者, 一尺杖六十, 一疋加一等. 各從一重科之, 並不得將奴婢之身, 累併財物同斷, 故云「自從强、竊法, 不得累而科之」. 其奴婢身別齎財, 略、誘者不知有物, 止得略、誘本罪, 贓不合科; 如其知者, 財雖奴婢將行, 各同强、竊法. 其略、誘良人或部曲、客女, 衣服外有財者, 亦同强、竊盗法. 不取入己者, 良人、部曲合有資財, 不在坐限.

[율문1a] 무릇 노비를 약취한 자는 강도로 논하고, (노비를) 유인한 자는 절도로 논한다. 각각 죄는 유3000리에 그친다. 비록 감림·주수라도 역시 같다.

[율문1b] 만약 노비가 별도로 재물을 지닌 경우에는 당연히 강도·절도의 (처벌)법에 따르며, 누계하여 죄주어서는 안 된다.

[율문1a의 쇼] 의하여 말한다: "노비를 약취한 자"라 함은 역시 합의하지 않고 강제하여 취한 것을 말하며, (노비를) 장물로 계산하여 강도(적34)로 논한다. "(노비를) 유인한 자"라 함은 양자가 함께 합의한 것을 말하며, 절도(적35)로 논한다. 각각 강도·절도에 의거하여 죄를 삼고, 모두 그 노비 값의 배를 배상하게 하되,[17] 각각 죄

는 유3000리에 그친다. 주에 이르기를 "비록 감림·주수라도 역시 같다."라고 한 것은, 감림·주수이면 비록 응당 (죄를) 더해야 하지만 역시 동일하게 하여 죄는 유3000리에 그친다는 것을 말한다.

[율문1b의 소] "만약 노비가 별도로 재물을 지닌 경우"라 함은 노비 자신이 몸에 착용한 의복 외에 재물이 더 있다는 것을 말하는데, 당연히 강도·절도의 법에 따른다. (따라서) 약취한 (노비가) 지닌 (재물이) 1척이면 도3년에 처하고 2필마다 1등씩 더하며, 유인한 경우는 1척이면 장60에 처하고 1필마다 1등씩 더한다. (단) 각각 무거운 쪽에 따라 죄를 주고(명45.1) 모두 노비의 몸을 재물에 누계·병합하여 함께 단죄해서는 안 되므로, "당연히 강도·절도의 (처벌)법에 따르고, 누계하여 죄를 주어서는 안 된다"[18]고 한 것이다. 단 노비가 몸에 별도로 재물을 지니고 있는데, 약취·유인한 자가 (노비에게) 재물이 있음을 알지 못했다면 단지 약취·유인한 본죄(에 대한 처벌)만을 받으며, 장물은 죄를 주어서는 안 된다. 만약 그가 (노비에게 재물이 있었음을) 안 경우에는 재물이 비록 노비가 지니고 간 것이라도 각각 강도·절도의 (처벌)법과 같다. 단 약취·유인한 양인 혹은 부곡·객녀에게 의복 이외에 재물이 있는 경우도 역시 강도·절도와 같은 법으로 (처단)한다. 취하여 자신에게 들이지 않은 경우 양인과 부곡은 자재를 가질 수 있으므로 처벌의

---

17) '盜'로 인한 장물은 그것의 배를 변상하게 하는데(명33.1의 주 및 소), 奴婢를 略取·유인한 것은 強盜·竊盜로 논하기 때문에 노비의 몸값을 장물로 계산하여 그 배를 변상케 하는 것이다.

18) 奴婢는 본래 資財로 간주하기 때문에, 노비의 몸값을 계산한 장물과 그가 지닌 재물을 계산한 장물은 본래 누계하여 병합해야(명45.2a) 하지만, 이 조항에서는 두 가지 이상의 죄가 함께 발각되면 무거운 죄로 논한다는 명례율의 규정(명45.1a①)에 따르도록 한 것이다. 다만 장물은 그 배로 변상하게 해야 하는데(명33.1의 주 및 소; 명53.4의 소), 이 때 노비의 몸값과 그가 지닌 재물을 계산한 장물 모두 배로 변상해야 한다(명45.5 및 소).

범위에 넣지 않는다.

[律文2a] 若得逃亡奴婢不送官而賣者, 以和誘論;

[律文2b] 藏隱者, 減一等坐之.

[律文3a] 卽私從奴婢買子孫及乞取者, 準盜論;

[律文3b] 乞賣者, 與同罪. 雖以爲良, 亦同.

  [律文2a의 疏] 議曰: 凡捉得逃亡奴婢, 依令: 「五日內合送官司」. 其有不送
  而私賣者, 以和誘論, 計贓依盜法.

  [律文2b의 疏] 卽私藏隱者, 減盜罪一等坐之.

  [律文3a의 疏] 「卽私從奴婢買子孫及乞取者」, 或買或乞, 各平所乞, 買奴婢
  之價, 計贓準盜論, 並不在除、免、倍贓、監臨加罪、加役流之例.

  [律文3b의 疏] 「乞賣者, 與同罪」, 謂奴婢將子孫乞人及賣與人, 並與買、乞
  者同罪. 故注云「雖以爲良, 亦同」, 謂乞、買者雖將爲良人, 亦與充賤罪同.

[율문2a] 만약 도망한 노비를 붙잡았는데 관에 보내지 않고 판 자
는 유인으로 논하고,

[율문2b] 숨겨준 때에는 1등을 감하여 처벌한다.

[율문3a] 만약 사사로이 노비로부터 자·손을 사거나 걸취한 자는
절도에 준하여 논하고,

[율문3b] (노비가 자·손을 다른 사람에게) 맡기거나 판 때에는 같
은 죄를 준다. 비록 양인으로 삼았더라도 역시 같다.

  [율문2a의 소] 의하여 말한다: 무릇 도망한 노비를 붙잡으면 영(포망
  령, 습유730쪽)에 의거해서 "5일 이내에 관사로 보내야 한다." 만약
  (관에) 보내지 않고 사사로이 판 자는 화유로 논하되 (노비를) 장
  물로 계산하여 도(죄)의 법에 의거한다.

[율문2b의 소] 만약 사사로이 (도망한 노비를) 숨겨준 자는 도죄에서 1등을 감하여 처벌한다.

[율문3a의 소] 만약 "노비로부터 사사로이 자·손을 사거나 걸취한 경우", 샀든 걸취했든 각각 걸취하거나 산 노비의 값을 평가해서 장물로 계산하여 절도에 준하여 논하고, 모두 제명·면관·배장·감림가죄·가역류의 예는 적용하지 않는다(명53.3).

[율문3b의 소] "(노비가 자·손을 다른 사람에게) 맡기거나 판 때에는 같은 죄를 준다."는 것은, 노비가 자손을 다른 사람에게 맡기거나 판 경우 모두 (노비로부터 그 자·손을) 사거나 걸취한 자와 같은 죄를 준다는 것을 말한다. 그러므로 주에 이르기를 "비록 양인으로 삼더라도 역시 같다."고 한 것은, 걸취하거나 산 자가 비록 (노비의 자·손을) 양인으로 삼으려 했더라도 역시 천인으로 삼는 것과 같은 죄를 준다는 것을 말한다.

제294조 적도 47. 기친 이하의 비유를 약매한 죄(略賣期親以下卑幼)

[律文1a] 諸略賣期親以下卑幼爲奴婢者, 並同鬪毆殺法; 無服之卑幼亦同.
[律文1b] 卽和賣者, 各減一等.
[律文2] 其賣餘親者, 各從凡人和略法.

[律文1a의 疏] 議曰: 期親以下卑幼者, 謂弟、妹、子、孫及兄弟之子孫、外孫、子孫之婦及從父弟、妹, 並謂本條殺不至死者. 假如鬪殺弟妹徒三年, 殺子孫徒一年半; 若略賣弟妹爲奴婢, 同鬪殺法徒三年, 賣子孫爲奴婢徒一年半之類. 故云「各同鬪毆殺法」. 如本條殺合至死者, 自入「餘親」例. 無服之卑幼者, 謂

己妾無子及子孫之妾, 亦同「賣期親以下卑幼」, 從本殺科之, 故云「亦同」. 假如殺妾徒三年, 若略賣徒三年之類.

[律文1b의 疏] 「卽和賣者, 各減一等」, 謂減上文「略賣」之罪一等: 和賣弟、妹, 徒二年半; 和賣子孫, 徒一年之類.

[律文2의 疏] 其賣餘親, 各從凡人和略法者, 但是五服之內, 本條殺罪名至死者, 並名「餘親」, 故云「從凡人和略法」.

[율문1a] 무릇 기친 이하 비유를 노비로 약매한 자는 모두 투구살과 같은 법으로 (처단)하고, 복이 없는 비유 역시 같다.

[율문1b] 만약 합의해서 판 자는 각각 1등을 감한다.

[율문2] 단 그 밖의 친(속)을 판 자는 각각 일반인을 합의해서 팔거나 약매한 법에 따른다.

[율문1a의 소] 의하여 말한다: 기친 이하 비유란 제·매·자·손 및 형제의 자·손, 외손, 자부·손부 및 종부제·매를 가리키는데, 모두 본조의 살(인죄)가 사(죄)에 이르지 않는 경우를 말한다. 가령 제·매를 싸우다 살해했다면 도3년에 처하고(투27.4), 자·손을 살해했다면 도1년반에 처하므로(투28.2), 만약 제·매를 약매하여 노비로 삼았다면 투살의 법과 같이 도3년에 처하고, 자·손을 노비로 팔았다면 도1년반에 처하는 것 따위이다. 그러므로 "각각 투구살과 같은 법으로 (처단)한다."고 한 것이다. 만약 본조의 살(인죄)가 사(죄)에 이르는 경우[19]는 당연히 "그 밖의 친(속)"의 예를 적용한다. 복이 없는 비유라 함은 자子가 없는 자신의 첩이나 자·손의 첩을 말하며, 역시 기친 이하 비유를 판 것과 같이 본조의 살(해죄)에 따라 죄를 주므로 "역시 같다"고 한 것이다. 가령 첩을 살해했다면 도3

---

19) 緦麻·小功·大功親 존장이 卑幼를 구타하여 살해하면 絞刑을 받는다(327, 투26.2).

년에 처하니(투24), 만약 (첩을) 약매했다면 도3년에 처하는 것 따위이다.

[율문1b의 소] "만약 합의해서 판 자는 각각 1등을 감한다."는 것은 위 조문의 약매의 죄에서 1등을 감한다는 것을 말하니, 제·매를 화매했다면 도2년반에 처하고, 자·손을 화매했다면 도1년에 처하는 것 따위이다.

[율문2의 소] 단 그 밖의 친(속)을 팔았다면 각각 일반인을 합의해서 팔거나 약매한 법에 따른다는 것은(적45), 오복 내이지만 본조에서 살(해죄)의 등급이 사(죄)에 이르는 경우는 모두 (정)명하여 "그 밖의 친(속)"이라 하므로 "일반인을 화매·약매한 법에 따른다."고 한 것이다.

[律文2의 疏의 問1] 曰: 賣妻爲婢, 得同期親卑幼以否?

[律文2의 疏의 答1] 曰: 妻服雖是期親, 不可同之卑幼, 故諸條之內, 每別稱夫. 爲百代之始, 敦兩族之好, 本犯非應義絶, 或準期幼之親. 若其賣妻爲婢, 原情卽合離異. 夫自嫁者, 依律兩離; 賣之充賤, 何宜更合? 此條「賣期親卑幼」, 妻固不在其中, 只可同彼「餘親」, 從凡人和略之法; 其於毆殺, 還同凡人之罪. 故知賣妻爲婢, 不入期幼之科.

[율문2의 소의 문1] 묻습니다: 처를 비로 팔았다면 기친 비유(를 판 경우)와 같습니까?

[율문2의 소의 답1] 답한다: 처는 복으로는 비록 기친일지라도 비유와 같을 수 없으므로, 모든 조문에서 매번 별도로 남편(과의 관계)를 말한 것이다. 백대의 시작을 위해서는 두 집안의 화목이 돈독해야 하므로, 본래 범한 바가 의절해야 할 것이 아니면 기친 비유의 친(속)에 준하지만, 만약 그가 처를 비로 팔았다면 (그) 정을 밝혀

바로 이혼시켜야 한다. 남편이 스스로 (처를) 시집보낸 경우는 율(호38)에 의거하여 두 (남편) 다 갈라서게 하는데, 처를 천인으로 팔았다면 어찌 다시 합할 수 있겠는가? 이 조항의 "기친 비유를 팔았다."는 (규정의 기친) 중에 처는 포함되지 않고 단지 "그 밖의 친(속)"과 같으므로 일반인을 합의해서 팔거나 약매한 (처벌)법에 따르며, 남편이 구타하여 살해한 것에 대해서는 또한 일반인과 같은 죄를 준다(투24). 그러므로 처를 비로 팔았다면 기친 비유(를 판) 죄를 적용하지 않음을 알 수 있다.

[律文2의 疏의 問2] 曰: 名例律云:「家人共犯, 止坐尊長.」未知此文「和同相賣」, 亦同家人共犯以否?

[律文2의 疏의 答2] 曰: 依例:「本條別有制, 與例不同, 依本條.」此文賣期親卑幼及兄弟子孫、外孫之婦, 賣子孫及己妾、子孫之妾, 各有正條, 被賣之人不合加罪, 爲其卑幼合受處分故也. 其賣餘親「各從凡人和略法」, 旣同凡人爲法, 不合止坐家長.

[율문2의 소의 문2] 묻습니다: 명례율(명42.2)에 "집안 사람이 공동으로 (죄를) 범했다면 존장만을 처벌한다."고 했습니다. 이 조문의 "합의하여 판 것" 역시 집안 사람이 공동으로 범한 것과 같습니까?

[율문2의 소의 答2] 답한다: 예(명49.1)에 의거하면, "본조에 따로 규정이 있어 명례와 다른 경우는 본조에 의거한다." 이 조문의 기친 비유 및 형제의 자·손이나 외손의 부인을 팔거나 자손 및 자신의 첩과 자·손의 첩을 판 경우는 각각 해당하는 조문이 있고, 팔린 사람에게 죄를 더할 수 없는 것은 그 비유가 (존장의) 처분을 받아야 하기 때문이다. 만약 그 밖의 친(속)을 팔았다면 "각각 일반인을 합의해서 팔거나 약매한 (처벌)법에 따른다."고 하여 원래 일반인

과 같은 법으로 (처단)하므로 단지 가장만 처벌해서는 안 된다.

제295조 적도 48. 약취·유인하거나 합의하여 판 것을 알면서 산 죄(知略和誘和同相賣而買)

[律文1] **諸知略、和誘、和同相賣及略、和誘部曲奴婢而買之者，各減賣者罪一等.**

　[律文1의 疏] 議曰: 謂知略、和誘、和同相賣等情而故買之者, 「各減賣者罪一等」, 謂各依其色, 準前條減賣人罪一等. 假有人知略賣良人爲奴婢而買之者, 從絞上減一等, 合流三千里之類.

[율문1] 무릇 양인 또는 부곡·노비를 약취·유인 또는 서로 합의해서 팔았다는 것을 알면서 산 자는 각각 판 자의 죄에서 1등을 감한다.

　[율문1의 소] 의하여 말한다: 약취·유인하거나 합의하여 판 것 등의 정을 알면서 고의로 산 자를 말하며, "각각 판 자의 죄에서 1등을 감한다."는 것은 각각 그 (팔린 사람의) 신분에 의거하여 앞의 조항(적45-47)의 사람을 판 죄에 준해서 1등을 감한다는 것을 말한다. 가령 어떤 사람이 양인을 약취해서 노비로 판 것(적45)을 알면서 그를 산 자는 교형에서 1등을 감하여 유3000리에 해당한다는 것 따위이다.

[律文2] **知祖父母、父母賣子孫及賣子孫之妾，若己妾而買者，各加賣者罪一等.** 展轉知情而買, 各與初買者同. 雖買時不知, 買後知而不言者, 亦以知情論.

[律文2의 疏] 議曰: 若略,和誘他人而賣, 得罪已重, 故買者減賣者罪一等; 若知祖父母賣子孫以下, 得罪稍輕, 故買者加賣者罪一等. 假有父祖賣子孫爲奴婢, 依鬪殺法, 合徒一年半; 知而買者, 加罪一等徒二年之類. 注云「展轉知情而買」, 假有甲知他人祖父賣子孫而買, 復與乙, 乙又賣與丙, 展轉皆知賣子孫之情而買者, 「各與初買者同」, 謂甲,乙,丙俱合徒二年. 若初買之時, 不知略,和誘,和同相賣之情, 買得之後訪知, 卽須首告. 不首告者亦以知情論, 各同初買之罪.

[율문2] 조부모·부모가 자·손 및 자·손의 첩 또는 자신의 첩을 판 것을 알면서 산 자는 각각 판 자의 죄에 1등을 더한다. 여러 번 전매되었는데 (그) 정을 알고도 샀다면 각각 처음 산 자와 (죄가) 같다. 비록 살 때 알지 못하고 산 뒤에 알았더라도 (관에) 고하지 않은 경우 역시 정을 안 것으로 논한다.

[율문2의 소] 의하여 말한다: 만약 다른 사람을 약취·유인하여 팔았다면 받는 죄가 이미 무거우므로 산 자는 판 자의 죄에서 1등을 감한다. 만약 조부모가 자·손 이하를 판 것을 알았다면 (판) 죄가 조금 더 가벼우므로 산 자는 판 자의 죄에 1등을 더하는 것이다. 가령 부·조가 자·손을 노비로 팔았다면 투살(죄)의 법(투28)에 의거하여 도1년반(적47)에 해당하니, 알면서 산 자는 죄를 1등 더하여 도2년에 처하는 것 따위이다. 주에 이르기를 "여러 번 전매되었는데 (그) 정을 알고도 샀다."고 한 것은, 가령 갑이 타인의 조·부가 자·손을 판 것을 알고도 사서 다시 을에게 주었고 을은 또 병에게 팔았다면 여러 번 전매되었지만 모두 자·손을 판 정을 알면서 산 것이니 "각각 처음 산 한 자와 (죄가) 같다."는 것이며, (따라서) 갑·을·병 모두 도2년에 해당한다는 것을 말한다. 만약 처음 살 당시에 약취·유인하거나 합의하여 판 정을 알지 못하고 사서 취득한 뒤 물어 알게

되었다면 즉시 자수해서 (관에) 고해야 한다. 자수해서 고하지 않은
자도 역시 정을 안 것으로 논하며, 각각 처음 산 것과 같은 죄를
준다.

[律文2의 問] 曰: 知略、和誘充賤, 而取爲妻妾, 合得何罪?
[律文2의 答] 曰: 知略、和誘、和同相賣而買之者, 各減賣者罪一等; 其略爲部
曲、客女, 減爲賤罪一等; 爲妻妾子孫, 又減一等: 卽是從賤爲妻妾減罪二等,
通初買減三等. 假有知略良爲婢合絞, 買爲婢者減一等, 買爲客女減二等, 娶
爲妻妾減三等. 擧斯一節, 卽買餘色減罪可知.

[율문2의 문] 묻습니다: 약취하거나 유인하여 천(인)이 된 것을 알면
서 취하여 처·첩으로 삼았다면 어떤 죄에 해당합니까?
[율문2의 답] 답한다: 약취·유인하거나 합의하여 판 것을 알면서 산
자는 각각 판 자의 죄에서 1등을 감하며, 만약 약취하여 부곡·객
녀로 삼았다면 천(인)으로 삼은 죄에서 1등을 감하고, 처·첩이나
자·손으로 삼았다면 또 1등을 감하니(적45.1), 곧 천(인으로 삼은
것)부터 처첩으로 삼은 것까지는 죄를 감하는 것이 2등이며, 처음
산 것부터 통산하면 감하는 것이 3등이다. 가령 양인을 약취하여
비로 삼았으면 교형에 해당함을 알고도 사서 비로 삼았다면 1등을
감하고, 사서 객녀로 삼았다면 2등을 감하며, 장가들어 처·첩으로
삼았다면 3등을 감한다. 이 한 가지 예를 들어 보면 다른 신분을
산 경우 죄를 감하는 것도 알 수 있다.

제296조 적도 49. 약취·유인 및 강도·절도한 것을 알고도 몫을 받은 죄(知略和誘强竊盜受分)

[律文1] 諸知略、和誘及强盜、竊盜而受分者, 各計所受贓, 準竊盜論減一等.

[律文2] 知盜贓而故買者, 坐贓論減一等;

[律文3] 知而爲藏者, 又減一等.

[律文1의 疏] 議曰: 知略、和誘人及略、和誘奴婢, 或强盜、竊盜, 若知情而受分者, 爲其初不同謀, 故計所受之贓, 準竊盜論減一等. 假有知人强盜, 受絹五疋者, 減竊盜一等, 合杖一百之類.

[律文2의 疏] 「其知盜贓而故買, 坐贓論減一等」, 謂知强、竊盜贓, 故買十疋, 合杖一百.

[律文3의 疏] 知而故藏, 又減一等, 合杖九十. 其餘犯贓, 故買及藏者, 律無罪名, 從「不應爲」: 流以上從重, 徒以下從輕.

[율문1] 무릇 약취·유인 및 강도·절도한 것임을 알면서 몫을 받은 자는 각각 받은 것을 장물로 계산하여 절도에 준하여 논하되 1등을 감한다.

[율문2] (강·절)도한 장물임을 알면서 고의로 산 자는 좌장으로 논하되 1등을 감하고,

[율문3] 알면서 보관한 자는 또 1등을 감한다.

[율문1의 소] 의하여 말한다: 사람을 약취·유인하거나 노비를 약취·유인하거나 혹은 강도·절도한 정을 알고도 몫을 받은 자는 그가 처음부터 함께 모의한 것이 아니기 때문에 받은 것을 장물로 계산하여 절도에 준하여 논하되 1등을 감한다. 가령 사람이 강도한 것을 알면서 견 5필을 받은 자는 절도(죄)에서 1등을 감하여 장100에

해당하는 것 따위이다.

[율문2의 소] "단 (강·절)도한 장물임을 알면서 고의로 산 자는 좌장(잡1)으로 논하되 1등을 감한다."는 것은, 강·절도한 장물임을 알고도 고의로 산 (것이) 10필이면 장100에 해당함을 말한다. 알면서 고의로 숨긴 때에는 또 1등을 감하여 장90에 해당한다.

[율문3의 소] 단 다른 범죄의 장물을 고의로 사거나 숨긴 경우 율에 죄명이 없으니 "해서는 안 되는데 행한 죄"(잡62)에 따르되, (범한 죄가) 유형 이상이면 무거운 쪽에 따르고 도형 이하이면 가벼운 쪽에 따른다.

제297조 적도 50. 공동으로 범한 도죄(共盜倂贓論)

[律文1] 諸共盜者, 倂贓論.

[律文2a] 造意及從, 行而不受分, 卽受分而不行, 各依本首從法.

　[律文1의 疏] 議曰: 共行盜者, 倂贓論. 假有十人同盜得十疋, 人別分得一疋, 亦各得十疋之罪.

　[律文2a의 疏]: 若造意之人, 或行而不受分, 或受分而不行; 從者亦有行而不受分, 或受分而不行, 雖行·受有殊, 各依本首從爲法, 止用一人爲首, 餘爲從坐. 假有甲造意不行受分, 乙爲從行而不受分, 仍以甲爲首, 乙爲從之類.

[율문1] 무릇 함께 (강·절)도한 경우에는 장물을 합산하여 논한다.

[율문2a] 조의자 및 수종자가 (강·절도를) 행하고 몫을 받지 않거나 혹은 몫을 받았으나 행하지 않았다면 각각 본조의 수범·종범으로 (구분)하는 법에 따른다.

[율문1의 소] 의하여 말한다: 함께 (강·절)도를 행한 경우에는 장물을 합산하여 논한다. 가령 10인이 함께 (강·절)도하여 10필을 얻었다면 사람마다 1필씩 나누어 가졌더라도 역시 각각 10필의 죄를 받는다.

[율문2a의 소]: 만약 조의한 사람이 혹 행하고 몫을 받지 않거나 혹 몫은 받았으나 행하지 않았고, 수종자도 역시 행하고 몫을 받지 않거나 혹은 몫은 받았으나 행하지 않아 비록 간 것과 받은 것이 다르지만, 각각 본조(적50.2)의 수범·종범으로 (구분)하는 법에 의거하여, 단지 한 사람만을 수범으로 하고 그 밖의 (사람들은) 종범으로 처벌한다. 가령 갑은 조의했으나 행하지 않고 몫을 받았고 을은 수종했으나 행하고 몫을 받지 않았다면, 갑을 수범으로 하고 을을 종범으로 하는 것 따위이다.

[律文2b] 若造意者不行, 又不受分, 即以行人專進止者爲首, 造意者爲從, 至死者減一等.

[律文2c] 從者不行, 又不受分, 笞四十; 强盗, 杖八十.

[律文2b의 疏] 議曰: 假有甲造意行盜而不行, 所盜得財又不受分, 乙·丙·丁等同行, 乙爲處分方略, 即「行人專進止者」, 乙合爲首, 甲不行爲從, 其强盜應至死者, 減死一等流三千里. 雖有從名, 流罪以下, 仍不得減.

[律文2c의 疏]: 其共謀竊盜, 從者不行又不受分, 笞四十; 若謀强盜, 從者不行又不受分, 杖八十.

[율문2b] 만약 조의자가 행하지 않고 또 몫을 받지 않았다면 행한 사람 가운데 범행을 지휘한 자를 수범으로 하고, 조의자는 종범으로 (단죄)하되 사(죄)에 이른 경우 1등을 감하며,

[율문2c] 수종자가 행하지 않고 또 몫도 받지 않았다면 태40에

처하고, 강도이면 장80에 처한다.

[율문2b의 소] 의하여 말한다: 가령 갑이 절도를 행할 것을 조의했으나 행하지 않았고 절도하여 취한 재물 또한 받지 않았는데, 을·병·정 등이 함께 행하고 을이 (범행의) 방책을 결정했다면 곧 "행한 사람 가운데 범행을 지휘한 자"이므로 을은 수범으로 해야 하며, 갑은 행하지 않았으므로 종범으로 (단죄)하되, 단 강도하여 사죄에 이르는 경우에는 사형에서 1등을 감하여 유3000리에 처한다.[20] 비록 종범의 명(분)이 있지만 유죄 이하는 감해서는 안 된다.

[율문2c의 소] 단 함께 절도를 모의했으나 수종자가 행하지 않고 또 몫을 받지도 않았다면 태40에 처하고, 만약 강도를 모의했으나 수종자가 행하지 않고 또 몫을 받지도 않았다면 장80에 처한다.

[律文3] 若本不同謀, 相遇共盜, 以臨時專進止者爲首, 餘爲從坐.

[律文3의 注] 共強盜者, 罪無首從.

[律文3의 疏] 議曰: 行盜本不同謀, 相遇共盜者, 卽以臨盜之時專進止者爲首, 餘皆爲從.

[律文3의 注의 疏] 注云「共強盜者, 罪無首從」, 謂強盜雖本不同謀, 但是同行, 並無首從.

[율문3] 만약 본래 같이 모의하지 않았는데 서로 우연히 만나 함께 절도했다면, (절도를 할) 때에 이르러 범행을 지휘한 자를 수범으로 하고, 그 밖의 (사람들)은 종범으로 처벌한다.

---

20) 본래 強盜는 수범·종범을 구분하지 않고 일률적으로 처벌하는 것이 원칙이다 (명43.3). 그러나 이 조항에 의하면 강도한 죄가 사형에 해당할 때에만 특별히 1등을 감하도록 규정했는데, 이는 강도죄에서 종범의 형벌이 감경되는 유일한 예외적 조치이다.

[율문3의 주] 함께 강도한 경우는 죄에 수범·종범(의 구분)이 없다.

[율문3의 소] 의하여 말한다: 절도를 행하는데 본래 같이 모의하지 않았고 서로 우연히 만나 함께 절도한 경우에는 곧 절도할 때 범행을 지휘한 자를 수범으로 하고, 그 밖(의 사람들)은 모두 종범으로 한다.

[율문3의 주의 소] 주에 이르기를 "함께 강도한 경우는 죄에 수범·종범(의 구분)이 없다."고 한 것은, 강도는 비록 본래 같이 모의하지 않고 다만 같이 행하기만 했더라도 모두 수범·종범(의 구분)이 없음(명43.3)을 말한 것이다.

[律文4a] 主遣部曲·奴婢盜者, 雖不取物, 仍爲首;

[律文4b] 若行盜之後, 知情受財, 强盜·竊盜, 並爲竊盜從.

[律文4a의 疏] 議曰: 主遣當家部曲·奴婢行盜, 雖不取所盜之物, 主仍爲行盜首, 部曲·奴婢爲從.

[律文4b의 疏]: 若部曲·奴婢私自行盜, 主後知情受財, 準所受多少, 不限强之與竊, 並爲竊盜從. 假有部曲等先强盜·竊盜得財, 主後知情, 受絹五疋, 合杖一百之類.

[율문4a] 주인이 부곡·노비를 보내 절도한 경우는 비록 (절도한) 물건을 취하지 않았더라도 (주인을) 수범으로 하고,

[율문4b] 만약 (부곡·노비가) 절도를 행한 뒤에 (주인이) 정을 알고 재물을 받았다면 강도든 절도든 모두 절도의 종범으로 한다.

[율문4a의 소] 의하여 말한다: 주인이 자기 집의 부곡·노비를 보내 절도를 행하게 했다면 비록 절도한 물건을 취하지 않았더라도 주인은 그대로 절도를 행한 수범으로 하고, 부곡·노비는 종범으로 한다.

[율문4b의 소] 만약 부곡·노비가 몰래 절도를 행했는데, 주인이 뒤에 정을 알고도 재물을 받았다면 받은 바의 다소에 준하여 강도든 절도든 구분하지 않고 모두 절도의 종범으로 한다. 가령 부곡 등이 먼저 강도하거나 절도하여 재물을 얻었는데 주인이 뒤에 정을 알고 견 5필을 받았다면 장100에 해당하는 것 따위이다.

[律文4의 問] 曰: 有人行盜, 其主先不同謀, 乃遣部曲·奴婢隨他人爲盜. 爲遣行人元謀作首, 欲令部曲·奴婢主作首?

[律文4의 答] 曰: 盜者首出元謀, 若元謀不行, 卽以臨時專進止爲首. 今奴婢之主旣不元謀, 又非行色, 但以處分奴婢, 隨盜求財. 奴婢之此行, 由主處分, 今所問者, 乃是他人元謀, 主雖驅使家人, 不可同於盜者元謀. 旣自有首, 其主卽爲從論, 計入奴婢之贓, 準爲從坐. 假有奴婢逐他人, 總盜五十疋絹, 奴婢分得十疋, 奴婢爲五十疋從, 徒三年; 主爲十疋從, 合徒一年之類.

[율문4의 문] 묻습니다: 어떤 사람이 절도를 행하는데, 단 주인은 앞서 같이 모의를 하지 않았으나 부곡·노비를 보내 다른 사람을 따라 절도하게 했습니다. 행한 사람을 보낼 수 있도록 원래 모의한 자를 수범으로 삼습니까? 아니면 부곡·노비의 주인을 수범으로 삼습니까?

[율문4의 답] 답한다: 절도한 경우 수범은 원래 모의한 자 가운데에서 나오는데, 만약 원래 모의한 자가 행하지 않았다면 바로 (절도를 행할) 때에 이르러 범행을 지휘한 자가 수범이 된다. 지금 노비의 주인은 곧 원래 모의한 자가 아니고 또 (절도를) 행한 자도 아니며, 단지 노비에게 따라서 절도하도록 시키고 재물을 구한 것이다. 노비의 이 범행은 주인의 명령에 따른 것이고 지금 묻는 바의 경우는 곧 타인이 원래 모의한 것이니, 주인은 비록 집안 사람21)

을 부렸으나 절도를 원래 모의한 자와 같게 해서는 안 된다. 이미 당연히 수범이 있으므로 그 (노비의) 주인은 바로 종범으로 논하는데, 노비가 얻은 장물을 계산하고 (그것에) 준하여 종범으로 처벌한다. 가령 노비가 다른 사람을 따라서 총 50필의 견을 절도했는데, 노비가 10필의 몫을 받았다면 노비는 50필의 (절도죄에 대한) 종범으로 도3년에 처하고, 주인은 10필의 종범으로 도1년에 해당하는 것 따위이다.

제298조 적도 51. 모의와 달리 행한 도죄(共謀强竊盜)

[律文1a] 諸共謀强盜, 臨時不行, 而行者竊盜, 共謀者受分, 造意者爲竊盜首, 餘並爲竊盜從;

[律文1b] 若不受分, 造意者爲竊盜從, 餘並笞五十.

　[律文1a의 疏] 議曰: 假有甲乙丙丁同謀强盜, 甲爲首, 臨時不行, 而行者竊盜. 甲雖不行, 共謀受分, 甲旣造意, 爲竊盜首; 餘行者, 並爲竊盜從.

　[律文1b의 疏] 甲若不受分, 復不行, 爲竊盜從; 從者不行, 又不受分, 笞五十. 前條竊盜從不行, 又不受分, 笞四十, 此條笞五十者, 爲元謀强盜故也.

[율문1a] 무릇 강도를 함께 모의하고 때에 되어서는 (범행 현장에) 가지 않았는데, 간 자가 절도하고 공모한 자가 몫을 받았다면, 조의자는 절도(죄)의 수범으로 삼고, 그 밖의 (사람들)은 모

---

21) '家人'은 "良人과 賤人을 구분하지 않는다."(83, 위26,1c의 소)고 해석한 바와 같이 양인과 천인 모두 포함하는 말이다. 그러나 여기서 家人은 奴婢를 가리키는 것으로 보아야 한다.

두 절도(죄)의 종범이 삼으며,

[율문1b] 만약 몫을 받지 않았다면 조의자는 절도(죄)의 종범으로 삼고, 그 밖의 (사람들은) 모두 태50에 처한다.

[율문1a의 소] 의하여 말한다: 가령 갑·을·병·정이 강도를 같이 모의했는데, 갑은 (모의를) 주도했으면서 때가 되어서는 가지 않았는데 간 자가 절도했고, 갑은 비록 가지 않았으나 함께 모의하고 몫을 받았다면, 갑은 본디 조의자이므로 절도(죄)의 수범이 되고, 그 밖에 간 자들은 모두 절도(죄)의 종범이 된다.

[율문1b의 소] 갑이 만약 몫을 받지 않고 또한 가지도 않았다면 절도(죄)의 종범이 되며, 수종한 자가 가지 않고 또 몫을 받지 않았다면 태50에 처한다. 앞의 조항의 절도(한 경우)에서 수종자가 행하지 않고 또 몫을 받지도 않았다면 태40에 처하는데, 이 조항에서 태50에 처하는 것은 원래 강도를 모의했기 때문이다.

[律文2a] 若共謀竊盜, 臨時不行, 而行者强盜, 其不行者造意受分, 知情、不知情, 並爲竊盜首;

[律文2b] 造意者不受分及從者受分, 俱爲竊盜從.

[律文2a의 疏] 議曰: 同謀行竊盜, 臨時有不行之人, 而行人自爲强盜. 其不行者是元謀造意, 受强盜贓分, 不限知情、不知情, 並爲竊盜首.

[律文2b의 疏] 其造意者不受分及從者受分, 俱爲竊盜從.

[율문2a] 만약 절도를 공모하고 때가 되어서는 행하지 않고 간 자가 강도를 했는데, 행하지 않은 자가 조의자이고 몫을 받았다면 정을 알았든지 몰랐든지 모두 절도(죄)의 수범으로 하고,

[율문2b] 조의자가 몫을 받지 않았거나 수종자가 몫을 받았다면

모두 절도(죄)의 종범으로 한다.

[율문2a의 소] 의하여 말한다: 절도를 행할 것을 같이 모의하고 때에 이르러 행하지 않은 사람이 있는데, 행한 사람이 스스로 강도를 했다. 그 행하지 않은 자가 원래 모의를 주모하고 강도한 장물의 몫을 받았다면 정을 알았든 몰랐든 모두 절도(죄)의 수범으로 한다.

[율문2b의 소] 단 조의자가 몫을 받지 않았거나 수종자가 몫을 받았다면 모두 절도(죄)의 종범으로 한다.

제299조 적도 52. 도죄로 단죄된 후 세 번 범함(盜經斷後三犯)

[律文1] 諸盜經斷後仍更行盜, 前後三犯徒者, 流二千里; 三犯流者, 絞.
三盜止數赦後爲坐.

[律文2] 其於親屬相盜者, 不用此律.

[律文1의 疏] 議曰: 行盜之人, 實爲巨蠹. 屢犯明憲, 罔有悛心. 前後三入刑科, 便是怙終其事, 峻之以法, 用懲其罪. 故有强盜、竊盜, 經斷更爲, 三犯徒者, 流二千里; 三犯流者, 絞. 亦謂斷後又爲者. 其未斷經降、慮者, 不入「三犯」之限. 注云「三盜皆據赦後爲坐」, 謂據赦後三犯者, 不論赦前犯狀爲數.

[律文2의 疏] 「親屬相盜者, 不用此律」, 謂自依親屬本條, 不用此「三犯」之律. 案職制律: 「親屬, 謂緦麻以上, 及大功以上婚姻之家.」 假有於堂兄弟婦家及堂兄弟男女婚姻之家, 犯盜徒、流以上, 並不入「三犯」之例.

[율문1] 무릇 도(죄를 범)하고 단죄된 이후에도 여전히 다시 도(죄)를 범해서 전후로 세 번 도(형에 해당하는 죄)를 범한 자는 유2000리에 처하고, 세 번 유(형에 해당하는 죄)를 범한 자는

교형에 처한다. 세 번의 도(죄)란 사면된 이후에 처벌된 것만을 헤아린다.

[율문2] 단 친속 간의 도(죄)에 대해서는 이 율을 적용하지 않는다.

[율문1의 소] 의하여 말한다: 도(죄)를 행한 사람은 실로 큰 좀벌레이다. 여러 차례 엄명한 법을 범한 것은 뉘우치는 마음이 없는 것이다. 전후로 세 번 형을 받았다면 곧 그 일을 끝까지 하겠다는 것이니 준엄한 법으로 그 죄를 응징한다. 그러므로 강도·절도하여 단죄된 뒤에 다시 (도죄를) 행하여 세 번 도(형에 해당하는 죄)를 범한 자는 유2000리에 처하고, 세 번 유(형에 해당하는 죄)를 범한 자는 교형에 처한다. 역시 단죄된 뒤에 다시 행한 것을 말한다. 단 아직 단죄되지 않았는데 강·려[22]를 거친 경우는 "세 번 범함"의 범위에 넣지 않는다. 주에 "세 번의 도(죄)란 모두 사면된 이후에 처벌된 것에 의거한다."고 한 것은, 사면된 이후에 세 번 (도죄를) 범한 것에 의거하며, 사면 이전에 범한 (죄)상은 논하지 않고 셈한다는 것을 말한다.

[율문2의 소] "친속 간의 도(죄)에 대해서는 이 율을 적용하지 않는다."는 것은, 당연히 친속 (사이의 도죄에 관한)의 본조(적40)에 의거하고 이 "세 번 범함"의 율을 적용하지 않는다는 것을 말한다. 직제율(직53.3)을 살펴보면, "친속이란 시마친 이상 및 대공친 이상과 혼인한 집안을 말한다."고 했으니, 가령 당형제의 부인의 집안

---

22) '降'은 죄를 정도에 따라[節級] 강등하는 것으로 모두 용서하는 것이 아니며, 恩降令으로도 부른다(명18.2 주의 소; 명18.3). 恩降令이 내려 은전을 입는 것을 '會降'이라고 한다. '慮'는 죄수의 죄상 및 재판 진행 정도를 검열하여 장기 미결된[久繫] 사안 및 억울한 사안[冤獄]을 살펴 처리하는 것을 말한다. '慮'를 거치는 것을 '會慮'라고 하며, 이 경우 죄를 감하는 것이 은강령이 내린 경우와 계산이 다르지 않으므로 관당이나 면관 처분 역시 은강령의 법과 같게 해야 한다. 만약 慮하여 (죄가) 전부 감면되면 도리어 특별히 방면하는 例에 따른다(명18의 문답4).

에서나 당형제의 아들·딸이 혼인한 집안[家]에서 도·유 이상의 도
(죄)를 범한 것은 모두 "세 번 범함"의 예에 넣지 않는다.

[律文2의 問] 曰: 有三犯死罪, 會降皆至流、徒, 或一兩度止犯流、徒, 或一兩
度從死會降, 總計三犯, 亦同三犯流、徒以否?
[律文2의 答] 曰: 律有「赦後」之文, 不言降前之犯. 死罪會降, 止免極刑; 流、
徒之科, 本法仍在. 然其所犯本坐, 重於正犯徒、流, 準律而論, 總當三犯之例.

[율문2의 문] 묻습니다: 세 번 사죄를 범하고 은강령이 내려 모두
유·도(죄)에 이르렀거나, 혹 한두 번은 유·도(죄)를 범한 것에 그
치고 한두 번은 사(죄)에서 은강령이 내려 (유·도죄에 이른 것이)
총계해서 세 번 범한 경우, 역시 유·도(죄)에 상당하는 (도죄를) 세
번 범한 것과 같습니까?
[율문2의 답] 답한다: 율에 "사면된 이후에"라는 조문은 있으나 은강
령 이전에 범한 것은 언급하지 않았다. 사죄는 은강령이 내리면 단
지 극형을 면하며, 유·도형을 과하는 것과 본법은 그대로 있는 것
이다.23) 그러므로 그 범한 바의 본래 처벌은 바로 유·도(죄)를 범
한 것보다 무거우므로 율에 준하여 논하면 모두 세 번 범한 예에
해당한다.

---

23) 여기서 '本法'은 恩赦令·恩降令 등을 통해 면죄되거나 경감되기 이전에 본래
범한 죄의 등급과 형을 규정한 本條를 말한다. 문답에서 本法이 그대로 남아있
다고 한 것은 은사령·은강령으로 인해 본조의 主刑을 면하더라도 附加刑이나
특별 처분 등이 그대로 부과된다는 것을 의미한다. 예컨대 雜犯 死罪의 경우
사형은 면하나 除名은 그대로 적용되고(명18.3), 盜·詐欺·枉法은 倍贓은 면하
더라도 正贓은 그대로 추징한다(명33.3 및 소; 354, 투53.2 및 소)는 것 등이다.

제300조 적도 53. 공취든 절취든 모두 도죄가 됨(公取竊取皆爲盜)

[律文] 諸盜, 公取、竊取皆爲盜. 器物之屬須移徙, 闌圈繫閉之屬須絕離常處, 放逸飛走之屬須專制, 乃成盜. 若畜產伴類隨之, 不併計. 卽將入己及盜其母而子隨者, 皆併計之.

[律文의 疏] 議曰:「公取」, 謂行盜之人公然而取;「竊取」, 謂方便私竊其財, 皆名爲盜. 注云「器物之屬須移徙」者, 謂器物、錢帛之類須移徙離於本處; 珠玉、寶貨之類, 據入手隱藏, 縱未將行, 亦是; 其木石重器, 非人力所勝, 應須馱載者, 雖移本處, 未馱載間猶未成盜. 但物有巨細, 難以備論, 略舉綱目, 各準臨時取斷. 「闌圈繫閉之屬須絕離常處」, 謂馬牛馳騾之類, 須出闌圈及絕離繫閉之處. 「放逸飛走之屬」, 謂鷹犬之類, 須專制在己, 不得自由, 乃成爲盜. 「若畜產伴類隨之」, 假有盜馬一疋, 別有馬隨, 不合併計爲罪; 卽因逐伴而來遂將入己, 及盜其母而子隨之者, 皆併計爲罪.

[율문] 무릇 도둑질은 공취든 절취든 모두 도(죄)가 된다. 기물 따위는 반드시 옮겨야 하고, 우리에 묶어두거나 가두는 것 따위는 반드시 본래 있던 곳에서 벗어나야 하며, 돌아다니거나 나는 것 따위는 반드시 제어되어어야만 도(죄)가 성립한다. 만약 축산의 짝이나 무리가 따라왔다면 합해서 계산하지 않지만, (그것을) 만약 자신에게 들이거나 어미를 절도하여 새끼가 따라온 경우는 모두 합해서 계산한다.

[율문의 소] 의하여 말한다: "공취"는 도를 행한 사람이 공공연히 취하는 것을 말하고, "절취"는 기회를 틈타 그 재물을 몰래 절취하는 것을 말한다. 모두 (정)명하여 도둑질이라 한다. 주에 이르기를 "기물 따위는 반드시 옮겨야 한다."라고 한 것은, 기물・돈・비단과

같은 것은 반드시 옮겨서 본래 있던 곳에서 벗어나야 함을 말한다. 주옥·보화와 같은 것은 손에 넣어 숨긴 것에 근거하는데, 설령 아직 가지고 떠나지 않았더라도 역시 그러하다. 단 목재·석재나 무거운 기물처럼 인력으로 감당할 수 있는 것이 아니어서 응당 (우마나 수레에) 실어 운반해야 하는 것은 비록 본래 있던 곳에서 옮겼더라도 아직 싣지 않은 동안에는 여전히 도가 성립하지 않는다. 다만 물건에는 크고 작음이 있어 모두 갖추어 논하기가 어렵기 때문에 대략의 큰 원칙을 들었으니 각각 당시 상황에 준해서 판단해야 한다. "우리에 묶어두거나 가두는 것 따위는 반드시 본래 있던 곳에서 벗어나야 한다."는 것은, 말·소·낙타·노새 따위는 반드시 우리에서 나오거나, 묶어두고 가두어 둔 곳에서 벗어나야 한다는 것을 말한다. "돌아다니거나 나는 것 따위는 반드시 제어되어야만 한다."는 것은, 매나 개 따위는 반드시 오로지 자기에게 통제되어 자유롭지 못해야 도둑질이 성립한다는 것을 말한다. "만약 축산의 짝이나 무리가 따라왔다."는 것은, 가령 말 한 필을 절도했는데 다른 말이 따라왔다는 것이며, (이 경우) 합해서 계산한 것으로 죄를 주어서는 안 된다. 만약 짝을 뒤쫓아 온 것을 기화로 마침내 자신에게 들였거나, 어미를 절도했는데 새끼가 따라 온 경우는, 모두 합해서 계산한 것으로 죄를 준다.

제301조 적도 54. 관할 구역 내에 도둑이 있거나 도둑이 머무는 것을 용인한 죄(部内人爲盜及容止盜)

[律文1a] 諸部內有一人爲盜及容止盜者, 里正笞五十, 坊正·村正亦同. 三人

加一等;

[律文1b] 縣內, 一人笞三十, 四人加一等;

[律文1b의 注] 部界內有盜發及殺人者, 一處以一人論, 殺人者仍同强盜之法.

[律文1a의 疏] 議曰:「部內」, 謂州、縣、鄕、里所管之內, 百姓有一人之盜;「及容止盜者」, 謂外盜入境, 所部容止: 所管里正笞五十. 注云「坊正、村正亦同」, 謂得罪亦同里正.「三人加一等」, 四人行盜, 合杖六十.

[律文1b의 疏]:「縣內, 一人笞三十」, 謂縣內一人行盜, 縣令笞三十,「四人加一等」, 有五人行盜卽笞四十之類.

[律文1b의 注의 疏]: 注云「部界內有盜發」, 謂里正等以上, 部界之內有盜發及殺人者.「一處以一人論」, 謂一處盜發, 同部內一人行盜; 一處殺人, 同一人行强盜, 故云「一處以一人論」. 殺人者仍從强盜之法, 下文「强盜者加一等」, 殺人者亦加一等, 與强盜同. 卽是部內有一人强盜者, 里正等杖六十, 雖非部內人, 但當境內强盜發, 亦準此. 容止殺人賊者, 亦依强盜之法.

[율문1a] 무릇 관할 구역 내에서 1인이 도둑질을 하거나 (1인의) 도둑이 머무는 것을 용인한 경우, 이정은 태50에 처하고, 방정·촌정도 역시 같다. 3인마다 1등씩 더하며,

[율문1b] 현 내는 1인이면 태30에 처하고, 4인마다 1등씩 더하며,

[율문1c] 관할 구역의 경계 내에서 도가 발생하거나 살인이 있을 경우 한 곳을 1인으로 논하며, 살인은 그대로 강도와 같은 법으로 (단죄)한다.

[율문1a의 소] 의하여 말한다: "관할 구역 내"란 주·현·향·리가 관할하는 바의 구역 내를 말하는데, 백성 중에 1인이 절도한 것이 있거나 (1인의) 도둑이 머무는 것을 용인하면 -외부의 도둑이 경내로 들어와서 관할하는 바에서 머무는 것을 용인하는 것을 말한다.- 관할하는 바의 이정은 태50에 처한다. 주에 "방정·촌정도 역시 같다."라고 한 것은, 죄를 받는 것이 역시 이정과 같다는 것을 말한다. 3인

마다 1등씩 더하니, 4인이 절도를 행했다면 장60에 해당한다.

[율문1b의 소] "현 내이면 1인이면 태30에 처한다."는 것은 현 내에서 1인이 절도를 행했다면 현령은 태30에 처한다는 것을 말하며, "4인마다 1등씩 더한다."고 했으니 5인이 절도를 행했다면 곧 태40에 처하는 것 따위이다.

[율문1b의 주의 소] 주에 이르기를 "관할 구역의 경계 내에 도가 발생한 것이 있다."고 한 것은, 이정 등 이상의 관할 구역 경계 내에서 도가 발생하거나 살인이 있다는 것을 말한다. "한 곳을 1인으로 논한다."는 것은, 한 곳에서 절도가 발생했다면 관할 구역 내에서 1인이 절도를 행한 것과 같고, 한 곳의 살인은 1인이 강도를 행한 것과 같다는 것을 말하며, 그러므로 "한 곳을 1인으로 논한다."고 한 것이다. 사람을 살해한 것은 그대로 강도의 법에 따르는데, 아래 조문에 "강도의 경우는 각각 1등을 더한다."고 했으니, 살인의 경우 역시 1등을 더하여 강도와 같게 한다. 따라서 만약 관할 구역 내에 1인이 강도한 것이 있다면 이정 등은 장60에 처하며, 비록 관할 내의 사람이 아니라도 단지 해당 구역의 경계 내에서 강도가 발생했다면 역시 이에 준한다. 사람을 살해한 도적이 머무는 것을 용인한 경우도 역시 강도의 법에 의거한다.

[律文1c] 州隨所管縣多少, 通計爲罪.

[律文1d] 各罪止徒二年.

[律文2] 强盜者, 各加一等. 皆以長官爲首, 佐職爲從.

[律文1c의 疏] 議曰：「州隨所管縣多少, 通計爲罪,

[律文1d의 疏] 各罪止徒二年」, 謂州、縣、里正、坊正、村正等, 並罪止徒二年.

[律文2의 疏] 「强盜者, 各加一等」, 罪止徒二年半. 上注云「殺人同强盜之法」, 故知殺人及發處若容止, 各準「强盜」加之. 其通計之法, 已於戶婚律解

訖. 注云「以長官爲首, 佐職爲從」, 但宣風導俗, 肅淸所部, 長官之事, 故以 長官爲首. 卽刺史,縣令闕者, 以次官當之. 旣云「佐職爲從」, 卽罪不及主典.

[율문1c] 주는 관할하는 현의 다소에 따라 연동해서 계산하여[通 計] 죄를 준다.

[율문1d] 각각 죄는 도2년에 그친다.

[율문2] 강도의 경우는 각각 1등을 더한다. 모두 장관을 수범으로 하고, 좌직을 종범으로 한다.

[율문1c의 소] 의하여 말한다: 주는 관할하는 현의 다소에 따라 연 동해서 계산하여 죄주고,

[율문1d의 소] 각각 죄는 도2년에 그친다는 것은, 주·현·이정·방정· 촌정 등의 죄는 모두 도2년에 그친다는 것을 말한다.

[율문2의 소] 강도의 경우는 각각 1등을 더하므로 (모두) 죄는 도2년 반에 그친다. 위 (1항의) 주에 이르기를 "살인은 그대로 강도와 같 은 법으로 (단죄)한다."라고 했으므로, 살인 및 (살인이) 발생한 곳 또는 (살인자가) 머물도록 용인한 것은 각각 "강도"에 준하여 더한 다는 것을 알 수 있다. 단 연동해서 계산하는 법은 이미 호혼율(호 3)에서 설명했다. 주에 이르기를 "장관을 수범으로 하고, 좌직24)을 종범으로 한다."라고 한 것은, 다만 미풍을 선양해서 좋은 풍속으 로 이끌어 관할하는 구역의 범죄를 단속하는 것은 장관의 일이기 때문에 장관을 수범으로 한다는 것이다. 만약 자사나 현령이 없는 경우에는 차관이 그 (죄를) 당한다. 원래 "좌직을 종범으로 한다." 라고 했으므로, 곧 죄가 주전까지는 미치지 않는다.25)

---

24) '佐職'은 해당 관사의 장관을 제외한 9품 이상의 관원을 가리킨다(312, 투11.2 의 소; 313, 투12의 소). 따라서 각 관청의 通判官과 判官이 이에 해당되며, 勾 檢官의 경우 流內의 관품을 가진 자는 佐職에 포함된다.

[律文3a] **卽盜及盜發、殺人後，三十日捕獲**，他人、自捕等. **主司各勿論**;

[律文3b] **限外能捕獲，追減三等.**

[律文4] **若軍役所有犯，隊正以上、折衝以下，各準部內征人冒名之法，同州、縣爲罪.**

[律文3a의 疏] 議曰: 謂部內有人行盜，及當境盜發，及部內人殺他人，及境內人被他殺，事發後三十日，自捕獲，幷他人捕獲，「主司各勿論」，並得免罪.

[律文3b의 疏] 若三十日限外能捕獲者，追減三等. 稱「追減」者，雖結正訖，仍得減之; 若已經奏決者，依捕亡律「不在追減之例」.

[律文4의 疏] 其軍役有犯，謂行軍及領軍人徭役之所，有犯盜及殺人事發，若容止盜者，隊正、隊副以上，折衝以下，得罪並「準部內征人冒名之法，同州、縣爲罪」，謂隊正、隊副，團內一人爲盜及容止盜者，若有盜發之所，竊盜者各笞五十. 若是强盜及殺人，若被殺之處，每事各加一等. 校尉、旅帥，減隊正、隊副一等. 折衝、果毅，準所管校尉多少，通計爲罪. 假如部內一人爲盜及容止盜者，里正笞五十，三人加一等; 隊正同里正，亦一人笞五十，三人加一等，計二十五人罪止徒二年. 旅帥、校尉，一人笞四十，二十五人罪止徒一年半. 折衝、果毅如管三校尉，三人笞四十，七十五人徒一年半; 管四校尉者，四人笞四十，一百人罪止徒一年半. 「同州、縣爲罪」，長官爲首，佐職爲從.

---

25) '主典'은 官司에 필요한 사실 및 법률의 조문을 檢理하여 문서를 작성하고 판관 이상의 判을 請하는 것[檢請(483, 단15의 문답)을 주요 직무로 하는 문서 기안자이다. 同職(명40.1 및 소) 가운데 流內官인 장관·통판관·판관과 달리 주전은 流外官이므로 佐職에 포함되지 않는다. 이 조항의 "長官을 수범으로 하고, 佐職을 종범으로 한다."는 注文은 "同職 4등관은 連坐한다."는 통칙(명40.1 및 소)과 다른 특별 규정으로, 종범은 일률적으로 1등을 감한다는 공범에 대한 통칙(명42.1) 규정을 적용한다. 이는 그 관할구역의 공공질서 유지와 치안·통제 등의 要務가 장관에게 위임되어 있기 때문에, 장관의 행정적 관리의 태만이나 지도력의 결여를 죄로 묻고 좌직은 장관의 죄에서 1등을 감한다는 것이다.

[율문3a] 만약 도둑이 있거나 도가 발생하거나 살인(이 발생한) 후 30일 안에 (범인을) 체포했다면 타인이 (체포하든) 자신이 체포하든 같다. 주사는 각각 논하지 않고,

[율문3b] 기한이 지나 체포하면 3등을 추감한다.

[율문4] 만약 군역하는 곳에서 범함이 있으면 대정 이상 절충(도위) 이하는 각각 관할 구역 안의 정인이 이름을 사칭한 법에 준하되 주·현과 같은 죄를 준다.

[율문3a의 소] 의하여 말한다: 관할 구역 안에서 사람이 절도를 행하거나 해당 경내에서 도가 발생한 것 및 관할 구역 안의 사람이 다른 사람을 살해하거나 경내에서 사람이 다른 사람에게 살해당했는데 사건이 발생한 후 30일 안에 자신이 체포하거나 또는 다른 사람이 체포했다면 "주사는 각각 논하지 않는다."고 했으니, 모두 죄를 면제받는다.

[율문3b의 소] 만약 30일의 기한이 지나 체포하는 경우 3등을 추감한다. "추감"이라 칭한 것은, 비록 단죄가 이미 끝났더라도 그대로 (형을) 감한다는 것이다. 만약 이미 상주하여 (황제가) 재결한 경우는 포망률(포1.4)의 "소급하여 감하는 예를 적용하지 않는다."는 (규정)에 의거한다.

[율문4의 소] 단 군역(하는 곳)26)에서 범함이 있다는 것은 행군 및 군인을 거느리고 요역하는 곳에서 도를 범함이 있거나 살인 사건이 발생하거나 또는 도둑을 머물도록 허용하는 것을 말하고, 대정·대부 이상 절충(도위) 이하가27) 죄를 받는 것은 모두 "관할 구

---

26) '軍役하는 곳[軍役所]'은 疏에서도 보듯이 실제 군사행동을 할 때 편성된 야전군 조직인 行軍이 소재하거나 軍人을 통솔하여 사역하는 장소를 가리킨다. 또 捕亡律(467, 포17.3 및 소)에서도 '군역하는 곳'을 "行軍·征役하는 장소[行軍征役之所]"라고 했다.

역 안의 정인이 이름을 사칭한 법(천5.2)에 준하되 주·현과 같은 죄
를 준다." 예컨대 대정·대부는 단團 안의 1인이 도를 하거나 도둑
을 머물도록 허용하거나 또는 도둑이 발생한 바가 있을 경우, 절도
의 경우는 각각 태50에 처하고, 만약 강도 및 살인 또는 살해당한
곳의 경우는 매 사건마다 각각 1등을 더한다. 교위·여수는 대정·
대부의 (죄)에서 1등을 감한다. 절충(도위)·과의(도위)는 관할하는
교위의 다소에 준하여 연동해서 계산하여 죄를 준다. 가령 관할
안의 1인이 절도하거나 도둑을 머물도록 허용한 경우 이정은 태50
에 처하고, 3인마다 1등씩 더하는데, 대정은 이정과 (처벌법이) 같
으므로 역시 1인이면 태50에 처하고, 3인마다 1등씩을 더하되 계
산하여 25인이면 최고형인 도2년에 처한다. 교위·여수는 1인이면
태40에 처하되 25인이면 최고형인 도1년반에 처한다. 절충(도위)·
과의(도위)는 만약 3인의 교위를 관할할 경우 3인이면 태40에 처
하고 75인이면 (최고형인) 도1년반이 되고, 4인의 교위를 관할할
경우 4인이면 태40에 처하되 100인이면 최고형인 도1년반에 처한
다. "주·현과 같은 죄를 준다."는 것은, 장관을 수범으로 하고 좌직
을 종범으로 한다는 것이다.[28]

---

27) 折衝府의 장관은 折衝都尉이고, 通判官인 果毅都尉는 차관이다. 또 府兵의 편
   제는 衛士 300인으로 1團을 구성하여 5團으로 이루어지는데, 1團은 2旅, 1旅는
   2隊로 구성된다. 절충도위는 5인의 校尉를 거느리는데, 교위는 團의 長이다.
   團 아래에 두어진 旅의 長을 旅帥라 하고, 隊의 長을 隊正, 副를 隊副라 한다
   (『당육전』권25, 644쪽 및 『역주당육전』하, 240～243쪽).
28) 折衝府의 장관인 折衝都尉를 수범으로 하고, 通判官인 左右果毅都尉·長史와
   判官인 兵曹參軍事를 종범으로 한다는 것이다.

당률소의 권 제21 투송률 모두 15조

역주 임정운

[疏] 議曰: 鬪訟律者, 首論鬪毆之科, 次言告訟之事. 從秦漢至晉, 未有此篇. 至後魏太和年, 分繫訊律爲鬪律. 至北齊以訟事附之, 名爲鬪訟律. 後周爲鬪競律. 隋開皇依齊鬪訟名, 至今不改. 賊盜之後, 須防鬪訟, 故次於賊盜之下.

[소] 의하여 말한다: 투송률[1]은 먼저 싸우다가 구타한 죄를 논하고, 다음으로 (관에) 고하고 소송하는 일을 말한다. 진한부터 晉에 이르기까지 이 편이 없었다.[2] 북위 태화 연간(477~499)에 이르러 계신율을 나누어 투율로 하였다. 북제에 이르러 이것에 송사를 더하여 명칭을 투송률이라고 하였다. 북주 때에는 투경률이라고 하였다. 수의 개황(률)에서 북제의 투송이라는 명칭을 따랐는데 지금까지 고치지 않았다.[3] 적도(를 논한) 이후에는 반드시 투(구)와 송

---

1) 투송률은 『당률소의』 권21·권22·권23·권24의 4권에 60개의 조문이 있으며 크게 두 부분으로 나눌 수 있다. 앞의 38개 조는 주로 투살상죄에 관한 것이며, 뒤의 22개 조는 고발과 소송의 죄에 관한 것이다(劉俊文, 『당률소의전해』, 1465쪽, 해석).

2) 율소의 편찬자는 李悝의 법경육편·秦律·漢의 九章律·魏律18편·晉律20편 등 晉 이전의 율에는 투송률이 없다고 주장하였다. 그러나 투살상과 고발·소송에 관한 법률은 이전에도 존재하였다. 예를 들면 『睡虎地秦墓竹簡』 가운데 「法律答問」에서 절도 및 상해와 관련된 고발과 소송의 절차와 과정이 규정되어 있음을 확인할 수 있고, 漢律에서도 廐律에 모반 등의 사건 고발 관련 조문이 존재하며 『장가산한간』 「이년율령」의 告律에서 고발과 관련된 5개 조문의 존재를 확인할 수 있다(126~135簡). 또한 『晉書』 형법지(『진서』 권30, 927쪽)에 기록된 위율서에 따르면, 魏律은 기존의 囚律에 포함된 고발과 심문 관련 조항, 廐律에 포함된 모반 고발 조항 등을 분리하여 告劾律이라는 별도의 편목으로 삼았으며 이는 晉律에서 그대로 계승하였다. 이를 통하여 투구에 관한 것으로는 秦·漢에서 魏에 이르기까지 賊律이 존재하였음을 알 수 있다(劉俊文, 『당률소의전해』, 1464쪽, 해석).

3) 晉이 건국된 이후 賈充 등 14인에게 명하여 한·위의 율을 덜고 더하여 20편으로 정하게 하였는데 이 중 제9편이 계신율이다(『당육전』 권6, 상서형부, 181쪽; 『역주당육전』 상, 557쪽). 북위 때 투율이 존재했다는 사실은 조부모·부모가 자손을 죽였을 때의 처벌을 규정한 투율의 조항을 인용한 『위서』 형벌지

(사)를 방비해야하기 때문에 적도율 다음에 둔 것이다.

제302조 투송 1. 투구상해의 죄(鬪毆傷人)

[律文1] **諸鬪毆人者, 笞四十**; 謂以手足擊人者.

[律文2] **傷及以他物毆人者, 杖六十**; 見血爲傷. 非手足者, 其餘皆爲他物, 卽兵不用刃亦是.

　[律文1의 疏] 議曰: 相爭爲鬪, 相擊爲毆. 若以手足毆人者, 笞四十. 注云「謂以手足擊人者」, 擧手足爲例, 用頭擊之類亦是.

　[律文2의 疏] 傷, 謂手足毆傷; 及以他物毆而不傷者: 各杖六十. 注云「見血爲傷」, 謂因毆而見血者. 非手足者, 「卽兵不用刃亦是」, 謂手足之外, 雖是兵器, 但不用刃者, 皆同他物之例.

[율문1] 무릇 싸우다가 사람을 구타한 자는 태40에 처한다. 손발로 사람을 친 것을 말한다.

[율문2] 상해(한 자) 및 다른 물건으로 사람을 구타한 자는 장60

의 기사를 통해 확인된다(『위서』권111, 형벌지, 2886쪽). 북제 무성제 때에 이르러 율12편이 정비되었는데 그 중 제7편이 투송률이다(『당육전』권6, 181 쪽;『역주당육전』상, 563쪽). 북주에서는 보정 연간(561~565)에 율을 완성하였는데 모두 25편으로 이 중 제11편이 투경률이다(『당육전』권6, 상서형부, 184 쪽;『역주당육전』상, 565쪽). 수 개황 3년(583)에 율을 정비한 것이 모두 12편이며 이 중 제8편이 투송률이다. 다만 수 양제 시기에 제정한 대업률에서는 투송률을 고핵률과 투율로 나누었다. 당 무덕 연간에 율령을 정할 때 편목의 명칭을 모두 수의 개황률에 따르면서 다시 투송률이 되었다(『당육전』권6, 184~185쪽;『역주당육전』상, 567~569쪽).

에 처한다. 피가 보이는 것이 상해이다. 손발이 아닌 그 밖의 모든 것은 다른 물건이라고 하며, 만약 병기라도 날을 사용하지 않았다면 또한 같다.

[율문1의 소] 의하여 말한다: 서로 다투는 것이 싸움이고, 서로 치는 것이 구타이다. 만약 손발로 사람을 구타한 자는 태40에 처한다. 주에 "손발로 사람을 친 것을 말한다."라 말한 것은, 손발을 예로 든 것이며 머리로 친 것 따위도 역시 같다.

[율문2의 소] 상해(한 자) -손발로 구타해서 상해한 것을 말한다- 및 다른 물건으로 구타하였지만 상해를 입히지 않은 자는 각각 장60에 처한다. 주에 "피가 보이는 것이 상해이다."라고 말한 것은, 구타로 인해서 피가 보이는 것을 말한다. 손발이 아닌 것 (중에서) "만약 병기라도 날을 사용하지 않았다면 또한 같다."는 것은, 손발이외에는 비록 병장기라도 날을 사용하지 않은 때에는 모두 다른 물건과 같은 (법)례로 (단죄)한다는 것을 말한다.

[律文1의 問] 曰: 毆人者, 謂以手足擊人. 其有撮挽頭髮, 或擒其衣領, 亦同毆擊以否?

[律文1의 答] 曰: 條云, 鬪毆「謂以手足擊人」, 明是雖未損傷, 下手卽便獲罪. 至如挽鬢撮髮, 擒領扼喉, 旣是傷殺於人, 狀則不輕於毆, 例同毆法, 理用無惑.

[율문1의 묻] 묻습니다: 사람을 구타하였다는 것은 손발로 사람을 친 것을 말합니다. 만약 머리카락을 손으로 잡아당기거나 옷깃을 움켜잡은 경우 역시 구타한 것과 같습니까?

[율문1의 답] 답한다: 조문은 "싸우다가 구타한 자"라고 하였고, (그 주는) "손발로 사람을 친 것을 말한다."라고 하였으니, 이는 손상

시키지 않았더라도 손을 댔다면 곧 죄를 얻는다는 것을 분명히 한 것이다. 더구나 수염을 잡아당기거나 머리카락을 잡아당기거나 옷깃을 잡아당기거나 목을 조른 것은 원래 사람을 살상하려 한 것으로 정상이 구타보다 가볍지 않으니, (법)례를 구타의 법과 같게 하는 것은 이치상 의혹이 없다.

[律文3] **傷及拔髮方寸以上, 杖八十.**

[律文4] **若血從耳目出及內損吐血者, 各加二等.**

[律文3의 疏] 議曰: 謂他物毆人傷及拔髮方寸以上, 各杖八十. 方寸者, 謂量拔髮無毛之所, 縱橫徑各滿一寸者. 若方斜不等, 圍繞四寸爲方寸.

[律文4의 疏] 若毆人頭面, 其血或從耳或從目而出, 及毆人身體內損而吐血者, 各加手足及他物毆傷罪二等. 其拔髮不滿方寸者, 止從毆法. 其有拔鬢, 亦準髮爲坐. 若毆鼻頭血出, 止同傷科. 毆人瘀血, 同吐血例.

[율문3] 상해 및 두발을 뽑은 것의 한 변이 1촌 이상이면 장80에 처한다.

[율문4] 만약 귀나 눈에서 피가 나게 하거나 내상을 입혀 피를 토하게 한 경우에는 각각 2등을 더한다.

[율문3의 소] 의하여 말한다: 다른 물건으로 사람을 구타하여 상해한 것 및 두발을 뽑은 것의 한 변이 1촌 이상이면 각각 장80에 처한다는 것을 말한다. 한 변이 1촌이란 두발을 뽑아 모발이 없게 된 곳을 재서 가로·세로의 직선이 각각 1촌이 된 것을 말한다. 또한 변이 비뚤어져 일정하지 않으면 둘레 4촌을 한 변이 1촌인 것으로 한다.

[율문4의 소] 만약 사람의 머리와 얼굴을 구타하여 그의 눈이나 귀에서 피가 난 때 및 사람의 신체를 구타하여 내상을 입혀 피를 토

하게 한 때에는 각각 손발 및 다른 물건으로 구타하여 상해한 죄에 2등을 더한다.⁴⁾ 단 두발을 뽑은 것이 한 변이 1촌이 되지 않는 때에는 단지 구타한 법에 따른다. 만약 수염을 뽑았으면 역시 두발을 (뽑은 것에) 준하여 처벌한다. 또한 코끝을 구타하여 피가 났다면 단지 상해한 것과 같은 죄를 준다. 사람을 구타하여 하혈하게 한 것은 피를 토하게 한 것과 같은 (법)례로 (단죄)한다.

제303조 투송 2. 싸우다 구타하여 이를 부러뜨리거나 귀·코를 손상한 죄(鬪毆折齒毀耳鼻)

[律文1] 諸鬪毆人折齒、毀缺耳鼻、眇一目及折手足指, 眇, 謂虧損其明而猶見物. 若破骨及湯火傷人者, 徒一年;

[律文2] 折二齒、二指以上及髡髮者, 徒一年半.

[律文1의 疏] 議曰: 因鬪毆人而折其齒; 或毀破及缺穴人耳鼻, 卽毀缺人口眼亦同;「眇一目」, 謂毆眇其目, 虧損其明而猶見物者; 及折手足指; 若因打破骨而非折者; 及以湯若火燒, 湯傷人者: 各徒一年. 若湯火不傷, 從他物毆法.

[律文2의 疏] 若「折二齒、二指以上」, 稱「以上」者, 雖折更多, 亦不加罪; 及髡截人髮者, 各徒一年半. 其髡髮不盡, 仍堪爲髻者, 止當拔髮方寸以上, 杖八十. 若因鬪髡髮遂將入己者, 依賊盜律:「本以他故毆擊人, 因而奪其貝物, 計贓以強盜論.」 以銅鐵汁傷人, 比湯火傷人. 如其以蛇蜂蝎螫人, 同他物毆

---

4) 수족으로 사람을 구타하여 상해한 경우 장60이고 다른 물건으로 사람을 구타하여 상해한 경우는 장 80이다. 따라서 수족으로 사람을 구타하여 내상을 입혀 피를 토하게 한 경우 장60에서 2등을 더하여 장80이 되는 것이고 다른 물건의 경우는 장80에서 2등을 더하여 장100이 된다.

人法. 若毆人十指竝折不堪執物, 卽二支廢, 從篤疾科流三千里.

[율문1] 무릇 싸우다가 사람을 구타하여 이를 부러뜨리거나, 귀나 코를 훼손하거나, 한쪽 눈을 다치게 하거나, 손·발가락 (하나를) 부러뜨리거나, 눈을 다치게 하였다는 것은 그 시력을 손상하였으나 그래도 사물이 보이는 것을 말한다. **또한 뼈에 금이 가게 한 자 및 끓는 물이나 불로 사람을 상해한 자는 도1년에 처한다.**

[율문2] 이 2개 이상 또는 손·발가락 2개 이상을 부러뜨리거나 두발을 전부 자른 자는 도1년반에 처한다.

[율문1의 소] 의하여 말한다: 싸움으로 인해 사람을 구타하여 그 이를 부러뜨린 자, 혹은 사람의 귀나 코의 구멍을 훼손시키거나 이지러뜨린 자 -곧 사람의 입이나 눈을 훼손시켰거나 이지러뜨린 것 역시 같다-, "한쪽 눈을 다치게 하거나." -눈을 때려 다치게 하여 그 시력에 손상을 입혔으나 그래도 사물이 보이는 것을 말한다-, 손·발가락을 부러뜨린 자, 또한 구타로 인하여 뼈에 금이 갔지만 부러뜨리지 않은 자 및 끓는 물이나 불로 지지거나 화상을 입힌 자는 각각 도1년에 처한다. 만약 끓는 물이나 불로 (공격했지만) 상해하지 않았다면 다른 물건으로 구타한 법에 따른다.

[율문2의 소] 또한 "이 2개 이상 또는 손·발가락 2개 이상을 부러뜨리거나" -(여기서) '이상'이라 함은 비록 부러진 것이 더 많더라도 역시 죄를 더하지 않는다는 것이다-, 또는 사람의 두발을 전부 자른 자는 각각 도1년반에 처한다. 단 두발을 전부 자르지는 않아서 여전히 상투를 올릴 수 있을 때에는 단지 머리카락을 뽑은 것의 한 변이 1촌 이상인 것에 해당하여 장80에 처한다. 만약 싸움으로 인해 자른 머리카락을 자기에게 들인 자는 적도율의 "본래 다른 이유로 사람을 구타하였지만, 그로 인해 그 재물을 빼앗은 경우에

는 장물을 계산해서 강도로 논한다."(적39.1)는 (규정에) 의거한다. 동이나 철의 쇳물로 사람을 상해하였다면 끓는 물이나 불로 사람을 상해한 것에 비한다. 뱀·벌·전갈과 같은 것으로 사람을 물게 했거나 쏘게 하였다면 다른 물건으로 사람을 구타한 법과 같다. 만약 사람을 구타하여 손·발가락 10개를 모두 부러뜨려 물건을 집을 수 없게 하였다면 곧 (4지 가운데) 2지를 못쓰게 한 것이므로 독질에 이르게 한 죄(투4.2)에 따라 유3000리에 처한다.

제304조 투송 3. 병장기의 날로 사람을 치거나 쏜 죄 및 낙태죄(兵刃斫射人)

[律文1] 諸鬪以兵刃斫射人不著者, 杖一百. 兵刃, 謂弓、箭、刀、矟、矛、贊之屬. 卽毆罪重者, 從毆法.

　　[律文1의 疏] 議曰: 因鬪遂以兵刃斫射人, 不著者杖一百. 注云「兵刃, 謂弓、箭、刀、矟、矛、贊之屬」, 稱「之屬」者, 雖用殳、戟等皆是. 「卽毆罪重者」, 謂本條毆罪得徒一年以上者, 斫射人不著卽從毆法. 假如因鬪斫射小功兄姊而不著者, 卽依本條毆罪科徒一年, 卽不從斫射之罪. 如此之類, 卽從毆法.

[율문1] 무릇 싸우다가 병장기의 날로 사람을 치거나 쏘았는데 몸에 맞지 않은 때에는 장100에 처한다. 병장기의 날이라는 것은 활·화살·칼·창[矟]·창[矛]·작은 창과 같은 것을 말한다. 만약 구타한 죄가 무겁다면 구타한 법에 따른다.

　　[율문1의 소] 의하여 말한다: 싸우다가 마침내 병장기의 날로 사람을 치거나 쏘았는데[5] 몸에 맞지 않은 때에는 장100에 처한다. 주에

"병장기의 날이라는 것은 활·화살·칼·창[矟]·창[矛]·작은 창 과 같은 것6)을 말한다."고 한 것에서 '같은 것'이라 한 것은 몽둥이, 끝이 좌우로 갈라진 창 등을 쓰더라도 모두 그러하다는 것이다. "만약 구타한 죄가 무겁다."는 것은 본조의 구타죄가 도1년 이상인 경우를 말하며,7) (이 경우) 사람을 (병장기의 날로) 치거나 쏘았는데 몸에 맞지 않은 때에는 구타의 법에 따른다는 것이다. 가령 싸우다가 병장기로 소공친 형·누나를 쳤거나 쏘았는데 몸에 맞지 않았다면 본조8)의 구타죄에 따라 도1년에 처하고, (병장기의 날로) 치거나

---

5) 병장기의 날로 사람을 쳤거나 쏘았는데 맞지 않아 상해가 없을 때에는 장100에 처한다(304, 투3.1). 병장기로 사람에게 상해를 가하였으나 병장기의 날이 아닌 다른 부분을 이용한 때에는 물건으로 사람을 구타한 죄와 같게 되며 상해를 입히지 않았다면 장60에 처한다(302, 투1.2). 소에서는 병장기의 날을 사용하여 사람을 상해하는 경우를 말하는 것이다.

6) 矟은 槊이라고도 하며, 『석명』에 따르면 길이 1장 8척으로 말 위에서 소지하는 창이다. 삭을 소지한 기병을 '삭기'라고 칭하기도 하였다(『자치통감』권166, 5152쪽). 矛는 길이 2장의 창으로, 『설문해자주』에 따르면 고대에 전쟁용 수레를 운용할 때 왼편에 탄 사람은 활을 소지하고 오른편에 탄 사람은 모를 소지하도록 하였다. 贊은 欑을 가리키는 것으로 보이는데, 欑은 『광아』의 해석에 따르면 鋋을 이르는 말로 연은 작은 창이다. 안사고는 『한서』에서 연을 쇠자루가 달린 작은 창으로 주석하였다(『한서』권94상, 흉노전, 3743쪽). 殳는 나무나 대나무로 만든 팔각형의 몽둥이로, 길이는 1장 2척이며 날은 없다. 戟은 미늘이 달린 창 혹은 세 갈래로 날을 낸 창을 말한다.

7) 본조의 구타죄가 도1년 이상인 경우는 궁내에서 황제가 있는 곳까지 소리가 들리도록 서로 구타한 경우(311, 투10.1b) 혹은 황제의 단문친을 구타한 경우(315, 투14.1a), 유내 9품 이상이 의귀를 구타한 때(317,투16.1) 주인이 죄 없는 노비를 살해한 때(321, 투20.2), 주인이 부곡을 구타하여 사망에 이른 때(322, 투21.1a) 등이 있다.

8) 당률은 구타의 수단, 상해의 정도, 가해자와 피해자의 존비·장유·귀천 등의 신분관계에 대응하여 여러 단계의 형벌을 규정하고 있다. 이 조문은 병장기로 사람을 베거나 쏘았는데 맞지 않고 또 피해가 나지 않았을 때 먼저 신분 관계가 없는 일반인 투구상의 경우 장100에 해당한다는 것을 규정한 뒤에, 신분관계로 인해 구타한 죄가 장100보다 무겁다면 해당 신분을 구타한 것에 따른 본조의 처벌법을 적용해야 한다는 것을 부가적으로 규정한 것이다. 예를 들면

쏜 죄에 따르지 않는다. 이와 같은 것 따위는 구타의 법에 따른다.

[律文2] **若刃傷** 刃謂金鐵, 無大小之限, 堪以殺人者. **及折人肋, 眇其兩目, 墮人胎, 徒二年.** 墮胎者, 謂辜內子死乃坐. 若辜外死者, 從本毆傷論.

　[律文2의 疏] 議曰:「若刃傷」, 謂以金刃傷人, 注云「刃謂金鐵, 無大小之限, 堪以殺人者」;「及折人肋」, 謂鬪毆人折肋;「眇其兩目」, 亦謂虧損其明而猶見物;「墮人胎」, 謂在孕未生, 因打而落者: 各徒二年. 注云「墮胎者, 謂在辜內子死, 乃坐」, 謂在母辜限之內而子死者. 子雖傷而在母辜限外死者, 或雖在辜內胎落而子未成形者, 各從本毆傷法, 無墮胎之罪. 其有毆親屬·貴賤等胎落者, 各從徒二年上爲加減之法, 皆須以母定罪, 不據子作尊卑. 若依胎制刑, 或致欺紿, 故保辜止保其母, 不因子立辜, 爲無害子之心也. 若毆母罪重, 同折傷科之. 假有毆姊胎落, 依下文:「毆兄·姊徒二年半, 折傷者流三千里.」又條:「折傷, 謂折齒以上.」墮胎合徒二年, 重於折齒之坐, 卽毆姊落胎合流三千里之類.

[율문2] 만약 날붙이로 상해하거나 날붙이라는 것은 쇠붙이의 날이면 크고 작고 간에 살인할 만한 것은 다 포함된다는 것을 말한다. **사람의 늑골을 부러뜨리거나 두 눈을 훼손하거나 낙태시킨 자는 도2년에 처한다.** 낙태는 보고 기한 안에 태아가 죽으면 처벌한다는 것을 말한다. 만약 보고 기한이 지난 뒤에 죽은 경우에는 본조의 구타 상해죄에 따라 논한다.

소공친 형·누나를 구타한 자는 도1년에 해당하여(327, 투26,1b의 소) 장100보다 무거우므로, 이 경우 병장기로 베거나 쏘았는데 맞지 않은 것의 형(304, 투3.1)을 적용하지 않고 소공친인 형이나 누나를 구타한 죄의 형을 적용한다는 의미이다. 이보다 친속 관계가 가까운 대공친·기친은 죄가 더 무거우므로 해당 죄를 적용하는 것은 당연하다.

[율문2의 소] 의하여 말한다: "만약 날붙이로 상해하다."라는 것은 쇠붙이의 날로 사람을 상해한 것을 말하며, (그 때문에) 주에 "날붙이라는 것은 쇠붙이의 날이면 크고 작고 간에 살인할 만한 것은 다 포함된다는 것을 말한다."고 한 것이다. "및 사람의 늑골을 부러뜨렸다."는 것은 싸우다가 사람을 구타하여 늑골을 부러뜨린 것을 말한다. "두 눈을 훼손하였다."는 것은 역시 이지러뜨려 그 시력을 손상하였으나 그래도 사물이 보이는 것을 말한다. '낙태'라는 것은 임신 중에 구타하여 태아가 낙태된 것을 말한다. (이를 범한 자들은) 각각 도2년에 처한다. 주에 "낙태는 보고 기한 안(투6)에 태아가 죽으면 처벌한다."는 것은 임산부의 보고 기한 안에 태아가 죽은 경우 (낙태죄를 적용한다는) 것을 말한다. 태아가 상해를 입었지만 임산부의 보고 기한이 지난 뒤에 죽은 경우, 또 보고 기한 안에 낙태되었지만 태아가 아직 모습을 갖추지 않은 경우에는 각각 본조의 구타상해의 법에 따르고, 낙태의 죄는 없다. 단 친속·귀천 등을 구타하여 낙태시킨 때에는 각각 도2년에서 가감하는 법[9]에 따르는데, 모두 반드시 임산부로 죄를 정하며 태아에 의거하여 존비를 따지지 않는다. 만약 태아를 기준으로 형을 정하면 혹 기

---

9) 친속 간에는 가감하는 법이 소의 하단 부분과 같고, 다른 친속의 존비장유에 관한 것도 대략 이와 같다. 귀천의 경우 "유내 9품 이상의 관이 의귀를 구타하여 상해한 때, 5품 이상의 官을 구타하여 상처를 입힌 때 및 5품 이상의 관이 의귀를 구타하여 상처를 입힌 때, 각각 일반인끼리의 구타·상해죄에 2등을 더한다."(317, 투16.2)는 조항을 예로 들 수 있다. 따라서 9품 이상의 관인이 의귀에 해당하는 부인을 구타하여 낙태하게 한 경우, 이 조문의 도2년에 2등을 더하여 도3년에 처한다. 감하는 법의 예로는 "양인이 부곡을 구타하여 살상한 경우 일반인에서 1등을 감한다고 하였고, 노비는 다시 1등을 감한다."(320, 투19.2)라는 조항을 들 수 있다. 따라서 양인이 부곡의 처 및 객녀를 구타하여 낙태하게 하였다면 이 조항의 도2년에서 1등을 감하여 도1년반이 되는 것이고, 양인이 노비를 구타하여 낙태하게 하였다면 다시 1등을 감하여 도1년에 처하는 것과 같다.

만이 생길 수 있기 때문에 보고는 그 임산부의 보고로 그치고 태아를 기준으로 보고를 정하지 않으며 태아에게 가해할 마음이 없는 것으로 한다. 만약 임산부를 구타한 죄가 (도2년보다) 무겁다면 골절상과 같은 죄를 준다. 가령 누나를 구타하여 낙태시켰다면 아래 조항(투27.1)에 "형·누나를 구타한 때에는 도2년반에 처하고, 골절상을 입힌 때에는 유3000리에 처한다."고 하였고, 또 다른 조항(투11.1a)에 "골절상은 이를 부러뜨린 것 이상을 말한다."고 하였다. (그런데 일반인) 낙태죄는 도2년에 해당하여 이를 부러뜨린 죄 (도1년)보다 무거우니, 곧 누나를 구타하여 낙태시켰다면 유3000리에 처해야 한다는 것 따위이다.

제305조 투송 4. 사람을 구타하여 지체를 부러뜨리거나 눈을 멀게 한 죄(毆人折跌支體瞎目)

[律文1a] 諸鬪毆折跌人支體及瞎其一目者徒三年, 折支者, 折骨; 跌體者, 骨差跌, 失其常處.

[律文1b] 辜內平復者, 各減二等. 餘條折跌平復準此.

[律文1a의 疏] 議曰: 因鬪毆「折跌人支體」, 支體謂手足, 或折其手足, 或跌其骨體; 「及瞎一目」, 謂一目喪明, 全不見物者: 各徒三年. 注云折支者, 謂折四支之骨; 跌體者, 謂骨節差跌, 失於常處.

[律文1b의 疏] 「辜內平復者」, 謂折跌人支體及瞎一目, 於下文立辜限內骨節平復及目得見物, 竝於本罪上減二等, 各徒二年. 注云「餘條折跌平復, 準此」, 謂於諸條尊卑,貴賤等鬪毆及故毆折跌, 辜內平復竝減二等. 雖非支體, 於餘骨節平復亦同. 若支先攣, 是廢疾被折, 故此毆攣支止依毆折一支流二千里,

有蔭合同減、贖. 何者? 例云, 故毆人至廢疾, 流, 不合減贖. 今先廢疾, 不因
毆令廢疾, 所以聽其減、贖.

[율문1a] **무릇 싸우다가 구타하여 사람의 지체를 부러뜨리거나
어긋나게 한 자 및 한쪽 눈을 멀게 한 자는 도3년에 처한다.** 지
체를 부러뜨렸다는 것은 (팔다리의) 뼈를 부러뜨린 것이며, 질체는
(팔다리의) 뼈가 어긋나고 틀어져 제자리를 벗어난 것이다.

[율문1b] **보고 기한 안에 평시처럼 회복된 때에는 각각 2등을 감
한다.** 다른 조항에서 부러지거나 어긋난 것이 평시처럼 회복되었다는
것은 이에 준한다.

[율문1a의 소] 의하여 말한다: 싸우다가 구타하여 "사람의 지체를 부
러뜨리거나 어긋나게 하였다."에서 지체는 팔이나 다리를 말하는
데, 혹 그 팔이나 다리를 부러뜨리거나 팔이나 다리의 뼈를 어긋나
게 한 자 및 한쪽 눈을 멀게 한 자는 -한쪽 눈의 시력을 잃어버려
전혀 사물을 볼 수 없는 경우를 말한다- 각각 도3년에 처한다. 주
에 "지체를 부러뜨렸다."는 것은 사지의 뼈를 부러뜨린 것을 말하
며, '질체'라는 것은 (사지의) 뼈마디가 어긋나 제자리를 벗어난 것
을 말한다.

[율문1b의 소] "보고 기한 안에 평시처럼 회복되었다."는 것은 사람
의 뼈를 부러뜨리거나 어긋나게 하거나 한쪽 눈을 멀게 하였는데
아래 조항(투6)에 정한 보고 기한 안[10]에 뼈마디가 평시처럼 회복
된 것 및 눈이 사물을 볼 수 있게 된 것을 말하며, 모두 본조의 죄
에서 2등을 감하여 각각 도2년에 처한다. 주에 "다른 조항에서 부
러지거나 어긋난 것이 평시처럼 회복되었다는 것은 이에 준한다."

---

10) 지체를 부러뜨리거나 어긋나게 한 것 및 뼈를 부순 것은 50일이다(307, 투
6.1). 이 경우 역시 보고기한은 50일이다.

라고 한 것은, 모든 조항에서 존비·귀천 등이 싸우다 구타하거나 및 고의로 구타하여 부러뜨리거나 어긋난 것이 보고 기한 안에 평시처럼 회복되었다면 모두 2등을 감한다는 것을 말한다. 비록 지체가 아니라 다른 뼈마디가 평시처럼 회복되었더라도 또한 같다. 만약 지체가 이전에 오그라져 있었다면 이는 폐질로 부러져 있는 것이므로, 오그라진 지체에 대한 이 구타는 구타하여 손가락 하나를 부러뜨린 법에 의거해서 유2000리에 처하며,[11] 음[12]이 있다면 감하거나 속해야 한다. 무엇 때문인가? 명례율에 "고의로 사람을 구타하여 폐질에 이르게 하여 유죄에 해당하면, 감하거나 속할 수 없다."(명11.3)고 하였는데, 여기서는 원래 폐질[13]이었고 구타로 인해 폐질이 되게 한 것이 아니므로 감하거나 속하는 것을 허락하는 것이다.

---

11) 劉俊文은 투4.2의 소 '다리 한쪽이 부러져 폐질이었는데 다시 한 다리를 부러뜨려 독질이 되게 한 것'에 따라 유2000리가 아니라 유3000리로 보는 것이 타당할 것이라고 하였다(劉俊文,『당률소의전해』, 1477쪽, 전석2). 그러나 이 소에 나와 있는 바로는, 폐질로 인하여 이미 지체가 오그라든 상태에 있는 사람을 구타하여 팔 하나를 부러뜨린 경우로 이로 인하여 지체가 오그라든 것이 아니므로 일반인의 규정과 같이 도3년에 처해야 마땅할 것이다. 유2000리는 오기로 보인다.

12) 당률에 규정된 특권 신분은 황제의 친속과 관인 그리고 관인의 친속을 들 수 있다. 황제의 친속과 관인의 친속은 자신의 지위에 따른 것이 아니라 황제와 관인의 蔭을 받아 특별 처분되는 자들이다. 蔭은 다른 사람의 비호를 받는다는 의미한다. 특권신분은 특권의 범위에 따라 의할 수 있는 자, 청할 수 있는 자, 감할 수 있는 자, 속할 수 있는 자로 나눈다. 음은 잠재적 관품으로, 관품을 얻어 관직에 취득할 수 있을 뿐만 아니라, 형법상의 특전이 부여된다(명 11.1a).

13) 疾은 신체의 장애를 의미하며, 그 정도에 따라 잔질·폐질·독질의 3단계로 나눈다. 폐질은 언어장애, 왜소증, 척추장애, 사지 가운데 한 곳이 상한 경우이다. 독질은 난치병, 정신병, 사지 가운데 두 곳이 상한 경우, 두 눈이 모두 먼 경우 등이다(『송형통』권12, 190쪽;『백씨육첩사유집』권9, 질).

[律文2] **卽損二事以上, 及因舊患令至篤疾, 若斷舌及毁敗人陰陽者, 流三千里.**

[律文2의 疏] 議曰: 卽損二事以上者, 謂毆人一目瞎及折一支之類;「及因舊患令至篤疾」, 假有舊瞎一目爲殘疾, 更瞎一目成篤疾, 或先折一脚爲廢疾, 更折一脚爲篤疾;「若斷舌」, 謂全不得語;「毁敗陰陽」, 謂孕嗣廢絶者: 各流三千里. 斷舌語猶可解, 毁敗陰陽不絶孕嗣者, 竝從傷科.

[율문2] **만약 두 가지 이상을 손상한 자 및 본래 질환이 있는데 독질에 이르게 한 자, 또는 혀를 자른 때 및 사람의 생식 기능을 훼손하여 못쓰게 한 자는 유3000리에 처한다.**

[율문2의 소] 의하여 말한다: "만약 두 가지 이상을 손상하였다."는 것은 사람을 구타하여 한쪽 눈을 멀게 한 것 및 지체 하나를 부러뜨린 것 따위를 말한다. "및 본래 질환이 있는데 독질에 이르게 한 자."는 것은, 가령 옛날에 한쪽 눈을 멀어 잔질인데 다시 한쪽 눈을 멀게 하여 독질이 되게 하거나, 또는 앞서 다리 한쪽이 부러져 폐질인데 다시 한 다리를 부러뜨려 독질이 되게 한 것이다. "또는 혀를 자른 때"라는 것은 완전히 말을 할 수 없게 한 것을 말하고, "생식기능을 훼손하여 못쓰게 하였다."라는 것은 후사의 잉태를 폐절케 한 것을 말하며, 각각 유3000리에 처한다. 혀를 잘랐지만 말은 할 수 있거나 생식기능을 훼손하였지만 후사의 잉태는 폐절되지 않았으면 모두 상해(죄)(투1.2)를 과한다.

[律文2의 問] 曰: 人目先盲, 重毆睛壞; 口或先瘂, 更斷其舌: 如此之類, 各合何罪?

[律文2의 答] 曰: 人貌肖天地, 稟形父母, 莫不愛其所受, 樂天委命. 雖復宿遭痼疾, 然亦痛此重傷. 至於被人毁損, 在法豈宜異制. 如人舊瘂, 或先喪明,

更壞其睛, 或斷其舌, 止得守文, 還科斷舌、瞎目之罪.

[율문2의 문] 묻습니다: 사람의 눈이 본래 못 보는데 다시 구타하여 눈동자를 손괴하거나, 혹은 본래 벙어리인데 다시 혀를 잘라 버렸다면 이와 같은 따위는 어떤 죄에 해당합니까?

[율문2의 답] 답한다: 사람의 모습은 천지를 본떴고 형체는 부모에게서 받았으니, 그 받은 바를 아끼며 하늘이 준 운명을 기꺼이 받아들이지 않음이 없다. 비록 오랫동안 고질병을 앓아 왔으나 역시 이 중상을 애통해 하는 것이다. (이 사람들이) 다른 사람에게 훼손되기에 이르렀다면 법에 어찌 다른 제도가 있겠는가? 만약 사람이 전부터 언어장애자였거나 시력을 상실하였는데, 다시 그 눈동자를 손괴하거나 혹은 혀를 잘랐다면, 단지 (앞의) 조문에 따라 혀를 자르고 눈을 멀게 한 죄를 그대로 준다.

제306조 투송 5. 투·고살인의 죄(鬪故殺人)

[律文1a] 諸鬪毆殺人者絞,

[律文1b] 以刃及故殺人者斬.

[律文1c] 雖因鬪而用兵刃殺者, 與故殺同. 爲人以兵刃逼己, 因用兵刃拒而傷殺者, 依鬪法. 餘條用兵刃準此.

[律文1a의 疏] 議曰: 鬪毆者元無殺心, 因相鬪毆而殺人者, 絞.

[律文1b의 疏] 以刃及故殺者, 謂鬪而用刃, 即有害心; 及非因鬪爭, 無事而殺, 是名「故殺」: 各合斬罪.

[律文1c의 疏] 「雖因鬪而用兵刃殺者」, 本雖是鬪, 乃用兵刃殺人者, 與故殺

同, 亦得斬罪. 竝同故殺之法. 注云「爲人以兵刃逼己, 因用兵刃拒而傷殺」,

逼己之人, 雖用兵刃, 亦依鬪殺之法. 「餘條用兵刃準此」, 謂餘親戚, 良賤以

兵刃逼人, 人以兵刃拒殺者, 竝準此鬪法. 又律云:「以兵刃殺者, 與故殺同.」

旣無傷文, 卽是傷依鬪法. 注云「因用兵刃拒而傷殺者」, 爲以兵刃傷人, 因

而致死, 故連言之.

[율문1a] 무릇 싸우다가 구타하여 사람을 살해한 자는 교형에 처
하고,

[율문1b] 날붙이 및 고의로 사람을 살해한 자는 참형에 처하며,

[율문1c] 싸움으로 인했더라도 병장기의 날을 사용하여 사람을
살해한 경우는 고살과 같다. 다른 사람이 병장기의 날로 자신을 핍
박하기 때문에 항거하다가 병장기의 날로 상살한 경우는 투(구살)의
법에 의거한다. 다른 조항의 '병장기의 날을 사용한 경우'는 이에 준
한다.

　[율문1a의 소] 의하여 말한다: 싸우다가 구타한 경우는 원래 죽이려
　는 마음이 없는 것이니, 서로 싸우다가 구타하여 살인한 자는 교형
　에 처한다.

　[율문1b의 소] 날붙이 및 고의로 사람을 살해한 자는, -싸우다가 날
　붙이를 사용한 것은 곧 해하려는 마음이 있었던 것이며, 싸움이나
　다툼으로 인한 것이 아니라 (싸울) 일이 없이 살해한 것을 (정)명
　하여 '고살'이라 한다.- 각각 참(형)의 죄에 해당한다.

　[율문1c의 소] "싸움으로 인했더라도 병기의 날을 사용하여 사람을
　살해하였다."는 것은, 본래는 싸움이었지만 병장기의 날을 사용하
　여 사람을 살해하였다면 고의로 살해한 것과 같이 역시 참(형)의
　죄를 받는다. (위의 경우는) 모두 고의로 살해한 것과 같은 법을
　적용한다. 주에 "다른 사람이 병장기의 날로 자신을 핍박하기 때문

에 항거하다가 병장기의 날로 상살한"이라고 하였는데, 자신을 핍박한 사람에게는 비록 병장기의 날을 사용하였더라도 또한 투살의 법에 따른다. "병장기의 날을 사용하여 사람을 살해한 경우는 고살과 같다."는 것은, 다른 조항의 친척·양천 사이에 병기를 사용하여 사람을 핍박하여 (핍박받던) 사람이 병장기의 날로 저항하다 사람을 살해한 경우는 모두 이 투(살)의 법에 준한다는 것을 말한다. 또한 율에 "병장기의 날을 사용하여 사람을 살해한 경우는 고살과 같다."고 하여, 원래 상해에 관해서는 율문이 없으므로 이 상해는 투(구상)의 법에 의거한다. 주에 "항거하다가 병장기의 날로 상살한 경우"고 한 것은, 병장기의 날로 사람을 상해하고 이로 인해 사망에 이르게 한 것이므로 (상살이라고) 이어 말한 것이다.

[律文1의 問] 曰: 故殺人合斬, 用刀鬪殺亦合斬刑, 得罪旣是不殊, 準文更無異理, 何須云「用兵刃殺者, 與故殺同」?

[律文1의 答] 曰: 名例, 犯十惡及故殺人者, 雖會赦猶除名. 兵刃殺人者其情重, 文同故殺之法, 會赦猶遭除名.

[율문1의 문] 묻습니다: 고의살인은 참형에 해당하고, 날붙이를 사용하여 싸우다가 살해한 것 또한 참형에 해당하니 죄를 받는 것이 차이가 없고 율문에 준하여도 다른 이치가 없습니다. 왜 하필 "병장기의 날을 살해할 경우는 고살과 같다."고 했습니까?

[율문1의 답] 답한다: 명례율에 의하면 "십악을 범하거나 고의로 살인하였다면 비록 은사령이 내리더라도 그대로 제명한다."(명18.1)고 하였는데, 병장기의 날로 살인한 것은 그 정도가 심하기에 율문에 고의로 살인한 법과 같다고 함으로써 은사령이 내리더라도 그대로 제명하게 하는 것이다.

[律文2] 不因鬪, 故毆傷人者, 加鬪毆傷罪一等.

[律文3] 雖因鬪但絶時而殺傷者, 從故殺傷法.

[律文2의 疏] 議曰: 不因鬪競, 故毆傷人者, 加鬪毆傷一等, 若拳毆不傷, 笞

四十上加一等, 合笞五十之類.

[律文3의 疏] 「雖因鬪, 但絶時而殺傷者」, 謂忿競之後, 各已分散, 聲不相

接, 去而又來殺傷者, 是名「絶時」, 從故殺傷法.

[율문2] 싸움으로 인하지 않고 고의로 사람을 구타하여 상해한
때에는 싸우다가 구타하여 상해한 죄에 1등을 더한다.

[율문3] 비록 싸움으로 인했더라도 시간이 지난 뒤에 살상한 때
에는 고살상의 법에 따른다.

[율문2의 소] 의하여 말한다: 싸움이나 다툼이 아니고 고의로 사람을
구타하여 상해한 경우는 싸우다가 구타하여 상해한 죄에 1등을 더
하며, 만약 (싸움이나 다툼이 없는데) 주먹으로 구타했으나 상해가
없는 경우 태40에 1등을 더하여 태50에 해당하는 것 따위이다.

[율문3의 소] "비록 싸움으로 인했더라도 시간이 지난 뒤에 살상한
때"라는 것은 성내어 다툰 뒤에 각기 분산하여 소리가 서로 들리
지 않을 만큼 멀리 떨어진 곳으로 갔다가 또 와서 살상한 것을 말
한다. 이는 (정)명하여 '시간이 지난 뒤'라고 하며, 고살상의 법에
따른다.

〈부표〉 범투의 구·상·살죄

형	율문에 규정된 범행	소에 해석된 범행
태40 (1단계)	싸우다가 손발로 사람을 구타한 것(투1.1)	
장60	손발로 사람을 구타하여	(수족으로) 혀를 잘랐으나 말을 할 수 있

형	율문에 규정된 범행	소에 해석된 범행
(2단계)	상해한 것(투1.2)	거나 생식기를 훼손하였는데 후사를 볼 수 있을 때는 상해와 같음(투4.2의 소)
	다른 물건으로 사람을 구타한 것(투1.2)	수염·머리카락·옷깃을 잡아당기거나 목조름도 같음(투1문답) 끓는 물이나 불로 공격했지만 상해하지 않았을 때도 같음(투2.1의 소) 뱀·벌·전갈과 같은 것으로 사람을 물거나 쏘았을 때도 같음(투2.2의 소)
장80 (3단계)	다른 물건으로 사람을 구타하여 상해한 것(투1.3)	(물건으로) 혀를 잘랐으나 말을 할 수 있거나 생식기를 훼손하였는데 후사를 볼 수 있을 때(투4.2의 소)
	상해 및 두발을 뽑은 것이 한 변이 1寸 이상(투1.3)	머리카락을 자른 것이 상투를 올릴 수 있을 때(투2.2의 소)
장100 (4단계)	병장기의 날로 사람을 쳤거나 쏘았는데 맞지 않은 것(투3.1)	
	귀·눈에서 피가 난 것 및 내상을 입혀 토하게 한 것(투1.3)	하혈은 토혈과 같음(투1.3의 소)
도1년 (5단계)	절치1개, 귀·코 손상, 한쪽 눈 손상, 손·발가락 1개 골절상, 뼈에 금감, 화상(투2.1)	* 1급 골절상 쇳물로 사람을 상해한 것은 화상과 같음(투2.2의 소)
도1년반 (6단계)	절치와 손·발가락 골절상 2개 이상 및 두발 완전이 자름(투2.2)	* 2급 골절상 자른 머리카락을 취했을 때에는 강도로 논함(적39.1)
도2년 (7단계)	날붙이로 상해(투3.2) 늑골절상, 두 눈 손상, 낙태(투3.2) 팔다리를 부러트리거나 어	* 3급 골절상 지체가 아닌 다른 뼈마디라도 평시처럼 회복되었을 때 같음(투4.1b의 소)

형	율문에 규정된 범행	소에 해석된 범행
	궂나게 하거나 한 눈을 멀게 하였으나 보고 기한 안에 평시처럼 회복되었을 때(투4.1b)	
도3년 (8단계)	팔다리를 부러트리거나 어긋나게 함, 한 눈을 멀게 함(투4.1a)	* 4급 골절상
유3000리 (9단계)	팔다리를 부러트리거나 어긋나게 한 것 및 한 눈을 멀게 한 것이 두 가지 이상. 질환이 있는 자를 독질에 이르게 한 것, 혀를 자른 것, 생식 기능을 불능케 함(투4.2)	* 5급 골절상 혀를 잘랐다 함은 완전히 말을 할 수 없는 경우고 생식 기능을 훼손하였다는 것은 후사를 볼 수 없게 만든 것(투4.2의 소) 원래 맹인이거나 벙어리였던 사람의 눈동자를 훼손하고 혀를 잘라도 죄는 같음(투4.2의 문답)
교형 (10단계)	투구살인(투5.1a)	다른 사람이 병장기의 날을 사용하여 자신을 핍박하여 자신이 병장기의 날로 항거하다가 살해한 것.(투5.1c)
참형 (11단계)	인살 및 고살인(투5.1b) 투구 병인살(투5.3)	싸움으로 인한 것이라도 싸움이 끝난 뒤에 살상한 것(투5.3의 소)

제307조 투송 6. 투구상해죄의 책임 시한(保辜)

[律文1] 諸保辜者, 手足毆殺傷人限十日, 以他物毆傷人者二十日, 以刃及湯火傷人者三十日, 折跌支體及破骨者五十日. 毆、傷不相須. 餘條毆傷及殺傷, 各準此.

[律文1의 疏] 議曰: 凡是毆人, 皆立辜限. 手足毆人, 傷與不傷, 限十日; 若以他物毆傷者, 限二十日; 「以刃」, 刃謂金鐵, 無大小之限, 「及湯火傷人」, 謂灼

爛皮膚, 限三十日; 若折骨跌體及破骨, 無問手足、他物, 皆限五十日. 注云「毆、傷不相須」, 謂毆及傷, 各保辜十日. 然傷人皆須因毆, 今言不相須者, 爲下有僵仆或恐迫而傷, 此則不因毆而有傷損, 故律云「毆、傷不相須」. 「餘條毆傷及殺傷各準此」, 謂諸條毆人或傷人, 故鬪、謀殺、强盜, 應有罪者保辜竝準此.

[율문1] 무릇 고를 보하는 것[14]은, 손과 발로 사람을 구타하여 살상한 경우 기한이 10일, 다른 물건으로 사람을 구타하여 상해한 경우 20일, 날붙이 및 끓는 물이나 불로 사람을 상해한 경우 30일, 지체를 부러뜨리거나 어긋나게 한 경우 및 **뼈**를 부순 경우 50일이다. 구타와 상해가 반드시 함께여야 하는 것은 아니다. 다른 조항에서 구타해서 상해한 것 및 살상한 것은 각각 이에 준한다.

[율문1의 소] 의하여 말한다: 무릇 사람을 구타한 경우 모두 고를 (보하는) 기한을 둔다. 손과 발로 사람을 구타한 경우 상해했든 상해하지 않았든 기한은 10일이며, 만약 다른 물건으로 구타하여 상

---

14) '보고'는 다른 사람을 구타하거나 상해를 입었을 때 각각 일정 기한을 정하여 그 기한 내에 나타난 결과를 가지고 살인죄 또는 상해죄로 논하는 형사상의 절차이다. 『대명률집해부례』의 찬주에서는 "무릇 사람을 상해하였다면 관사는 그 상해의 경중에 따라 기한을 세우고 구타한 사람에게 의사를 부르도록 하여 치료할 책임을 지게 한다. 기한이 다 차기를 기다려 죄를 정하므로 보고라고 한다."라고 해석하였다. 『대청률집주』는 "강제로 보고 기한을 정하여 범인으로 하여금 의사를 불러 피해자를 치료하도록 하고 기한이 차기를 기다려 죄의 유무를 결정한다. 이 때문에 보고라고 한다."라고 하였다. 즉 상해죄를 정할 때, 일정 기한을 정해서 범죄 행위의 결과가 명백해진 뒤에 처벌하는 것이 보고이다. 율에서 이러한 규정을 둔 까닭은 한편으로는 피해자의 법익을 보호하기 위한 것으로, 즉시 드러나지 않는 상해가 간과되는 것을 방지하기 위함이다. 다른 한편으로는 가해자에게 속죄의 기회를 주는 의미가 있다. 보고 기한을 이용하여 피해자에게 의료적 조치를 제공함으로써 상해를 감경 또는 회복시켜 죄형을 감면 받을 수 있기 때문이다(劉俊文, 『당률소의전해』, 1483쪽, 해석).

해한 경우 기한은 20일이다. "날붙이"의 날은 쇠붙이를 말하며, 크고 작음에 구분이 없다. "및 끓는 물이나 불로 사람을 상해하였다."는 것은 피부를 태워 문드러지게 한 것을 말하며, 기한은 30일이다. 만약 뼈를 부러뜨리거나 신체를 어긋나게 하거나 뼈에 금이 가게 한 경우 손발로 (구타했든) 타물로 (구타했든) 불문하고 모두 (보고) 기한은 50일이다. 주에 "구타와 상해가 반드시 함께여야 하는 것은 아니다."라고 한 것은, 구타 및 상해 각각 보고 기한이 10일임을 말한다. 그렇지만 사람을 상해한 것은 대개 반드시 구타로 인한 것인데 지금 반드시 함께여야 하는 것은 아니라고 말한 것은, 아래 조항에 넘어뜨리거나 엎어뜨려서(투35.2)[15] 또는 공갈·핍박하여 상해(적14.3)한 것이 있는데, 이것은 곧 구타로 인한 것이 아닌데도 상해나 손상이 있기 때문에 율에 "구타와 상해가 반드시 함께여야 하는 것은 아니다."라고 한 것이다. "다른 조항에서 구타해서 상해한 것 및 살상한 것은 각각 이에 준한다."라고 한 것은, 모든 조항에서 사람을 구타하거나 또는 사람을 상해하거나, 고살(투5.1b)·투살(투5.1a)·모살(적9)과 강도(적34)하여 죄가 있는 경우 보고는 모두 이에 준한다는 것을 말한다.

[律文2] **限內死者, 各依殺人論; 其在限外及雖在限內以他故死者, 各依本毆傷法.** 他故, 謂別增餘患而死者.

[律文2의 疏] 議曰:「限內死者, 各依殺人論」, 謂辜限內死者, 不限尊卑、良賤及罪輕重, 各從本條殺罪科斷.「其在限外」, 假有拳毆人, 保辜十日, 計累千刻之外, 是名「限外」;「及雖在限內」, 謂辜限未滿,「以他故死者」, 他故謂

---

15) (싸우며 구타하다가) 그 때문에 (잘못해서 옆 사람을) 넘어뜨려 죽음이나 상해에 이르게 한 자는 희살상으로 논죄하는데(336, 투35.2) 희살상은 투구상죄에서 2등을 감한다(338, 투37.1).

別增餘患而死, 假毆人頭傷, 風從頭瘡而入, 因風致死之類, 仍依殺人論, 若
不因頭瘡得風, 別因他病而死, 是爲「他故」: 各依本毆傷法. 故注云「他故,
謂別增餘患而死」. 其有墮胎, 瞎目, 毀敗陰陽, 折齒等, 皆約手足, 他物, 以刃, 湯
火爲辜限.

[율문2] 기한 안에 사망한 때에는 각각 살인에 의거해서 논하며,
만약 기한이 지난 뒤 및 비록 기한 내일지라도 다른 이유로 사
망한 때에는 각각 본조의 구타상해의 법에 따른다. 다른 이유라
는 것은 별도로 다른 질환이 더해져 사망한 경우를 말한다.

[율문2의 소] 의하여 말한다: "기한 안에 사망한 때에는 각각 살인에
의거해서 논한다."는 것은 보고 기한 안에 사망한 때에는 존비·양
천 및 죄의 경중을 한하지 않고 각각 본조의 살해죄에 따라서 단죄
한다는 것을 말한다. "만약 기한이 지난 뒤"라는 것은 가령 주먹으
로 사람을 구타한 경우 보고가 10일이니 누계하여 1000각[16]이 지
났다면 이것을 "기한이 지난 뒤"라고 한다. "및 비록 기한 내일지라
도"라는 것은 보고 기한이 되지 않은 경우를 말하며, "다른 이유로
사망한 때"에서 다른 이유란 별도로 다른 질환이 더하여 사망한 것
을 말한다. 가령 사람을 구타하여 머리에 상처가 났는데 풍이 머리
의 상처로 들어가 풍으로 인하여 사망에 이른 경우 등은 역시 살인
으로 논하며, 만약 머리의 상처로 인해 풍을 얻은 것이 아니라 별
도의 다른 병으로 인하여 사망했다면 이것이 "다른 이유"가 되며,
각각 본조의 구타하여 상해한 법에 의거한다. 그러므로 주에 "다른
이유라는 것은 별도로 다른 질환이 더해져 사망한 경우를 말한다."
고 한 것이다. 만약 낙태, 눈을 멀게 한 것, 생식 기능을 훼손하여
못쓰게 한 것, 이를 부러뜨린 것 등이 있으면, 모두 손발, 다른 물

---

16) 당률에서는 하루를 100각으로 규정하였으므로(명55.1), 1,000각은 10일이다.

건, 날붙이, 끓는 물이나 불이냐에 따라서 보고 기한으로 삼는다.

제308조 투송 7. 구타·상해죄의 공범(同謀不同謀毆傷人)

[律文1a] 諸同謀共毆傷人者, 各以下手重者爲重罪, 元謀減一等, 從者又減一等;

[律文1b] 若元謀下手重者, 餘各減二等;

[律文1c] 至死者, 隨所因爲重罪.

[律文1a의 疏] 議曰: 「同謀共毆傷人者」, 謂二人以上同心計謀, 共毆傷人者. 假有甲乙丙丁謀毆傷人, 甲爲元謀, 乙下手最重, 毆人一指折. 以下手重爲重罪, 乙合徒三年; 甲是元謀, 減一等合徒二年半; 丙丁等爲從, 又減一等合徒二年. 若不因鬪, 乙爲故毆之首, 合流二千里; 甲是元謀, 減一等合徒三年; 丙丁徒二年半.

[律文1b의 疏] 若是元謀下手重者, 假甲爲元謀, 下手最重, 卽甲合徒三年; 乙丙丁各減二等, 竝徒二年. 若故毆, 卽甲合流二千里; 餘各減二等, 各徒二年半之類.

[律文1c의 疏] 「至死」, 謂被毆人致死. 「隨所因爲重罪」, 謂甲毆頭, 乙毆手, 丙毆足, 若由頭瘡致死者, 卽甲爲重罪; 由手傷致死者, 卽乙爲重罪; 由足傷致死者, 卽丙爲重罪. 重罪者償死, 餘各減二等徒三年, 甲是元謀止減一等流三千里.

[율문1a] 무릇 같이 모의하여 함께 사람을 구타하여 상해한 때에는 각각 가해한 것이 무거운 자를 중죄로 하며, 주모자는 1등을 감하고, 수종자는 또 1등을 감한다.

[율문1b] 만약 주모자가 가해한 것이 무겁다면 나머지는 각각 2등을 감한다.

[율문1c] 사망에 이른 때에는 사인을 야기한 바에 따라 중죄로 한다.

[율문1a의 소] 의하여 말한다: "같이 모의하여 함께 사람을 구타하여 상해한 때"라 함은, 2人 이상이 같은 마음으로 계획을 모의하여(명 55.5) 함께 사람을 구타하여 상해한 것을 말한다. 가령 갑·을·병·정이 모의하여 사람을 구타하여 상해하였는데, 갑이 주모자이고, 을이 손댄 것이 가장 무거운데, 사람을 구타하여 손가락 하나를 부러뜨렸다면, 무겁게 손 댄 자를 중죄로 하여 을은 도3년(투4.1a)에 해당하고, 갑은 주모자이므로 1등을 감하여 도2년반에 해당한다. 병·정은 같은 종범[17]으로 또 1등을 감하여 도2년에 해당한다. 만

---

17) 일반적인 '수범·종범'의 규정이 있으나(명42.1) 이 조항에서는 이를 보다 복잡한 것으로 봐야할 것이다. 본조의 '같이 모의하여 함께 사람을 구타하여 상해한' 경우, 주모(명42에서 「조의」라 한 것과 같다)한 자와 수종한 자 외에 이 조문의 경우는 공동의 가해행위 가운데 가장 결정적인 역할을 하였던 자(손댄 것이 가장 무거운 자), 즉 피해자의 상해에 가장 결정적으로 원인이 된 요인을 중하게 여겨 별도로 취급해서 문책한 것이다. 이는 구타·상해의 결과를 발생 원인보다 무거운 것으로 간주하기 때문에 원래 모의한 자가 아니면서 손댄 것이 무거운 경우 원래 모의한 자와 책임이 뒤바뀌게 되며, 손댄 것이 무겁지 않은 수종자는 다시 1등을 감하는 것이다. 원래 모의한 자의 손댄 것이 무거운 경우에는 그 나머지 수종자의 책임은 2등을 감한다. 또 치사의 경우 그 원인의 강약에 따라 원인이 가장 강한 자를 중죄로 하고 그 나머지는 그대로 치사의 책임을 묻는데 이는 행위자의 지위가 같지 않기 때문이다. 치사의 원인을 나눌 수 없는 경우, 뒤에 손댄 자를 중죄로 하고 원래 모의한 자 및 수종자의 책임은 원래대로 한다. 법적 평가로서 수범의 개념을 보면 '손댄 것이 가장 무거운 자'는 확실히 이것에 해당된다. 소가 예시한 것은 먼저 갑·을·병·정이 같이 모의한 경우로 갑이 원모자이고, 을이 손댄 것이 가장 무거운 자, 병·정이 수종자일 때의 '구타하여 상해한 것'과 '고의로 구타하여 상해한 것'의 예를 말하고, 다음으로 갑이 원모자인데 게다가 손댄 것이 가장 무거운 자이었을 때의 '구타하여 상해한 것'과 '고의로 구타한 것'의 예를 각각 든 것이다(일본 역『당률소의』3, 291~292쪽, 주1·2).

약 싸움으로 인한 것이 아니라면 을은 고의로 구타한 것의 수범이 되어 유2000리에 해당하며[18], 갑은 주모자이므로 1등을 감하여 도3년에 해당하고, 병·정은 도2년반에 해당한다.

[율문1b의 소] 만약 주모자가 가해한 것이 무거운 경우는, 가령 갑이 주모자이고 손댄 것이 가장 무겁다면 갑은 도3년에 해당하며, 을·병·정은 각각 2등을 감하여 모두 도2년에 해당한다. 만약 고의로 구타하였다면 갑은 곧 유2000리에 해당하고, 나머지는 각각 2등을 감하여 각각 도2년반에 해당하는 것 따위이다.

[율문1c의 소] "사망에 이르렀다."는 것은, 구타를 당한 사람이 사망에 이른 것을 말한다. "사인을 야기한 바에 따라 중죄로 한다."는 것은, 갑은 머리를 구타하고, 을은 손을 구타하고, 병은 다리를 구타하였는데, 만약 머리의 상처로 말미암아 사망에 이르게 되었다면 갑이 곧 중죄가 되고, 손의 상해로 사망에 이르게 되었다면 을이 중죄가 되며, 다리의 상해로 사망에 이르게 되었다면 병이 중죄가 된다는 것을 말한다. 중죄자는 죽음으로 죗값을 하고, 나머지는 각각 2등을 감하여 도3년에 처하며, 갑은 주모자이므로 (중죄에서) 다만 1등을 감하여 유3000리에 처한다.

[律文2] 其不同謀者, 各依所毆傷殺論; 其事不可分者, 以後下手爲重罪.

[律文2의 疏] 議曰:「其不同謀者」, 假有甲乙丙丁不同謀, 因鬪共毆傷一人, 甲毆頭傷, 乙打脚折, 丙打指折, 丁毆不傷. 若因頭瘡致死, 甲得殺人之罪償死, 乙爲折支合徒三年, 丙爲折指合徒一年, 丁毆不傷合笞四十. 是爲「各依所毆傷殺論」.「其事不可分者」, 謂此四人共毆一人, 其瘡不可分別, 被毆致

---

18) "싸움으로 인하지 않고 고의로 사람을 구타하여 상해하였다면 싸우다가 구타하여 상해를 입힌 죄에 1등을 더한다."(306, 투5.2)의 규정에 따라 사람의 뼈를 부러뜨린 죄의 도3년(305, 투4.1a)에 1등을 더하여 유2000리가 되는 것이다.

死.「以後下手者爲重罪」, 謂丁下手最後, 卽以丁爲重罪, 餘各徒三年, 元謀減一等流三千里.

[율문2] 단 같이 모의하지 않은 경우는 각각 구타·상해·살해한 바에 따라 논한다. 만약 사건을 구분할 수 없는 때에는 나중에 가해한 자를 중죄로 한다.

[율문2의 소] 의하여 말한다: "단 같이 모의하지 않은 경우"란, 가령 갑·을·병·정이 모의하지 않고 싸움으로 인하여 함께 한 사람을 구타하여 상해하였는데, 갑은 머리를 구타하여 상해하고, 을은 다리를 구타하여 부러뜨리고, 병은 손가락을 구타하여 부러뜨리고, 정은 구타하였지만 상해를 입히지 않은 (경우를 말한다. 그런데) 만약 머리의 상처로 사망에 이르렀다면 갑은 살인죄를 받아 죽음으로 죗값을 해야 하며(투5.1a), 을은 지체를 부러뜨린 것으로 도3년에 해당하고(투4.1a), 병은 손가락을 부러뜨린 것으로 도1년에 해당하며(투2.1), 정은 구타하였지만 상해하지 않았으므로 태40에 해당한다(투1.1). 이것이 "각각 구타·상해·살해한 바에 따라 논한다."는 것이다. "만약 사건을 구분할 수 없는 때"라는 것은 이 4인이 함께 한 사람을 구타하고 그 상해가 (누가 한) 것인지 분별할 수 없는데 구타당한 자가 사망에 이른 것을 말한다. "나중에 손 댄 자를 중죄로 한다."는 것은 정이 가장 나중에 손댔다면 정을 중죄로 하고, 나머지는 각각 도3년에 처하며, 주모자는 (중죄자에서) 1등을 감하여 유3000리에 처한다는 것을 말한다.

[律文3] 若亂毆傷, 不知先後輕重者, 以謀首及初鬪者爲重罪, 餘各減二等.

[律文3의 疏] 議曰: 假有人群黨共鬪, 亂毆傷人, 被傷殺者不知下手人名, 又不知先後輕重, 若同謀毆之, 卽以謀首爲重罪; 其不同謀亂毆傷者, 以初鬪者爲

重罪. 自餘非謀首及非初鬪, 各減二等徒三年. 若不至死, 唯折二支: 若謀鬪者, 謀首流三千里, 餘各徒二年半; 其不同謀, 初鬪者有三千里, 餘亦減二等.

[율문3] 만약 어지럽게 구타하여 상해하였는데 선후와 경중을 알 수 없을 때에는 주모자 및 처음 싸움을 시작한 자를 중죄로 하고, 나머지는 각각 2등을 감한다.

[율문3의 소] 의하여 말한다: 가령 사람들이 무리를 지어 함께 싸우다 어지럽게 구타하여 사람을 상해하였는데, 살상된 바의 손댄 인명을 알지 못하고 또 (손댄 것의) 선후와 경중도 알 수 없는데, 만약 같이 모의하여 구타하였으면 곧 주모자를 중죄로 한다. 단 함께 모의하지 않고 어지럽게 구타하여 상해한 경우는 처음 싸움을 시작한 자를 중죄로 한다. 그 밖의 나머지는 주모자가 아니거나 처음 싸움을 시작하지 않았다면 각각 2등을 감하여 도3년에 처한다. 예컨대 사망에 이르지 않고 단지 지체 2개가 부러졌는데(투4.2), 만약 모의하여 싸운 것이면 주모자는 유3000리에 처하고, 나머지는 각각 2년반에 처한다. 단 함께 모의하지 않았다면 처음 싸움을 시작한 자는 유3000리에 처하고, 나머지는 또한 2등을 감한다.

[律文1의 問] 曰: 甲乙丙三人同謀毆人, 各擧毆一下, 合作首從以否?

[律文1의 答] 曰: 律云:「同謀共毆人者, 各以下手重者爲重罪.」 此據保辜內致死, 故有節級減文. 下又云:「不同謀者, 各依所毆傷殺論.」 卽明毆者得毆罪, 傷者得傷罪, 殺者得殺罪. 拳毆人者笞四十; 不同謀者各從毆科, 同謀毆人豈得減罪? 是知各笞四十, 不爲首從. 若更有丁, 亦與甲乙丙同謀, 丁不下手, 又非元謀, 卽減二等笞二十之類.

[율문1의 문] 묻습니다: 갑·을·병 3인이 같이 모의하여 사람을 구타

하였는데 각각 한 번씩 구타하였다면 수범·종범으로 구분해야 합니까?

[율문1의 답] 답한다: 율에 "같이 모의하여 함께 사람을 구타하였다면 각각 가해한 것이 무거운 자를 중죄로 한다."(투7.1a)고 하였다. 이것은 보고 기한 안에 사망에 이른 것에 의거하므로(투6.2) 차례로 감하는 조문이 있다. 다음에 또 "같이 모의하지 않았다면 각각 구타·상해·살해한 바에 따라 논한다."(투7.2)고 하였다. 곧 구타하였다면 구타한 죄를 받고, 상해하였다면 상해한 죄를 받으며, 살해하였다면 살해한 죄를 받는 것이 분명하다. 주먹으로 사람을 구타하였다면 태40에 처하고(투1.1), 같이 모의하지 않았다면 각각 구타한 것에 따라 죄를 주는데, 같이 모의하여 사람을 구타하였다면 어찌 죄를 감할 수 있겠는가? 이것은 각각 태40에 처하고 수범·종범으로 구분하지 않는다는 것을 알 수 있다. 만약 또 정이 있어 역시 갑·을·병과 같이 모의하였으나, 정은 손대지 않았고 또 주모자가 아니라면 2등을 감하여 태20에 처하는 것 따위이다.

[律文2의 問] 曰: 甲乙二人同謀毆人, 甲是元謀, 又先下手毆一支折; 乙爲從, 後下手毆一目瞎, 各合何罪?

[律文2의 答] 曰: 據上條, 折跌人支體及瞎其一目者, 徒三年. 卽損二事以上, 及因舊患令至篤疾者, 流三千里. 此卽同謀共毆人傷損二事, 甲雖謀首, 合徒三年; 由乙損二事, 合流三千里. 若不同謀, 各損一事, 俱得本罪, 竝徒三年.

[율문2의 문] 묻습니다: 갑·을 2인이 같이 모의하여 사람을 구타하였는데 갑은 주모자이고 또 먼저 구타하여 지체 하나를 부러뜨렸고, 을은 수종해서 뒤에 구타하여 한쪽 눈을 멀게 하였다면 각각 어떤 죄에 해당합니까?

[율문2의 답] 답한다: 위 조항에 의하면 "사람의 지체를 부러뜨리거나 어긋나게 한 자 및 한쪽 눈을 멀게 한 자는 도3년에 처한다. 만약 두 가지 이상을 손상하거나 본래의 질환에 더하여 독질에 이르게 한 자는 유3000리에 처한다."(투4.2)라고 하였다. 이것은 곧 같이 모의하여 함께 사람을 구타하여 두 가지 이상을 손상한 것이니, 갑은 비록 주모자라도 도3년에 처해야 하고, 을은 두 가지를 손상했기 때문에 유3000리에 처해야 한다. 만약 같이 모의하지 않았다면 각각 한 가지를 손상하였고 둘 다 본죄를 받으므로, 다 같이 도3년에 처한다.

제309조 투송 8. 위세 또는 폭력으로 사람을 제압하여 결박한 죄(威力制縛人)

[律文1a] 諸以威力制縛人者, 各以鬪毆論;

[律文1b] 因而毆傷者, 各加鬪毆傷二等.

　[律文1a의 疏] 議曰: 以威若力而能制縛於人者, 各以鬪毆論. 依上條, 手足之外皆爲他物. 縛人皆用徽纆, 明同他物之限. 縛人不傷合杖六十. 若傷杖八十.

　[律文1b의 疏] 「因而毆傷者」, 謂因縛卽毆者, 傷與不傷, 「各加鬪毆傷二等」, 謂因縛用他物毆不傷者杖八十, 傷者杖一百之類, 是名「各加鬪毆傷二等」.

[율문1a] 무릇 위세 또는 폭력으로 사람을 제압하여 결박한 때에는 각각 싸우다 구타한 것으로 논하고,

[율문1b] (결박한) 것으로 인해 구타·상해한 때에는 각각 투구·상

해의 죄에 2등을 더한다.

[율문1a의 소] 의하여 말한다: 위세 또는 폭력으로 사람을 제압하여 결박한 자는 각각 투구로 논한다. 위 조항(투1)에 따르면 손발 이외에는 모두 다른 물건이 된다. 사람을 결박하는 것은 모두 밧줄을 사용하므로 다른 물건의 범주와 같다는 것이 분명하다. 사람을 결박하였지만 상해하지 않았으면 장60에 해당한다. 만약 상해하였다면 장80에 처한다(투1.3).

[율문1b의 소] "(결박한) 것으로 인해 구타·상해한 때"라는 것은, 묶어서 구타한 경우를 말하며, 상해했든 상해하지 않았든 모두 "각각 투구·상해의 죄에 2등을 더한다."는 것을 말하며, (이는) 결박해서 다른 물건으로 구타하고 상해하지 않은 경우 장80에 처하고, 상해한 때에는 장100에 처한다는 것 따위를 말한다. 이것이 "각각 투구·상해의 죄에 2등을 더한다."는 것이다.

[律文2] **卽威力使人毆擊而致死傷者, 雖不下手, 猶以威力爲重罪, 下手者減一等.**

[律文2의 疏] 議曰: 威力使人者, 謂或以官威, 或恃勢力之類, 而使人毆擊他人致死傷者, 威力之人雖不下手, 猶以威力爲重罪, 下手者減一等. 假有甲恃威力, 而使乙毆殺丙, 甲雖不下手, 猶得死罪; 乙減一等, 流三千里. 若折一指, 甲雖不下手, 合徒一年; 乙減一等, 杖一百之類. 甲是監臨官, 百姓無罪, 喚問事以杖依法決罰致死, 官人得殺人罪, 問事不坐. 若遣用他物, 手足打殺, 官人得威力殺人罪, 問事下手者減一等科.

[율문2] 만약 위세 또는 폭력으로 사람을 시켜 (다른 사람을) 구타하게 하여 사상에 이르게 한 때에는 비록 가해하지 않았더라도 오히려 위협이나 힘을 (행사한) 자를 중죄로 하고, 가해한 자

는 1등을 감한다.

[율문2의 소] 의하여 말한다: "위세 또는 폭력으로 사람을 시켰다."는 것은, 혹은 관의 위세로 혹은 세력 따위를 믿고 사람을 시킨 것을, (그로 하여금) 다른 사람을 구타하게 하여 사망이나 상해에 이르게 한 경우를 말하며, 위세 또는 세력이 있는 사람은 손대지 않았더라도 오히려 위세나 세력을 (행사한 자를) 중죄로 하고, 손을 댄 자는 1등을 감한다. 가령 갑이 위세 또는 세력을 믿고 을을 시켜 병을 구타하게 하여 살해하였다면 갑은 비록 손을 대지 않았더라도 오히려 사죄19)를 받으며, 을은 1등을 감하여 유3000리에 처한다. 만약 손발가락 하나를 부러뜨렸다면 갑은 손대지 않았더라도 도1년에 처해야 하고, 을은 1등을 감하여 장100에 처하는 것 따위이다. 갑이 감림관이고 백성이 죄가 없는데 문사를 시켜 (백성에게) 장을 치게 하였고, (문사는) 법에 의거해서 벌을 집행하다가20) 사망에 이르렀다면, 관인은 살인죄를 받고 문사는 죄를 받지 않는

---

19) "무릇 싸우다가 사람을 구타하여 살해한 자는 교형에 처한다. 날붙이 및 고의로 사람을 살해한 자는 참형에 처한다. 싸움으로 인한 것이라도 병장기의 날을 사용하여 사람을 살해한 것은 고살과 같다."(306, 투5.1)는 규정에 따라 교형과 참형이 모두 가능하므로 사죄를 받는다고 한 것이다.

20) 문사란 신문 단계에서 장으로 수인을 때리는 이속이다. 『자치통감』에는 양 무제가 힘센 문사 5인을 갖추어 두고 번갈아 치게 하였다는 기사와 수 문제가 문사의 매질이 시원치 않은 데에 노하여 그를 참형에 처하라고 명한 기사가 기록되어 있는데, 胡三省은 "문사란 장을 집행하는 사람이다."라고 주석하였다(『자치통감』권177, 5528쪽). 또, 曹操의 업 공략 기사에서는 "문사는 졸이다. 주로 장을 담당하며 伍伯의 부류와 같다. 문사장이란 문사가 들고 있는 장이다."라고 주석하였다(『자치통감』권64, 2054쪽). 여기의 문사 역시 장으로 고신하는 이졸을 가리킨다. 고문에 쓰이는 장, 즉 신수장은 굵은 쪽의 직경이 3분 2리이며, 가는 쪽의 직경이 2분 2리이다(『당육전』권6, 191쪽; 『역주당육전』상, 471쪽). '의법결벌'은 태·장형을 집행할 경우 등·넓적다리·엉덩이로 나누어 받게 하며, 나누어 때리는 매질의 수는 반드시 같아야 한다는 규정(482, 단14.1a의 소)에 따라 적법하게 형을 집행하는 것을 말한다.

다.[21] 만약 다른 물건이나 손발로 때리게 해서 살해했다면 관인은 위세 또는 세력으로 살인한 죄를 받으며, 문사는 가해한 자이므로 1등을 감하여 죄를 준다.

제310조 투송 9. 쌍방이 서로 구타한 경우의 처벌 원칙(兩相毆傷論如律)

[律文1] 諸鬪兩相毆傷者, 各隨輕重, 兩論如律;
[律文2] 後下手理直者, 減二等. 至死者不減.

[律文1의 疏] 議曰:「鬪兩相毆傷者」, 假有甲乙二人, 因鬪兩相毆傷, 甲毆乙不傷 合笞四十, 乙毆甲傷合杖六十之類. 或甲是良人, 乙是賤隸, 甲毆乙傷減凡人二等合笞四十, 乙毆甲不傷加凡人二等合杖六十之類. 其間尊卑·貴賤應有加減, 各準此例.

[律文2의 疏]「後下手理直者, 減二等」, 假甲毆乙不傷合笞四十; 乙不犯甲, 無辜被打, 遂拒毆之, 乙是理直, 減本毆罪二等合笞二十. 乙若因毆而殺甲, 本罪縱不至死, 即不合減, 故注云「至死者不減」.

[율문1] 무릇 싸우다가 쌍방이 서로 구타·상해한 때에는 각각 경중에 따라서 쌍방 모두 법대로 논한다.

---

21) 이 경우의 장은 관리가 세력을 이용하여 부당하게 심문을 행하는 경우로서 정당한 법적 절차에 의한 신문과정에서 행해진 장이 아니다. 감림관은 타인을 이용하여 위법성이 없는 행위를 범한 간접정범이다. 문사를 벌하지 않는 것은 대개 이것이 본래 법령에 따른 행위이고 위법조각사유가 있기 때문이다(일본역『당률소의』3, 295쪽, 주4).

[율문2] 뒤에 구타했고, (반격의) 사유가 정당한 자는 2등을 감한다. 사망에 이른 때에는 감하지 않는다.

[율문1의 소] 의하여 말한다: "싸우다가 쌍방이 서로 구타·상해한 때"라는 것은, 가령 갑·을 두 사람이 싸우다가 쌍방이 서로 구타·상해하였는데, 갑이 을을 구타하였으나 상해하지 않았다면 (그 죄는) 태40에 해당하고(투1.1), 을이 갑을 구타하여 상해하였다면 (그 죄는) 장60에 해당하는 것 따위이다(투1.2). 혹 갑은 양인이고 을은 천예인 경우, 갑이 을을 구타하여 상해하였다면 (그 죄는) 일반인을 범한 죄에서 2등을 감하여 태40에 해당하며, 을이 갑을 구타하였지만 상해하지 않았다면 (그 죄는) 일반인을 범한 죄에 2등을 더하여 장60에 해당하는 것 따위이다(투19.1a). 그들 사이가 존비·귀천 (관계여서) 가감해야 할 때에는 각각 이 예에 준한다.

[율문2의 소] "뒤에 구타했고, (반격의) 사유가 정당한 자는 2등을 감한다."는 것은, 가령 갑이 을을 구타하였지만 상해하지 않았다면 (그 죄는) 태40에 해당하고, 을이 갑을 범하지 않아 죄가 없는데 구타당하여 결국 항거하다가 갑을 구타하였다면 을은 사유가 정당하므로 (그 죄는) 본래 구타한 죄에서 2등을 감하여 태20에 해당한다. 을이 만약 갑을 구타하여 살해하였다면 본조의 죄가 비록 사죄에 이르지 않더라도[22] 감해서는 안 되기 때문에 주에 "사망에 이른 때에는 감하지 않는다."고 한 것이다.

[律文2의 問] 曰: 尊卑相毆, 後下手理直得減. 未知伯叔先下手毆姪, 兄姊先下手毆弟妹, 其弟·姪等後下手理直, 得減以否?

---

22) 투구살은 사죄를 받지만(306, 투5.1) 사죄가 안 되는 경우가 있다. 예컨대 존장이 비유를 살해한 경우(328조, 투27.4)이라든가 양인이 천인을 살해한 경우(322, 투21.1) 등이 그러하다.

[律文2의 答] 曰: 凡人相毆, 條式分明. 五服尊卑, 輕重頗異. 只如毆緦麻兄
姊杖一百, 小功、大功遞加一等; 若毆緦麻以下卑幼, 折傷減凡人一等, 小功、
大功遞減一等. 據服雖是尊卑, 相毆兩俱有罪, 理直則減, 法亦無疑. 若其毆
親姪、弟妹, 至死然始獲罪, 傷重律則無辜. 罪旣不合兩論, 理直豈宜許減? 擧
伯叔兄姊, 但毆傷卑幼無罪者, 竝不入此條.

[율문2의 문] 묻습니다: 존비가 서로 구타한 경우, 뒤에 때린 자의
사유가 정당하다면 (죄를) 감할 수 있습니다. (그렇다면) 백숙부가
먼저 손을 대어 조카를 때려 구타하거나, 형·누나가 먼저 손을 대
어 남동생이나 여동생을 구타하였을 때, 그 동생이나 조카 등이 뒤
에 손을 대었는데 사유가 정당하다면 (죄를) 감할 수 있습니까?
[율문2의 답] 답한다: 일반인이 서로 구타한 것은 법조문의 규정이
분명하다. 오복의 존비는 (의) 경중이 사뭇 다르다. 시마친 형·
누나와 같은 경우는 구타하였다면 장100에 처하고, 소공·대공친은
차례로 1등씩 더한다(투26.1). 만약 시마친 이하의 비유를 구타하여
골절상을 입혔다면 일반인을 범한 죄에서 1등을 감하며, 소공·대
공은 차례로 1등씩 감한다(투26.2). 복에 의거하면 비록 이들은 존
비이지만 서로 구타하면 양쪽 모두 죄가 있고 사유가 정당하다면
감하는 것은 법에 의혹이 없다. (그렇지만) 만약 그것이 친조카·남
동생·여동생을 구타한 것이면 사망에 이르러야 비로소 죄를 얻고
중상이더라도 율에 죄가 없다(투26·27). 죄가 원래 쌍방을 논하는
것이 아니라면23) 사유가 정당하다고 하여 어찌 감형을 허용하겠

---

23) 조카나 동생의 경우 부러뜨린 상해 이하에 대하여 율문에는 언급이 없다. 따
라서 범죄를 구성할 수 없다. 문답에서 알 수 있듯 동생이나 조카 등을 구타
하여도 백숙부·형과 누나는 죄가 되지 않는다. 그러나 조카나 동생 등이 백숙
부나 형 혹은 누나를 구타하였다면 투송 26조와 27조에 의하여 죄를 묻는다.
그래서 조카나 동생의 경우에 이 조항을 적용한다. 법적으로 하여도 한쪽은

는가? 백숙·형과 누나를 예로 들었지만 다만 비유를 구타·상해한 것이 무죄인 경우는 모두 이 조항에 포함되지 않는다.

제311조 투송 10. 궁내에서 분쟁한 죄(宮內忿爭)

[律文1a] 諸於宮內忿爭者, 笞五十;

[律文1b] 聲徹御所及相毆者, 徒一年;

[律文1c] 以刃相向者, 徒二年.

　[律文1a의 疏] 議曰: 宮殿之內, 致敬之所, 忽致忿爭, 情乖恭肅, 故宮內忿爭者, 笞五十. 嘉德等門以內爲宮內; 衛禁律「宮城門有犯與宮門同」, 卽順天等門內亦是.

　[律文1b의 疏] 若忿競之聲, 徹於御所及有相毆擊者, 各徒一年.

　[律文1c의 疏] 以刃相向者, 徒二年. 旣不論兵刃, 卽是刃無大小之限.

[율문1a] 무릇 궁 안에서 성내고 다툰 자는 태50에 처하고,

[율문1b] 소리가 황제가 있는 곳에까지 들린 때 및 서로 구타한 때에는 도1년에 처하며,

[율문1c] 날붙이로 서로 겨눈 때에는 도2년에 처한다.

　[율문1a의 소] 의하여 말한다: 궁전 안은 경의를 다해야 할 곳인데 경솔하게 감히 성내었다면 그 상황이 공경하고 엄숙한 것과 어긋나므로 궁 안에서 성내고 다툰 자는 태50에 처한다. 가덕 등 문의 안을 궁 안이라 한다. 위금율에 "궁성문에서 범함이 있으면 궁문과 같

범죄가 되지 않기 때문에 감등하는 것이 이루어 질 수 없음을 알 수 있다.

다."(위2.1a)고 하였으니 순천 등 문 안 또한 같다.[24]

[율문1b의 소] 만약 성내어 다투는 소리가 황제가 있는 곳에까지 들린 때 및 서로 구타한 때에는 각각 도1년에 처한다.

[율문1c의 소] 날붙이로 서로 겨눈 때에는 도2년에 처한다. 원래 병장기의 날이라고 말하지 않았으므로 곧 날붙이는 크고 작음의 제한이 없다.

[律文2a] 殿內, 遞加一等.

[律文2b] 傷重者, 各加鬪傷二等. 計加重於本罪即須加. 餘條稱加者, 準此.

[律文2a의 疏] 議曰: 殿內忿爭, 遞加一等者, 謂太極等門爲殿內, 忿爭杖六十; 聲徹御所及相毆者, 徒一年半; 以刃相向, 徒二年半. 若上閤內忿爭, 杖七十; 聲徹御所及相毆者, 徒二年; 以刃相向者, 徒三年.

[律文2b의 疏] 「傷重者, 各加鬪傷二等」, 假有凡鬪, 以他物毆傷人內損吐血合杖一百, 宮內加二等徒一年半, 即重於宮內相毆徒一年. 凡鬪毆人折齒合徒一年, 若於殿內, 是傷重加二等合徒二年, 是重於殿內相毆徒一年半. 此爲「各加鬪傷二等」. 注云「計加重於本罪, 即須加」, 謂殿內凡鬪, 相毆不傷合徒一年半; 假有甲於殿內毆緦麻尊長, 本罪合徒一年, 由在殿內故加罪二等合徒二年, 是名「計加重於本罪」. 不加本罪者, 假如毆緦麻兄姊合杖一百, 以在殿內故加二等合徒一年半, 即與殿內凡鬪罪同, 此是計加不重於本罪, 止依本徒一年半爲坐. 「餘條稱加者, 準此」, 謂一部律內, 稱加得重於本罪者即須加,

---

加不重者從本法.

[율문2a] 전 안은 차례로 1등을 더하고,

[율문2b] 상해가 무거운 때에는 각각 싸우다가 상해한 (죄에) 2등을 더한다. 더할 것을 계산한 것이 본죄보다 무거운 때에는 곧 반드시 더해야 한다. 다른 조항에서 '더한다'고 한 것은 이에 준한다.

[율문2a의 소] 의하여 말한다: 전 안에서 성내어 다투었다면 차례로 1등을 더한다는 것은, 태극 등의 문[25]이 전 안이 되는데 (그 안에서) 다투었다면 장60에 처하고, 황제가 있는 곳에까지 소리가 들린 때 및 서로 구타한 때에는 도1년반에 처하며, 날붙이를 상대방에게 겨눈 때에는 도2년반에 처한다. 만약 상각[26] 안에서 성내어 다툰 자는 장70에 처하고, 소리가 황제가 있는 곳에까지 들린 때 및 서로 구타한 때에는 도2년에 처하고 날붙이를 상대방에게 겨눈 때에는 도3년에 처한다.

[율문2b의 소] "상해가 무거운 때에는 각각 싸우다가 상해한 (죄에) 2등을 더한다."는 것은, 가령 일반 싸움에서 다른 물건으로 사람을 구타하여 내상을 입혀 피를 토하게 하였다면 장100에 처하는데(투1.3), 만약 宮 안에서라면 2등을 더하여 도1년반에 처하니, 곧 궁 안에서 서로 구타한 죄인 도1년보다 무겁게 된다. 일반 싸움에서 사람을 구타하여 이를 부러뜨렸다면 도1년에 처하는데(투2.1), 만약

---

25) 황제 및 황태자·황비·궁녀 등이 기거하는 궁들은 장벽으로 둘러싸여 있으며, 그 내부에는 다수의 전과 閤이 세워져 있었다. 궁을 둘러싼 장벽에는 각각 문이 나 있는데, 황제가 정무를 보며 생활하는 곳인 太極宮의 正殿인 태극전의 전문이다(59, 위2의 각주17참고).

26) 당 장안성의 大內인 태극궁의 정전 태극전의 양측 회랑에는 각각 하나의 문이 있는데, 이 문들을 통해 內朝인 양의전으로 출입할 수 있기 때문에 합문이라고 불렀다(59, 위2의 각주18참고).

전 안이고 상해한 것이 무거우면 2등을 더하여 도2년에 처해야 하니, 이것이 전 안에서 서로 구타한 죄인 도1년반보다 무겁다는 것이다.[27] 이것이 "각각 싸우다가 상해한 (죄에) 2등을 더한다."는 것이다. 주에 "더할 것을 계산한 것이 본죄보다 무거운 때에는 곧 반드시 더해야 한다."는 것은, 전 안의 일반 싸움은 서로를 구타하여 상해가 없는 경우 도1년반에 해당하는데, 가령 갑이 전 안에서 시마 존장을 구타함이 있으면 본죄는 도1년에 해당하지만(투26.1c의 소) 전 안인 까닭에 2등을 더하여 도2년에 처해야 한다는 것을 말하며, 이것이 "더할 것을 계산한 것이 본죄보다 무겁다."는 것이다. 본죄에 더하지 않는 경우는, 가령 시마 형·누나를 구타하였다면 장100에 해당하는데(투26.1a) 전 안이므로 2등을 더하여 도1년반에 해당하니 곧 전 안의 일반 싸움의 죄와 같으며, 이것은 더할 것을 계산하여 본죄보다 무겁지 않은 것이므로 다만 본(죄)의 도1년반

---

27) 당률에는 "상해가 무거운 경우 각각 싸우다가 상해한 (죄에) 2등을 더한다."와 같은 표현의 규정을 자주 접하게 된다. 그렇다면 상해가 무겁다는 것은 어느 정도를 가리키는가? 뜻이 그렇게 간단히 설명되지 않는데, 먼저 戴炎輝의 해석을 일부 빌려서 설명한 뒤에 나름대로 간단히 요약해 보겠다. 어떤 특별규정의 형은 보통규정의 형을 가중한 것인데, 약간의 한도 내에서는 고·투·수족·타물·지장 및 상해의 정도를 불문하고 간단화하여 일률적으로 동일한 가중형에 처한다. 다만 보통규정은 비교적 주밀하고 탄력성이 있는 법정형이므로 그 상해가 비교적 무거운 것의 형은 특별규정의 법정형에 비하여 무거울 가능성이 있다. 대개 이와 같으면 그 본래 가중하려는 법의를 잃게 되어 특별규정을 적용할 수 없다. 그러므로 상해가 무거운 때에는 일반인 투구상죄법 즉 보통규정의 형으로 되돌아와 몇 등을 더하여 벌한다(『당률통론』, 143쪽). 그러면 어떤 정도에 이르면 가중하는가?. 예를 들면 이 조항의 "宮 내에서 사람을 구타한 자는 도1년에 처한다."라는 규정은 특별 가중처벌규정이며, 다만 상해가 무거운 때에는 일반인 투구상죄의 형에 2등을 더하는데, 그 무거운 상해란 2등을 더하여 궁 내 싸움에 대한 특별규정인 도1년보다 무거운 일반인 투구상죄, 즉 타물로 사람을 구타하여 내장을 손상시켜 피를 토하게 해서 장100에 해당하는 죄를 가리킨다.

에 의거해서 처벌한다. "다른 조항에서 '더한다'고 한 것은 이에 준한다."는 것은, 전체 율 내에서 더하여 본죄보다 무겁다면 반드시 더해야 하며, 더하여 무겁지 않은 것은 본조의 (처벌)법에 따른다는 것을 말한다.[28]

제312조 투송 11. 제사·본속부주를 구타한 죄(毆制使府主)

[律文1a] 諸毆制使、本屬府主、刺史、縣令及吏卒毆本部五品以上官長徒三年, 傷者流二千里, 折傷者絞. 折傷, 謂折齒以上.

[律文1a의 疏] 議曰: 有因忿而毆制使、本屬府主、刺史、縣令及吏卒毆本部五品以上官長, 其吏、卒等竝於名例解訖, 毆者合徒三年, 傷者流二千里, 折傷者絞. 注云「折傷, 謂折齒以上」, 依上條:「鬪毆人折齒、毀缺耳鼻、眇一目及折手

---

28) 주에 "계산하여 더한 것이 본죄보다 무거운 때에는 반드시 더해야 한다."는 것은 가중처벌하는 특별규정이 중복되는 경우에 대한 규정한다. 여기서 본조는 이 조항 즉 투송률 10조를 가리킨다. 다시 말하면 이 조항의 궁·전 안에서 투구한 행위에 대한 가중처벌규정은 일반인 투구상죄에 대한 것을 상정한 것인데 만약 그 행위가 또 다른 가중처벌 요건이 되는 존장 등을 대상으로 한 것일 때 어떻게 처벌할 것인가에 대한 규정한다. 소는 이에 대해서 다음과 같이 설명한다. 예를 들면 전 안에서 일반인 끼리 싸우다 서로를 구타하여 상해가 없는 경우 도1년반에 해당한다. 그런데 가령 갑이 전 안에서 시마 존장을 구타한 경우 원래 본죄는 도1년에 해당하지만(327, 투26.1c의 소) 전 안인 까닭에 2등을 더하여 도2년이 되어 궁·전 안의 일반인 투구상죄 도1년반보다 무거우면 이 경우 반드시 도2년으로 처벌해야 하며, 이것이 "더할 것을 계산하여 본죄보다 무겁다."는 것이다. 본죄에 더하지 않는 경우는, 가령 시마 형·누나를 구타하였다면 장100에 해당하는데(327, 투26.1a) 전 안이므로 2등을 더하여 도1년반에 해당하니 곧 전 안의 일반 싸움의 죄와 같으며, 이것은 더할 것을 계산하여 본죄보다 무겁지 않으므로 다만 이 조항의 처벌법인 도1년반에 의해 처벌한다.

足指, 若破骨及湯火傷人者, 各徒一年.」 此云「折傷」者, 折齒以上得徒一年
以上, 皆是.

[율문1a] 무릇 제사·본속부주·자사·현령을 구타한 자 및 이·졸이
본부의 5품 이상의 관장을 구타한 때에는 도3년에 처하고, 상해
한 때에는 유2000리에 처하며, 골절상을 입힌 때에는 교형에 처
한다. 골절상은 이를 부러뜨린 것 이상을 말한다.

   [율문1a의 소] 의하여 말한다: 분격하여 제사[29]·본속부주[30]·자사·
현령을 구타한 자 및 이·졸이 본부의 5품 이상의 관장을 구타한
때에는 -그 이·졸 등에 대해서는 모두 명례에서 이미 해설하였다
(명6.9).- 도3년에 해당하고, 상해한 때에는 유2000리에 처하며, 골
절상을 입힌 때에는 교형에 처한다. 주에 "골절상은 이를 부러뜨린
것 이상을 말한다."고 하였는데, 위의 조항에 의하면 "구타하여 이
를 부러뜨리거나 귀나 코를 훼손하거나, 한쪽 눈을 다치게 하거나
손·발가락 (하나를) 부러뜨리거나, 뼈에 금이 가게 한 자 및 끓는
물이나 불로 사람을 상해한 자는 각각 도1년에 처한다."(투2)고 하
였다. 여기에서 '골절상'이라고 한 것은, 이를 부러뜨린 것 이상으
로 인하여 도1년 이상을 받는 것은 모두 그렇다는 것이다.

[律文1b] 若毆六品以下官長各減三等, 減罪輕者加凡鬪一等, 死者斬. 詈
者, 各減毆罪三等. 須親自聞之乃成詈.

   [律文1b의 疏] 議曰:「六品以下官長」, 謂下鎭將及戍主. 若諸陵署、在外諸
監署六品以下雖隸寺、監, 當監署有印, 別起正案行事, 皆爲當處官長. 所管

---

29) 제사는 황제의 명을 받은 사자이다(119, 직29의 각주15 참고).

30) 부주라는 것은, 직사관 5품 이상, 대훈관 3품 이상은 親事와 帳內를 둔다고 하
   였으니 (친사와 장내가) 섬기는 관인을 부주라고 한다(명6의 각주109 참고).

吏, 卒而毆者, 各減毆五品以上官長罪三等, 合徒一年半. 若傷者, 流上減三等
合徒二年. 折傷者, 死上減三等徒二年半.「減罪輕者, 加凡鬪一等」, 假有凡
人, 故毆六品官長折肋, 合徒二年半, 從死減三等亦徒二年半; 據上條:「計加
重於本罪卽須加.」 旣云「加凡鬪一等」, 從徒二年半上加一等處徒三年, 下條
流外官毆九品以上各又加二等, 合流二千五百里. 如此等各減罪輕者, 加凡鬪
一等. 因毆致死者, 斬.「罵者, 減毆罪三等」, 謂罵制使以下, 本部官長以上,
從徒三年上減三等合徒一年半; 若罵六品以下官長, 又減三等合杖九十. 此名
「罵者, 各減毆罪三等」. 注云「須親自聞之乃成罵」, 謂皆須被罵者親自聞之,
乃爲罵.

[율문1b] 만약 6품 이하의 관장을 구타하였다면 각각 3등을 감하
고, 감한 죄가 가벼운 때에는 일반인 투구상죄에 1등을 더하며,
살해한 자는 참형에 처한다. 욕한 때에는 각각 구타한 죄에서 3
등을 감한다. 반드시 자신이 직접 그 (욕하는) 것을 들어야 욕이 성
립된다.

　[율문1b의 소] 의하여 말한다: "6품 이하의 관장"이란 하진의 장 및
　수주31)를 말한다. 또한 모든 능서32)와 지방의 여러 감·서의 (장관
　은) 6품 이하이고 비록 시·감에 예속되지만, 해당 감·서에 인장이
　있고 별도로 정안을 기초하여 일을 시행하므로 모두 해당 관청의
　관장이 된다. 관할하는 바의 이·졸이 (그들을) 구타한 때에는 각각

---

31) 鎭과 戍는 변경에 설치된 군사거점을 말한다. 큰 것을 진, 작은 것을 수라고
　　하며, 진은 수를 관할한다. 절충부에서 위사가 파견되어 방어를 담당하는 자
　　를 防人이라 한다. 진에는 鎭將(장관), 鎭副(통판관), 倉曹參軍事·兵曹參軍事
　　(판관), 錄事(검구관), 佐·史(주전) 등의 官, 戍에 戍主(장관), 戍副(통판관), 佐·
　　史(주전) 등의 官이 있다(『당육전』권30, 755쪽; 『역주당육전』하, 478~479쪽).
32) 황릉 관리 기관인 제릉서의 영 1인만 종 5품상이며 나머지는 6품 이하이다
　　(『당육전』권34, 400~402쪽; 『역주당육전』중, 367~369쪽).

5품 이상의 관장을 구타한 죄 (도3년)에서 3등을 감하여 도1년반에 처해야 하고, 만약 상해하였다면 유죄에서 3등을 감하여 도2년에 처해야 하며, 골절상이면 사죄에서 3등을 감하여 도2년반에 처한다. (그러나) "감한 죄가 가벼운 때에는 일반인 투구상죄에 1등을 더한다." 가령 일반인이 고의로 6품의 관장을 구타하여 늑골을 부러뜨린 경우, (일반인 투구상죄라면) 도2년반에 해당하고,[33] (5품 이상 관장을 범한 경우의) 사죄에서 3등을 감하면 역시 도2년반이 되어 (일반인 투구상죄와 같게 된다).[34] (그런데) 위의 조항에 의하면 "더할 것을 계산하여 본죄보다 무거운 때에는 곧 반드시 더해야 한다."(투10.2의 주)고 하였고, 이미 (이 조항에서) "일반인 투구상죄에 1등을 더한다."고 하였으므로, 도2년반에 1등을 더하면 도3년이 되고, (또) 아래 조항에 "유외관이 9품 이상 (유내관)을 구타한 때에는 각각 또 2등을 더한다."(투15.3)고 하였으므로 유2500리에 해당한다. 이러한 것과 같이 각각 감한 죄가 가볍다면 일반인 투구상죄에 1등을 더한다. 구타로 인하여 사망에 이르게 한 때에는 참형에 처한다.[35] "욕한 때에는 구타한 죄에서 3등을 감한다."는 것은 제사 이하 본부관장 이상을 욕하였다면 도3년에서 3등을 감하여 도1년반에 해당하며, 만약 6품 이하의 관장을 욕하

---

33) 늑골을 부러뜨렸다면 도2년(304, 투3.2)이지만, 여기에서는 '고의로' 구타하였기 때문에(306, 투5.2) 1등을 더하여 도2년반이 된다. 이것은 일반적인 경우이고 여기에서는 '6품의 관장'이라는 조건이 붙어 있다.

34) 5품 이상의 관장을 부러뜨린 상해를 입었다면 교형에 처하지만, 6품 이하의 관장의 경우는 5품 이상의 관장에 대한 죄에서 3등을 감한다. 따라서 교형에서 3등을 감하면 도2년반이 되어 일반인 투구상죄와 같아지는 것이다.

35) 명례율 6.9의 소에 "본인이 속한 부주와 (주)자사·현령 및 현재 가르침을 받고 있는 스승을 살해한 것, 이·졸이 본부의 5품 이상 관장을 살해한 것, 남편의 상을 듣고도 숨기고 상례를 거행하지 않은 것, 또는 (남편 상중에) 음악을 연주한 것, (남편을 위한) 상복을 벗고 길복으로 갈아입은 것, (남편 상중에) 개가한 것을 말한다."고 한 데에서 알 수 있듯이 이는 불의에 해당하는 것이다.

였다면 또 3등을 감하여 장90에 해당하는 것을 말한다.[36] 이것이 "욕한 때에는 각각 구타한 죄에서 3등을 감한다."는 것이다. 주에 "반드시 자신이 직접 그 (욕하는) 것을 들어야 욕이 성립된다."고 한 것은, 반드시 욕을 당한 당사자가 직접 그 욕하는 것을 들어야 욕한 죄가 성립된다는 것이다.

[律文2] 卽毆佐職者徒一年, 傷重者加凡鬪傷一等, 死者斬.

[律文2의 疏] 議曰:「毆佐職者」, 謂除長官之外, 當司九品以上之官, 皆爲佐職. 所部吏卒毆者, 徒一年. 傷重者, 假如他物故毆傷佐職, 凡鬪合杖九十, 九品以上加二等合徒一年, 爲佐職又加一等徒一年半之類, 是名「傷重者, 加凡鬪一等」. 至死者, 斬.

[율문2] 만약 좌직을 구타한 때에는 도1년에 처하고, 상해한 것이 무거운 때에는 일반인 투구상죄에 1등을 더하며, 살해한 때에는 참형에 처한다.

[율문2의 쇼] 의하여 말한다: "좌직을 구타하였다."는 것은, 장관을 제외한 해당 관사의 9품 이상의 관인이 모두 좌직이 됨을 말한다. 관할 구역 내의 이·졸이 (좌직을) 구타한 때에는 도1년에 처한다. 상해한 것이 무거운 때(에는 일반인 투구상죄에 1등을 더한다)는 것은, 가령 (이·졸이) 고의로 타물로 좌직을 구타하여 상해하였다면, (원래) 일반인 투구상죄는 장90에 해당하고(투1 및 2) (이·졸이) 9품 이상을 (구타한) 것이므로 2등을 더하여 도1년에 해당하며, 좌직이기 때문에 또 1등을 더하여 도1년반이 된다(투15.3)는 것 따위이다.

---

36) 이 조항에서 제사·본속부주·자사·현령을 구타한 경우 및 이·졸이 본부의 5품 이상의 관장을 구타한 경우 도3년에 처하는데, 여기에서 3등을 감하면 도1년반이 되고, 6품 이하의 관장의 경우에는 여기에서 또 3등을 감하여 장90이 된다.

이것이 (정)명하여 "상해한 것이 무거운 때에는 일반인 투구상죄에 1등을 더한다."는 것이다. 사망에 이른 때에는 참형에 처한다.

제313조 투송 12. 장관을 구타·상해·살해한 죄(佐職統屬毆官長)

[律文] 諸佐職及所統屬官毆傷官長者, 各減吏卒毆傷官長二等, 減罪輕者 加凡鬪一等; 死者 斬.

[律文의 疏] 議曰:「佐職」, 謂當司九品以上. 及所統屬官者, 若省寺監管局, 署, 州管縣, 鎭管戍, 衛管諸府之類, 是所統屬.「毆傷官長者」, 官長謂尙書省諸司尙書, 寺監少卿·少監, 國子司業以上, 少尹, 諸衛將軍以上, 千牛府中郞將以上, 諸率府副率以上, 諸府果毅以上. 王府司馬竝諸州別駕雖是次官, 竝同官長, 或唯有長官一人. 佐職毆者, 各減吏卒毆傷官長罪二等. 卽吏卒毆官長折傷者絞; 若佐職及所統屬官毆五品以上官長折傷, 減吏卒二等合徒三年; 若毆六品以下官長折傷, 減三等徒一年半.「減罪輕者加凡鬪一等」, 假如佐職毆六品以下官長折二齒, 從死上減五等合徒一年半, 凡鬪折二齒亦徒一年半, 上條「計加重於本罪卽須加」, 更加一等處徒二年. 餘罪計加得重, 竝準此. 若佐職及所統屬官毆傷五品以上官長者, 各減吏卒二等. 假有吏卒毆五品以上官長折肋合死, 今爲佐職毆, 減吏卒二等合徒三: 折肋本罪合徒二年, 別條「六品毆傷五品加二等」, 合徒三年, 旣云「減罪輕者, 加凡鬪一等」, 合流二千里. 死者, 斬.

[율문] 무릇 좌직 및 통속되는 바의 관인이 관장을 구타·상해한 때에는 각각 이·졸이 관장을 구타·상해(한 죄)에서 2등을 감한

다. 감한 죄가 가벼운 때에는 일반인 투구상죄에 1등을 더한다. 사망에 이른 때에는 참형에 처한다.

[율문의 소] 의하여 말한다: '좌직'이란 해당 관청의 9품 이상을 말한다. '통속되는 바의 관인'이란 이를테면 성·시·감은 국·서를 관할하고, 주는 현을 관할하고, 진은 수를 관할하며, 위는 여러 (절충)부를 관할하는 것 따위로, 이것이 통속하는 바이다. "관장을 구타·상해한 것"에서 관장이란 상서성 모든 부(서)의 상서, 시·감의 소경·소감, 국자(감)의 사업 이상과 소윤, 모든 위의 장군 이상, 천우부의 중랑장 이상, 모든 솔부의 부솔 이상, 모든 (절충)부의 과의 이상을 말한다.37) 왕부의 사마 및 모든 주의 별가는 비록 차관38)이지만 관장과 같은데, 혹 오직 장관 1인만 있는 경우도 있다. 좌직이 (관장을) 구타한 때에는 각각 이·졸이 관장을 구타·상해한 죄에서 2등을 감한다. 곧 이·졸이 관장을 구타하여 골절상을 입힌 때에는 교형에 처하니, 만약 좌직 및 통속하는 바의 관인이 5품 이상의 관장을 구타하여 골절상을 입힌 때에는 이·졸의 (죄에서) 2등을 감하여 도3년에 해당하고, 만약 6품 이하의 관장을 구타하여 골절상을 입힌 때에는 (다시) 3등을 감하여 도1년반에 처한다. "감한 죄가 가벼운 때에는 일반인 투구상죄에 1등을 더한다."는 것은, 가령 좌직이 6품 이하의 관장을 구타하여 이 둘을 부러뜨렸다면 사죄에서 5등을 감하여 도1년반에 해당하는데, 일반인 투구상죄의

---

37) 상서성 이·호·예·병·형·공 6부의 장관이 상서, 태상·광록·위위·종정·태복·대리·홍려·사농·태부 9시의 차관이 소경, 소부·장작·군기·도수 4감의 부장관이 소감, 국자감의 부장관이 사업, 경조·하남·태원등 제부의 부장관이 소윤, 제위의 부장관이 장군, 천우부의 장관이 중랑장, 제솔부의 부장관이 부솔, 절충부의 부장관이 과의이다(劉俊文, 『당률소의전해』의 주1, 1505쪽).
38) 사마와 별가는 부와 주의 차관으로서 모든 사무를 관리하고 각 조를 통관하는 일을 관장하며 연말에 조집사가 되어 상경하여 회계와 고과를 보고하였다(『당육전』권30, 747쪽; 『역주당육전』하, 436쪽).

이 둘을 부러뜨린 것 역시 도1년반으로 (일반인 투구상죄와 같고), 앞 조항에서 "계산하여 더한 것이 본죄보다 무겁다면 곧 반드시 더해야 한다."(투10.2의 주)고 했으니, 다시 1등을 더하여 도2년에 처한다.[39] 다른 조항[40]에서 계산해서 더하여 무겁게 되는 경우는 모두 이에 준한다. 만약 좌직 및 통속되는 바의 관인이 5품 이상의 관장을 구타·상해하였다면 각각 이·졸(의 죄에서) 2등을 감한다. 가령 이·졸이 5품 이상의 관장을 구타하여 늑골을 부러뜨렸다면 사죄에 해당하지만, 여기서는 좌직이 (관장을) 구타한 것이기 때문에 이·졸(의 죄에서) 2등을 감하여 도3년에 해당하는데, 늑골을 부러뜨린 본죄가 도2년에 해당하고(투3.2) 다른 조항에서 "6품 (이하의 관)이 5품 (이상의 관)을 구타하여 상해하였다면 2등을 더한다."(투16.2)고 했으니 도3년에 해당하며, 이미 "감한 죄가 가벼운 때에는 일반인 투구상죄에 1등을 더한다."고 하였으므로 유2000리에 해당한다. 사망에 이른 때에는 참형에 처한다.

---

39) 이·졸이 5품 이상 관장을 구타하여 이를 부러뜨리는 상해를 입히면 교형에 처하는데(312, 투11.1a) 6품 이하의 관장을 구타하여 상해를 입은 경우는 5품 이상 관장을 구타한 죄에서 3등을 감한다.(312, 투11.1b) 이 조항에 따르면 좌직이 관장을 구타하면 이·졸이 관장을 구타한 죄에서 2등을 감한다. 이에 따라 좌직이 관장을 구타하여 이를 부러뜨리는 상해를 입혔다면 교형에서 5등을 감해 도1년반에 처한다. 그런데 이는 일반인들끼리의 구타의 경우(303, 투2.1)와 죄가 같으니 이는 감한 죄가 가벼운 경우에 속한다. 그렇기에 1등을 더하여 도2년이 되는 것이다.

40) 戴炎輝는 본문의 餘罪를 餘條로 보고 있다(『당률각론』하, 486쪽). 본 역주에서도 餘條로 보고 해석한다.

제314조 투송 13. 본속부주·자사·현령의 조부모·부모 및 처·자를 구타·상해한 죄(毆府主刺史縣令祖父母)

[律文] **諸毆本屬府主、刺史、縣令之祖父母父母及妻子者，徒一年; 傷重者，加凡鬪傷一等.**

　[律文의 疏] 議曰: 毆本屬府主、刺史、縣令之祖父母父母及妻子者，徒一年. 「傷重者，加凡鬪傷一等」，謂折一指或折一齒，凡毆亦徒一年，比凡鬪爲輕，加凡鬪傷一等合徒一年半之類. 府主等祖父母，父母若是議貴，凡毆得徒二年，爲是本屬府主之祖父母，父母，加一等得徒二年半. 傷重以上，並準例加一等.

[율문] 무릇 본속부주·자사·현령의 조부모·부모 및 처·자를 구타한 자는 도1년에 처하고, 상해가 무거운 때에는 일반인 투구상죄에 1등을 더한다.

　[율문의 소] 의하여 말한다: 본속부주·자사·현령의 조부모·부모 및 처·자를 구타한 자는 도1년에 처한다. "상해가 무거운 때에는 일반인 투구상죄에 1등을 더한다."는 것은, 손가락 하나를 부러뜨렸거나 또는 이 하나를 부러뜨린 것은 일반 구타도 도1년이어서(투2.1), 일반인 구타죄에 비하면 가볍게 되므로 일반인 투구상죄에 1등을 더하여[41] 도1년반에 해당하는 것 따위를 말한다. 부주 등의 조부모·부모가 만약 의귀[42]인 경우 일반인 구타이면 도2년을 받지만(투15.1), 본속부주의 조부모·부모이기 때문에 1등을 더하여 도

---

41) "더할 것을 계산하여 본죄보다 무거운 때에는 곧 반드시 더해야 한다. 다른 조항에서 '더한다'고 한 것은 이에 준한다."(311, 투10.2의 주)를 적용한 것으로 보인다.

42) "의귀. [직사관 3품 이상, 산관 2품 이상과 작 1품인 사람을 말한다.]"(명7.6).

2년반을 받게 된다. 상해한 것이 무거운 경우 이상은 모두 예에 준하여 1등을 더한다.

제315조 투송 14. 황제의 단문친 이상을 구타한 죄(毆皇家袒免以上親)

[律文1a] 諸皇家袒免親而毆之者徒一年,

[律文1b] 傷者徒二年,

[律文1c] 傷重者加凡鬪二等.

[律文2] 緦麻以上, 各遞加一等.

[律文3] 死者, 斬.

[律文1a의 疏] 議曰: 禮云五世袒免之親, 四世緦麻之屬. 皇家戚屬, 理弘尊敬. 袒免之親, 其有毆者合徒一年,

[律文1b의 疏] 傷者徒二年. 故‧鬪及用他物不傷者, 其罪一也. 其於諸條相毆, 唯立罪名, 不言鬪毆, 又不言以鬪論者, 故毆‧鬪毆及手足‧他物, 得罪悉同, 竝無差降.

[律文1c의 疏] 「傷重者加凡鬪二等」, 假有毆折二齒, 凡鬪合徒一年半, 加二等合徒二年半之類.

[律文2의 疏] 「緦麻以上, 各遞加一等」, 假有毆緦麻折二齒徒三年, 小功流二千里, 大功流二千五百里, 期親流三千里. 毆不傷, 從徒一年上遞加; 毆傷者, 從徒二年上遞加, 不加入死. 故云「各遞加一等」

[律文3의 疏] 死者, 斬.

[율문1a] 무릇 황가의 단문친을 구타한 자는 도1년에 처하고,

[율문1b] 상해한 때에는 도2년에 처하며,

[율문1c] 상해가 무거운 때에는 일반인 투구상에 2등씩 더한다.

[율문2] 시마친 이상은 각각 차례로 1등씩 더한다.

[율문3] 사망에 이른 때에는 참형에 처한다.

[율문1a의 소] 의하여 말한다:『예기』에 "오세는 단문친이고, 사세는 시마(친)속이다."(예기, 1171쪽)라고 하였다. (또한) 황가의 척속은 널리 존경함이 마땅하다. (황가의) 단문친인 자를 구타한 자는 도1년에 해당하며,

[율문1b의 소] 상해한 때에는 도2년에 처한다. 고의거나, 싸우거나, 타물을 사용했어도 상해하지 않았다면 그 죄가 같다. 만약 모든 조항에서 서로 구타한 것에 대해 오직 죄명만을 정하고 싸우다 구타한 것이라고 말하지 않고 또한 싸우다 구타한 것으로 논한다고 말하지 않은 것이면 고의로 (구타하거나) 싸우다 구타하거나 손발이나 타물로 구타하거나 죄를 받는 것이 모두 같고 모두 죄에 차등이 없다.

[율문1c의 소] "상해가 무거운 때에는 일반인 투구상에 2등씩 더한다."는 것은 가령 구타하여 이 두개를 부러뜨렸다면 일반인 투구상죄는 도1년반(투2.2)에 해당하므로 2등을 더하여 도2년반에 해당한다는 것 따위이다.

[율문2의 소] "시마친 이상은 각각 차례로 1등씩 더한다."는 것은, 가령 (황제의) 시마친을 구타하여 이 두개를 부러뜨렸다면 도3년에 처하며, 소공친이면 유2000리, 대공친이면 유2500리, 기친이면 유3000리[43]에 처한다는 것이다. 구타하였지만 상해하지 않았다면 도

---

43) 시마의 존속을 구타하여 이 두 개를 부러뜨렸다면 투송 10의 상해가 무거운 것의 경우에 해당되며 이는 "일반인끼리 구타한 것에 2등을 더해야" 한다. 일반인을 구타하여 이 두 개를 부러뜨린 것은 투송 2에 따라 도1년반이지만, 이

1년에서 차례로 더하며,[44] 구타하여 상해를 입혔다면 도2년에서 차례로 더하는데, 더하더라도 사죄에까지 이를 수는 없다(명56.3). 그러므로 "각각 차례로 1등씩 더한다."고 한 것이다.

[율문3의 소] 사망에 이른 때에는 참형에 처한다.

[律文1의 問] 曰: 皇家祖免親或爲佐職官, 或爲本屬府主·刺史·縣令之祖父母·父母·妻·子, 或是己之所親, 若有犯者合遞加以否?

[律文1의 答] 曰: 皇家親屬, 爲尊主之敬, 故異餘人. 長官佐職, 爲敬所部, 尊敬之處, 理各不同. 律無遞加之文, 法止各從重斷. 若己之親, 各準尊卑服數爲罪, 不在皇親及本屬加例.

[율문1의 문] 묻습니다: 황가의 단문친이 좌직관이거나 본속부주·자사·현령의 조부모·부모·처·자이거나 또는 자신의 친속인데 만약 범하였다면 차례로 더하는 것이 합당합니까?

[율문1의 답] 답한다: 황가의 친속은 황제를 존중해서 공경해야 하므로 다른 사람과는 다르다. 장관·좌직은 관할 부서에서 공경하는데, 존경하는 대우는 이치상 각각 같지 않다. 율에 차례로 더한다는 조문이 없으므로 법은 다만 각각 무거운 것에 따라 단죄한다. 만약 자신의 친속이라면 각각 존비·복수에 준하여 죄를 주며, 황친 및 본속부주의 가중하는 예에 넣지 않는다.

[律文2의 問] 曰: 皇家祖免之親若有官品, 而毆之者合累加以否?

경우 죄가 무거워져 2등을 더하여 도2년반이 되고, 여기에 "시마친 이상은 각각 차례로 1등씩 더한다."고 하였으니 도3년이 되는 것이다. 또, 소공은 1등을 더하여 유2000리, 大功은 또 1등을 더하여 유2500리, 기친(존속)은 또 1등을 더하여 유3000리이다(327, 투26.1).

44) '차례로 더한다'는 것은 이 경우 복제의 경중에 의해 차례로 더하는 것이다.

[律文2의 答] 曰: 律註毆袒免之親, 據皇家親屬立罪, 此由緣敬爲重, 官高亦合累加.

[율문2의 문] 묻습니다: 황가의 단문친으로 만약 관품이 있는데 그를 구타한 경우 누가하여 처벌하는 것이 합당합니까?

[율문2의 답] 답한다: 율에서 단문친을 구타하였다면 황가의 친속에 의거하여 죄명을 정한다고 주해하였다. 이는 존경으로 말미암아 (죄를) 가중하는 것이므로 관품이 높다면 역시 누가함이 합당하다.

제316조 투송 15. 유외관 이하가 관인을 구타·상·살한 죄(流外官毆議貴)

[律文1] 諸流外官以下毆議貴者徒二年, 傷者徒三年, 折傷者流二千里;

   [律文1의 疏] 議曰:「流外官」, 謂勳品以下, 爰及庶人.「毆議貴者徒二年」, 議貴, 謂文武職事官三品以上, 散官二品以上及爵一品者.「傷者徒三年, 折傷者流二千里」, 謂折齒以上. 若毆折一支, 準凡人合徒三年, 依下文「加凡鬪二等」, 流二千五百里; 若毆折二支, 流三千里. 本條雖云「加凡鬪傷二等」, 律無加入死之文, 止依凡人之法.

[율문1] 무릇 유외관 이하가 의귀를 구타한 때에는 도2년에 처하고, 상해한 때에는 도3년에 처하며, 골절상을 입힌 때에는 유2000리에 처한다.

   [율문1의 소] 의하여 말한다: '유외관'이란 훈품 이하 서인까지를 말한다.[45] "의귀를 구타한 때에는 도2년에 처한다."에서 의귀는 문무

직사관 3품 이상, 산관 2품 이상 및 작 1품을 말한다(명7.6). "상해한 때에는 도3년에 처하며, 골절상을 입힌 때에는 유2000리에 처한다."에서 (골절상은) 이를 부러뜨린 것 이상을 말한다(투10). 만약 구타하여 팔다리 하나를 부러뜨린 것은 일반인에 준하면 도3년에 해당하는데(투4.1), 아래 조항46)의 "일반인 투구상죄에 2등을 더한다."(투16.2)는 (규정)에 의거하여 유2500리에 처하며, 또한 팔다리 두개를 부러뜨렸다면 유3000리에 처한다. (더 무거운 경우는) 본조에 비록 "일반인 투구상죄상에 2등을 더한다."고 하였더라도 율에 "더하여 사죄에까지 이른다."47)는 조문이 없으므로 다만 일반인의 법에 의거한다.

[律文2] 毆傷五品以上減二等,

[律文3] 若減罪輕 及毆傷九品以上各加凡鬪傷二等.

[律文2의 疏] 議曰: 流外官以下, 「毆傷五品以上, 減二等」, 謂減議貴二等, 毆者徒一年, 傷者徒二年, 折傷者徒二年半.

[律文3의 疏] 「若減罪輕」, 假有毆五品以上折一支, 從流二千五百里減二等徒二年半, 卽減罪輕於凡鬪徒三年, 加二等處流二千五百里之類. 「及毆傷九品以上, 各加凡鬪傷二等」, 謂毆九品以上、六品以下之官, 不傷杖六十, 傷卽杖八

---

45) 유외관은 중앙 관사의 하급 관리로 9품의 등급이 있었으며 令史·亭長·掌固등의 직임이 있다(『구당서』권42,「직관」,1803쪽).

46) (유내 9품 이상의 관이) 상처를 입힌 것이 심하거나 5품 이상의 관을 구타하여 상처를 입힌 경우 5품 이상의 관이 의귀를 구타하여 상처를 입힌 경우는 각각 일반인끼리의 구타에 의한 상해죄에 2등을 더한다. 그리고 6품 이하의 관이 5품 이상의 관을 구타하여 상처를 입힌 경우에도 일반인 투구상죄에 2등을 더한다(317, 투16.2).

47) "더하는 경우 (죄의) 수가 차야만 처벌하고 또한 가형하여 사형에까지 이를 수 없다. 본 조항에서 '더해서 사죄에 이른다.'고 한 경우에는 본 조항에 따른다."(명56.3)에 의거한 것이다.

十; 他物不傷杖八十, 傷卽杖一百之類. 若毆至死者, 各依凡人法.

[율문2] (유외관 이하가) 5품 이상을 구타·상해하였다면 (의귀를 범한 죄에서) 2등을 감한다.

[율문3] 만약 감한 죄가 가벼운 경우 및 9품 이상을 구타·상해하였다면 각각 일반인 투구상죄에 2등을 더한다.

[율문2의 소] 의하여 말한다: 유외관 이하가 "5품 이상을 구타·상해하였다면 (의귀를 범한 죄에서) 2등을 감한다."는 것은 의귀(를 구타·상해한 죄)에서 2등을 감하는 것이므로, 구타한 때에는 도1년에 처하고, 상해한 때에는 도2년에 처하며, 골절상을 입힌 때에는 도2년반에 처한다.

[율문3의 소] "만약 감한 죄가 가벼운 경우"라는 것은, 가령 5품 이상을 구타하여 팔다리 하나를 부러뜨렸다면 유2500리에서 2등을 감하면 도2년반이 되는데, 곧 이 감한 죄가 일반인 투구상죄 도3년보다 가벼우므로 2등을 더하여 유2500리에 처하는 것 따위이다. "및 9품 이상을 구타·상해하였다면 각각 일반인 투구상죄에 2등을 더한다."는 것은 9품 이상 6품 이하의 관인을 구타하였는데 상해가 아니면 장60에 처하고, 상해이면 곧 장80에 처하며, 다른 물건으로 구타하였는데 상해하지 않았으면 장80에 처하고, (다른 물건으로) 상해하였으면 장100에 처하는 것 따위이다.48) 만약 구타하여 사망

---

48) "무릇 싸우다가 사람을 구타한 자는 태40에 처한다.(302, 투1.1) 상해하거나 다른 물건으로 사람을 구타한 자는 장60에 처한다. 상해하였다면 장80에 처한다."(302, 투1.2·1.3)는 일반인의 구타에 대한 규정한다. 즉 손이나 발로 사람을 구타했는데 상해를 입히지 않았으면 태40이고 상해를 입히거나 다른 물건으로 구타했을 때 상해를 입히지 않았다면 장60이고 다른 물건으로 구타했을 때 상해하였다면 장80이 된다. 따라서 유외관 이하가 9품 이상 6품 이하 관원을 구타하였을 때 이 규정에서 2등을 더하여 차례로 장60·장80·장80·장100이

에 이른 때에는 각각 일반인의 법에 따른다.[49]

[**律文1의 問**] 曰: 律稱「流外官以下, 毆議貴徒二年」. 若奴婢·部曲毆議貴者, 爲共凡人罪同, 爲依本法加罪以否?

[**律文1의 答**] 曰: 依下條:「部曲毆傷良人, 加凡人一等, 奴婢又加一等.」此是良人與奴婢·部曲凡鬪之罪. 其部曲·奴婢毆凡人尙各加等, 況於皇族及官品貴者理依加法. 唯據本條加至死者, 始合處死: 假如有部曲毆良人折二支, 加凡鬪一等, 注云「加者, 加入於死」, 旣於凡鬪流三千里上加一等, 合至絞刑. 別條雖加, 不入於死: 設有部曲, 故毆良人九品以上一支折, 凡鬪折一支徒三年, 九品以上加凡鬪二等流二千五百里, 故毆又加一等流三千里, 部曲毆又加一等, 卽不合入死, 亦止流三千里, 此名「餘條不加入死」之類.

[**율문1의 문**] 묻습니다: 율에 "유외관 이하가 의귀를 구타하였다면 도2년에 처한다."고 하였습니다. 만약 노비·부곡이 의귀를 구타하였다면 모두 일반인의 죄와 같게 해야 합니까, 아니면 본법에 의하여 죄를 더해야 합니까?

[**율문1의 답**] 답한다: 아래 조항에 의하면 "부곡이 양인을 구타·상해하였다면 일반인(을 범한 죄)에 1등을 더하고, 노비는 또 1등을 더한다."(투19.1)고 하였는데, 이것은 (주복 관계가 없는) 양인과 노비·부곡 사이의 일반인 투구상죄이다. 이처럼 부곡·노비가 일반인을 구타하였어도 각각 죄를 더해야 하니, 하물며 황족 및 관품이 귀한 자에 대해서라면 이치상 더하는 법에 따라야 한다. 다만 본조(투19)에 의거하여 '더하여 사죄에까지 이를 수 있는' 경우에만 비로소 사형에 처해야 한다. 가령 부곡이 양인을 구타하여 팔다리 두

되는 것이다.

49) "무릇 싸우다가 구타하여 사람을 살해한 자는 교형에 처하고 날붙이 및 고의로 살해한 자는 참형에 처한다."(306, 투5.1)는 조문에 따른다.

개를 부러뜨렸다면 일반인 투구상죄에 1등을 더하는데, 주에 "더하는 때에는 더하여 사죄에까지 이를 수 있다."고 하였으니, 일반인 투구상죄의 유3000리에 1등을 더하여 교형에 이를 수 있다.[50] 다른 조항에서 "비록 더하더라도 사죄에까지 이를 수 없다."는 것은 가령 부곡이 양인[51] 9품 이상을 고의로 구타하여 팔다리 하나를 부러뜨렸다면, 일반인 투구상죄의 팔다리 하나를 부러뜨린 죄가 도3년이고 9품 이상이므로 일반인 투구상죄에 2등을 더하여 유2500리가 되며, 고의로 구타하였으므로 또 1등을 더하여 유3000리가 되고, 또 부곡이므로 1등을 더하지만 곧 사죄에 들이는 것에 해당하지 않으므로 역시 유3000리에 그친다. 이것이 (정)명하여 '다른 조항에서 더하여 사죄에 들이지 않는다.'는 것 따위이다.

---

50) 더한 경우는 본조에 특별 규정이 없으면 사형에까지 이르지 않는데(명56.3) "더하는 것은 더하여 사죄까지 이를 수 있다."(320, 투19.1)라는 특별 규정이 있다. 따라서 교형에 처한다.
51) 9품 이상의 관은 당연히 良人인데, 여기에서 굳이 양인이라는 말이 들어간 것은 부곡과 대비시키기 위한 것으로 보아야 할 것이다.

당률소의 권 제22 투송률 모두 16조

역주 임정운

제317조 투송 16. 유내 비관이 고관을
구타·상해한 죄(九品以上毆議貴)

[律文1] 諸流內九品以上毆議貴者, 徒一年.

[律文2] 傷重, 及毆傷五品以上, 若五品以上毆傷議貴, 各加凡鬬傷二等.

　[律文1의 疏] 議曰: 流內九品以上, 六品以下毆議貴者, 徒一年.

　[律文2의 疏]「傷重」, 謂他物毆凡人內損吐血合杖一百, 毆議貴合加二等徒一
　年半. 此名「傷重」. 其六品以下毆傷五品以上, 若五品以上毆傷議貴或毆不
　傷, 亦各加凡鬬毆二等.

[율문1] 무릇 유내 9품 이상이 의귀를 구타한 때에는 도1년에 처
한다.

[율문2] 상해가 무거운 때 및 5품 이상을 구타·상해한 때, 또는
5품 이상이 의귀를 구타·상해한 때에는 각각 일반인 투구상(죄)
에 2등을 더한다.

　[율문1의 소] 의하여 말한다: 유내 9품 이상 6품 이하가 의귀를 구타
　한 때에는 도1년에 처한다.

　[율문2의 소] "상해가 무겁다."는 것은, 다른 물건으로 일반인을 구타
　하여 내상을 입혀 피를 토하게 한 것은 장100에 해당하는데(투1.4),
　의귀를 구타하였다면 2등을 더하여 도1년반에 해당한다는 것을 말
　한다. 이것이 (정)명하여 "상해가 무겁다."는 것이다. 6품 이하가 5
　품 이상을 구타·상해한 때 또는 5품 이상이 의귀를 구타·상해한
　때, 혹은 구타하였으나 상해하지 않은 때에는 역시 각각 일반인 투
　구죄에 2등을 더한다.[1]

제318조 투송 17. 감림관사가 통속하는 바의 관인을 구타한 것 등의 죄(監臨官司毆統屬)

[律文1] 諸監臨官司於所統屬官及所部之人有高官而毆之,

[律文2] 及官品同自相毆者, 並同凡鬪法.

[律文의 疏] 議曰: 監臨官司於所統屬佐官以下, 及所管部屬之人有高官而監臨官司毆之者, 同凡鬪法, 不計階品, 爲其所管故也. 「及官品同」, 謂六品以下、九品以上, 或五品以上非議貴者, 議貴謂三品以上、一品以下, 並爲「官品

---

1) 이 조항은 품이 낮은 관인이 품이 높은 관리에 대해 범한 죄의 형벌에 대한 것이다. 당률에서는 관인을 의귀·통귀·비관의 3등급으로 나누어 형벌을 차등 적용한다. '의귀'는 3품 이상의 직사관·2품 이상의 산관 및 1품 이상의 작이고 '통귀'는 4품 이하 5품 이상의 직사관·3품 이하 5품 이상의 산관 및 2품 이하 5품 이상의 작이며 '비관'은 6품 이하 9품 이상의 직사관·산관 및 작을 뜻한다. 품이 낮은 관인이 품이 높은 관인을 구타하는 것은 '통귀' 혹은 '비관'이 '의귀'를 구타한 것을 가리키며 또는 '비관'이 '통귀'를 구타한 때도 이에 해당한다. 이러한 종류의 행위 역시 신체 및 생명을 위협한 죄이긴 하지만 관인들끼리의 범죄이기에 일반인 투구죄 및 유외관 혹은 서인들 사이의 구타죄와는 다르다. 또한 통속관계가 없는 하위 품관이 고위 품관을 구타한 것이므로 역시 감림관이 통속관계가 있는 장관에 대한 구타죄 및 좌직이 관장을 구타한 죄와는 다르다. 이에 대해서는 전조(투17)가 있다. 율문과 소의의 내용에 근거해서 보면, 하위 품관이 고위 품관을 구타했을 때의 처벌은 행위주체와 행위객체의 등급에 따라 결정되며 원칙상 두 부류로 나눌 수 있다. 첫째, 비관이 의귀를 구타했을 때이다. 때렸는데도 상처가 없거나 경미할 경우 도1년이며 구타하여 피를 토하게 하는 중상을 입었을 경우 일반인 투구죄에서 2등을 가하여 도1년반에 처한다. 둘째, '비관'이 '통귀'를 구타했거나 '통귀'가 '의귀'를 구타했을 때이다. 상처의 유무 혹은 경상이냐 중상이냐의 경우를 따지지 않고 모두 일반인 투구에서 2등을 가한다. 예컨대 구타하였으나 상처를 입히지 않았다면 장60에 처한다. 이처럼 '비관'이 '의귀'를 구타하였을 때의 처벌이 '비관'이 '통귀'를 구타하거나 '통귀'가 '의귀'를 구타했을 때의 처벌보다 무겁다(劉俊文,『당률소의전해』, 해석, 1520쪽).

同」, 並謂不相管隸. 自相毆者, 並同凡鬪之罪. 假有勳官騎都尉而毆上柱國, 其上柱國旣非議貴, 罪與凡鬪同. 其統屬下司毆上司者, 長官以外, 皆據品科. 其有府及鎭戍隸州者, 亦爲統屬之限.

[율문1] 무릇 감림관사가 통속하는 바의 관(인) 및 관할 구역 내의 고관을 구타한 때
[율문2] 및 같은 관품끼리 서로 구타한 때에는 모두 일반인 투구와 같은 법으로 (단죄)한다.

> [율문의 소] 의하여 말한다: 감림관사가 통속하는 바의 좌관 이하(를 구타한 때) 및 관할 구역 내에 속한 사람 중에 고관이 있는데 감림관사가 그를 구타한 때에는 일반인 투구와 같은 법으로 (단죄하고) 품계를 헤아리지 않는데, (이는) 그가 관할되는 바이기 때문이다. "및 같은 관품끼리"라는 것은 (쌍방이) 6품 이하 9품 이상이거나 5품 이상으로 의귀가 아닌 경우를 말하고, 의귀(명7.6)는 3품 이상 1품 이하를 가리키는데 모두 "관품이 같은 것"으로 간주하며, 모두 서로 관할하거나 예속되지 않는 경우는 말하는데, 서로 구타한 경우 모두 일반인 투구와 같은 죄를 준다. 가령 훈관 (종5품)기도위가 (정2품)상주국2)을 구타하였다면 그 상주국이 원래 의귀가 아니므로 죄는 일반인 투구와 같다. 단 통속되는 하급관사가 상급관사를 구타한 때에는 장관 이외에는3) 모두 관품에 의거해서 죄 준다.4) 단 (절충)부 및 진·수가 주에 예속된 때에는 역시 통속하

---

2) 騎都尉는 종5품이고 上柱國은 정2품이다(『신당서』권46, 1189쪽).

3) 관원이 관장을 구타·상해한 때에는 각각 이·졸이 관장을 구타·상해한 죄에서 2등을 감한다. 감한 죄가 가벼운 때에는 일반인 투구죄에 1등을 더한다. 살해한 때에는 참형에 처한다(313, 투12).

4) 감림은 통섭·안험하는 것을 감림이라 하는 것이다. 통섭은 내외 모든 관사의 장관으로서 관할하는 바를 통섭하는 것을 말한다. 안험은 모든 관사의 판관이

는 범위 내가 된다.

[律文1의 問] 曰: 州參軍事毆州內縣令帶五品以上勳官, 得爲「統屬」同凡鬪
以否?
[律文1의 答] 曰: 縣令是州內統屬之官, 假令品高, 州官毆之, 準上文各同凡
鬪之法.

[율문1의 문] 묻습니다: 주참군사5)가 5품 이상의 훈관을 겸대한 주
내의 현령을 구타하였다면 '통속'되는 것으로 간주하여 일반인 투
구와 같게 할 수 있습니까?
[율문1의 답]6) 답한다: 현령은 주 내에 통속된 관이므로, 가령 품이
높다 할지라도 주의 관이 그를 구타하였다면 위의 규정에 준하여
각각 일반인 투구와 같은 법으로 (단죄)한다.

그 일을 판단하는 것을 뜻한다. 주·현·진·수·절충부 등의 판관 이상은 각각
관할하는 바 안에서는 모두 감림관이다(명54.1). 감림관이 관할 구역 관리를 구
타한 죄는 품계의 고저를 논하지 않는다. 즉 관할 구역 내에 관품이 감림관보다
높은 관인이 있는데 감림관이 그를 구타한 경우 일반인 투구죄로 논하며 이는
하급품관이 고급품관을 구타한 죄를 논하는 것과는 다르다. 이러한 경우 감림
관이 해당 관할 구역에 대한 관할권이 있으며 그 실제적 정치지위 역시 관할권
에서 (가장) 높기 때문이다. 따라서 소의에서도 관할되는 바이기 때문에 품계를
헤아리지 않는다고 한 것이다(劉俊文, 『당률소의전해』, 해석, 1524쪽).
5) 參軍事는 주의 판사이다. 주에 상·중·하가 있는데, 상주를 예로 들면 그 부국
인 司功·司倉·司戶·司兵·司法·司士의 각 曹에 각각 참군사(종7품하)가 있다.
현에는 京縣·畿縣·上縣·中縣·中下縣·下縣의 구별이 있는데, 상현의 영은 종6
품상이다(『당육전』권30, 745~746쪽·752쪽 및 『역주당육전』하, 428~429쪽·
464~465쪽).
6) 〈부표〉 범투의 구·상·살죄 참조.

제319조 투송 18. 주·현 이상에서 파견된 관리에게 항거한 죄(拒毆州縣以上使)

[律文1a] 諸拒州縣以上使者杖六十,

[律文1b] 毆者加二等,

[律文1c] 傷重者加鬪傷一等. 謂有所徵攝, 權時拒捍不從者.

[律文2] 卽被禁掌而拒捍及毆者, 各加一等.

[律文1a의 疏] 議曰:「拒州縣以上使」, 稱「以上」者, 省·臺·寺·監及在京諸司等並是. 遣使追攝, 拒捍不從者杖六十.

[律文1b의 疏] 「毆者加二等」, 杖八十.

[律文1c의 疏] 「傷重者」, 謂他物毆內損吐血, 凡鬪毆合杖一百, 加鬪傷一等徒一年. 注云「謂有所徵攝, 權時拒捍不從者」.

[律文2의 疏] 「卽被禁掌, 拒捍及毆者, 各加一等」, 謂有司禁錄或復散留而輒拒捍, 合杖七十; 毆所司者, 合杖九十; 傷重者, 謂重一百杖以上, 加凡鬪二等; 若使人官品高者, 各依本品加: 是名「各加一等」.

[율문1a] 무릇 주·현 이상의 사(인)에게 항거한 자는 장60에 처하고,

[율문1b] 구타한 때에는 2등을 더하며,

[율문1c] 상해가 무거운 때에는 투구상(죄)에 1등을 더한다. 불러서 붙잡으려는 그 때 저항하고 따르지 않는 것을 말한다.

[율문2] 만약 억류되었는데 저항하거나 구타한 때에는 각각 1등을 더한다.

[율문1a의 소] 의하여 말한다: "주·현 이상의 사(인)"에서 "이상"이라 칭한 것은 성·대·시·감 및 경사에 있는 모든 사 등은 모두 그렇다

는 것이다. 파견된 사(인)이 체포하려는데 저항하고 따르지 않은 자는 장60에 처한다.

[율문1b의 소] "구타한 때에는 2등을 더하여" 장80에 처한다.

[율문1c의 소] "상해가 무거운 때"라 함은 다른 물건으로 구타하여 내상을 입고 피를 토해서 일반인 투구(죄)가 장100에 해당하는(투1.3) 것을 말하며, (이 경우는) 투구상(죄)에 1등을 더하여 도1년에 처한다. 주에 "불러서 붙잡으려는 그 때 저항하고 따르지 않는 것을 말한다."고 하였다.

[율문2의 소] "만약 억류되었는데 저항하거나 구타한 때에는 각각 1등을 더한다."는 것은 담당하는 관사가 구금하여 심문하는 중에 혹은 다시 산류하였는데[7] 함부로 저항하였다면 장70에 해당하고, 전담하는 관사를 구타하였다면 장90에 해당한다는 것을 말한다. 상해가 무겁다는 것은 (죄의) 무거움이 장100 이상인 것을 말하며, 일반인 투구(죄)에 2등을 더한다. 만약 사인의 관품이 높은 때에는 각각 본품에 따라 더하는데(투15.2의 문답), 이것이 "각각 1등을 더한다."는 것이다.

제320조 투송 19. 양천 및 천인 사이의 살상죄(部曲奴婢良人相毆)

[律文1a] 諸部曲毆傷良人者, 加凡人一等. 官戶與部曲同. 加者, 加入於死.

---

7) 산류는 죄인의 몸에 형구를 채우지 않고 구류하는 것이다. 율소문의 뜻은 구금하였다가 일단 형구를 풀어 구류한 때에 함부로 저항한 정황을 말한 것이다. 장죄인 경우에는 형구를 채우지 않고 구금한다(469, 단1.1a의 소).

[律文1b] 奴婢, 又加一等.

[律文1c] 若奴婢毆良人折跌支體及瞎其一目者, 絞;

[律文1d] 死者, 各斬.

[律文1a의 疏] 議曰: 名例律, 稱部曲者, 妻亦同. 此卽部曲妻, 不限良人及客女. 毆傷良人者, 注云「官戶與部曲同」, 「加凡人一等」, 謂加凡鬪毆傷一等. 注云「加者, 加入於死」, 謂部曲毆良人損二事以上及因舊患令至篤疾、斷舌及毀敗陰陽, 凡毆流三千里者, 部曲加一等合死, 此名「加入於死」.

[律文1b의 疏] 「奴婢又加一等」, 謂加凡鬪二等.

[律文1c의 疏] 「若奴婢毆良人, 折跌支體及瞎其一目者, 絞」, 跌體、瞎目各罪止徒三年, 卽明毆良人準凡人相毆罪合流者各入死罪,

[律文1d의 疏] 因毆致死各斬.

[율문1a] 무릇 부곡이 양인을 구타·상해한 때에는 일반인 (사이에 범한 죄)에 1등을 더하고, 관호는 부곡과 같다. 더하는 것은 더하여 사(죄)에 이른다.

[율문1b] 노비(가 범한 때에)는 또 1등을 더하며,

[율문1c] 만약 노비가 양인을 구타하여 지체를 부러뜨리거나 어긋나게 한 때 및 한 쪽 눈을 실명하게 한 때에는 교형에 처하고,

[율문1d] 사망에 이른 때에는 각각 참형에 한다.

[율문1a의 소] 의하여 말한다: 명례율(명47.1)에 부곡이라 칭한 경우 처 역시 같다고 하였다. 이는 곧 부곡의 처는 양인이든 객녀든 구분하지 않는다는 것이다.[8] 양인을 구타하여 상해한 때의 주에 "관호는 부곡과 같다."고 하였다. "일반인 (사이에 범한 죄)에 1등을

---

8) 부곡의 처의 원래 출신이 양인이든 객녀든 부곡과 혼인한 이상 신분상 지위는 부곡과 같다(명47.1의 소).

더한다."는 것은 일반인 투구상(죄)에 1등을 더한다는 것을 말한다. 주에 "더하는 것은 더하여 사(죄)에 이른다."고 한 것은, 부곡이 양인을 구타하여 손상한 것이 두 가지 이상이거나, 있는 장애에 더하여 독질에 이르게 하거나, 혀를 자르거나 생식기능을 훼손시킨 것 등, 일반인 투구상(죄)가 유3000리인 경우(투4.2), 부곡은 1등을 더하여 사(죄)에 해당한다는 것을 말한다. 이것이 "더하여 사(죄)에 이른다."는 것이다.

[율문1b의 소] "노비(가 범한 때에)는 또 1등을 더한다."는 것은 일반인 투구(죄)에 2등을 더한다는 것을 말한다.

[율문1c의 소] 만약 노비가 양인을 구타하여 지체를 부러뜨리거나 어긋나게 한 때 및 한 쪽 눈을 실명하게 한 때에는 교형에 처하는데, (일반인 투구의 경우) 지체를 어긋나게 하거나 눈을 실명하게 한 죄는 각각 도3년에 그치므로(투4.1), 곧 (노비가) 양인을 구타한 것이 일반인이 서로 구타한 죄에 준하여 유(죄)에 해당하면 각각 사(죄)에 이른다는 것이 분명하며,9)

[율문1d의 소] 구타로 사망에 이른 때에는 각각 참형에 처한다.

[律文2a] 其良人毆傷殺他人部曲者, 減凡人一等;

[律文2b] 奴婢, 又減一等.

[律文2c] 若故殺部曲者, 絞; 奴婢, 流三千里.

[律文2a의 疏] 議曰: 良人毆傷或殺他人部曲者,「減凡人一等」, 謂毆殺者流三千里, 折一支者徒二年半之類.

---

9) 일반인 투구죄에서 팔다리를 부러뜨려 어긋나게 하거나 한 쪽 눈을 실명하게 한 경우 죄는 도3년(305, 투4.1a)이지만 노비가 양인의 팔다리를 부러뜨리거나 어긋나게 했을 때는 교형이다. 일반인 투구죄에서 죄가 도형임에도 노비의 경우에는 사죄이니, 노비가 일반인 투구죄에 준하여 유형에 해당하는 죄를 범한 경우에는 당연히 사죄에 이르는 것임을 설명한 것이다.

[律文2b의 疏] 「奴婢, 又減一等」, 毆殺者徒三年, 折一支徒二年之類.

[律文2c의 疏] 若不因鬪, 故殺部曲者合絞, 若謀而殺訖亦同; 其故殺奴婢者流三千里.

[율문2a] 그러나 양인이 타인의 부곡을 구타·상해하거나 살해한 때에는 일반인(을 범한 죄)에서 1등을 감하고,

[율문2b] 노비(를 범했다)면 또 1등을 감하며,

[율문2c] 만약 부곡을 고의로 살해한 때에는 교형에 처하고, 노비(를 살해한 때에는) 유3000리에 처한다.

[율문2a의 소] 의하여 말한다: 양인이 타인의 부곡을 구타하여 상해하거나 혹 살해한 때에는 "일반인(을 범한 죄)에서 1등을 감한다."는 것은, 구타하여 살해했다면 유3000리에 처하고, 팔다리 하나를 부러뜨렸다면 도2년반에 처하는 것 따위를 말한다.

[율문2b의 소] "노비(를 범했다)면 또 1등을 감한다."는 것은, 구타하여 살해했다면 도3년에 처하고, 팔다리 하나를 부러뜨렸다면 도2년에 처하는 것 따위이다.

[율문2c의 소] 만약 싸움으로 인한 것이 아니라 부곡을 고의로 살해한 경우 교형에 처해야 한다. 또한 모의해서 살해했다면 역시 같다. 단 노비를 고의로 살해한 때에는 유3000리에 처한다.

[律文3] **卽部曲·奴婢相毆傷殺者, 各依部曲與良人相毆傷殺法.** 餘條良人·部曲·奴婢私相犯, 本條無正文者, 並準此.

[律文4] **相侵財物者, 不用此律.**

[律文3의 疏] 議曰: 部曲鬪毆殺奴婢流三千里, 折一支徒二年半, 折一齒杖一百. 奴婢毆部曲損傷二事以上及因舊患令至篤疾, 及斷舌·毀敗陰陽者絞, 折一支者流二千里, 折一齒者徒一年半. 若部曲故殺奴婢, 亦絞. 是名「各依部

曲與良人相毆傷殺法」.「餘條良人、部曲、奴婢私相犯」, 謂「謀殺人」、「穿地得
屍不更埋」之類私相犯, 本條無正文者, 並準此條加減之法.

[律文4의 疏] 相侵財物者, 各依凡人相侵盜之法, 故云「不用此律」.

[율문3] 만약 부곡과 노비가 서로 구타·상해·살해한 때에는 각각 부곡이 양인과 서로 구타·상해·살해한 경우의 법에 의거한다.

다른 조항에서 양인·부곡·노비가 사사로이 서로 범한 것에 대해 본조에 바로 해당하는 조문이 없는 경우에는 모두 이에 준한다.

[율문4] 서로 재물을 침해한 때에는 이 율을 적용하지 않는다.

[율문3의 소] 의하여 말한다: 부곡이 노비를 싸우다 구타해서 살해했다면 유3000리에 처하고, 팔다리 하나를 부러뜨렸다면 도2년에 처하며, 이 하나를 부러뜨렸다면 장100에 처한다. 노비가 부곡을 구타하여 손상한 것이 두 가지 이상인 때 및 있는 장애에 더하여 독질이 되게 한 때 및 혀를 잘랐거나 생식기능을 훼손한 때에는 교형에 처하고, 팔다리 하나를 부러뜨린 때에는 유2000리에 처하며, 이 하나를 부러뜨렸다면 도1년반에 처한다.[10] 만약 부곡이 노비를 고의로 살해했다면 역시 교형에 처한다. 이것이 (정)명하여 "각각 부곡이 양인과 서로 구타·상해·살해한 경우의 법에 의거한다."는 것이다. "다른 조항에서 양인·부곡·노비가 사사로이 서로 범하였다."는 것은 "모의살인(적9)"·" 땅을 파다가 시체가 나왔는데 다시 묻지 않은 것(적20.1a)" 따위에서 사사로이 서로 범한 것에 대해 본조에 해당하는 조문이 없는 경우는 모두 이 조항의 가감하는 법에

---

10) 노비가 부곡을 구타하여 해하였을 때 두 가지 이상의 신체 부위를 손상한 것 등의 경우, 일반인 투구죄라면 유3000리(305, 투4.2)이나 이에 1등을 더하여 교형에 처한다. 똑같이 팔다리 하나를 부러뜨렸다면 일반인 투구죄의 도3년에서 1등을 더하여 유2000리에 처한다. 이 하나를 부러뜨렸다면 일반인 투구죄의 도1년(303, 투2.1)에 1등을 더하여 도1년반에 처한다.

따름을 말한다.

[율문4의 소] 서로 재물을 침해한 때에는 각각 일반인이 서로 침해·절도한 것에 대한 법에 의거하기 때문에 "이 율을 적용하지 않는다."고 한 것이다.[11]

---

11) 부곡·노비 및 양인이 서로 구타하였을 때 그 신분등급의 차이에 따라 처벌이 다르다. 양인이 부곡을 구살상하면 일반인 투구죄에서 1등을 감하고 노비를 구살상한 경우 일반인 투구죄에서 2등을 감한다. 부곡이 양인을 구살상하면 일반인 투구죄에서 1등을 더하고 노비를 구살상하면 일반인 투구죄에서 1등을 감한다. 노비가 부곡을 구살상하면 일반인 투구죄에서 1등을 가하고 양인을 구살상하면 2등을 가한다. 이를 통해 신분 등급에 따라 처벌 등급이 형성됨을 알 수 있으며 이는 곧 당률 내 신분등급의 원칙이라 할 수 있다. 이 율을 살펴보면 첫째, 이 율문에서의 부곡·노비는 타인의 부곡·노비를 뜻하는 것이며 또한 이 율문은 관호(부곡과 신분이 같다)·관노비(노비와 신분이 같다)가 양인과 서로 구살상한 범죄에도 적용된다. 그러나 관천인중 工·樂·雜戶 및 太常音聲人이 양인을 구살상한 경우에는 이 율을 적용하지 않는다(명28.1). 둘째, 이 율에서의 가감 규칙은 일반인 투구죄에 한한 것으로서 그 죄의 성격이 중한 때에는 이를 적용하지 않는데 예를 들어 양인이 부곡을 고의로 구타하여 살해한 경우, 일반인 투구죄의 참형에서 1등을 감한 유3000이라 아니라 교형이다. 또 노비가 양인을 구타하여 지체를 부러뜨리거나 어긋나게 한 것 및 한 쪽 눈을 실명하게 한 죄는 이 율의 원칙에 따라 2등을 더하면 유2500리지만 4등을 더하여 교형에 처하는 것과 같은 경우이다. 셋째, 이 율에서 규정한 부곡·노비 및 양인이 서로 구살상하여 받는 처벌의 원칙이 동시에 부곡과 노비 양인이 서로 신체를 범한 죄, 예를 들어 모살·毒藥藥人·以物置人耳鼻罪에도 적용되는데 다만 재산을 침해한 죄에는 적용하지 않는다. 위의 경우는 모두 생명과 신체·명예를 훼손하는 경우로서 즉 인격을 침해하는 것이며 양인과 부곡 노비의 인격은 같지 않기에 죄의 등급을 달리한 것이다. 그러나 재산은 인격과는 무관한 것이기에 재산을 침해한 죄에 이 율을 적용시키지 않는 것이다. 그렇다고 하여 재산의 부분에서 양천이 신분상 평등하다는 의미는 아니다(劉俊文, 『당률소의전해』, 해석, 1530~1531쪽).

제321조 투송 20. 주인이 자신의 노비를 살해한 죄(主殺奴婢)

[律文1] 諸奴婢有罪, 其主不請官司而殺者, 杖一百.

[律文2] 無罪而殺者, 徒一年.

[律文의 注] 期親及外祖父母殺者, 與主同. 下條部曲準此.

[律文1의 疏] 議曰: 奴婢賤隸, 雖各有主, 至於殺戮, 宜有稟承. 奴婢有罪, 不請官司而輒殺者, 杖一百.

[律文2의 疏] 「無罪殺者」, 謂全無罪失而故殺者, 徒一年.

[律文의 注의 疏] 注云「期親及外祖父母殺者, 與主同」, 謂有罪殺者杖一百, 無罪殺者徒一年. 故云「與主同」. 「下條部曲」者, 下條無期親及外祖父母傷殺部曲罪名, 若有傷殺亦同於主, 故云「準此」.

[율문1] 무릇 노비에게 죄가 있는데 그 주인이 관사에 요청하지 않고 살해한 때에는 장100에 처한다.

[율문2] 죄가 없는데도 살해한 때에는 도1년에 처한다.

[율문의 주] 기친 및 외조부모가 살해한 때에는 주인과 같다. 아래 조항의 부곡도 이에 준한다.

[율문1의 소] 의하여 말한다: 노비는 천예로 비록 각기 주인[12]이 있지만 살육할 때에는 관사에 보고하여 승인을 받아야 한다. 노비에게 죄가 있는데 관사에 요청하지 않고 함부로 살해한 때에는 장100에 처한다.

[율문2의 소] '죄가 없는데도 살해한 때'라는 것은 전혀 죄나 과실이 없는데도 고의로 살해한 경우를 말하며, 도1년에 처한다.

---

12) 단지 호적을 같이하는 양인 이상의 신분으로 재산을 분배받을 수 있는 자는 모두 주인이 된다(254, 적7.1의 소).

[율문의 주의 소] 주에 "기친 및 외조부모가 살해한 때에는 주인과 같다."는 것은, 죄가 있는데 살해했다면 장100에 처하고, 죄가 없는데도 살해했다면 도1년에 처한다는 것을 말한다. 그러므로 "주인과 같다."라고 한 것이다. "아래 조항의 부곡"이란, 아래의 조항(투21)에는 기친 및 외조부모가 부곡을 상살한 것에 대한 처벌규정이 없는데, 만약 상살하였다면 역시 주인과 같기 때문에 "이에 준한다."고 한 것이다.

제322조 투송 21. 주인이 부곡을 살해한 죄(主毆部曲死)

[律文1a] 諸主毆部曲至死者, 徒一年.

[律文1b] 故殺者, 加一等.

[律文2] 其有愆犯決罰致死, 及過失殺者, 各勿論.

　[律文1a의 疏] 議曰:「主毆部曲至死者, 徒一年」, 不限罪之輕重.

　[律文1b의 疏] 「故殺者, 加一等」, 謂非因毆打, 本心故殺者, 加一等合徒一年半.

　[律文2의 疏] 其有愆犯而因決罰致死, 及過失殺之者, 並無罪.

[율문1a] 무릇 주인이 부곡을 구타하여 사망에 이른 때에는 도1년에 처하고,

[율문1b] 고의로 살해한 때에는 1등을 더한다.

[율문2] 단 (부곡이) 과오를 범하여 처벌하다가 사망에 이른 때 및 과실로 살해한 때에는 각각 논하지 않는다.

　[율문1a의 소] 의하여 말한다: "주인이 부곡을 구타하여 사망에 이른

때에는 도1년에 처하고," 죄의 경중을 따지지 않는다.13)

[율문1b의 소] "고의로 살해한 때에는 1등을 더한다."는 것은, 구타로 인한 것이 아니라 본심에서 고의로 살해한 때에는 1등을 더하여 도1년반에 해당하는 것을 말한다.

[율문2의 소] 단 (부곡이) 과오를 범하여 처벌하다가 사망에 이른 때 및 과실로 살해한 때에는14) 모두 죄가 없다.

[律文의 問] 曰: 妾有子, 或無子, 毆殺夫家部曲·奴婢, 合當何罪? 或有客女及婢, 主幸而生子息, 自餘部曲, 奴婢而毆, 得同主期親以否?

[律文의 答] 曰: 妾毆夫家部曲·奴婢, 在律雖無罪名, 輕重相明, 須從減例. 下條云, 妾毆夫之妾子減凡人二等, 妾子毆傷父妾加凡人三等, 則部曲與主之妾相毆, 比之妾子與父妾相毆法: 卽妾毆夫家部曲, 亦減凡人二等, 部曲毆主之妾加凡人三等. 若妾毆夫家奴婢減部曲一等, 奴婢毆主之妾加部曲一等. 至死者, 各依凡人法. 其有子者, 若子爲家主, 母法不降於兒, 竝依主例; 若子不爲家主, 於奴婢止同主之期親. 餘條妾子爲家主及不爲家主, 各準此. 客女及婢雖有子息, 仍同賤隷, 不合別加其罪.

[율문의 문] 묻습니다: 첩이 자식이 있든 없든 남편 집의 부곡·노비를 구타하여 살해했다면 어떤 죄에 해당합니까? 혹은 객녀 및 비

---

13) 주인이 부곡을 구타한 원인이 되는 부곡의 죄의 경중에 제한 없이 구타하여 죽게 한 경우는 도1년에 처한다는 의미이다. 부곡이 죄를 지었는데 이의 처벌을 관사에 요청하지 않고 주인이 임의대로 처리한 경우임을 전제로 한다.

14) 부곡이 범한 죄의 내용은 교령을 위반한 경우로, 주인의 명령을 따르지 않았다는 포괄적인 지배관계의 결과, 주인의 생각대로 되지 않는다면 언제든지 공적 권력에 의해 처벌할 수 있다. 여기에서의 잘못도 포괄적인 의미의 잘못일 것이다. 주인이 부곡을 처벌하는 과정에서 과실로 살해를 했는데 죄가 없는 것은 이 때 주인의 처벌 방법이 관아에서 행하는 태형이나 장형의 방법에 합치하고 있는 것이다(일본역『당률소의』3, 323~324쪽, 해설).

가 주인의 총애를 받아 자식을 낳았는데, 다른 부곡·노비가 구타하였다면 주인의 기친과 같을 수 있습니까?

[율문의 답] 답한다: 첩이 남편 집의 부곡·노비를 구타하였다면 율문에 비록 죄명이 없더라도 경중이 서로 분명하므로 반드시 감하는 예에 따라야 한다. 아래 조항에서 첩이 남편의 (다른) 첩의 자식을 구타하였다면 일반인을 구타한 죄에서 2등을 감한다. 첩의 자식이 아버지의 (다른) 첩을 구타하여 상해하였다면 일반인을 구타하여 상해한 죄에 3등을 더한다(투31.3b)고 하였으니, 부곡이 주인의 첩과 서로 구타한 것은 첩의 자식과 아버지의 첩이 서로 구타한 법에 비견하여, 만약 첩이 남편 집의 부곡을 구타하였다면 역시 일반인을 범한 죄에서 2등을 감하고, 부곡이 주인의 첩을 구타하였다면 일반인을 범한 죄에 3등을 더한다. 또한 첩이 남편 집의 노비를 구타하였다면 부곡을 구타한 죄에서 1등을 감하고, 노비가 주인의 첩을 구타하였다면 부곡이 구타한 죄에 1등을 더한다. 사망에 이른 때에는 각각 일반인의 법에 따른다. 단 (첩이) 자식이 있는 경우, 만약 자식이 집의 주인이 되었다면 어머니의 법적 지위는 자식 아래로 내려가지 않으므로 모두 주인의 법례에 따른다. 만약 자식이 집의 주인이 되지 않으면 노비에게는 다만 주인의 기친과 같다. 다른 조항에서 첩의 자식이 집의 주인이 된 때 및 집의 주인이 되지 않은 때는 각각 이에 준한다. 객녀 및 비는 비록 자식이 있더라도 그대로 천예와 같으므로 별도로 죄를 더해서는 안 된다.

제323조 투송 22. 부곡·노비가 과실로 주인을 살상한 죄(部曲奴婢過失殺傷主)

[律文1a] 諸部曲、奴婢過失殺主者絞,

[律文1b] 傷及詈者流.

　[律文1a의 疏] 議曰: 部曲、奴婢, 是爲家僕, 事主須存謹敬, 又亦防其二心, 故雖過失殺主者絞,

　[律文1b의 疏] 若過失傷主及詈者流. 不言里數者, 爲止合加杖二百故也.

[율문1a] 무릇 부곡·노비가 과실로 주인을 살해한 때에는 교형에 처하고,

[율문1b] (과실로) 상해한 때 및 욕한 때에는 유형에 처한다.

　[율문1a의 소] 의하여 말한다: 부곡·노비는 가복이므로 주인을 섬기는데 반드시 삼가고 공경하는 마음을 가져야 하며, 또한 역시 그들의 두 마음을 방비하여야 하므로, 비록 과실로 주인을 살해한 경우라도 교형에 처하고,

　[율문1b의 소] 만약 과실로 주인을 상해한 때 및 욕한 때에는[15] 유형에 처한다. (여기서 유형의) 이수를 말하지 않은 것은 (유형을) 장200(명47.2)으로 대체하는 것으로 그쳐야 하기 때문이다.[16]

---

15) 이때 욕하는 것은 욕을 듣는 당사자가 직접 들어야 성립된다(312, 투11.1b).
16) 부곡과 노비가 유죄나 도죄를 범하면 장형으로 대체하고 거작은 면한다. 도1년은 장120으로 대체하며 1등마다 20대씩 더한다. 도3년은 장200으로 대체한다. 3등의 유죄를 범했을 때에는 역시 죄의 최고형인 장200에 처한다. 집행한 뒤 소속 관사나 주인에게 돌려보내고 거작시키지 않는다(명47.1의 소).

[律文2a] 卽毆主之期親及外祖父母者絞,

[律文2b] 已傷者皆斬,

[律文2c] 詈者徒二年;

[律文2d] 過失殺者減毆罪二等, 傷者又減一等.

  [律文2a의 疏] 議曰: 部曲、奴婢毆主之期親, 謂異財者; 及毆主之外祖父母

  者: 絞.

  [律文2b의 疏] 傷者皆斬, 罪無首從.

  [律文2c의 疏] 詈者徒二年.

  [律文2d의 疏] 過失殺者, 減毆罪二等合徒三年, 加杖二百; 過失傷者, 又減

  一等合徒二年半, 加杖一百八十.

[율문2a] 만약 (부곡·노비가) 주인의 기친 및 외조부모를 구타한
때에는 교형에 처하고,

[율문2b] 상해한 때에는 모두 참형에 처하며,

[율문2c] 욕한 때에는 도2년에 처한다.

[율문2d] 과실로 살해한 때에는 구타한 죄에서 2등을 감하고, 상
해한 때에는 또 1등을 감한다.

  [율문2a의 소] 의하여 말한다: 부곡·노비가 주인의 기친 -(주인과)
재산을 달리하는 자를 말한다.- 및 주인의 외조부모를 구타한 때에
는 교형에 처한다.

  [율문2b의 소] 상해한 때에는 모두 참형에 처하며, 죄에 수범·종범
이 없다.

  [율문2c의 소] 욕한 때에는 도2년에 처한다.

  [율문2d의 소] 과실로 살해한 때에는 구타한 죄에서 2등을 감하여
도3년에 해당하지만 장200으로 대체한다(명47.1의 소). 과실로 상해
한 때에는 또 1등을 감하여 도2년반에 해당하지만 장180으로 대체

한다(명47의 소).

[律文3a] 毆主之總麻親徒一年, 傷重者各加凡人一等,

[律文3b] 小功、大功遞加一等, 加者, 加入於死.

[律文3c] 死者皆斬.

[律文3a의 疏] 議曰: 部曲, 奴婢毆主之總麻親者, 無問正服、義服, 並徒一年. 「傷重者」, 謂毆罪重於徒一年, 各加凡鬪一等. 假有部曲, 用他物毆主總麻親內損吐血, 依凡人合杖一百, 犯良人加一等, 總麻加凡人一等, 合徒一年半; 若奴婢以他物故毆主之總麻親傷準凡人合杖九十, 奴婢犯良人加二等, 此條傷重又加一等, 合徒一年半. 故云「傷重, 各加凡人一等」.

[律文3b의 疏] 「小功、大功遞加一等」, 謂奴婢用他物毆傷小功親徒二年, 大功徒二年半. 是名「遞加一等」. 注云「加者, 加入於死」, 假如部曲毆主大功親折支準凡人徒三年, 部曲加一等合流二千里, 其大功親加三等合絞, 即是「加者, 加入於死」. 其總麻、小功, 部曲有犯, 各從本罪準此加例, 加應入死者, 處絞.

[律文3c의 疏] 「死者, 皆斬」, 謂奴婢、部曲毆主總麻以上親至死者, 皆斬, 罪無首從.

[율문3a] (부곡·노비가) 주인의 시마친을 구타하였다면 도1년에 처하고, 상해가 무거운 때에는 각각 일반인을 (범한 죄)에 1등을 더한다.

[율문3b] 소공친과 대공친은 차례로 1등씩 더한다. 더하는 것은 더하여 사형에 이른다.

[율문3c] 살해한 때에는 모두 참형에 처한다.

[율문3a의 소] 의하여 말한다: 부곡·노비가 주인의 시마친을 구타한 때에는 -(시마친은) 정복·의복17)을 불문한다.- 모두 도1년에 처한

다. "상해가 무겁다."는 것은 구타한 죄가 도1년보다 무거운 것을 말하며, 각각 일반인 투구(죄)에 1등을 더한다. 가령 부곡이 다른 물건으로 주인의 시마친을 구타하여 내상을 입혀서 피를 토하게 한 것은, 일반인 (사이에 범한 죄라면) 장100에 해당하는데(투1.3) (부곡이) 양인을 범했으니 1등을 더하며(투19.1a), 또 (주인의) 시마친을 범했으므로 일반 (양인을 범한) 죄에 1등을 더하여, 도1년반에 해당한다. 만약 노비가 다른 물건으로 고의로 주인의 시마친을 구타하여 상해한 것은, 일반인 (사이에 범한 죄라면) 장90에 해당하는데(투1.3 및 투5.2),[18] 노비가 양인을 범했으니 2등을 더하며(투19.1b), 이 조항에서 상해가 무거우면 또 1등을 더하므로, 도1년반에 해당한다. 그러므로 "상해가 무거운 때에는 각각 일반인을 (범한 죄)에 1등을 더한다."고 한 것이다.

[율문3b의 소] "소공친과 대공친은 차례로 1등씩 더한다."는 것은, 노비가 다른 물건으로 소공친을 구타하여 상해하였다면 도2년에 처하고, 대공(친)은 도2년반에 처한다는 것을 말한다. 이것이 (정) 명하여 "차례로 1등씩 더한다."는 것이다. 주에 "더하는 것은 더하여 사형에 이른다."고 하였는데, 가령 부곡이 주인의 대공친을 구타하여 팔다리를 부러뜨린 것은, 일반인 (사이의 죄)에 준하면 도3년인데(투4.1a), 부곡은 1등을 더하니 유2000리에 해당하며, 그가 대공친이므로 3등을 더하여 교형에 해당하니, 이것이 곧 "더하는 것은 더하여 사형에 이른다."는 것이다.[19] 그가 시마친·소공친인

---

17) 정복은 자연 혈친에 대한 복이고 의복은 양자·혼인 등 법률상 또는 예제상의 친속 관계로 인한 복이다. 양자 이외에 의복의 예를 들면 처첩이 남편을, 첩이 남편의 장자를, 또는 며느리가 시부모를 위한 복과 같은 경우를 들 수 있는데 서로 범한 경우에는 모두 정복과 같다(명52.6의 소)

18) 싸움으로 인하지 않고 고의로 사람을 구타하여 상해한 것은 싸우다가 구타하여 상해한 죄에 1등을 더한다(306, 투5.2).

19) 더하는 경우 사형에까지 이를 수 없으나 본조의 조항에 "가형해서 사형에 이

데 부곡이 범하였다면 각각 본죄에 이 더하는 법례에 준해서 더하여 사죄에 든 때에는 교형에 처한다.

[율문3c의 소] "살해한 때에는 모두 참형에 처한다."는 것은, 노비·부곡이 주인의 시마 이상의 친속을 구타하여 사망에 이른 때에는 모두 참형에 처하며, 죄에 수범·종범[20]이 없다는 것을 말한다.

제324조 투송 23. 시마·소공·대공친의 부곡·노비를 살상한 죄(緦麻小功部曲奴婢)

[律文1a] 諸毆緦麻、小功親部曲奴婢折傷以上, 各減殺傷凡人部曲奴婢二等;

[律文1b] 大功, 又減一等.

[律文2] 過失殺者, 各勿論.

[律文1a의 疏] 議曰:「毆緦麻、小功親部曲」, 謂毆身之緦麻、小功親部曲. 減凡人部曲二等, 謂總減三等. 假如毆折肋者凡人合徒二年, 減三等合杖一百. 若毆奴婢折齒, 凡人合徒一年, 奴婢減二等, 緦麻、小功親奴婢又減二等, 總減四等合杖七十. 故云「折傷以上, 各減凡人部曲、奴婢二等」.

[律文1b의 疏] 「大功, 又減一等」, 謂毆大功部曲折齒, 總減四等合杖七十, 若毆大功奴婢合杖六十. 自外毆折傷以上, 各準此例爲減法.

[律文2의 疏] 其有過失殺緦麻以上部曲、奴婢者, 各無罪.

른다."고 한 경우에 본조에 따른다(명56,3).

20) 본조에서 "모두(皆)"라고 하였다면 죄에 수범과 종범이 없는 것이고 모두라고 하지 않은 경우에는 수범과 종범을 구분한다(명43,2). 이 조항에서는 살해한 경우 모두 참형에 처한다고 하였으니 수범과 종범의 구분이 없는 것이다.

[율문1a] 무릇 시마(친)·소공친의 부곡·노비를 구타하여 골절상 이상을 입혔다면 각각 일반인의 부곡·노비를 살상(한 죄)에서 2등을 감한다.

[율문1b] 대공(친의 부곡·노비)이면 또 1등을 감한다.

[율문2] 과실로 살해한 때에는 각각 논죄하지 않는다.

[율문1a의 소] 의하여 말한다: "시마(친)·소공친의 부곡을 구타하였다."는 것은 자신의 시마·소공친의 부곡을 구타한 것을 말한다. 일반인의 부곡(을 구타한 죄)(투19.2a)에서 2등을 감한다는 것은 (양인을 구타한 죄에서) 총 3등을 감한다는 것을 말한다.21) 가령 구타하여 늑골을 부러뜨렸다면, 일반인 (사이의 죄는) 도2년에 해당하니(투3.2) (여기서) 3등을 감하여 장100에 해당한다. 만약 노비를 구타하여 이를 부러뜨렸다면, 일반인 (사이의 죄는) 도1년에 해당하는데(투2.1) 노비는 2등을 감하고(투19.2), 시마친·소공친의 노비는 또 2등을 감하므로 총 4등을 감하여 장70에 해당한다. 그러므로 "골절상 이상을 입혔다면 각각 일반인의 부곡·노비를 살상(한 죄)에서 2등을 감한다."고 한 것이다.

[율문1b의 소] "대공(친의 부곡·노비)이면 또 1등을 감한다."는 것은 대공(친)의 부곡을 구타하여 이를 부러뜨렸다면 총 4등을 감하여 장70에 해당하고,22) 만약 대공(친)의 노비를 구타하였다면 장60에

---

21) 양인이 타인의 부곡을 구타하여 상해하였거나 살해했다면 일반인 투구죄에서 1등을 감한다(320, 투19.2a). 예를 들어 양인이 타인의 부곡을 구타하여 살해하였으면 교형에서 1등 감한 유3000리에 처한다. 따라서 시마·소공친의 부곡이나 노비를 구타하여 살해한 경우는 또 2등을 감하니 도2년반이 된다.

22) 일반인 투구죄에서는 이를 부러뜨린 경우 도1년인데(303, 투2.1), 양인이 타인의 부곡을 구타하여 이를 부러뜨렸으면 1등을 감하므로(320, 투19.2a) 장100이 된다. 따라서 시마·소공친의 부곡을 구타하였다면 여기에서 2등을 감하므로 장80이 되고 대공친의 부곡은 또 1등을 감하므로 장70이 되는 것이다.

해당한다는 것을 말한다. 이 밖에 구타하여 부러뜨린 상처 이상이라면, 각각 이 법례에 준하여 감하는 법으로 한다.

[율문2의 소] 단 과실로 시마(친) 이상의 부곡·노비를 살해한 때에는 각각 죄가 없다.[23]

제325조 투송 24. 남편과 처·처와 첩 사이에 상해·살해한 죄(毆傷妻妾)

[律文1a] 諸毆傷妻者減凡人二等, 死者以凡人論.

[律文1b] 毆妾折傷以上, 減妻二等.

  [律文1a의 疏] 議曰: 妻之言齊, 與夫齊體, 義同於幼, 故得「減凡人二等」. 「死者以凡人論」, 合絞; 以刃及故殺者斬.

  [律文1b의 疏] 毆妾非折傷無罪, 折傷以上減妻罪二等, 卽是減凡人四等. 若殺妾者, 止減凡人二等.

[율문1a] 무릇 처를 구타하여 상해한 때에는 일반인을 (범한 죄)에서 2등씩 감하고, 사망에 이른 때에는 일반인으로 논한다.

[율문1b] 첩을 구타한 것이 골절상 이상이면 처(를 범한 죄)에서 2등씩 감한다.

  [율문1a의 소] 의하여 말한다: 처에 대하여 동등하다고 하는 것은 남

---

23) 이 조문에서 기친을 언급하지 않은 이유는 기친은 주인과 같으므로 주인이 부곡을 구타하여 사망에 이른 것은 도1년인데 단 부곡이 잘못을 범하여 처벌하다가 사망에 이른 것 및 과실로 살해한 것은 각각 논죄하지 않는다(322, 투21.2).

편과 몸을 동등하게 한다는 것으로, 뜻은 비유와 같기 때문에[24] "일반인을 (범한 죄)에서 2등씩 감할" 수 있는 것이다. "사망에 이른 때에는 일반인으로 논하므로" 교형에 해당한다(투5.1a). 날붙이로 또는 고의로 살해한 때에는 참형에 처한다(투5.1b).

[율문1b의 쇠] 첩을 구타한 것이 골절상이 아니면 죄가 없고 골절상 이상이면 처(를 범한) 죄에서 2등씩을 감하므로, 곧 일반인 (사이의 죄)에서 4등을 감하는 것이다. 만약 첩을 살해한 때에는 일반인 (사이의 죄)에서 2등씩을 감하는데 그친다.

[律文2] 若妻毆傷殺妾, 與夫毆傷殺妻同.

[律文1·2의 注] 皆須妻、妾告乃坐, 卽至死者聽餘人告. 殺妻仍爲「不睦」.

[律文3] 過失殺者, 各勿論.

[律文2의 疏] 議曰:「若妻毆傷殺妾」, 謂毆者, 減凡人二等; 死者, 以凡人論.

[律文1·2의 注의 疏] 注云「皆須妻、妾告乃坐」, 卽外人告者, 無罪. 「至死者聽餘人告」, 餘人不限親疎, 皆得論告. 「殺妻, 仍爲不睦」, 妻卽是緦麻以上親, 準例自當「不睦」, 爲稱「以凡人論」, 故重明此例.

[律文3의 疏] 「過失殺者, 各勿論」, 爲無惡心, 故得無罪.

[율문2] 만약 처가 첩을 구타하여 상해·살해했다면 남편이 처를 구타하여 상해·살해한 것과 같다.

[율문1·2의 주] 모두 반드시 처·첩이 고해야 처벌한다. 만약 사망에 이른 때에는 다른 사람이 고하는 것을 허용한다. 처를 살해한 것은 (십악의) '불목'이 된다.

[율문3] 과실로 살해한 때에는 각각 논하지 않는다.

---

24) 처는 원래 존장이 아니고 또 비유와도 다르지만 『예기』 및 『시경』에서는 형제에 견주고 있으므로 처는 유(幼)와 같다(120, 직30.4의 소)

[율문2의 소] 의하여 말한다: "만약 처가 첩을 구타하여 상해·살해했다면"이라는 것은 (처가 첩을) 구타하였다면 일반인 (사이의 죄)에서 2등을 감하고, 사망에 이른 때에는 일반인으로 논한다는 것을 말한다.

[율문1·2의 주의 소] 주에 "모두 반드시 처·첩이 고해야 처벌한다."고 하였으므로, 만약 외부 사람이 고한 경우는 죄가 없다. "사망에 이른 때에는 다른 사람이 고하는 것을 허용한다." (에서) 다른 사람은 친소의 제한 없이 모두 고발할 수 있다. "처를 살해한 것은 (십악) '불목'(명6.8)이 된다."(는 것은), 처는 곧 시마 이상의 친속이므로 (명)례에 준하여 당연히 '불목'(죄)에 해당되는데 (앞의 율문에서) "일반인으로 논한다."고 칭했기 때문에 이 법례를 거듭 밝힌 것이다.

[율문3의 소] "과실로 살해한 때에는 각각 논하지 않는다."는 것은 악한 마음이 없었기 때문에 무죄로 할 수 있다는 것이다.

제326조 투송 25. 처·잉·첩이 남편을 구타하고 욕한 죄(妻毆詈夫)

[律文1a] 諸妻毆夫徒一年, 若毆傷重者加凡鬪傷三等, 須夫告乃坐. 死者斬.

  [律文1a의 疏] 議曰: 妻毆夫, 徒一年. 「若毆傷重者, 加凡鬪傷三等」, 假如凡人以他物毆傷人內損吐血合杖一百, 加凡鬪三等處徒二年. 此是計加之法. 「須夫告, 乃坐」, 謂要須夫告, 然可論罪. 因毆致死者, 斬.

[율문1a] 무릇 처가 남편을 구타하였다면 도1년에 처하고, 만약

구타하여 상해가 무거운 때에는 일반인 투구상(죄)에 3등씩 더하며, 반드시 남편이 고해야 처벌한다. **사망에 이른 때에는 참형에 처한다.**

[율문1a의 소] 의하여 말한다: 처가 남편을 구타하였다면 도1년에 처한다. "만약 구타하여 상해가 무거운 때에는 일반인 투구상(죄)에 3등씩 더한다."는 것은, 가령 일반인이 다른 물건으로 사람을 구타하여 내상으로 피를 토하게 한 것은 장100에 해당하는데(투1.3),일반인 투구상(죄)에 3등을 더하므로 도2년에 처한다는 것이다. 이것이 더하는 것을 계산하는 법이다. "반드시 남편이 고해야 처벌한다."는 것은 반드시 남편이 고한 다음에야 논죄할 수 있음을 말한다. 구타로 인하여 사망에 이른 때에는 참형에 처한다.

[律文1b] 媵及妾犯者, 各加一等. 加者, 加入於死.

[律文1c] 過失殺傷者, 各減二等.

[律文1b의 疏] 議曰: 依令, 五品以上有媵, 庶人以上有妾. 故媵及妾犯夫者, 各加妻犯夫一等, 謂毆夫者, 徒一年半; 毆傷重者, 加凡鬪傷四等. 「加者, 加入於死」, 若毆夫折一支, 或瞎一目, 凡鬪徒三年, 加四等合絞, 是名「加入於死」.

[律文1c의 疏] 「過失殺者, 各減二等」, 謂妻·妾·媵過失殺者, 並徒三年. 假如妻折夫一支, 加凡人三等流三千里, 過失減二等, 合徒二年半; 若媵及妾折夫一支合絞, 過失減二等合徒三年. 自餘折傷, 各隨輕重, 準此加減之例.

[율문1b] 잉 및 첩이 범한 때에는 각각 1등씩 더하고, 더하는 것은 더하여 사(죄)에 이른다.

[율문1c] 과실로 살상한 때에는 각각 2등씩 감한다.

[율문1b의 소] 의하여 말한다: 영(호령,『습유』251쪽)에 의하면 5품 이

상은 잉을 둘 수 있고, 서인 이상은 첩을 둘 수 있다.25) 그러므로
잉 및 첩이 남편을 범한 때에는 각각 처가 남편을 범한 죄에 1등씩
더하고, -남편을 구타한 때에는 도1년반에 처한다- 구타하여 상해
가 무거운 때에는 일반인 투구상(죄)에 4등을 더한다. "더하는 것
은 더하여 사(죄)에 이른다." 예컨대 남편을 구타하여 팔다리 하나
를 부러뜨리거나 한쪽 눈을 실명하게 하였다면 일반인 투구(죄)의
도3년(투4.1a)에 4등을 더해서 교형에 처해야 하니, 이것이 (정)명하
여 "더하여 사(죄)에 이른다."(명56.3)는 것이다.

[율문1c의 소] "과실로 살상한 때에는 각각 2등씩 감한다."는 것은,
처·첩·잉이 과실로 (남편을) 살해한 때에는 모두 도3년에 처한다
는 것을 말한다.26) (또한) 가령 처가 남편의 팔다리 하나를 부러뜨
렸다면 일반인(을 범한 죄)에 3등을 더하여 유3000리이지만, 과실
이면 2등을 감하여 도2년반에 해당한다. 만약 잉 및 첩이 남편의
팔다리 하나를 부러뜨린 경우 교형에 해당하지만 과실이면 2등을
감하여 도3년에 처해야 한다. 이 밖의 골절상은 각각 경중에 따라
이(와 같이) 가감하는 예에 준한다.27)

[律文1d] 卽毆及妾詈夫者杖八十.

---

25) 친왕의 처는 2인으로 정5품에 비하고, 잉은 10인으로 정6품에 비한다. 사왕·
　군왕 및 1품관의 잉은 10인으로 종6품에 비하고 2품관의 잉은 8인으로 정7품
　에 비하며, 3품관 및 국공의 잉은 6인으로 종7품에 비하고 4품관의 잉은 4인
　으로 정8품에 비하며, 5품관의 잉은 3인으로 종8품에 비한다. 이 아래로는 모
　두 첩이 된다(『당육전』권2, 40쪽 및 『역주당육전』상, 235쪽).
26) 일반인들끼리 싸우다가 구타하여 사람을 살해한 자는 교형에 처한다(306, 투
　5.1a). 처·첩·잉이 과실로 남편을 살해한 때에는 일반인의 투구상죄에서 각각
　2등씩을 감하게 되니 이에 도3년으로 처벌하는 것이다.
27) 일반인 투구상의 과실죄는 속하는 것이 원칙인데(339, 투38), 처·잉·첩이 남편
　을 범한 과실죄는 실형에 처하되 투상죄에서 2등을 감한다. 이 소는 이 경우
　투상죄에서 2등을 감하는 예를 설명한 것이다.

[律文2a] 若妾犯妻者, 與夫同.

[律文2b] 媵犯妻者, 減妾一等.

[律文2c] 妾犯媵者, 加凡人一等.

[律文3] 殺者, 各斬. 餘條媵無文者, 與妾同.

　[律文1d의 疏] 議曰: 媵及妾詈夫者, 杖八十.

　[律文2a의 疏] 「若妾犯妻者, 與犯夫同」, 謂毆者徒一年半, 死者斬.

　[律文2b의 疏] 「媵犯妻者, 減妾一等」, 毆者徒一年, 傷重者從重上減妾一等.

　[律文2c의 疏] 「妾犯媵者, 加凡人一等」, 謂毆者笞五十, 折一齒者徒一年半
　之類.

　[律文3의 疏] 「死者, 各斬」, 謂媵及妾犯夫及妻, 若妾犯媵, 毆殺者各斬. 注
　云「餘條媵無文者」, 謂上條「毆妾折傷以上, 減妻二等」之類, 妻、妾相犯及犯
　夫, 當條無文者, 各與妾同.

[율문1d] 만약 잉 및 첩이 남편을 욕한 때에는 장80에 처한다.

[율문2a] 만약 첩이 처를 범한 때에는 남편(을 범한 때)와 같다.

[율문2b] 잉이 처를 범한 때에는 첩(이 범한 경우)에서 1등을 감
한다.

[율문2c] 첩이 잉을 범한 때에는 일반인(을 범한 경우)에서 1등을
더한다.

[율문3] 살해한 때에는 각각 참형에 처한다. 다른 조항에서 (잉에
대한 율)문이 없는 경우 잉은 첩과 같다.

　[율문1d의 소] 의하여 말한다: 잉 및 첩이 남편에게 욕한 때에는 장
　80에 처한다.

　[율문2a의 소] "만약 첩이 처를 범한 때에는 남편(을 범한 때)와 같
　다."는 것은 구타한 때에는 도1년반에 처하고, 사망에 이른 때에는

참형에 처한다는 것을 말한다.

[율문2b의 소] "잉이 처를 범한 때에는 첩(이 범한 경우)에서 1등을 감한다."는 것은 구타한 때에는 도1년에 처하고, 상해가 무거운 때에는 중(상은 일반인 투구상에 4등을 더하는) 첩(의 죄)에서 1등을 감한다는 것이다.

[율문2c의 소] "첩이 잉을 범한 때에는 일반인(을 범한 경우)에서 1등을 더한다."는 것은 구타한 때에는 태50에 처하고,[28] 이 하나를 부러뜨린 때에는 도1년반[29]에 처한다는 것 따위를 말한다.

[율문3의 소] "사망에 이른 때에는 각각 참형에 처한다."는 것은, 잉 및 첩이 남편 및 처를 범하거나 첩이 잉을 범하거나, 구타해서 살해한 때에는 각각 참형에 처한다는 것을 말한다. 주에 '다른 조항에서 잉(에 대한 율)문이 없는 경우'라는 것은 앞의 조항(투24.1b)의 "첩을 구타하여 골절상 이상이라면 처(를 범한 것)에서 2등을 감한다."는 것과 같이, 처와 첩이 서로 범하였거나 남편을 범한 것에 대한 조항에 (잉에 대한 율)문이 없을 때에는 각각 첩과 같다는 것을 말한다.[30]

---

28) 투구죄에서의 일반인 사이의 구타죄는 태40(302, 투1.1)인데, 첩이 잉을 범하면 일반인 투구죄에서 1등을 더해야 하니 태50이 된다.

29) 일반인 투구죄에서 이 하나를 부러뜨린 경우 도1년이므로(303, 투2.1) 여기에 1등을 더하면 도1년반이 된다.

30) 처가 남편을 구타하였을 경우 반드시 남편이 직접 고소를 해야 처에게 죄를 줄 수 있지만, 잉 및 첩이 남편을 욕하거나 구타한 경우에는 남편의 고소 없이도 죄가 성립된다. 이는 남편이 첩을 구타한 경우 반드시 첩의 고소가 있어야 논죄할 수 있다는 점에서 죄의 경중이 다름을 알 수 있다. 그리고 처나 잉·첩이 남편을 구타하면 십악 중 불목에 해당하고 사망에 이르게 하면 악역에 해당하는데 남편의 경우 처를 사망에 이르게 하였을 때 비로소 불목에 해당한다. 이러한 규정을 통해 당률 내에서 남녀 법적 지위의 차등성을 알 수 있다(劉俊文, 『당률소의전해』, 해석, 1551~1552쪽).

제327조 투송 26. 시마·소공·대공친 사이의
투구살상의 죄(毆緦麻兄姊)

[律文1a] 諸毆緦麻兄姊杖一百,

[律文1b] 小功、大功各遞加一等,

[律文1c] 尊屬者又各加一等.

[律文1d] 傷重者各遞加凡鬪傷一等,

[律文1e] 死者斬.

[律文1f] 卽毆從父兄姊準凡鬪應流三千里者, 絞.

[律文1a의 疏] 議曰:「毆緦麻兄姊」, 謂本宗及外姻有緦麻服者竝同. 毆此兄姊杖一百,

[律文1b의 疏] 小功徒一年, 大功徒一年半.

[律文1c의 疏] 「尊屬者又各加一等」, 謂毆緦麻尊屬徒一年, 小功尊屬徒一年半. 大功尊屬, 依禮唯夫之祖父母及夫之伯叔父母, 此竝各有本條, 自從毆夫之祖父母絞, 夫之伯叔父母減夫犯一等徒二年半, 卽此大功無尊屬加法.

[律文1d의 疏] 「傷重者, 各遞加凡鬪傷一等」, 謂他物毆緦麻兄姊內損吐血, 準凡人杖一百上加一等合徒一年, 小功徒一年半, 大功徒二年; 尊屬又加一等, 卽緦麻徒一年半, 小功徒二年之類.

[律文1e의 疏] 因毆致死者, 各斬. 假有毆小功尊屬折二支加凡人三等, 不云加入於死, 罪止遠流.

[律文1f의 疏] 「卽毆從父兄姊, 準凡鬪應流三千里者」, 謂損二事以上, 或囚舊患令至篤疾、斷舌及毀敗陰陽, 此是凡鬪應流三千里, 於從父兄姊犯此流者, 合絞.

[율문1a] 무릇 시마친형·누나를 구타하였다면 장100에 처하고,

[율문1b] 소공·대공친(형·누나를 구타하였다면) 각각 차례로 1등씩 더하며,

[율문1c] 존속이면 또 각각 1등을 더한다.

[율문1d] 상해가 무거운 때에는 각각 일반인 투상(죄)에 차례로 1등씩 더하고,

[율문1e] 사망에 이른 때에는 참형에 처한다.

[율문1f] 만약 사촌형·누나를 구타한 (죄가) 일반인 투상죄에 준해서 유3000리에 해당하는 때에는 교형에 처한다.

[율문1a의 소] 의하여 말한다: "시마친형·누나를 구타하였다."는 것은, 동성 및 외·인(척) 가운데 시마복이 있는 자는 모두 같으며, 이러한 형·누나를 구타하였다면 것은 장100에 처하고,

[율문1b의 소] 소공(형·누나)이면 도1년에 처하며, 대공(형·누나)이면 도1년반에 처한다는 것을 말한다.

[율문1c의 소] "존속이면 또 각각 1등을 더한다."는 것은, 시마존속을 구타하였다면 도1년에 처하고, 소공존속은 도1년반에 처한다는 것을 말하는 것이다. 대공존속은 (개원)례(권132, 오복제도·대공)에 따르면 단지 남편의 조부모 및 남편의 백숙부모만이고 이들에 대해서는 모두 각각 본조가 있어, 당연히 남편의 조부모를 구타하였다면 교형에 처하고(투29.1a), 남편의 백숙부모를 구타하였다면 남편이 범한 (죄에서) 1등을 감하여 도2년반(투33.1a)에 처한다는 (규정에) 따라야 하므로, 곧 이 대공친은 존속으로 (죄를) 더하는 법이 없다.

[율문1d의 소] "상해가 무거운 때에는 각각 일반인 투상(죄)에 차례로 1등씩 더한다."는 것은 다른 물건으로 시마형·누나를 구타하여 내상으로 피를 토하게 하였다면 일반인(을 범한 경우)의 장100(투1.3)에 준하여 1등을 더해서 도1년에 처해야 하고, 소공(친)이면 도

1년반에 처하며, 대공(친)이면 도2년에 처하고, 존속은 또 1등을 더하니, 곧 시마(존속)이면 도1년반에 처하고, 소공(존속)은 도2년에 처하는 것 따위임을 말한다.

[율문1e의 소] 구타하여 사망에 이르게 된 때에는 각각 참형에 처한다. 가령 소공존속을 구타하여 팔다리 둘을 부러뜨렸다면 일반인 투구죄에서 3등을 더하는데, 더하여 사죄에 이른다(명56.3)고 하지 않았으므로 죄는 유3000리에 그친다.31)

[율문1f의 소] "만약 사촌형·누나를 구타한 (죄가) 일반인 투상죄에 준해서 유3000리에 해당하는 때"라는 것은, 손상한 것이 두 가지 이상이거나 이전의 장애에 더하여 독질이 되게 하였거나, 혀를 잘랐거나, 생식기능을 훼손한 것, 이것이 일반인 투구(죄)에서 유3000리(투4.2)에 해당하는 것이며, 사촌형·누나에게 이러한 유(죄)를 범하였다면 교형에 해당한다.

[律文2a] 若尊長毆卑幼折傷者, 緦麻減凡人一等,

[律文2b] 小功、大功遞減一等,

[律文2c] 死者絞.

[律文2d] 即毆殺從父弟妹及從父兄弟之子孫者, 流三千里,

[律文2e] 若以刃及故殺者絞.

[律文2a의 疏] 議曰:「若尊長毆卑幼折傷者」, 謂折齒以上. 旣云「折傷」, 卽明非折傷不坐. 因毆折傷緦麻卑幼減凡人一等,

[律文2b의 疏] 小功減二等, 大功減三等. 假有毆緦麻卑幼折一指凡鬪合徒一

---

31) 일반인 투구죄에서 팔다리 둘을 부러뜨린 경우 유3000리이다(305, 투4.2). 여기에서 3등을 더하면 사죄에 이르게 된다. 그러나 율문에 더하여 사죄에 이를 수 있다는 규정이 본조에 명시되어 있지 않은 경우 죄를 더하여 사죄에 이를 수 없다고 규정해 놓았으므로(명56.3) 유3000리로 죄를 받는 것에 그치는 것이다.

年, 減一等杖一百, 小功減二等杖九十, 大功減三等杖八十. 其毆傷重者, 遞減各準此.

[律文2c의 疏] 因毆致死者, 尊長各絞.

[律文2d의 疏] 「卽毆殺從父弟妹」, 謂堂弟妹;「及從父兄弟之子孫」, 謂堂姪及姪孫者: 流三千里.

[律文2e의 疏] 若以刃殺及不因鬪而故殺者, 俱合絞刑.

[율문2a] 만약 존장이 비유를 구타하여 골절상을 입힌 경우 (존장이) 시마(친)이면 일반인(을 범한 죄)에서 1등을 감하고,

[율문2b] 소공(친)·대공(친)이면 차례로 1등씩 감하며,

[율문2c] 사망에 이른 때에는 교형에 처한다.

[율문2d] 만약 사촌동생·여동생 및 사촌형·남동생의 아들·손자를 구타하여 살해한 때에는 유3000리에 처하며,

[율문2e] 만약 날붙이로 (살해하거나) 고의로 살해한 때에는 교형에 처한다.

[율문2a의 소] 의하여 말한다: "만약 존장이 비유를 구타하여 골절상을 입힌 경우"라는 것은 이를 부러뜨린 것 이상을 말하며(투11.1a), 먼저 "골절상"이라고 한 것은 곧 골절상이 아니면 처벌하지 않음을 밝힌 것이다. 구타로 인하여 시마(친) 비유를 골절상을 입힌 때에는 일반인(을 범한 죄)에서 1등씩 감하고,

[율문2b의 소] 소공(친)이면 2등씩 감하며, 대공(친)이면 3등씩 감한다. 가령 시마(친) 비유를 구타하여 손가락이나 발가락 하나를 부러뜨린 경우, 일반인 투구(죄)는 도1년에 해당하므로(투2.1) 1등을 감하여 장100에 처하고, 소공(친)은 2등을 감하여 장90에 처하며, 대공(친)은 3등을 감하여 장80에 처한다. 만약 구타로 인한 상해가 무거운 경우 차례로 감하는 것도 각각 이에 준한다.

[율문2c의 소] 구타로 인하여 사망에 이른 경우 존장은 각각 교형에 처한다.

[율문2d의 소] "만약 사촌동생·여동생 및 사촌형·남동생의 아들·손자를 구타하여 살해한 때"라는 것은 사촌동생이나 사촌여자동생을 말하는 것이고, "사촌형·남동생의 아들·손자"란 당질·당질손을 말하는 것으로, 유3000리에 처한다.

[율문2e의 소] 만약 날붙이로 살해하거나 싸움 때문이 아니고 고의로 살해한 때에는 모두 교형에 처해야 한다.

제328조 투송 27. 기친 사이의 투구살상의 죄(毆兄姊)

[律文1a] 諸毆兄姊者, 徒二年半;

[律文1b] 傷者, 徒三年;

[律文1c] 折傷者, 流三千里;

[律文1d] 刀傷及折支, 若瞎其一目者, 絞;

[律文1e] 死者, 皆斬;

[律文1f] 詈者, 杖一百.

[律文2] 伯叔父母、姑、外祖父母, 各加一等.

[律文3] 卽過失殺傷者, 各減本殺傷罪二等.

[律文1a의 疏] 議曰: 兄姊至親, 更相急難, 鶺鴒垂泣, 義切匪他. 輒有毆者徒二年半,

[律文1b의 疏] 毆傷者徒三年.

[律文1c의 疏] 「折傷者」, 或折齒或折手足指, 但折一事, 卽合處流.

[律文1d의 疏] 若用刀傷及折支, 或跌其支體, 「若瞎其一目」, 謂全失其明者,

各得絞罪.

[律文1e의 疏] 因毆致死者, 首·從皆斬.

[律文1f의 疏] 詈者, 合杖一百.

[律文2의 疏] 其「伯叔父母·姑·外祖父母, 各加一等」, 謂加犯兄姊一等: 毆者徒三年, 傷者流二千里, 文無「加入死」, 折傷亦止流坐; 詈者徒一年.

[律文3의 疏] 過失殺若傷, 「各減本殺傷二等」, 謂過失殺者, 各減死罪二等合徒三年; 過失折齒者, 從流減二等之類. 其過失之罪, 兄姊以下並同減二等.

[율문1a] 무릇 형·누나를 구타한 때에는 도2년반에 처하고,

[율문1b] 상해한 때에는 도3년에 처하며,

[율문1c] 골절상을 입힌 때에는 유3000리에 처하고,

[율문1d] 날붙이로 상해한 때 및 팔다리를 부러뜨린 때, 또는 한 쪽 눈을 실명케 한 때에는 교형에 처하며,

[율문1e] 사망에 이른 때에는 모두 참형에 처한다.

[율문1f] 욕한 때에는 장100에 처한다.

[율문2] 백숙부모·고모·외조부모(를 범한 때에는) 각각 1등씩 더한다.

[율문3] 곧 과실로 살상한 때에는 각각 본조의 살상죄에서 2등씩 감한다.

[율문1a의 소] 의하여 말한다: 형·누나는 지친이므로 급하고 어려운 일을 힘써 도우며, (형이) 활을 당겨서 (타인을) 쏘려고 하면 눈물을 흘리면서 말리는 것은 정의가 절친해서 남과 다르기 때문이다(『맹자』 권12상, 380쪽). 함부로 구타한 자가 있으면 도2년반에 처하고,

[율문1b의 소] 구타해서 상해한 때에는 도3년에 처한다.

[율문1c의 소] "골절상을 입힌 때"란 이 또는 손가락이나 발가락을

부러뜨린 것으로, 단지 하나만 부러뜨렸더라도 곧 유형에 처해야
한다.

[율문1d의 소] 만약 날붙이로 상해하거나 팔다리를 부러뜨리거나 또
는 지체를 어긋나게 하거나 한쪽 눈을 실명케 하였다면 -전혀 안
보이는 것을 말한다.- 각각 교형의 죄를 받는다.

[율문1e의 소] 구타로 사망에 이른 때에는 수범·종범 모두 참형에
처한다.

[율문1f의 소] 욕한 것은 장100에 해당한다.

[율문2의 소] 단 "백숙부모·고모·외조부모(를 범한 때에는) 각각 1등
씩 더한다."는 것은 형·누나를 범한 죄에 1등을 더한다는 것이니,
구타한 때에는 도3년에 처하고, 상해한 때에는 유2000리에 처하며,
율문에 "더하여 사죄에 이른다."는 (규정이) 없으므로 골절상한 때
역시 유형에 처하는데 그치며, 욕한 때에는 도1년에 처한다.

[율문3의 소] 과실살 또는 과실상해는 "각각 본살상(죄)에서 2등을
감한다."는 것은, 과실살은 각각 사죄에서 2등을 감하여 도3년에
해당하고, 과실로 절치한 때에는 유죄에서 2등을 감하는 것 따위
를 말하는 것이다. 단 과실죄이면 형·누나 이하 경우에도 모두 같
이 (본살상죄)에서 2등씩 감한다.

[律文4a] 若毆殺弟妹及兄弟之子孫 曾、玄孫者, 各依本服論、外孫者, 徒三年;
[律文4b] 以刃及故殺者, 流二千里.
[律文4c] 過失殺者, 各勿論.

[律文4a의 疏] 議曰: 毆殺弟妹及兄弟之子孫者, 兄弟子期服, 孫卽小功. 注
云「曾、玄孫者, 各依本服論」, 兄弟曾孫爲緦麻, 玄孫當袒免, 服紀旣疎, 恩情
轉殺, 故云「各依本服論」. 謂毆殺曾孫合絞; 玄孫旣當袒免, 自依凡人法. 此
條毆兄弟曾、玄孫, 旣依本服, 卽明上條毆殺從父兄弟曾、玄孫, 降服已盡, 亦

同凡人. 其毆殺弟妹及兄弟之子孫, 外孫者各徒三年,

[律文4b의 疏] 以刃及故殺者流二千里,

[律文4c의 疏] 過失殺者各勿論.

[율문4a] 만약 남동생·여동생 및 형·남동생의 아들·손자와 증손·현손은 각각 본복에 따라 논한다. **외손을 구타하여 살해한 때에는 도3년에 처한다.**

[율문4b] **날붙이로 살해하거나 고의로 살해한 때에는 유2000리에 처한다.**

[율문4c] **과실로 살해한 때에는 각각 논하지 않는다.**

[율문4a의 소] 의하여 말한다: 남동생·여동생 및 형·남동생의 아들·손자를 구타하여 살해한 경우에서, 형·남동생의 아들은 기복이고, 손자는 소공(복)이다. 주에 "증손·현손은 각각 본복에 따라 논한다."고 하였는데, 형·남동생의 증손은 시마(친)이고 현손은 단문(친)으로, 복기가 이미 소원해져 은정이 좀 더 가벼우므로 "각각 본복에 따라 논한다."고 한 것이니, (형·제의) 증손을 구타하여 살해한 것은 교형에 해당하고(투26.2c), 현손은 원래 단문(친)에 해당하므로 당연히 일반인(을 범한) 법(투5.1a)에 따른다는 것을 말한다. 이 조항(의 주)에서 형·남동생의 증손·현손을 구타한 경우 이미 본복에 따른다고 하였으니, 곧 위 조항(투26.2d)의 사촌형·남동생의 증손·현손도 5등친에서 벗어나므로 구타하여 살해한 경우 일반인(을 범한 것과) 같다는 것이 분명하다. 단 남동생·여동생 및 형·남동생의 아들·손자와 외손자를 구타하여 살해한 때에는 각각 도3년에 처하고,

[율문4b의 소] 날붙이로 살해하거나 고의로 살해한 때에는 유2000리에 처하며,

[율문4c의 소] 과실로 살해한 때에는 각각 논하지 않는다.

제329조 투송 28.조부모·부모와 자·손 사이의 투구살상의 죄(毆詈祖父母父母)

[律文1a] 諸詈祖父母、父母者絞, 毆者斬;

[律文1b] 過失殺者流三千里, 傷者徒三年.

[律文2a] 若子孫違犯教令, 而祖父母、父母毆殺者徒一年半, 以刃殺者徒二年;

[律文2b] 故殺者, 各加一等.

[律文2c] 卽嫡、繼、慈、養殺者, 又加一等.

[律文2d] 過失殺者, 各勿論.

　[律文1a의 疏] 議曰: 子孫於祖父母、父母, 情有不順而輒詈者合絞, 毆者斬. 律無「皆」字, 案文可知: 子孫雖共毆擊, 原情俱是自毆, 雖無「皆」字, 各合斬刑. 下條妻妾毆夫之祖父母、父母傷者皆斬, 擧輕明重, 皎然不惑.

　[律文1b의 疏] 過失殺者流三千里, 傷者徒三年. 「見血爲傷」, 傷無大小之限.

　[律文2a의 疏] 「若子孫違犯教令」, 謂有所教令, 不限事之大小, 可從而故違者, 而祖父母、父母卽毆殺之者徒一年半, 以刃殺者徒二年.

　[律文2b의 疏] 「故殺者, 各加一等」, 謂非違犯教令而故殺者, 手足、他物殺徒二年, 用刀殺徒二年半.

　[律文2c의 疏] 「卽嫡、繼、慈、養殺者」, 爲情踈易違, 故「又加一等」. 律文旣云「又加」, 卽以刃故殺者, 徒二年半上加一等徒三年; 違犯教令以刃殺者, 二年上加一等徒二年半; 毆殺者, 一年半上加一等徒二年.

　[律文2d의 疏] 「過失殺者, 各勿論」, 卽有違犯教令, 依法決罰, 邂逅致死者亦無罪.

[율문1a] 무릇 조부모·부모에게 욕한 자는 교형에 처하고, 구타한 자는 참형에 처하며,

[율문1b] 과실로 살해한 자는 유3000리에 처하고, (과실로) 상해한 자는 도3년에 처한다.

[율문2a] 만약 아들·손자가 가르침이나 명령을 위반하여 조부모·부모가 구타하여 살해한 때에는 도1년반에 처하고, 날붙이로 살해한 때에는 도2년에 처하며,

[율문2b] 고의로 살해한 때에는 각각 1등씩 더한다.

[율문2c] 만약 적모·계모·자모·양부모가 살해한 때에는 또 1등씩 더한다.

[율문2d] 과실로 살해한 때에는 각각 논하지 않는다.

[율문1a의 소] 의하여 말한다: 아들·손자가 조부모·부모에게 순종하지 않고 함부로 욕한 때에는 교형에 처해야 하며, 구타한 때에는 참형에 처한다.[32] 율에 '모두[皆]'자가 없으나 조문을 살펴보면 알 수 있는 것이니, 아들·손자가 비록 함께 구타했을지라도 정상을 살펴서 모두 직접 구타한 것이면 비록 '모두[皆]'자가 없더라도 각각 참형에 해당한다.[33] 아래 조항(투29.1a)에서 처·첩이 남편의 조

---

[32] 일반적으로 사람을 살해한 것이 구타한 죄보다 죄가 큰데, 조부모나 부모에게 욕하거나 구타한 죄가 과실로 조부모나 부모를 살상한 죄보다 무거워 특이한 경우이다. 이는 조부모나 부모에게 욕하는 것은 십악 중 불효에 해당하고 구타하는 것은 악역이 되므로 그 죄가 상당히 무거움을 알 수 있다. 그러나 과실로 살상한 경우에는 조부모나 부모에 대한 그릇된 마음이 있었던 것이 아니기에 십악에 해당하지 않는다. 이러한 이유로 조부모 및 부모를 과실살한 죄보다 욕하고 구타한 죄가 더 무거운 것이다(劉俊文, 『당률소의전해』, 해석, 1563쪽).

[33] 모두[皆]라고 말하지 않은 경우에는 수범과 종범으로 구분해서 처벌하지만(명43.2) 여기에서는 모두[皆]라는 말이 없더라도 모두라는 말이 있는 것과 같은 것으로 취급한다.

부모·부모를 구타하여 상해한 경우 모두 참형에 처하니, (이렇게) 가벼운 경우에 (모두인 점을) 들어보면 (그보다) 무거운 이 경우는 (당연히 모두임이) 분명하여(명50.2) 확연히 의혹이 없다.

[율문1b의 소] 과실로 살해한 자는 유3000리에 처하고 (과실로) 상해한 자는 도3년에 처한다. "피가 보이는 것이 상해"(투1.2)이며 상처의 크기는 한정하지 않는다.

[율문2a의 소] "만약 아들·손자가 가르침이나 명령을 위반하였다."는 것은, 가르침이나 명령하는 바가 있으면 일의 크기에 관계없이 따를 수 있는데도 고의로 어긴 경우를 말하며(투47), 조부모·부모가 곧 구타하여 살해한 때에는 도1년반에 처하고, 날붙이로 살해한 때에는 도2년에 처한다.

[율문2b의 소] "고의로 살해한 때에는 각각 1등을 더한다."는 것은 가르침이나 명령을 위반하지 않았는데도 고의로 살해한 경우, 손발이나 다른 물건으로 살해한 때에는 도2년에 처하고, 날붙이를 사용하여 살해한 때에는 도2년반에 처한다는 것을 말한다.

[율문2c의 소] 만약 적모·계모·자모·양부모[34]가 살해한 때에는 정의가 소원하여 어기기 쉽기 때문에 또 1등을 더한다. 율문에 이미 "또 더한다."고 하였으므로, 곧 고의로 날붙이로 살해한 때에는 도2년반에 1등을 더하여 도3년에 처하고, 가르침이나 명령을 위반하여 날붙이로 살해한 때에는 (도)2년에 1등을 더하여 도2년반에 처하며, 구타하여 살해한 때에는 (도)1년반에 1등을 더하여 도2년에 처한다.

---

34) 계모라는 것은 적모가 사망하였거나 이혼 당하여 부친이 재취한 자를 계모라고 한다. 자모라는 것은 예에 의하면 '첩으로서 자식이 없는 자와 첩의 자식으로서 어머니가 없는 자를 아버지가 명하여 모자로 삼은 경우로 이를 이름하여 자모라고 한다.' 양육이라는 것은 아이가 없어 같은 종족의 자식을 데려다가 양자로 삼은 것을 말한다."(명52.4의 소).

[율문2d의 쇼] "과실로 살해한 때에는 각각 논하지 않는다."고 하였으므로, 곧 가르침이나 명령을 위반하여 법도에 따라 처벌하다가 뜻밖에 사망에 이르렀다면 역시 죄가 없다.

제330조 투송 29. 처·첩과 남편의 친속 사이에 상해·살해한 죄(妻妾毆詈夫父母)

[律文1a] 諸妻妾詈夫之祖父母、父母者, 徒三年; 須舅姑告, 乃坐. 毆者, 絞; 傷者, 皆斬;

[律文1b] 過失殺者徒三年, 傷者徒二年半.

   [律文1a의 疏] 議曰: 妻妾有詈夫之祖父母、父母者, 徒三年. 注云:「須舅姑告, 乃坐.」 毆者絞, 傷者皆斬, 罪無首從.

   [律文1b의 疏] 過失殺者徒三年, 傷者徒二年半.

[율문1a] 무릇 처·첩이 남편의 조부모·부모에게 욕한 때에는 도3년에 처하고, 반드시 시부모가 고해야 처벌한다. 구타한 때에는 교형에 처하며, 상해한 때에는 모두 참형에 처한다.

[율문1b] 과실로 살해한 때에는 도3년에 처하고, (과실로) 상해한 때에는 도2년반에 처한다.

   [율문1a의 쇼] 의하여 말한다: 처·첩이 남편의 조부모·부모에게 욕한 때에는 도3년에 처한다. 주에 "반드시 시부모가 고해야 처벌한다."고 하였다. 구타한 때에는 교형에 처하고 상해한 때에는 모두 참형에 처하며, 죄에 수범·종범(의 구분)이 없다.

   [율문1b의 쇼] 과실로 살해한 때에는 도3년에 처하고 (과실로) 상해

한 때에는 도2년반에 처한다.

[律文2a] 卽毆子孫之婦令廢疾者, 杖一百; 篤疾者, 加一等; 死者, 徒三年;

[律文2b] 故殺者, 流二千里.

[律文2c] 妾, 各減二等.

[律文2d] 過失殺者, 各勿論.

[律文2a의 疏] 議曰: 祖父母·父母毆子孫之婦令廢疾者, 依戶令「腰脊折, 一支廢, 爲廢疾」, 合杖一百. 篤疾者, 「兩目盲, 二支廢」, 加一等合徒一年. 死者, 徒三年.

[律文2b의 疏] 「故殺者」, 謂不因毆詈, 無罪而輒殺者, 流二千里.

[律文2c의 疏] 若毆妾令廢疾, 杖八十; 篤疾, 杖九十; 至死者, 徒二年; 故殺者, 徒二年半.

[律文2d의 疏] 過失殺者, 各勿論.

[율문2a] 만약 아들·손자의 부인을 구타하여 폐질이 되게 한 자는 장100에 처하고, 독질이 되게 한 때에는 1등을 더하며, 사망에 이른 때에는 도3년에 처한다.

[율문2b] 고의 살해한 때에는 유2000리에 처하고,

[율문2c] 첩이면 각각 2등씩 감한다.

[율문2d] 과실로 살해한 때에는 각각 논하지 않는다.

[율문2a의 소] 의하여 말한다: 조부모·부모가 아들·손자의 부인을 구타하여 폐질이 되게 한 것은 -호령에 의하면 "허리의 척추가 부러지거나 팔다리 한 쪽을 못쓰는 것이 폐질이다."- 장100에 해당한다. 독질이 되게 한 것은 -두 눈을 못 보거나, 팔다리의 두 쪽을 못쓰는 것이 (독질이다.)35)- 1등을 더하여 도1년에 해당한다. 사망에

이른 때에는 도3년에 처한다.

[율문2b의 소] "고의 살해한 때"란 (자손이) 구타하거나 욕했기 때문이 아니고 죄가 없는데도 함부로 살해한 것을 말하는 것으로 유2000리에 처한다.

[율문2c의 소] 만약 (자손의) 첩을 구타하여 폐질이 되게 한 때에는 장80에 처하고, 독질이 되게 하였다면 장90에 처하며, 사망에 이른 때에는 도2년에 처하고, 고의로 살해한 때에는 도2년반에 처한다.

[율문2d의 소] 과실로 살해한 때에는 각각 논하지 않는다.

제331조 투송 30. 처첩과 죽은 남편의 조부모·부모 사이의 살상죄(妻妾毆罵故夫父母)

[律文1a] 諸妻妾毆、罵故夫之祖父母、父母者, 各減毆、罵舅姑二等;

[律文1b] 折傷者, 加役流;

[律文1b의 注] 死者, 斬;

[律文1d] 過失殺傷者, 依凡論.

　[律文1a의 疏] 議曰：「故夫」, 謂夫亡改嫁者, 其被出及和離者非.「各減毆、罵舅姑罪二等」, 謂毆者徒三年, 罵者徒二年,

　[律文1b의 疏] 折齒以上者加役流,

　[律文1b의 注의 疏] 死者斬. 文無「皆」字, 即有首從.

---

35) 질은 신체의 장애를 의미하며, 그 정도에 따라 잔질·폐질·독질의 3단계로 나뉜다. 잔질은 一目盲·兩耳聾·手無二指·足無三指·手足無大拇指·禿瘡無髮·久漏下重·大癭腫 등이고, 폐질은 癡瘂·侏儒·腰脊折·一支廢 등이며, 독질은 癲狂·二支廢·兩目盲 등이다(『송형통』권12, 190쪽 및 『백씨육첩사유집』권9, 질).

[律文1d의 疏]「過失殺傷者, 依凡論」, 謂殺者依凡人法贖銅一百二十斤, 傷者各依凡人傷法徵贖. 其銅入被傷殺之家.

[율문1a] 무릇 처·첩이 사망한 전남편의 조부모·부모를 구타하였거나 욕한 때에는 각각 시부모를 구타하거나 욕한 (죄에서) 2등씩 감하고,

[율문1b] 골절상을 입힌 때에는 가역류에 처하며,

[율문1b의 주] 사망에 이른 때에는 참형에 처한다.

[율문1d] 과실로 살상한 때에는 일반(인)에 의거하여 논한다.

[율문1a의 소] 의하여 말한다: "사망한 전남편"이란 남편이 죽어 개가한 (경우의 처·첩에 대한) 것을 말하며, 단 (처·첩이) 쫓겨났거나36) 합의 이혼한 경우는 아니다(적8 주의 소). "각각 시부모를 구타하거나 욕한 죄(투29.1a)에서 2등을 감한다."는 것은, 구타한 때에는 도3년에 처하고 욕한 때에는 도2년에 처한다는 것을 말하며,

[율문1b의 소] 절치 이상이면 가역류에 처하고,

[율문1b의 주의 소] 사망에 이른 때에는 참형에 처한다. 율문에 "개"자가 없으므로, 곧 수범·종범(의 구분)이 있다(명43.2).

[율문1d의 소] "과실로 살상한 때에는 일반(인)에 의거하여 논한다."는 것은, (과실로) 살해한 때에는 일반인에 대한 법(투38)37)에 의거

---

36) 처가 七出에 해당하면 남편은 처를 쫓아낼 수 있다. '칠출'이라는 것은 영에 따르면 첫째는 아들이 없는 것, 둘째는 지나치게 음란한 것, 셋째는 시부모를 섬기지 않는 것, 넷째는 말을 지어내는 것, 다섯째는 절도하는 것, 여섯째는 투기하는 것, 일곱째는 나쁜 병이 있는 것이다(189, 호40.1의 소).

37) 과실로 사람을 살해하거나 상해한 자는 각각 그 정황에 따라 속법으로 죄를 준다. (과실이란) 눈과 귀의 감각이 미치지 못한 경우나 생각이 미치지 못한 경우 함께 무거운 것을 들다가 힘으로 제어하지 못한 경우, 또는 높은 곳에 올랐거나 위험한 곳을 밟고 섰다가 발이 미끄러졌거나 또는 짐승을 사격하다가 그로 인해 (사람을) 살상에 이른 것 모두 그러함을 말한다(339, 투38). 속동

하여 속(동) 120근,[38] (과실로) 상해한 때에는 일반인을 (과실로) 상해한 법[39]에 의거하여 속(동)을 징수한다는 것을 말한다. 그 동은 살상된 자의 집에 이른다.

[律文2a] 其舊舅姑毆子孫舊妻妾, 折傷以上, 各減凡人三等;

[律文2b] 死者, 絞;

[律文2c] 過失殺者, 勿論.

[律文2a의 疏] 議曰: 其舊舅姑毆子孫舊妻妾, 折傷以上「各減凡人三等」, 謂折指者合杖八十, 折一支者徒一年半之類.

[律文2b의 疏] 「死者, 絞」, 旣不言故殺者斬, 卽是故殺者亦絞.

[律文2c의 疏] 過失殺者, 勿論.

[율문2a] 그러나 옛 시부모가 아들·손자의 옛 처·첩을 구타하여 골절상 이상을 입혔다면 각각 일반인(을 범한 죄)에서 3등을 감하고,

[율문2b] 사망에 이른 때에는 교형에 처한다.

[율문2c] 과실로 살해한 때에는 논하지 않는다.

[율문2a의 소] 의하여 말한다: 단 옛 시부모가 아들·손자의 옛 처·첩을 구타하여 골절상을 입혔다면 "각각 일반인(을 범한 죄)에서 3등을 감한다."는 것은, 손가락이나 발가락을 부러뜨린 때에는 장80에

은 태10을 기준으로 매 등급마다 동 1근을 더하여 장100이 되면 속동이 10근이다. 도1년의 속동은 20근이며 이를 기준으로 매 등급마다 동10근을 더하여 도3년은 속동 90이며 유3000리의 속동은 100근이다(명1~4).

38) 사형은 2등급으로 교형과 참형에 처한다. 이 두 형을 가리지 않고 속죄금은 동 120근이다(명5).

39) 예를 들어, 물건으로 사람을 구타하여 상해하였다면 장80인데(302, 투1.3) 이 것이 과실이었다면 장80에 해당하는 속동 8근을 징수하는 것과 같은 것이다.

처해야 하고, 팔다리 하나를 부러뜨린 때에는 도1년반에 처한다는 것 따위를 말한다.

[율문2b의 소] "사망에 이른 때에는 교형에 처한다."라고만 하고, 고의로 살해한 때에는 참형에 처한다고 언급하지 않았으므로, 곧 고의로 살해한 때에도 역시 교형에 처한다.

[율문2c의 소] 과실로 살해한 때에는 논하지 않는다.

[律文2의 問] 曰: 子孫之婦, 夫亡守志. 其姑少寡, 改醮他人, 或被棄放. 此姑婦相犯者, 合得何罪?

[律文2의 答] 曰: 子孫身亡, 妻妾改嫁, 舅姑見在, 此爲「舊舅姑」. 今者姑雖被棄, 或已改醮他人. 子孫之妻, 孀居守志. 雖於夫家義絶, 母子終無絶道. 子旣如母, 其婦理亦如姑. 姑雖適人, 婦仍在室, 理依親姑之法, 不得同於舊姑. 若夫之嫡·繼·慈·養, 不入此條.

[율문2의 문] 묻습니다: 아들·손자의 부인이 남편이 죽은 후에도 수절하고, 그 시모는 어려서 과부가 되어 다른 사람에게 개가하였거나 쫓겨났습니다. 이 시모와 부인이 서로 범하였다면 어떤 죄를 받습니까?

[율문2의 답] 답한다: 아들·손자가 죽어 처·첩이 개가하였는데 시부모가 현존해 있다면 이것이 "옛 시부모"이다. 지금 시모가 비록 쫓겨났거나 이미 다른 사람에게 개가하였고 자손의 처는 과부로 있으면서 수절하고 있다면, (시모가) 비록 남편의 집안과 의절40)되

---

40) 의절의 정상은 다음과 같다. 남편이 처의 조부모·부모를 구타하거나 처의 외조부모·백숙부모·형제·고모·자매를 살해한 경우, 또는 부처 쌍방의 조부모·부모·외조부모·백숙부모·형제·고모·자매가 서로 살해하거나, 처가 남편의 조부모·부모를 구타하거나 욕하며, 남편의 외조부모·백숙부모·형제·고모·자매를 살상하고, 처가 남편의 시마친 이상 또는 남편이 장모와 간통하는 것 및

었더라도 어머니와 아들이라는 것은 죽어도 끊어지지 않는 것이기에 아들에게는 그대로 어머니이므로, 그 부인에게도 이치상 역시 그대로 시모인 것이다. 시모는 비록 개가했고 부인은 그대로 집에 남아 있다면 이치상 친시모에 대한 법에 의거해야 하며, 옛 시모와 같게 해서는 안 된다. 남편의 적모·계모·자모·양모의 경우는 이 조항을 적용하지 않는다.

제332조 투송 31. 형의 처 및 남편의 동생, 적·서자와 서모가 구타·상해·살해한 죄(毆兄妻夫弟妹)

[律文1a] 諸毆兄之妻及毆夫之弟妹, 各加凡人一等.

[律文1b] 若妾犯者, 又加一等.

[律文1a의 疏] 議曰: 嫂叔不許通問, 所以遠別嫌疑. 毆兄之妻及毆夫之弟妹者, 禮敬頓乖, 故「各加凡人一等」.

[律文1b의 疏] 「若妾犯者, 又加一等」, 謂妾毆夫之弟、妹加妻一等、總加凡人二等. 夫之弟、妹毆兄妾, 以凡人論.

[율문1a] 무릇 형의 처를 구타하거나 남편의 남동생·여동생을 구타하였다면 각각 일반인(을 범한 죄)에 1등을 더한다.

[율문1b] 만약 첩이 범한 때에는 또 1등을 더한다.

[율문1a의 소] 의하여 말한다: 형수와 시동생간에 서로 안부를 묻는 것을 허락하지 않는 것은(『예기』권2, 58~59쪽) 혐의를 멀리 하기 위

처가 남편을 해치고자 한 것이다. 이러한 경우에는 비록 사면령이 내리더라도 모두 의절로 한다(189, 호40.1의 소).

해서이다. 형의 처를 구타하거나 남편의 남동생·여동생을 구타한 때에는 예의와 공경이 무너지기 때문에 "각각 일반인(을 범한 죄)에 1등을 더한다."

[율문1b의 소] "만약 첩이 범한 때에는 또 1등을 더한다."는 것은, 첩이 남편의 남동생·여동생을 구타하였다면 처(가 구타한 죄)에 1등을 더하여 일반인(을 범한 죄)에 총 2등을 더하는 것을 말한다. 남편의 남동생·여동생이 형의 첩을 구타하였다면 일반인(을 범한 죄)로 논한다.

[律文2a] 卽妾毆夫之妾子, 減凡人二等;

[律文2b] 毆妻之子, 以凡人論.

[律文3a] 若妻之子毆傷父妾, 加凡人一等.

[律文3b] 妾子毆傷父妾, 又加二等. 至死者, 各依凡人法.

[律文2a의 疏] 議曰:「卽妾毆夫之妾子, 減凡人二等」, 爲匹敵之故, 得罪稍輕.

[律文2b의 疏] 「毆妻之子, 以凡人論」, 爲女君尊重, 故同凡鬪.

[律文3a의 疏] 若妻之子毆傷父妾, 加凡人一等.

[律文3b의 疏] 妾子毆傷父妾, 又加二等. 稱「又加」者, 總加三等, 若毆折一齒徒二年半之類. 注云「至死者, 各依凡人法」, 當條雖有加減, 至死者竝與凡人同.

[율문2a] 만약 첩이 남편의 (다른) 첩의 자식을 구타하였다면 일반인(을 범한 죄)에서 2등을 감하고,

[율문2b] 처의 자식을 구타하였다면 일반인(을 범한 죄)로 논한다.

[율문3a] 만약 처의 자식이 아버지의 첩을 구타하여 상해하였다면 일반인(을 범한 죄)에 1등을 더하고,

[율문3b] 첩의 자식이 아버지의 다른 첩을 구타하여 상해하였다면 또 2등을 더한다. 사망에 이른 때에는 각각 일반인의 법에 따른다.

[율문2a의 소] 의하여 말한다: "곧 첩이 남편의 (다른) 첩의 자식을 구타하였다면 일반인(을 범한 죄)에서 2등을 감한다."는 것은, (지위가 서로) 대등하기 때문에 죄를 받는 것을 다소 가볍게 한 것이다.

[율문2b의 소] "처의 자식을 구타하였다면 일반인(을 범한 죄)로 논한다."는 것은, 女君41)은 존중되어야 하기 때문에 일반인 투구(죄)와 같게 하는 것이다.

[율문3a의 소] 만약 처의 자식이 아버지의 첩을 구타하여 상해하였다면 일반인(을 범한 죄)에 1등을 더한다.

[율문3b의 소] 첩의 자식이 아버지의 첩을 구타하여 상해하였다면 또 2등을 더한다. "또 더한다."고 한 것은 총 3등을 더한다는 것이니, 만약 구타하여 이 하나를 부러뜨렸다면 도2년반에 처하는 것 따위이다. 주에 "사망에 이른 때에는 각각 일반인의 법에 따른다."는 것은, 해당 조항에 비록 가감하는 (규정이) 있더라도 사망에 이른 때에는 모두 일반인을 (범한 것과) 같게 한다는 것이다.

---

41) 「당률석문」에서는 女君을 적처라 정의하였다. 기친 존장은 조부모·백부모·숙부모·고모·형과 누나·남편의 부모, 첩에게 있어 적처이다(120, 직30.2a의 소). 따라서 첩은 처를 위해 기복을 입어야 한다.

당률소의 권 제23 투송률 모두 13조

역주 임정운

제333조 투송 32. 계부와 계자 사이, 스승과 제자 사이에 범한 죄(毆妻前夫子)

[律文1a] 諸毆傷妻前夫之子者減凡人一等,
[律文1b] 同居者又減一等.
[律文1c] 死者絞.

[律文1a의 疏] 議曰:「毆傷妻前夫之子者」, 謂改醮之婦, 携子適人, 後夫毆傷者, 減凡人一等.

[律文1b의 疏] 「同居者」, 謂與繼父同居, 立廟服期.「又減一等」, 謂減凡人二等. 若毆之令至篤疾及斷舌、毀敗陰陽, 如此之類得徒二年半. 不同居, 徒三年.

[律文1c의 疏] 因毆致死者, 同居、不同居, 俱得絞罪.

[율문1a] 무릇 처의 전남편의 자식을 구타·상해한 경우 일반인(을 범한 죄)에서 1등을 감하고,

[율문1b] 동거인 경우는 또 1등을 감하며,

[율문1c] 사망에 이른 때에는 교형에 처한다.

[율문1a의 소] 의하여 말한다: "처의 전남편의 자식을 구타·상해한 경우"란 개가한 여자가 자식을 데리고 시집을 갔는데 새남편이 (그 자식을) 구타·상해한 것을 말하며, 일반인(을 범한 경우의 죄)에서 1등을 감한다.

[율문1b의 소] "동거인 경우"란 계부와 동거하며, (계부가 계자의 생부를 위해) 가묘를 세워주어 (계자가) 기복을 입는 경우를 말한다. "또 1등을 감한다."는 것은, 일반인(을 범한 죄)에서 2등을 감한다는 것을 말한다. 만약 구타하여 독질에 이르게 하거나 혀를 자르

거나 생식 기능을 훼손하였다면(투4.2) 이와 같은 따위는 도2년반의 (죄를) 받는다. (이 경우) 동거가 아니면 도3년에 처한다.1)

[율문1c의 소] 구타로 인하여 사망에 이르게 된 때에는 동거든 동거가 아니든 모두 교형의 죄를 받는다.

[律文2] 毆傷繼父者 謂曾經同居, 今異者. 與緦麻尊同, 同居者加一等. 餘條繼父準此.

[律文2의 疏] 議曰: 繼父者, 謂母後嫁之夫. 注云「謂曾經同居, 今異者」, 依『禮』繼父同居服期. 謂妻少子幼, 子無大功之親, 與之適人, 所適者亦無大功之親, 而所適者以其資財, 爲之築家廟於家門之外, 歲時使之祀焉. 是謂「同居」. 繼子之妻, 雖不從服, 若有犯夫之繼父者, 從下條「減夫犯一等」. 其不同居者, 謂先嘗同居, 今異者. 繼父若自有子及大功之親, 雖復同住, 亦爲異居. 「若未嘗同居, 則不爲異居」, 卽同凡人之例. 其先同居今異者, 毆之同緦麻尊合徒一年, 傷重者各加凡鬪二等, 死者斬. 同居者雖著期服, 終非本親, 犯者不同正服, 止加緦麻尊一等, 謂毆者合徒一年半, 傷重者加凡人三等. 注云「餘條繼父準此」, 謂諸條準服尊卑相犯得罪, 並準此例. 雖於「繼父」下注, 卽稱「妻前夫之子」並與「繼父」義同. 律稱「與緦麻尊同」, 其有謀殺及賣, 理當「不睦」. 於前夫之子不言與緦麻卑幼同, 毆之準凡人減罪, 不入緦麻卑幼之例.

[율문2] 계부를 구타·상해한 경우 예전에는 동거였으나 지금은 이거인 경우를 말한다. 시마친 존속(을 범한 경우)와 (죄가) 같고, 동거인 경우는 1등을 더한다. 다른 조항의 계부도 이에 준한다.

---

1) 일반인끼리 구타하여 독질에 이르게 하거나 혀를 자르거나 생식 기능을 훼손한 경우 유3000리에 처하는데(305, 투4.2), 여기서 1등을 감하면 도3년이 되고 다시 1등을 감하면 도2년반이 된다.

[율문2의 소] 의하여 말한다: 계부란 어머니가 뒤에 시집간 남편을 말한다. 주에서 "예전에는 동거였으나 지금은 이거인 경우를 말한다."고 했는데, 『의례』(권31, 674쪽)에 의거하면 계부가 동거인 경우 (계자)는 기년복을 입는다. 즉 처는 젊고 자식은 어리며 그 자식에게 대공 (이상의) 친속이 없어서 그 자식과 함께 시집을 갔는데, 시집간 바의 (남편된) 자도 역시 대공 (이상의) 친속이 없어서 시집간 바의 (남편된) 자가 자신의 재산으로 그 계자를 위하여 집 문 밖에 가묘를 세우고 계절마다 그로 하여금 제사지내게 하면, 이를 "동거"라고 한다.2) (이 경우) 계자의 처는 비록 (남편의) 복을 따르지 않지만 만약 남편의 계부를 범한 경우에는 아래 조항(투33.1a)에 따라 "남편이 범한 죄에서 1등을 감한다." 그 (계부)가 동거가 아닌 경우란 일찍이 동거였으나 지금은 이거인 경우를 말한다. 예컨대 계부 자신에게 자식 또는 대공 (이상의) 친속이 생기면 비록 여전히 같이 거주하고 있더라도 역시 이거가 된다. "만약 일찍이 동거가 아니었으면 이거가 되지 않으니",3) 곧 일반인의 예와 같다. 단 예전에는 동거였으나 지금은 이거인 자가 계부를 구타하였다면 시마친 존속을 (범한 경우)와 같으므로 도1년에 처해야 하며, 상해가

---

2) 곧 동거는 '함께 거주한다'는 단순한 개념이 아니라 ①처의 전남편의 자식에게 대공친 이상의 친속이 없고 ②계부 역시 대공친 이상의 친속이 없으며 ③계부가 자신의 재산으로 계자를 위해 가묘를 세워 생부의 제사를 받들게 하는 조건이 갖추어 질 때에 비로소 성립하는 관계이다. 동거 관계가 성립한 계자는 계부를 위해 자최기복을 입는다. 그러나 동거 관계가 성립해도 이후 계부에게 친생자가 생기는 등의 사정으로 위의 조건 중 하나라도 충족되지 않으면 이거가 된다. 이거의 경우는 자최삼월복을 입는다(『의례주소』권31, 674~675쪽).

3) 소의 해석에 따르면 이거 관계가 존재하기 위한 전제 조건은 이전에 동거 관계가 존재했어야 한다는 것이다. 즉 이전에 동거 관계가 존재하지 않았다면 계부에게 친생자가 생기거나 계부가 계자를 위해 세운 가묘를 철거하는 등의 상황 변화가 일어나도 이거로 간주하지 않는다(『의례주소』권31, 674쪽).

무거운 때에는 각각 일반인 투구죄에 2등을 더하고, 사망에 이른 때에는 참형에 처한다.[4] 동거인 경우는 비록 기복을 입더라도 끝내 본래의 친속이 아니므로 범한 경우 정복과 달리 다만 시마친 존속(을 범한 죄)에 1등을 더하는데 그친다. (따라서) 구타한 것은 도1년반에 해당하며, 상해가 무거운 때에는 일반인(을 범한 죄)에 3등을 더한다. 주에서 "다른 조항의 계부도 이에 준한다."고 한 것은, 다른 조항에서 복에 준해서 계부·계자가 서로 범하여 죄를 얻는 것은 모두 이 예에 준한다는 것을 말한다. (이는) 비록 "계부" 아래에 주한 것이지만, 곧 "처의 전남편의 자식"이라고 칭한 것도 모두 "계부"라고 (칭한 경우)와 뜻이 같다는 것이다.[5] 율문에서 "시마친 존속(을 범한 것)과 (죄가) 같다."라고 하였으므로, 살해하려고 모의하거나 팔았다면 법리상 "불목"(명6.8)에 해당한다.[6] (그러나) 전남편의 자식에 대해서는 시마친 비유와 같다고 말하지 않았으므로, (그를) 구타하였다면 일반인에 준해서 1등을 감하고, 시마친 비유에 대한 (법)례를 적용하지 않는다.[7]

---

4) 본조(327, 투26.1c)에 따르면 시마존친을 구타한 경우 도1년에 처하고, 상해가 심한 경우는 일반인을 상해한 죄에서 2등을 더해 도1년반에 처하며, 구타하여 살해했다면 참형에 처한다.

5) "雖於「繼父」下注, 即稱「妻前夫之子」並與「繼父」義同."의 의미에 대하여 戴炎輝는 "동거와 부동거를 불문하고 처의 새남편은 다 같이 계부가 된다."는 의미라고 해석했고(『당률각론』하, 518쪽), 일본역 (『당률소의역주』3, 345쪽)은 이를 비판 없이 그대로 전게했는데, 이는 옳지 못한 것 같다. 즉 "예전에는 동거였으나 지금은 이거인 경우를 말한다."고 한 주가 비록 "계부" 아래에 있지만, "妻前夫之子"라고 칭한 것에도 그대로 적용된다는 의미로 해석해야 옳다.

6) 시마 이상의 친속을 살해하려고 모의한 것, 약매한 것은 불목(명6.8)에 해당한다. 따라서 계부를 살의하려고 모의하거나 약매한 것 역시 불목에 해당한다. 그러나 소의 해석에 의하면, 율에는 전남편의 자식은 시마 비유에 해당한다는 조문이 없으므로 계부가 전부의 자식을 구타한 경우에는 이거이면 일반인 투구의 죄에서 1등, 동거이면 2등을 감하는데 그치며, 모살 및 약매를 범했더라도 불목을 적용하지 않는다.

[律文3] 卽毆傷見受業師, 加凡人二等. 死者, 各斬. 謂伏膺儒業, 而非私學者.

[律文3의 疏] 議曰: 『禮』云「凡敎學之道, 嚴師爲難. 師嚴道尊, 方知敬學」.
如有親承儒敎, 伏膺函丈而毆師者, 加凡人二等. 「死者, 各斬」, 稱「各」者,
並毆繼父至死, 俱得斬刑. 注云「謂伏膺儒業, 而非私學者」, 儒業謂經業. 非
私學者, 謂弘文·國子·州縣等學. 私學者, 卽『禮』云「家有塾, 遂有序」之類.
如有相犯, 並同凡人.

[율문3] 만약 현재 학업을 받고 있는 스승을 구타·상해하였다면
일반인(을 구타·상해한 죄)에 2등을 더한다. 사망에 이른 때에
는 각각 참형에 처한다. 유가의 학업을 받고 있으며, 사학이 아닌
것을 말한다.

[율문3의 소] 의하여 말한다: 『예기』(권36, 1242쪽)에 "무릇 가르치고
배우는 도는 스승을 존경하는 것을 어려운 것으로 여긴다. 스승을
존경하면 도가 존숭되어 바야흐로 배움을 존중해야 하는 것을 알
게 된다."고 하였다. 만약 몸소 유가의 가르침을 받아 엎드려 배우
면서8) 스승을 구타한 때에는 일반인(을 구타한 죄)에 2등을 더한
다. "사망에 이른 때에는 각각 참형에 처한다."에서 "각각"이라고
한 것은 계부를 구타하여 죽음에 이르게 한 것과 아울러 모두 참
형을 받게 된다는 것이다. 주에서 "유가의 학업을 받고 있으며, 사
학이 아닌 것을 말한다."라고 했는데, 유가의 학업이란 경을 배움9)

---

7) 존장이 비유를 구타했을 경우 그 비유가 골절상 이상의 상해를 입지 않았다면
   존장은 죄를 받지 않는다(327, 투26,2a의 소). 여기에서는 전 남편의 자식에
   대해 시마친 비유의 법례를 적용하지 않는다 하였으니 예를 들어 계부가 계
   자를 타물로 구타하여 상해를 입혔을 경우 일반인 투구죄의 장80에서 1등을
   감하여 장70이 된다.
8) "伏膺函丈" 중 函丈의 본래 의미는 스승과 제자 사이의 거리를 1장 가량 띄우
   는 것으로(『예기정의』권20, 735쪽), 전의하여 스승 또는 강석을 가리킨다.

을 말한다. 사학이 아닌 것이라 함은 홍문관·국자감 및 주·현 등의 (관)학10)을 말한다. 사학이란 곧 『예기』(권36, 1227쪽)에 "집에는 글방이 있고, 고을에는 학당이 있다."고 한 것 따위이다. 만약 (사학에서 스승과 제자가) 서로 범함이 있었다면 모두 일반인과 같다.

[律文3의 問] 曰: 毆見受業師加凡人二等, 其博士若有高品累加以否?

[律文3의 答] 曰: 毆見受業師加凡人二等, 先有官品, 亦從品上累加. 若鬪毆無品博士, 加凡人二等合杖六十; 九品以上, 合杖八十; 若毆五品博士, 亦於本品上累加之.

[율문3의 문] 묻습니다: 현재 학업을 받고 있는 스승을 구타하였다면 일반인(을 구타한 죄)에 2등을 더합니다. 단 박사에게 만약 높은 (관)품이 있다면 누가합니까?

[율문3의 답] 답한다: 현재 학업을 받고 있는 스승을 구타하였다면 일반인(을 구타한 죄)에 2등을 더하는데 앞서 (그 스승에게) 관품이 있으면 역시 품에 따라 누가한다. 만약 품이 없는 박사와 싸우다가 구타하였다면 일반인(을 범한 경우의 죄)에 2등을 더하여 장60에 해당하고, 9품 이상이라면 장80에 해당하며,11) 만약 5품의

---

9) 관학에서 공부하는 경서는 『주역』·『상서』·『주례』·『의례』·『예기』·『모시』·『춘추좌씨전』·『춘추공양전』·『춘추곡량전』·『논어』 등이다(『당육전』권21, 559쪽 및 『역주당육전』하, 30~31쪽).

10) 문하성 산하에는 홍문관 및 숭문관의 2개의 학문기관이 있었는데 황제의 시마 이상 친속, 황태후·황후의 대공 이상 친속, 공신이나 귀족 자제에 대한 교육을 담당하였다. 국자감은 본관부와 속관부로 국자학·태학·사문학·율학·서학·산학의 6학이 있으며 나라의 유학 및 기타 교육을 담당한다(『신당서』권44, 1159~1160쪽).

11) 일반인을 구타한 죄는 태40이므로(302, 투1.1) 품이 없는 스승을 구타하였을 경우 여기에 2등을 더하여 장60이 된다. 9품 이상을 구타·상해하였다면 각각 일반인 투구상에 2등을 더하므로(316, 투15.3) 9품 이상의 스승을 구타하였다

박사12)를 구타하였다면 또한 본품(을 범한 경우의 더하는 것) 위에 누가한다.13)

제334조 투송 33. 처와 남편의 기친 이하 친속이 서로 범한 죄(毆詈夫期親尊長)

[律文1a] 諸妻毆詈夫之期親以下、緦麻以上尊長, 各減夫犯一等. 減罪輕者, 加凡鬪傷一等.

[律文1b] 妾犯者, 不減.

[律文1c] 死者, 各斬.

[律文1a의 疏] 議曰: 依喪服「夫之所爲兄弟服, 妻降一等.」今妻毆夫緦麻以上尊長減夫一等, 以從夫爲服, 罪亦降夫. 注云「減罪輕者, 加凡鬪傷一等」, 謂故毆緦麻兄姉折一支合流二千五百里, 妻若減夫一等徒三年. 故毆凡人折一支旣合流二千里, 卽是減罪輕, 加凡人一等, 流二千五百里, 是「減罪輕者, 加

면 또 2등을 더하여 장80이 되는 것이다.

12) 당대 박사의 정원과 관품은 다음과 같다. 중앙에는 국자박사 2인(정5품상), 태학박사 3인(정6품상), 사문박사 3인(정7품상), 율학박사 1인(종8품하), 서학박사 2인(종9품하), 산학박사 2인(종9품하)을 두었다. 지방에는 경도 및 대도독부에 경학박사 1인(종8품상), 의학박사 1인(종8품하), 중·하도독부 및 상주에 경학박사 1인(종8품하), 의학박사 1인(정9품하), 중주에 경학박사 1인(정9품상), 의학박사 1인(종9품하), 하주에 경학박사 1인(정9품하), 의학박사 1인(종9품하)을 두었다(『唐六典』권21, 559~562쪽 및 『역주당육전』하, 35~57쪽;『당육전』권30, 742~747쪽 및 『역주당육전』하, 406~431쪽).

13) 유외관 이하 서인이 5품 이상의 관인을 구타·상해하였다면 (의귀를 범한 죄에서) 2등을 감한다(316, 투15.2). 따라서 제자가 5품 이상의 박사를 구타하였다면 의귀를 범한 죄와 같게 되므로 구타한 것은 도2년이고, 상해한 것은 도3년이며, 골절상은 유2000리가 된다.

凡鬪傷一等」.

[律文1b의 疏] 「妾犯者, 不減」, 妾犯尊長, 卽與夫同.

[律文1c의 疏] 「死者, 各斬」, 謂毆尊長致死, 妻·妾並合斬刑. 雖云減夫一等, 若本制服重卽從重論. 假如毆夫之伯叔父母折肋, 當大功尊加凡人四等合流二千五百里, 若準夫減一等卽徒三年. 名例律云:「當條雖有罪名, 所爲重者自從重.」須準服加四等, 流二千五百里之類.

[율문1a] 무릇 처가 남편의 기친 이하, 시마친 이상의 존장을 구타하거나 욕하였다면 각각 남편이 범한 죄에서 1등을 감한다. 죄를 감하여 (범투죄보다) 가벼울 경우에는 일반인 투구상죄에 1등을 더한다.

[율문1b] 첩이 범한 경우는 감하지 않는다.

[율문1c] 사망에 이른 때에는 각각 참형에 처한다.

[율문1a의 소] 의하여 말한다: (『의례』) 상복에 따르면 "남편이 형제를 위해 입는 상복에서 처는 1등을 낮춘다."(『의례』 권34, 742쪽)고 하였다. 지금 처가 남편의 시마친 이상의 존장을 구타하였다면 남편이 구타한 죄에서 1등을 감하는데, (처는) 남편을 따라 상복을 입으므로 죄 또한 남편(의 죄)에서 감하는 것이다. 주에 "죄를 감하여 (범투죄보다) 가벼울 경우에는 일반인 투구상죄에 1등을 더한다."는 것은, 고의로 시마친형·누나를 구타하여 지체 하나를 부러뜨렸다면 유2500리에 해당하니[14] 만약 처(가 범했다면) 남편의 죄에서 1등을 감하므로 도3년이 되는데, 일반인을 고의로 구타하

---

14) 일반인끼리 싸우다 지체를 부러뜨렸거나 어긋나게 한 것 및 한쪽 눈을 멀게 한 것은 도3년이다(305, 투4.1a). 시마형·누나를 구타하였는데 상해가 무거운 때에는 각각 일반인 투구상(죄)에 차례로 1등씩 더하므로 유2000리가 된다(327, 투26.1d). 그런데 고의로 구타하였을 경우에는 또 1등을 가하므로(306, 투5.2) 유2500리가 되는 것이다.

여 지체 하나를 부러뜨린 것은 원래 유2000리에 해당하여(투4·5) 곧 죄를 감하면 (범투죄보다) 가벼워지게 되므로, (이런 경우) 일반인(을 범한 죄)에 1등을 더하여 유2500리에 처한다는 것을 말한다. 이것이 "죄를 감하여 (범투죄보다) 가벼울 경우에는 일반인 투구상죄에 1등을 더한다."는 것이다.

[율문1b의 소] "첩이 범한 경우는 감하지 않는다."는 것은, 첩이 존장을 범하였다면 남편이 범한 죄와 같이 처벌한다는 것이다.

[율문1c의 소] "사망에 이른 때에는 각각 참형에 처한다."는 것은, 존장을 구타하여 사망에 이르게 하였다면 처·첩 모두 참형에 처해야 한다는 것을 말한다. 비록 남편의 죄에서 1등을 감한다고 말했으나, 만약 본래의 제도에 복(에 따른 죄)가 무겁다면 곧 무거운 것에 따라 논한다. 가령 남편의 백숙부모를 구타하여 늑골을 부러뜨렸다면, (남편의 백숙부모는) 대공친 존속에 해당하여 일반인(이 범한 경우의 죄)에 4등을 더하면 유2500리에 해당하지만, 만약 남편의 죄에서 1등을 감하는 것에 준하면 곧 도3년이 된다.[15] (그런데) 명례율에서 "해당 조항에 죄의 등급이 정해져 있더라도 무겁게 할 바는 당연히 무거운 것에 따른다."(명49.2)고 하였으므로, 반드시 복에 준하여 4등을 더하여 유2500리에 처한다는 것 따위이다.

[律文2a] 毆傷卑屬, 與夫毆同; 死者, 絞. 卽毆殺夫之兄弟子, 流三千里; 故殺者, 絞.

---

15) 일반인끼리 싸우다 늑골을 부러뜨리면 도2년인데(304, 투3.2) 소공·대공(형·누나)는 각각 차례로 1등씩 더하며, 존속이면 또 각각 1등을 더하며, 상해가 무거운 때에는 각각 일반인 투구상(죄)에 차례로 1등씩 더한다(327, 투26.1d). 따라서 남편이 백숙부모의 늑골을 부러뜨렸을 경우 일반인 투구에서 4등을 더한 것이 되어 유2500리가 되는데 처는 남편의 죄에서 1등을 감하므로 도3년이 되는 것이다.

[律文2b] 妾犯者, 各從凡鬪法.

[律文3a] 若尊長毆傷卑幼之婦, 減凡人一等;

[律文3b] 妾, 又減一等;

[律文3c] 死者, 絞.

[律文2a의 疏] 議曰:「毆傷卑屬」, 謂是夫家卑屬. 「與夫毆同」, 謂毆夫之從
父兄弟子孫有服者折傷以上, 緦麻減凡人一等, 諸如此類, 並與夫同. 死者,
絞. 卽毆殺夫之兄弟子, 流三千里; 故殺者, 絞.

[律文2b의 疏] 「妾犯者, 各從凡人鬪法」, 謂並依凡人鬪法科罪.

[律文3a의 疏] 「若尊長毆傷卑幼之婦」, 謂夫之期親以下、緦麻以上尊長毆傷
卑幼之婦, 減凡人一等;

[律文3b의 疏] 妾, 減凡人二等;

[律文3c의 疏] 死者, 絞.

[율문2a] (처가) 비속을 구타·상해했다면 남편이 구타·(상해)한
것과 (죄가) 같으나, 사망한 때에는 교형에 처한다. 단 남편의
형제의 자식을 구타하여 살해했다면 유3000리에 처하고, 고의
로 살해했다면 교형에 처한다.

[율문2b] 첩이 범한 때에는 각각 일반인 투구의 법에 따른다.

[율문3a] 만약 존장이 비유의 부인을 구타·상해했다면 일반인(을
범한 죄)에서 1등을 감하고,

[율문3b] 첩이면 또 1등을 감하되,

[율문3c] 사망에 이른 때에는 교형에 처한다.

[율문2a의 소] 의하여 말한다: "(처가) 비속을 구타·상해했다."는 것
은, 바로 남편 집의 비속을 말한다. "남편이 구타·(상해)한 것과
(죄가) 같다."는 것은, 남편의 사촌형제의 자·손 중에 복이 있는 자

를 구타한 것이 골절상 이상이면 시마친은 일반인(을 범한 경우의 죄)에서 1등을 감하는데(투26.2a), 무릇 이와 같은 따위는 모두 남편과 (죄가) 같음을 말한다. 사망한 때에는 교형에 처한다. 단 남편의 형제의 자식을 구타하여 살해했다면 유3000리에 처하고, 고의로 살해했다면 교형에 처한다.

[율문2b의 소] "첩이 범한 때에는 각각 일반인 투구의 법에 따른다."는 것은, 모두 일반인의 투구법에 따라 죄를 주는 것을 말한다.

[율문3a의 소] "만약 존장이 비유의 부인을 구타·상해했다."는 것은, 남편의 기친 이하, 시마 이상 존장이 비유의 부인을 구타·상해한 것을 말하며, 일반인(을 범한 경우의 죄)에서 1등을 감한다.

[율문3b의 소] 첩이면 일반인(을 범한 죄)에서 2등을 감하며,

[율문3c의 소] 사망에 이른 때에는 교형에 처한다.

제335조 투송 34. 조부모·부모를 위한 정당방위와 과잉방위의 죄(祖父母爲人毆擊)

[律文1] 諸祖父母、父母爲人所毆擊, 子孫卽毆擊之, 非折傷者勿論,

[律文2] 折傷者減凡鬪折傷三等,

[律文3] 至死者依常律. 謂子孫元非隨從者.

[律文1의 疏] 議曰: 祖父母、父母爲人所毆擊, 子孫理合救之. 當卽毆擊, 雖有損傷, 非折傷者無罪.

[律文2의 疏] 「折傷者減凡鬪折傷三等」, 謂折一齒合杖八十之類.

[律文3의 疏] 「至死者」, 謂毆前人致死合絞, 以刀殺者合斬, 故云「依常律」. 注云「謂子孫元非隨從者」, 若元隨從, 卽依凡鬪首從論. 律文但稱祖父母、父

母爲人所毆撃, 不論親疏尊卑. 其有祖父母, 父母之尊長毆撃祖父母, 父母, 依律毆之無罪者, 止可解救, 不得毆之, 輒卽毆者自依鬪毆常法. 若夫之祖父母, 父母共妻之祖父母, 父母相毆, 子孫之婦亦不合卽毆夫之祖父母, 父母, 如當毆者卽依常律.

[율문1] 무릇 조부모·부모가 타인에게 구타를 당해 아들·손자가 즉시 (반격하여) 그를 구타하였다면 골절상이 아닌 경우는 논하지 않는다.

[율문2] 골절상인 경우는 일반인을 구타하여 골절상을 입힌 죄에서 3등을 감하고,

[율문3] 사망에 이르게 한 때에는 일반 법률에 따른다. 아들·손자가 처음부터 (싸움에) 수종하지 않은 경우를 말한다.

[율문1의 소] 의하여 말한다: 조부모·부모가 타인에게 구타를 당하는 바가 되면 아들·손자는 도리 상 마땅히 그들을 구해야 한다. 그 당시에 즉시 (반격하여) 구타하였다면 비록 상해가 있더라도 골절상이 아닌 경우는 죄가 없다.

[율문2의 소] "골절상인 경우는 일반인을 구타하여 골절상을 입힌 죄에서 3등을 감한다."는 것은, 이 하나를 부러뜨렸다면 장80에 처해야 한다는 것16) 따위를 말한다.

[율문3의 소] "사망에 이르게 한 때"라는 것은, 앞의 (조부모·부모를 구타하는) 사람을 (반격) 구타하여 사망에 이르게 한 경우 교형에 해당하며 날붙이로 (반격) 살해한 경우 참형에 해당함(투5.1b)을 말한다. 그러므로 "일반 법률에 따른다."고 한 것이다. 주에서 "아들·손자가 처음부터 (싸움에) 수종하지 않은 경우를 말한다."고 했으

---

16) 일반인끼리 구타하여 이 하나를 부러뜨렸다면 도1년으로 처벌하므로(303, 투2.1) 여기서 3등을 감하여 장80이 되는 것이다.

므로, 만약 본래부터 (싸움에) 수종하였다면 곧 일반인 투구의 수범·종범(투7)으로 논한다.17) 율문에서는 다만 조부모·부모가 타인에게 구타당했다고만 말하고 친소·존비에 대해서는 논하지 않았다. 만약 조부모·부모의 존장이 조부모·부모를 구타하였는데 율에 따라 구타의 죄가 없다면,18) (그 자손은) 다만 말려서 구할 수 있을 뿐 그 (조부모·부모의) 존장을 구타할 수 없으며, 함부로 즉시 (반격) 구타한 때에는 당연히 투구에 관한 일반 법률에 따른다.19) 만약 남편의 조부모·부모가 처의 조부모·부모와 함께 서로 구타하였다면 그 아들·손자의 아내 역시 남편의 조부모·부모를 즉시 (반격) 구타해서는 안 되며, 만약 그 자리에서 (반격) 구타하였을 경우에는 그대로 일반 법률에 따른다.20)

[律文3의 問] 曰: 主爲人所毆擊, 部曲‧奴婢卽毆擊之, 得同子孫之例以否?
[律文3의 答] 曰: 部曲‧奴婢非親, 不同子孫之例, 唯得解救, 不得毆擊.

[율문3의 문] 묻습니다: 주인이 타인에게 구타를 당하여 부곡·노비가 즉시 그를 (반격) 구타하였다면 아들·손자의 예와 같이 할 수

---

17) 같이 모의하여 함께 사람을 구타하여 상해한 때에는 각각 가해한 것이 무거운 자를 중죄로 하며, 주모자는 1등을 감하고, 수종자는 또 1등을 감한다(308, 투7.1a). 가족이 공동으로 (죄를) 범한 경우에는 존장만을 처벌하는데 다른 사람을 침해하거나 손상한 때에는 일반인 수범·종범으로 논한다(명42.2b)는 규정에 따라 조부모·부모와 공모하여 타인을 구타했을 경우에는 일반인을 구타한 죄의 수범과 종범에 따라 죄를 논해야 한다.
18) 존장이 비유를 구타한 경우 절치 이상이 아니면 처벌하지 않는다(327, 투26.2의 소).
19) 존친을 구타한 죄를 규정한 조항(327~329, 투26~28)에 따라 처벌하는 것을 말한다.
20) 처가 남편의 조부모·부모를 구타한 경우 교형에 처하는 것(330, 투29.1a)을 말한다.

있습니까?

[율문3의 답] 답한다: 부곡·노비는 친속이 아니므로 아들·손자의 예와는 다르다. 다만 말려서 구할 수 있을 뿐 구타해서는 안 된다.

제336조 투송 35. 오살상의 죄(鬪毆誤殺傷傍人)

[律文1] 諸鬪毆而誤殺傷傍人者, 以鬪殺傷論, 至死者減一等.

[律文1의 疏] 議曰:「鬪毆而誤殺傷傍人者」, 假如甲共乙鬪, 甲用刀·杖欲擊乙, 誤中於丙, 或死或傷者, 以鬪殺傷論. 不從過失者, 以其元有害心, 故各依鬪法. 至死者, 減一等流三千里.

[율문1] 무릇 싸우며 구타하다가 착오로 옆 사람을 살상한 경우에는 투살상으로 논하되, 사죄에 이른 때에는 1등을 감한다.

[율문1의 소] 의하여 말한다: "싸우며 구타하다가 착오로 옆 사람을 살상한 경우"란, 가령 갑이 을과 싸우다가 갑이 날붙이나 몽둥이로 을을 치려하였는데 잘못해서 병에게 적중되어 죽거나 혹은 다친 경우이며, 투살상으로 논한다. (이를) 과실로 (논하지) 않는 것은 그가 원래 해칠 마음이 있었던 까닭에 각각 투(살상)의 법에 따르는 것이다. 사죄에 이른 때에는 1등을 감하여 유3000리에 처한다.[21]

[律文2] 若以故僵仆而致死傷者, 以戲殺傷論.

---

21) 무릇 싸우다가 구타하여 사람을 살해한 것은 교형(306, 투5.1a)에 해당하며 날붙이로 살해한 것 및 고의로 사람을 살해한 것은 참형에 해당하는데(306, 투5.1b), 사형에서 1등을 감하면 교형·참형 모두 유3000리가 된다(명56.2b).

[律文3] 卽誤殺傷助己者, 各減二等.

[律文2의 疏] 議曰: 仰謂之僵, 伏謂之仆. 謂共人鬪毆, 失手足跌而致僵仆, 誤殺傷傍人者, 以戲殺傷論. 別條「戲殺傷人者, 減鬪殺傷人二等」, 謂殺者徒三年, 折一支者徒二年之類.

[律文3의 疏]「卽誤殺傷助己者, 各減二等」, 假如甲與乙共毆丙, 其甲誤毆乙至死減二等, 傷減二等. 或僵仆壓乙殺傷, 減戲殺傷二等. 殺乙, 從戲殺減二等, 總減四等, 合徒二年. 若壓折一支, 亦減四等, 徒一年. 是名「各減二等」.

[율문2] 만약 싸우다가 넘어지거나 엎어져 (옆 사람을) 사망이나 상해에 이르게 한 경우는 희살상으로 논한다.

[율문3] 만약 착오로 자신을 돕는 자를 살상한 때에는 각각 2등을 감한다.

[율문2의 소] 의하여 말한다: 뒤로 넘어지는 것을 강이라 하고, 앞으로 넘어지는 것을 부라고 한다. 타인과 싸우며 구타하다가 손발을 잘못 놀려 넘어지거나 엎어져 옆 사람을 살상한 때에는 희살상(투37)으로 논함을 말한다. 다른 조항(투37.1a)에서 "사람을 희살상한 경우 사람을 투살상한 (죄에서) 2등을 감한다."라고 한 것은, 살해한 경우 도3년에 처하고, 지체 하나를 부러뜨린 경우는 도2년에 처하는 것 따위를 말한다.[22]

[율문3의 소] "만약 착오로 자신을 돕는 자를 살상한 때에는 각각 2등을 감한다."고 하였는데, 가령 갑이 을과 함께 병을 구타하다가 갑이 착오로 을을 구타하여 사망에 이르게 하였다면 (투살상에서) 2등을 감하고, 상해했다면 (투살상에서) 2등을 감한다. 혹은 넘어

---

22) 무릇 싸우다가 구타하여 사람을 살해한 것은 교형이고 (306, 투5.1a) 싸우다가 구타하여 사람의 지체를 부러뜨렸거나 어긋나게 한 것 및 한쪽 눈을 멀게 한 것은 도3년(305, 투4.1a)인데 각각 2등을 감하면 도3년과 도2년이다.

지거나 엎어져 을을 눌러서 살상했다면 희살상에서 2등을 감한다. (이 경우) 을을 살해하였다면 희살에서 2등을 감하므로 (투살상에서) 모두 4등을 감하여 도2년에 해당한다. 만약 눌러서 지체 하나를 부러뜨렸다면 역시 (투살상에서) 4등을 감하여 도1년이 된다. 이것을 이름하여 "각각 2등을 감한다."고 한 것이다.

[律文3의 問] 曰: 甲共子乙同謀毆丙, 而乙誤中其父, 因而致死, 得從「誤殺傷助己」減二等以否?

[律文3의 答] 曰: 律云「鬪毆而誤殺傷傍人, 以鬪殺傷論」, 殺傷傍人, 坐當「過失」, 行者本爲緣鬪, 故從「鬪殺傷」論; 若父來助己而誤殺者聽減二等, 便卽輕於「過失」, 依例「當條雖有罪名, 所爲重者自從重」論, 合從「過失」之坐, 處流三千里.

[율문3의 문] 묻습니다: 갑이 아들인 을과 같이 모의하여 병을 구타하였는데 을이 착오로 그 아버지를 때려 이로 인해 사망에 이르렀다면 "착오로 자신을 돕는 자를 살상한 때에는" 것에 따라 2등을 감할 수 있습니까?

[율문3의 답] 답한다: 율에서 "싸우며 구타하다가 착오로 옆에 있던 사람을 살상했다면 투살상으로 논한다."고 했는데, 옆에 있던 사람을 살상했다면 마땅히 "과실"(투38)로 처벌해야 하지만 그 행위가 본래 싸움에서 연유했기 때문에 "투살상"에 따라 논하는 것이다. 만약 아버지가 와서 자기를 도왔는데 착오로 살해한 경우 2등을 감하는 것을 허용하면 곧 "과실(로 아버지를 살해한 죄)"(투28.1b)보다 가벼워지므로, 명례율의 "해당 조항에 죄의 등급이 정해져 있더라도 무겁게 처벌해야 할 경우는 당연히 무거운 것에 따른다."는 규정(명49.2)에 따라 논하여, "과실(로 아버지를 살해한)" 죄

에 따라 유3000리에 처한다.

[律文3의 問2] 曰: 以鬪僵仆, 誤殺助己父母; 或雖非僵仆, 鬪誤殺期親尊長, 各合何罪?

[律文3의 答2] 曰: 以鬪僵仆, 誤殺父母或期親尊長, 若減罪輕於「過失」者, 並從「過失」之法.

[율문3의 문2] 묻습니다: 싸우다가 넘어지거나 엎어져 자기를 돕던 부모를 착오로 살해하였거나, 혹은 비록 넘어지거나 엎어지지는 않았으나 싸우다가 착오로 기친 존장을 살해했다면 각각 어떤 죄에 해당합니까?

[율문3의 답2] 답한다: 싸우다가 넘어지거나 엎어져서 부모 혹은 기친 존장을 착오로 살해하였는데 만약 죄를 감하여 "과실(로 살해한 죄)"(투28.1b)보다 가벼울 경우에는 모두 "과실"의 (처벌)법에 따른다.[23]

[律文3의 問3] 曰: 假有數人, 同謀殺甲, 夜中忽遽, 乃誤殺乙, 合得何罪?

[律文3의 答3] 曰: 此旣本是謀殺, 與鬪毆不同. 鬪毆彼此相持, 謀殺潛行屠害. 毆甲誤中於丙, 尙以鬪殺傷論, 以其元無殺心, 至死聽減一等; 況復本謀害甲, 元作殺心, 雖誤殺乙, 原情非鬪者. 若其殺甲是謀殺人, 今旣誤殺乙, 合科「故殺」罪.

---

23) 자식이 다른 이와 싸우다가 넘어져서 옆에서 자신을 돕던 부모 혹은 기친 존장을 죽게 하였을 경우, 희살로 죄를 논하여 일반인 투구살상에서 2등을 감하면 도3년이 된다. 자신을 도와주던 사람을 살해한 경우 다시 2등을 감하므로 자식은 결국 도2년의 죄를 받게 된다. 그런데 과실로 부모를 죽이면 유3000리이고(329, 투28.1b), 기친 존장에 대한 과실 살상은 각각 본살상죄에서 2등을 감해(328, 투27.3) 도3년이니 도2년의 죄를 받으면 과실살죄보다 가벼워지는 경우이므로 모두 "과실"의 처벌법에 따른다.

[율문3의 문3] 묻습니다: 가령 몇 사람이 같이 모의하여 갑을 살해하려 했는데 밤중에 서두르다가 결국 착오로 을을 살해했다면 어떠한 죄를 받아야 합니까?

[율문3의 답3] 답한다: 이것은 본래 모살(적9)로서 싸우다 구타한 것과는 다르다. 싸우다 구타한 것은 상호간에 서로 맞서 대항하는 것이지만 모살은 몰래 살해를 행한 것이다. 갑을 구타하다가 착오로 병을 때린 경우에도 오히려 투살상으로 논하되 원래 살해할 마음이 없었기 때문에 사죄에 이른 경우에만 1등을 감하는 것을 허용하는데, 하물며 본래 갑을 해치려고 모의했다면 처음부터 살해할 마음을 가졌던 것이니, 비록 착오로 을을 살해했다 하더라도 원래의 정은 싸운 것이 아니다. 만약 갑을 살해했다면 이는 사람을 모살한 것이지만 착오로 을을 살해했으니 "고살"죄(투5)를 과해야 한다.

제337조 투송 36. 천인과 옛 주인 사이의 살상죄(部曲奴婢詈毆舊主)

[律文1a] 諸部曲、奴婢詈舊主者, 徒二年;

[律文1b] 毆者, 流二千里;

[律文1c] 傷者, 絞;

[律文1d] 殺者, 皆斬;

[律文1e] 過失殺傷者, 依凡論.

  [律文1a의 疏] 議曰: 部曲、奴婢詈舊主者, 徒二年;

  [律文1b의 疏] 毆者, 流二千里;

  [律文1c의 疏] 傷者, 絞, 有首從;

[律文1d의 疏] 殺者, 皆斬, 罪無首從.

[律文1e의 疏] 過失殺傷者, 並準凡人收贖, 銅入傷殺之家.

[율문1a] 무릇 부곡·노비가 옛 주인을 욕한 때에는 도2년에 처하고,

[율문1b] 구타한 때에는 유2000리에 처하며,

[율문1c] 상해한 때에는 교형에 처하고,

[율문1d] 살해한 때에는 모두 참형에 처한다.

[율문1e] 과실로 살상한 때에는 일반인 (과실살상)에 의거하여 논한다.

[율문1a의 소] 의하여 말한다: 부곡·노비가 옛 주인을 욕한 때에는 도2년에 처하고,

[율문1b의 소] 구타한 때에는 유2000리에 처하며,

[율문1c의 소] 상해한 때에는 교형에 처하는데, 수범·종범의 (구분이) 있다.

[율문1d의 소] 살해한 때에는 모두 참형에 처하며 죄에 수범·종범의 (구분이) 없다.

[율문1e의 소] 과실로 살상한 때에는 모두 일반인에 준하여 속동을 거두며, 그 속동은 살상된 (자의) 집에 들인다.

[律文2a] 卽毆舊部曲·奴婢, 折傷以上, 部曲減凡人二等, 奴婢又減二等;

[律文2b] 過失殺者, 各勿論.

[律文2a의 疏] 議曰: 主毆舊部曲·奴婢, 折傷以上, 「部曲, 減凡人二等」, 謂折齒合杖九十; 「奴婢, 又減二等」, 合杖七十之類.

[律文2b의 疏] 過失殺者, 勿論.

[율문2a] 만약 (주인이) 옛 부곡·노비를 구타하여 골절상 이상을

입혔다면 부곡의 경우는 일반인(을 범한 죄)에서 2등을 감하고, 노비의 경우는 또 2등을 감한다.

[율문2b] 과실로 살해한 때에는 각각 논하지 않는다.

[율문2a의 소] 의하여 말한다: 주인이 옛 부곡·노비를 구타하여 골절상 이상이면 "부곡의 경우는 일반인(을 범한 죄)에서 2등을 감한다."라 함은 이를 부러뜨렸다면 장90에 해당함을 말하며, "노비의 경우는 또 2등을 감한다."고 했으므로 장70에 해당하는 것²⁴⁾ 따위이다.

[율문2b의 소] 과실로 살해한 때에는 논하지 않는다.

[律問2b의 問1] 曰: 部曲·奴婢毆詈舊主期以下親, 或舊主親屬毆傷所親舊部曲·奴婢, 得減凡人以否?

[律文2b의 答1] 曰: 五服尊卑, 各有血屬, 故毆尊長, 節級加之. 至如奴婢·部曲, 唯繫於主. 爲經主放, 顧有宿恩, 其有毆詈, 所以加罪. 非主之外, 雖是親姻, 所有相犯, 並依凡人之法.

[율문2b의 문1] 문습니다: 부곡·노비가 옛 주인의 기친 이하 친속을 구타하거나 욕한 경우 혹은 옛 주인의 친속이 친속의 옛 부곡이나 노비를 구타하여 상해했다면 일반인(을 범한 죄)에서 감할 수 있습니까?

[율문2b의 답1] 답한다: 오복의 존비는 각각 혈연관계가 있기 때문에 존장을 구타하였다면 등급에 따라 그 (죄를) 더한다. 노비·부곡과 같은 경우는 오직 주인과의 관계가 있을 뿐이다. 예전에 주인에

---

24) 일반인끼리 구타하여 이를 부러뜨렸다면 도1년으로 처벌한다(303, 투2.1). 주인과 옛 부곡 사이라면 여기서 2등을 감하여 장90이 되고, 주인과 옛 노비의 경우는 2등을 더 감하므로 장70이 되는 것이다.

의해 방면되었으므로 옛 은혜를 고려하여 만약 (옛 주인을) 구타하거나 욕하면 죄를 더하는 것이다. 주인이 아닌 그 밖의 사람은 비록 친척·인척이라도 (옛 부곡·노비와) 서로 범함이 있다면 모두 일반인의 법에 의거한다.

[律問2b의 問2] 曰: 有人謀殺舊部曲, 奴婢, 或於舊部曲, 奴婢家強盜, 有殺傷者, 合減罪以否?

[律文2b의 答2] 曰: 毆舊部曲, 奴婢, 得減凡人, 爰至於死, 亦依減例, 明謀殺及諸雜犯合依減法. 唯盜財物, 特異常犯, 止依凡人之法, 不合減科.

[율문2b의 문2] 묻습니다: 어떤 사람이 옛 부곡·노비에 대해 살해를 모의하거나, 혹은 옛 부곡·노비의 집에서 강도하다가 살상한 경우 죄를 감해야 합니까?

[율문2b의 답2] 답한다: 옛 부곡·노비를 구타하였다면 일반인(을 범한 죄)에서 감할 수 있으며, 이로 인해 죽음에 이른 경우도 또한 (죄를) 감하는 예에 의거하므로, 모살 및 모든 범죄는 감하는 예에 따라야 함이 분명하다. 오직 재물을 절도하는 것만은 일반 범죄와 특히 다르므로 단지 일반인의 법에 의거하며25) 죄를 감할 수 없다.

제338조 투송 37. 희살상의 죄(戲殺傷人)

[律文1a] 諸戲殺傷人者, 減鬪殺傷二等; 謂以力共戲, 至死和同者.

---

25) 강도하다가 옛 부곡이나 노비를 살상하면 교형으로 처벌하고, 살해하면 참형으로 처벌한다는 것(282, 적34.1c)을 말한다.

[律文1b] 雖和, 以刃若乘高、履危、入水中, 以故相殺傷者, 唯減一等.

[律文2] 卽無官應贖而犯者, 依過失法收贖. 餘條非故犯, 無官應贖者並準此.

[律文1a의 疏] 議曰:「戲殺傷人者」, 謂以力共戲, 因而殺傷人, 減鬪罪二等. 若有貴賤、尊卑、長幼, 各依本鬪殺傷罪上減二等.

[律文1b의 疏] 雖則以力共戲, 終須至死和同, 不相瞋恨而致死者.「雖和以刃」,『禮』云:「死而不弔者三, 謂畏、壓、溺.」況乎嬉戲, 或以金刃, 或乘高處險, 或臨危履薄, 或入水中, 旣在險危之所, 自須共相警戒, 因此共戲, 遂致殺傷, 雖卽和同, 原情不合致有殺傷者, 唯減本殺傷罪一等.

[律文2의 疏]「卽無官應贖」, 謂有蔭及老、小、廢疾之類而犯應贖罪者, 依「過失」法收贖. 假有過失殺人贖銅一百二十斤, 戲殺得減二等贖銅六十斤, 卽是輕重不類, 故依「過失」贖罪, 不從減法. 注云「餘條非故犯」, 謂一部律內諸條非故犯罪, 無官應得收贖者並準此. 假有甲爲人合藥誤不如本方殺人合徒二年半, 若白丁則從眞役, 若是官品之人合贖者不可徵銅五十斤, 亦徵一百二十斤, 則是「餘條」之類.

[율문1a] 무릇 사람을 희살상한 경우는 투살상에서 2등을 감한다. 힘겨루기로 함께 놀면서 죽어도 좋다고 동의한 경우를 말한다.

[율문1b] 비록 동의하였더라도 날붙이로 겨루거나 또는 높은 곳에 오르거나 위태한 곳을 밟거나 물속에 들어가기로 겨루다가 살상한 때에는 오직 1등만 감한다.

[율문2] 곧 관이 없더라도 속할 수 있는 (자가) 범했을 때에는, 과실은 속동을 징수한다는 법에 의거한다. 다른 조항의 고의로 범한 것이 아니고 관이 없더라도 속할 수 있는 경우는 모두 이에 준한다.

[율문1a의 쇼] 의하여 말한다: "사람을 희살상하였다."는 것은 힘겨루기로 함께 놀다가 그로 인해 사람을 살상한 것을 말하며, 투(살상)죄에서 2등을 감한다. 만약 귀천·존비·장유의 관계가 있다면

각각 본(조의) 투살상죄에 따르되 2등을 감한다.[26)]

[율문1b의 소] 비록 힘겨루기로 함께 놀면서 끝내 죽어도 좋다고 동의하고 서로 화내거나 원망하지 않고 죽음에 이르렀다고 해도, "비록 동의하였더라도 날붙이로 겨루었다"면 (다르다.) 『예기』(권6, 224~225쪽)에 "죽더라도 조문하지 않는 경우는 세 가지로 놀라서 죽었을 때·깔려서 죽었을 때·물에 빠져 죽었을 때를 말한다."고 하였는데, 하물며 즐겁게 놀면서 혹은 날붙이를 사용하거나, 혹은 높고 험한 곳에 올라가거나, 혹은 위험한 곳에 임하거나 얇은 얼음을 밟거나, 혹은 물속에 들어가는 것 (같이) 이미 험하고 위태로운 곳에 있으면 당연히 서로 경계해야 하는데, 이로써 함께 놀다가 마침내 살상에 이르렀다면, 비록 서로 동의했더라도 원래 정황 상 해서는 안 되는 것을 한 것이므로 살상이 있을 때에는 다만 본래의 살상죄에서 1등만을 감한다.

[율문2의 소] "곧 관이 없더라도 속할 수 있다."는 것은, 음이 있거나 노·소·폐질 따위가 범했다면 죄를 속할 수 있다는 것(명30.1)을 말하며, "과실"의 법(투38)에 의거하여 속(동)을 거둔다. 가령 과실로 사람을 살해했다면 속동 120근인데, 희살로 2등을 감하면 속동 60근이 되어 곧 경중이 고르지 못하므로 "과실"에 따라 죄를 속하며

---

26) 예를 들면 다음과 같다. 부곡이 양인을 구타하여 상해를 입힌 경우 일반인 투구죄에 1등을 더하니(320, 투19.1a). 부곡이 양인을 구타하여 상해를 입힌 경우 장70이 되는 것이다. 그런데 만약 과실에 의한 것이라면 여기에 2등을 감하여 태50이 된다. 시마친의 형제를 구타하였다면 장100인데 존속의 경우 또 1등을 더하니 만약 소공친의 존속을 구타하였다면 도1년 반이 된다(327, 투26.1c의 소). 하지만 이것이 과실이었을 경우 2등을 감하여 장100이 되는 것이다. 또한 형이나 누나를 구타하면 도형2년 반인데(328, 투27.1a) 만약 이것이 과실로 인한 것이라면 2등을 감하여 도형1년 반이 된다. 이에 소에서 약 귀천·존비·장유의 관계가 있다면 각각 본래의 투살상죄에 따르되 2등을 감한다고 한 것이다.

(희살로) 감한 (죄에 따라 속하는) 법에 따르지 않는다.[27] 주에서
"다른 조항의 고의로 범한 것이 아니다."라고 한 것은, 전체 율의
모든 조항에서 고의로 죄를 범한 것이 아닌 경우를 말하며, 관이
없더라도 속동을 거두어야 하는 경우는 모두 이에 준한다. 가령
갑이 타인을 위해 약을 조제하였는데 착오로 본래의 처방대로 하
지 않아 사람을 살해했다면 도2년반에 해당하는데(잡7.1), 만약 (갑
이) 백정이라면 실형을 복역하고, 만약 관품이 있는 사람으로 속해
야 할 경우라면 속동 50근을 징수해서는 안 되고 역시 120근을 징
수하니, 바로 이것이 "다른 조항"의 부류이다.

[律文3] 其不和同及於期親尊長、外祖父母、夫、夫之祖父母雖和, 並不得爲
戲, 各從鬪殺傷法.

　　[律文3의 疏] 議曰: 謂戲者元不和同; 及於期親尊長、外祖父母、夫、夫之祖父
　　母, 此等尊長, 非應共戲, 縱雖和同, 並不得爲戲: 各從鬪殺傷之法. 假有共
　　期親尊長戲折一支者, 仍處絞之類.

[율문3] 단 (힘겨루기로 놀면서) 동의하지 않았거나 또는 기친존장·
외조부모·남편·남편의 조부모에 대해서는 비록 동의했더라도 모
두 놀이한 것이 될 수 없으므로 각각 투살상의 법에 따른다.

　　[율문3의 소] 의하여 말한다: 힘겨루기로 (놀면서) 원래 동의하지 않
　　았거나 또는 기친존장·외조부모·남편·남편의 조부모 등의 존장은
　　함께 힘겨루기로 놀면서 (겨루어서는) 안 되므로 설령 비록 동의

---

27) 죄를 동으로 속할 수 있는 자는 관품이나 음비의 특전에 따라 속할 수 있는
　　자(명11.1a) 노소폐질인 자(명30.1)인데 만약 이들이 희살을 하게 되어 죄를
　　받게 될 경우 사형의 속동인 120근이다. 여기에서 2등을 감해주게 되면 도3년
　　이 되므로 속동 60근이 되니 그 죄가 지나치게 가벼워지게 된다. 따라서 이들
　　이 희살상을 범하면 과실상에 근거하여 죄를 주는 것이다.

했다고 하더라도 모두 놀이를 한 것이 될 수 없으므로 각각 투살상의 법에 따름을 말한다. 가령 기친 존장과 함께 놀이하며 겨루다가 지체 하나를 부러뜨렸을 경우에는 그대로 교형에 처하는 것 (투27.1d) 따위이다.

제339조 鬪訟 38. 과실살상의 죄(過失殺傷人)

[律文] 諸過失殺傷人者, 各依其狀以贖論. 謂耳目所不及, 思慮所不到, 共擧重物力所不制, 若乘高履危足跌, 及因擊禽獸以致殺傷之屬, 皆是.

　[律文의 疏] 議曰: 過失之事, 注文論之備矣. 殺傷人者, 各準殺傷本狀依收贖之法. 注云「謂耳目所不及」, 假有投甎瓦及彈射, 耳不聞人聲, 目不見人出, 而致殺傷; 其思慮所不到者, 謂本是幽僻之所, 其處不應有人, 投瓦及石, 誤有殺傷; 或共擧重物, 而力所不制; 或共升高險, 而足蹉跌; 或因擊禽獸, 而誤殺傷人者: 如此之類, 皆爲「過失」. 稱「之屬」者, 謂若共捕盜賊誤殺傷傍人之類, 皆是. 其本應居作·官當者, 自從本法.

[율문] 무릇 과실로 사람을 살상한 때에는 각각 그 정상에 의거해서 속으로 논한다. 이·목이 미치지 못해서, 생각이 미치지 못해서, 함께 무거운 것을 들다가 힘으로 제어하지 못해서, 또는 높은 곳에 오르거나 위험한 곳을 밟고 섰다가 발이 미끄러져서, 또는 짐승을 사격하다가 그로 인해 (사람을) 살상하기에 이른 것 따위는 모두 그러함을 말한다.

　[율문의 소] 의하여 말한다: 과실에 관한 사안은 주문에 그 설명이 잘 갖추어져 있다. (과실로) 사람을 살상한 때에는 각각 그 살상한

본래의 정상에 따라서 속을 거두는 법28)에 따른다. 주에 "이·목이 미치지 못해서"라고 한 것은, 가령 벽돌이나 기와를 던지거나 탄환이나 화살을 쏠 때 귀로 사람의 소리를 듣지 못하고 눈으로 사람이 나타난 것을 보지 못하여 살상에 이르게 된 경우이며, 생각이 미치지 못한 경우라는 것은 본래 궁벽한 곳으로 그 곳에는 당연히 사람이 없을 것으로 알고 기와나 돌을 던졌는데 착오로 살상한 것을 말한다. 혹은 함께 무거운 물건을 들었는데 힘으로 제어하지 못한 경우, 혹은 함께 높고 험한 곳에 올라갔는데 발이 미끄러진 경우, 혹은 짐승을 사격하다가 착오로 사람을 살상한 경우, 이와 같은 따위는 모두 "과실"이 된다. "따위"라고 한 것은 만약 함께 도적을 잡다가 잘못해서 곁에 있는 사람을 살상한 것 등도 모두 그렇다는 것을 말한다. 단 본래 거작해야 하거나 관당해야 할 경우에는 당연히 본법에 따른다.29)

---

28) 당률은 5형 20등에 대응하는 속동의 액수를 규정하고 있다(명1~5). 과실살상의 경우 일반인 투구살상죄의 처벌에 해당하는 만큼의 속동을 징수함을 말한다. 예컨대 이를 부러뜨리면 도1년이므로(303, 투2.1) 도1년에 해당하는 동20근을 거두고, 한 쪽 눈을 멀게 하면 도3년이므로(305, 투4.1a) 도3년에 해당하는 동60근을 거두며, 구타하여 상대를 살해하면 교형이므로(306, 투5.1a) 교형에 해당하는 동120근을 거두는 것을 뜻한다. 그러나 조부모나 부모가 과실로 자손을 살해했다면 과실살로 논하지 않아 속을 거두지 않으며(329, 투28.2d) 처나 첩이 남편의 조부모나 부모를 과실로 살해하면 도3년이 되니 이와 같이 본조에 형이 규정되어 있는 경우 이 율이 적용되지 않는다.
29) 율에는 속할 수 없는 죄가 규정되어 있는데 예를 들어 가역류, 반역죄에 연루된 유죄나 자손의 과실로 인한 유죄, 불효로 인한 유죄, 사면령이 내려도 그대로 유형에 처해야 할 죄(명11.2) 등이 그것이며 거작 역시 면제될 수 없다. 또한 품이 있는 관인에게 관당의 법이 적용될 경우(명11.1b) 역시 이 법이 적용되지 않는다.

제340조 투송 39. 모반·모대역을 알면서 고하지 않은 죄(知謀反逆叛不告)

[律文1a] 諸知謀反及大逆者, 密告隨近官司, 不告者絞.

[律文1b] 知謀大逆、謀叛不告者, 流二千里.

[律文1c] 知指斥乘輿及妖言不告者, 各減本罪五等.

[律文2a] 官司承告不卽掩捕, 經半日者, 各與不告罪同;

[律文2b] 若事須經略而違時限者, 不坐.

[律文1a의 疏] 議曰: 謀反者, 謂知人潛謀欲危社稷; 大逆者, 謂知人於宗廟及山陵、宮闕已有毀損: 並須密告隨近官司, 知而不卽告者絞.

[律文1b의 疏] 「若知謀大逆」, 謂知始謀欲毀宗廟、山陵等; 謀叛者, 謂知謀欲背國從偽: 亦須密告官司, 不告者流二千里.

[律文1c의 疏] 若「知指斥乘輿」, 謂情理切害; 及妖言者, 謂妄說休咎之言: 不告者「各減本罪五等」: 本應死者從死上減五等, 妖言或不滿衆者流上減五等, 是名「各減五等」.

[律文2a의 疏] 官司承告謀反以下, 不卽掩捕, 若「經半日者」, 謂經五十刻不卽掩捕, 各與「不告」罪同.

[律文2b의 疏] 「若事須經略」, 謂人衆旣多, 須得人兵器仗, 如此經略, 以故違時限而失罪人者, 不坐. 其知謀反以下, 雖不密告隨近官司, 能自捕送者, 亦與密告同. 因其自捕驚失罪人, 或已就拘執而失者, 並同「失囚」之法.

[율문1a] 무릇 모반 및 대역을 안 때에는 가까운 관사에 밀고해야 하며, 고하지 않은 자는 교형에 처한다.

[율문1b] 모대역·모반을 알면서 고하지 않은 자는 유2000리에 처한다.

[율문1c] 황제를 비판하거나 요언을 (하는 것을) 알면서 고하지 않은 때에는 각각 본죄에서 5등을 감한다.

[율문2a] 관사가 고발을 접수하고도 즉각 엄습하여 체포하지 않고 반일이 경과했을 경우에는 각각 고하지 않은 것과 죄가 같으나,

[율문2b] 만약 상황이 반드시 준비가 필요해서 시한을 어긴 때에는 처벌하지 않는다.

[율문1a의 소] 의하여 말한다: 모반(을 알았다는 것)은 타인이 은밀히 모의하여 사직을 위해하려는 것을 알게 된 것을 말하며, 대역(을 알았다는 것)은 타인이 종묘나 능묘·궁궐을 이미 훼손한 행위가 있었음을 알게 된 것을 말한다. 모두 반드시 가까운 관사에 밀고해야만 한다. 알고서도 즉각 고하지 않은 자는 교형에 처한다.

[율문1b의 소] "또한 모대역을 알게 되었다."는 것은, 종묘나 능묘 등을 훼손하려는 처음 모의를 알게 된 것을 말한다. 모반(을 알게 되었다는 것)은 모의하여 국가를 배반하고 적을 따르고자 하는 것을 알게 된 것을 말한다. 역시 반드시 관사에 밀고해야 하며, 고하지 않은 자는 유2000리에 처한다.

[율문1c의 소] 또한 "황제를 비판하였다."는 것은 정·리가 매우 위해한 것을 말하고(직32.1a), 또 요언이라는 것은 길흉에 관한 말을 함부로 한 것을 말하며(적21.1a), 고하지 않은 때에는 "각각 본죄에서 5등을 감한다."고 하였으므로 본(죄)가 사죄에 처해야 할 경우이면 사죄에서 5등을 감하고, 요언으로 미혹하였으나 무리를 이루지 못한 경우는 유형에서 5등을 감하므로[30] 이것이 (정)명하여 "각각 5

---

30) 황제를 질책한 정황이 이치상 그 정도가 심하여 황제의 권위를 해쳤을 경우 참형에 해당하므로(122, 직32.1a), 여기서 5등을 감하면 도1년반이 된다. 요언으로 미혹했으나 무리를 이루지 못했을 때에는 유3000리로 처벌하므로(268, 적21.1c) 여기서 5등을 감하여 도1년으로 처벌하는 경우를 말한다. 율에서 무리[衆]란 3인 이상을 말한다(명55.4).

등을 감한다."는 것이다.

[율문2a의 소] 관사가 모반 이하의 범죄에 대한 고를 받고도 즉각 엄습하여 체포하지 않고 만약 "반일이 경과했을 경우"에는 -50각(명 55.1)을 경과하였는데도 즉각 엄습하여 체포하지 않은 경우를 말한다.- 각각 "고하지 않은" 죄와 같다.

[율문2b의 소] "만약 상황이 반드시 준비가 필요해서"라는 것은, (체포할) 사람이 원래 많아서 반드시 군대와 병장기를 얻어야 하는 경우를 말하며, 이와 같이 경략하다가 그로 인해 시한을 어기게 되어 죄인을 놓쳤을 때에는 처벌하지 않는다. 단 모반 이하의 (죄를) 알면서 가까운 관사에 밀고하지 않았지만, 능히 스스로 체포하여 압송한 때에는 또한 밀고와 같다. 그가 스스로 체포하려다가 죄인을 놀라게 하여 놓치거나 혹은 이미 체포했다가 놓쳤을 경우에는 모두 "죄수를 놓친" 것과 같은 법[31]으로 (처벌한다).

제341조 투송 40. 모반·대역을 무고한 죄(誣告謀反大逆)

[律文1] 諸誣告謀反及大逆者斬, 從者絞.
[律文2a] 若事容不審, 原情非誣者, 上請.
[律文2b] 若告謀大逆、謀叛不審者, 亦如之.

[律文1의 疏] 議曰：「誣告謀反及大逆者」, 謂知非反、逆, 故欲誣之, 首合斬,

---

31) 주수가 죄수의 도망을 발각하지 못했다면 죄수의 죄에서 2등을 감하고 만약 죄수가 항거하여 도망하였다면 또 2등을 감한다. 모두 100일안에 추격하여 체포하는 것을 허락한다. 감독을 맡은 관원은 각각 주수의 죄에서 3등을 감한다 (466, 포16).

從合絞.

[律文2a의 疏]「若事容不審者」, 謂或奉別勅閱兵, 或欲修葺宗廟; 見閱兵疑 是欲反, 見修宗廟疑爲大逆之類. 本情初非誣告者, 具狀上請聽勅.

[律文2b의 疏] 若告謀大逆·謀叛不審, 亦合上請, 故云「亦如之」.

[율문1] 무릇 모반 및 대역을 무고한 자는 참형에 처하고, 따른 자는 교형에 처한다.

[율문2a] 만약 일의 내용을 잘 살필 수 없었고, 원래의 정황이 무고하려는 것이 아닌 경우는 상청한다.

[율문2b] 만약 잘 살필 수 없는 모대역·모반을 고한 자도 역시 그렇게 한다.

[율문1의 소] 의하여 말한다: "모반 및 대역을 무고한 자"라는 것은, (모)반이나 (대)역이 아님을 알고서도 고의로 그것을 꾸며낸 자는 말하며, 수범은 참형에 해당하고 따른 자는 교형에 해당한다.

[율문2a의 소] "만약 일의 내용을 잘 살필 수 없었다."는 것은, 혹은 별도의 칙을 받아 열병을 하거나 혹은 종묘를 수리하려고 하는데, 열병하는 것을 보고 이것을 반하려는 것이라고 의심하거나 종묘를 수리하는 것을 보고 대역이라고 의심한 것 따위를 말하며, 원래의 정황이 처음부터 무고가 아닌 경우는 문서를 갖추어 상청하고 황제의 명에 따른다.

[율문2b의 소] 만약 모대역·모반을 고하였는데 잘 살피지 못했다면 역시 상청해야 하므로 "역시 그렇게 한다."고 한 것이다.

제342조 투송 41. 무고의 죄(誣告反坐)

[律文1a] 諸誣告人者, 各反坐.

[律文1b] 卽糾彈之官挾私彈事不實者, 亦如之.

[律文1의 注] 反坐致罪, 準前人入罪法. 至死而前人未決者, 聽減一等. 其本應加杖及贖者, 止依杖、贖法. 卽誣官人及有蔭者, 依常律.

　[律文1a의 疏] 議曰: 凡人有嫌, 遂相誣告者, 準誣罪輕重, 反坐告人.

　[律文1b의 疏]「卽糾彈之官」, 謂據令應合糾彈者. 若有憎惡前人, 或朋黨親戚, 挾私飾詐妄作糾彈者, 並同「誣告」之律反坐其罪,

　[律文1의 注의 疏] 準前人入罪之法. 至死而前人雖斷訖未決者, 反坐之人聽減一等. 若誣人反、逆, 雖復未決引虛, 不合減罪. 本應加杖者, 謂誣告部曲、奴婢流罪, 若實, 部曲、奴婢止加杖二百; 旣虛, 誣告者不流, 亦準杖法反坐. 單丁應加杖者, 亦依決杖反坐.「及贖者」, 謂誣告老、小、廢疾, 若實卽前人合贖; 虛卽反坐者亦依贖論.「卽誣官人及有蔭者」, 假有白丁誣七品官流罪, 若實, 官人卽合例減、官當; 如虛反坐還得流罪. 誣告有蔭之人事合減、贖, 反坐之者不得準前人減、贖法, 並眞配徒、流. 是名「依常律」.

[율문1a] 무릇 타인을 무고한 자는 각각 반좌한다.

[율문1b] 또한 (진상을) 규찰하여 탄핵해야 할 관인이 사사로움을 품고서 사건을 탄핵함에 사실대로 하지 않은 때에도 역시 같다.

[율문1의 주] 반좌로 받는 죄는 무고당한 사람에게 적용될 죄의 처벌법에 준하며, (무고한 죄가) 사죄에 이르는데 무고당한 사람의 (형이) 집행되지 않은 때에는 1등을 감하는 것을 허락한다. 단 본래 장형으로 대체하거나 속해야 할 자를 (무고한) 경우에는 다만 장·속법에 따른다. 만약 관인이나 음이 있는 자를 무고한 때에는 일반 법률에 따른다.

[**율문1a의 소**] 의하여 말한다: 사람들 사이에 미워함이 있어 서로 무고한 때에는 무고한 죄의 경중에 준하여 고한 사람에게 반좌한다.

[**율문1b의 소**] "또한 (진상을) 규찰하여 탄핵해야 할 관인"이라는 것은, 영에 의거하여 마땅히 (진상을) 조사하여 탄핵할 수 있는 자를 말한다. 만약 탄핵되는 사람을 증오하여 또는 붕당이나 그 (붕당의) 친척이기에 사사로움을 품고서 거짓을 꾸며내어 망령되이 (사건을) 조작하여 탄핵한 경우도 모두 "무고"와 같은 율로 그 죄를 반좌한다.

[**율문1의 주의 소**] (반좌로 받는 죄는) 탄핵당한 사람에게 적용될 죄의 처벌법에 준하며, (무고한 죄가) 사죄에 이를 경우 탄핵당한 사람이 비록 단죄가 끝났더라도 아직 형이 집행되지 않은 때에는 반좌될 사람의 (죄는) 1등을 감할 것을 허락한다. 만약 타인을 모반·대역으로 무고했다면 비록 아직 형이 집행되지 않은 (상태에서 무고가) 거짓임을 인정했더라도 죄를 감해서는 안 된다. 본래 장형으로 대체해야 할 경우라 함은 부곡·노비에게 유죄가 있다고 무고한 경우를 말하며, 만약 그것이 사실이면 부곡·노비는 다만 장200으로 대체하는 것에 그치는데(명47.2), 거짓이면 무고한 자도 유배하지 않고 역시 장형으로 대체하는 법에 준하여 반좌한다. 단정이어서 장형으로 대체할 경우(명27.1)도 또한 처결될 장형에 따라 반좌한다. "속해야 할 자"라는 것은 노·소·폐질자를 무고한 경우를 말하며, 만약 그것이 사실이면 무고당한 사람은 속해야 하므로(명30.1), 그것이 거짓이면 반좌할 자 또한 속(법)에 따라 논한다. "만약 관인이나 음이 있는 자를 무고한 때"란, 가령 백정이 7품관을 유죄로 무고했는데 그것이 사실이면 그 관인은 (명)례에 따라 감하고(명10) 관당(명17.2)해야 하지만, 그것이 거짓이면 반좌하여 그대로 유죄를 받게 된다. 음이 있는 사람을 무고한 사건이 감·속할

수 있는 것이면32)(명11.1a), 반좌될 자는 무고당한 사람에 준해서 감·속법할 수 없고, 모두 실제로 도형·유형에 처한다. 이것이 (정) 명하여 "일반 법률에 따른다."는 것이다.

[律文2a] 若告二罪以上重事實, 及數事等但一事實, 除其罪;
[律文2b] 重事虛, 反其所剩.
[律文2c] 卽罪至所止者, 所誣雖多不反坐.

[律文2a의 疏] 議曰:「若告二罪以上重事實」, 假有甲告乙毆人折一齒, 合徒
一年; 又告人盜絹五疋, 亦合徒一年; 或故殺他人馬一疋, 合徒一年半. 推殺
馬是實, 毆·盜是虛, 是名「告二罪以上重事實」. 又有丙告丁三事各徒一年,
此名「數事等」, 但一事實, 除其罪.

[律文2b의 疏] 重事虛, 反其所剩者, 假如甲告乙盜絹五疋合徒一年, 又告故
殺官私馬牛合徒一年半; 若其盜是實, 殺馬牛是虛, 卽是剩告半年之罪, 反坐
半年. 故云「反其所剩」.

[律文2c의 疏]「卽罪至所止者, 所誣雖多不反坐」, 假有告人非監臨主司因事
受財百疋, 勘當五十疋實, 坐贓五十疋, 罪止徒三年; 剩告五十疋, 爲「罪至所
止不反坐」之類.

[율문2a] 만약 두 가지 이상의 죄를 고하였는데 무거운 사안이 사실이거나 몇 가지 사안의 (경중이) 같은데 단 하나의 사안이라도 사실이면 그 (무고의) 죄를 면한다.

---

32) 죄를 감하는 경우는 7품 이상 관인 및 관품이나 작위로 청장을 적용받을 수 있는 자의 조부모·부모·형제·자매·처·자·손이 유죄 이하를 범했을 때이다(명 10). 또 의·청·감할 수 있는 자 및 9품 이상의 관인, 또는 관품으로 감할 수 있는 자의 조부모·부모·처·자·손이 유죄 이하를 범하면 죄를 속하는 것을 허용한다(명11.1a).

[율문2b] 무거운 사안이 거짓이면 (사실 만큼 제하고) 남는 바를 반좌한다.

[율문2c] 만약 죄가 최고형에 이른 때에는 무고한 것이 비록 많더라도 반좌하지 않는다.

[율문2a의 소] 의하여 말한다: "만약 두 가지 이상의 죄를 고하였는데 무거운 사안이 사실이다."라는 것은, 가령 을이 타인을 구타하여 이 하나를 부러뜨렸다고 갑이 고했다면 (그 죄는) 도1년에 해당하며(투2.1), 또 다른 사람이 견 5필을 절도했다고 고했다면 (그 죄도) 역시 도1년에 해당하고(적35.2), 혹 고의로 다른 사람의 말 한 필을 죽였다고 (고했다면 그 죄는) 도1년반에 해당하는데(구8), 조사해서 말을 살해한 것은 사실이고 구타하고 도둑질한 것은 거짓이라면, 이것이 (정)명하여 "두 가지 이상의 죄를 고하였는데 무거운 사안이 사실이다."라는 것이다. 또 병이 각각 도1년인 세 가지 사안으로 정을 고했다면 이것이 (정)명하여 "몇 가지 사안의 (경중이) 같은데"라는 것이며, 단 하나의 사안이라도 사실이면 그 (무고의) 죄를 면한다.

[율문2b의 소] 무거운 사안이 거짓이면 그 남는 바를 반좌한다는 것은, 가령 갑이 을을 견 5필을 절도했다고 고했다면 도1년에 해당하고, 또 관·사의 말이나 소를 고의로 죽였다고 고했다면 도1년 반에 해당하는데, 만약 도둑질한 것이 사실이고 말이나 소를 살해한 것이 거짓이면 곧 그 남는 바는 반년의 죄이므로 반년(의 죄)를 반좌한다. 그러므로 "남는 바를 반좌한다."고 한 것이다.

[율문2c의 소] "만약 죄가 최고형에 이른 때에는 무고한 것이 비록 많더라도 반좌하지 않는다."는 것은, 가령 어떤 사람이 감림주사가 아니면서 일로 인해 재물 100필을 받았다고 고했는데 확인해본 결과 50필이 사실이면, (이는) 좌장의 50필이고 죄는 최고형인 도3년에

해당하므로(잡1.1), 나머지 50필은 "죄가 최고형에 이르렀을 때에는 반좌하지 않는" 것이 되는 것 따위이다.

[律文3] 其告二人以上, **雖實者多, 猶以虛者反坐**. 謂告二人以上, 但一人不實, 罪雖輕猶反其坐.

[律文4] 若上表告人已經聞奏, 事有不實, 反坐罪輕者, 從上書詐不實論.

　[律文3의 疏] 議曰: 告二人以上, 罪雖實者多, 「猶以虛者反坐」, 以其人,事各別, 故得罪不同. 注云「謂告二人以上, 但一人不實, 罪雖輕猶反其坐」, 假有人告甲乙丙丁四人之罪, 三人徒罪以上並實, 一人笞罪事虛, 不得以實多放免, 仍從笞罪反坐.

　[律文4의 疏] 若上表告人已經聞奏, 事有不實, 反坐罪輕於上書不實, 準從「上書詐不實」, 處徒二年. 不應反坐者, 無罪. 假如甲上表告乙兩箇徒一年, 一實, 一虛, 準律既免反坐, 於甲無「上書不實」之罪.

[율문3] 단 2인 이상을 고하였다면 비록 사실인 자가 많더라도 그대로 허위인 자의 것으로 반좌한다. 2인 이상을 고하였는데 단지 1인에 대해 (고한 것이) 사실이 아니면 (그) 죄가 비록 (사실인 것보다) 가볍더라도 여전히 그 죄로 반좌한다는 것을 말한다.

[율문4] 만약 표를 올려 타인을 고하여 이미 황제에게 아뢰었는데 사안에 사실이 아닌 것이 있어 반좌할 죄가 (상서를 속이고 사실대로 하지 않은 죄보다) 가벼울 때에는 상서를 속여 사실대로 하지 않은 죄에 따라 논한다.

　[율문3의 소] 의하여 말한다: 2인 이상의 죄를 고하였다면 비록 사실인 것이 많더라도 "그대로 허위인 자의 것으로 반좌한다."는 것은, 그 사람과 사안이 각각 다르기 때문에 죄를 얻는 것도 같지 않다

는 것이다. 주에 "2인 이상을 고하였는데 단지 1인에 대해 (고한 것이) 사실이 아니면 (그) 죄가 비록 (사실인 것보다) 가볍더라도 여전히 그 죄로 반좌한다는 것을 말한다."고 하였는데, 가령 어떤 사람이 갑·을·병·정 4인의 죄를 고하여 3인의 도죄 이상의 (사안이) 모두 사실이나 1인의 태죄의 사안이 거짓이면, 사실인 것이 많다고 하여 그를 방면해서는 안 되며 그대로 태죄에 따라 반좌한다.

[율문4의 소] 만약 표를 올려 타인을 고하여 이미 황제에게 아뢰었는데 사안에 사실이 아닌 것이 있어 반좌할 죄가 상서를 사실대로 하지 않은 죄(사7.1a)보다 가볍다면 "상서를 속여 사실대로 하지 않은 죄"에 따라 도2년에 처한다. 반좌해서는 안 될 경우에는 죄가 없다. 가령 갑이 표를 올려 을의 도1년(의 죄) 두 가지를 고했는데 하나는 사실이고 다른 하나는 거짓인 경우, 율에 따르면 이미 반좌는 면제되므로 갑에게는 "상서를 (속여) 사실대로 하지 않은" 죄가 없는 것이다.

제343조 투송 42. 무고죄의 특별 처분(告小事虛)

[律文] 諸告小事虛, 而獄官因其告檢得重事及事等者, 若類其事則除其罪, 離其事則依本誣論.

[律文의 疏] 議曰: 告小事虛, 而獄官因其告檢得重事者, 假有告人盜驢, 檢得盜馬, 其價又貴, 是爲「得重事」.「及事等者」, 假如告盜甲家馬, 檢得盜乙家騾, 其價相似, 是爲「事等」.「若類其事」, 謂騾·馬·驢等, 色目相類, 所告雖虛, 除其妄罪. 離其事者, 謂告人盜馬, 檢得鑄錢之屬, 是「離其事」,「則依

本誣論」, 仍得誣告盜馬之罪. 此條爲依告狀檢贓生文, 不同獄官狀外求罪之例.

[율문] 무릇 고한 사소한 사안이 거짓인데 옥관이 그 고로 인해 더 무거운 사안 및 (경중이) 같은 사안을 조사하여 찾아낸 경우, 만약 그 사안과 유사하다면 그 죄를 면제하고, 그 사안과 다르다면 본래의 무고(죄)에 의거하여 논한다.

[율문의 소] 의하여 말한다: 고한 사소한 사안이 거짓인데 옥관이 그 고로 인해 더 무거운 사안을 조사하여 찾아낸 경우라는 것은, 가령 어떤 사람이 나귀를 절도했다고 고하였는데 조사하여 말을 절도한 것을 찾아내었다면 그 (말의) 값이 더욱 비싸므로 이것이 "더욱 무거운 사안을 찾아낸" 것이 된다. "(경중이) 같은 사안"이라는 것은, 가령 갑의 집의 말을 절도했다고 고하였는데 조사하여 을의 집의 노새를 절도한 것을 찾아냈다면 그 값이 서로 비슷하므로 이것이 "(경중이) 같은 사안"이 된다. "만약 그 사안과 유사하다."라는 것은 노새·말·나귀와 같이 그 종류와 명목이 서로 유사한 경우를 말하며, (이 경우) 고한 것이 비록 거짓이더라도 망령되이 (무고한) 죄를 면제한다. 사안이 다르다는 것은 어떤 사람이 말을 절도했다고 고했는데 조사하여 (사사로이) 주전한 것(잡3.1a)을 찾아 낸 것 따위를 말하며, 이것이 "그 사안과 다르다면 본래의 무고(죄)에 의거하여 논한다."는 것이니, 그대로 말을 절도했다고 무고한 죄를 받는다. 이 조항은 고장에 의거하여 장물을 조사하는 것을 위해 만든 율문이고, 옥관이 고장 외의 죄를 찾아낸 것에 대한 예(단12)와는 다르다.

[律文의 問] 曰: 告人私有弩, 獄官因告乃檢得甲, 是類事以否?

[律文의 答] 曰: 稱「類」者, 謂其形狀難辨, 原情非誣, 所以得除其罪. 然弩

之與甲雖同禁兵, 論其形樣色類全別, 事非疑似, 元狀是誣. 如此之流, 不
得爲「類」.

[율문의 문] 묻습니다: 어떤 사람이 사사로이 쇠뇌를 가지고 있다고
(천20.1) 고했는데 옥관이 그 고로 인해 조사하여 갑옷을 찾아냈다
면 이것은 유사한 사안입니까?
[율문의 답] 답한다: "유사하다"라는 것은 그 형상이 구별하기 어려
운 것을 말하며, 원래의 정상이 무고가 아니므로 그 (무고한) 죄를
면제할 수 있다. 그러나 쇠뇌와 갑옷은 비록 똑같이 (사유가) 금지
된 병기[33]이지만 그 모양새를 논한다면 명목과 종류가 완전히 달
라 사안이 유사한 것이 아니므로 원래의 정상은 무고이다. 이와 같
은 것들은 "유사하다"고 할 수 없다.

제344조 투송 43. 유죄 이하를 무고하고
실토한 때의 처벌(誣告人流罪以下引虛)

[律文1] 諸誣告人流罪以下, 前人未加拷掠而告人引虛者減一等,
[律文2a] 若前人已拷者不減.
[律文2b] 卽拷證人, 亦是. 誣告期親尊長、外祖父母、夫、夫之祖父母, 及奴婢、部
曲誣告主之期親、外祖父母者, 雖引虛, 各不減.

　[律文1의 疏] 議曰: 誣告死罪, 自有別制. 唯誣告人流罪以下, 前人未加拷掠
　而告人自引虛者, 得減反坐之罪一等.

---

33) 갑옷[甲]・쇠뇌[弩]・창[矛]・창[矟]・마갑[具裝] 등은 사가에서 소유해서는 안 된다.
　　사가에서 소유 가능한 것들은 활・화살・칼・방패・짧은 창 등이다(243, 천20.1).

[律文2a의 疏] 若前人已拷者, 無問杖數多少, 然後引虛, 即不合減.

[律文2b의 疏]「即拷證人亦是」, 謂雖不拷被告之人, 拷傍證之者, 雖自引虛, 亦同已拷不減.

[律文2b의 注의 疏] 其誣告期親尊長以下, 及奴婢、部曲誣告主之外祖父母以上, 雖即引虛, 各不合減.

[율문1] 무릇 타인이 유죄 이하를 (범했다고) 무고하고, 무고당한 사람에게 아직 고문을 가하지 않았는데, 고한 사람이 거짓임을 인정한 때에는 1등을 감한다.

[율문2a] 만약 무고당한 사람이 이미 고문을 받은 때에는 감하지 않는다.

[율문2b] 곧 증인을 고문한 때에도 또한 그와 같다. 기친존장·외조부모·남편·남편의 조부모를 무고한 때 및 노비·부곡이 주인의 기친·외조부모를 무고한 때에는 비록 (무고가) 거짓임을 인정하더라도 각각 감하지 않는다.

[율문1의 소] 의하여 말한다: 사죄를 무고한 것에 대해서는 당연히 별도의 제도(투41)가 있다. 오직 타인의 유죄 이하를 (범했다고) 무고하고, 무고당한 사람에게 아직 고문을 가하지 않았는데, 고한 자가 스스로 (무고가) 거짓임을 인정한 때에는 반좌할 죄에서 1등을 감할 수 있다.

[율문2a의 소] 만약 무고당한 사람이 이미 고문을 받은 때에는 고신 받은 장 수의 다소에 관계없이 (고문을 받은) 뒤에 거짓임을 인정한 것이니 감해서는 안 된다.

[율문2b의 소] "곧 증인을 고문한 때에도 또한 그와 같다."는 것은, 비록 고발당한 사람을 고문하지는 않았으나 증인을 고문했다면[34] 비록 거짓임을 인정했더라도 역시 (무고당한 사람을) 이미 고문한

것과 같으므로 (반좌의 죄를) 감하지 않음을 말한다. 단 기친존장 이하를 무고하거나 노비·부곡이 주인의 외조부모 이상을 무고하였다면 비록 거짓임을 인정했더라도 각각 감해서는 안 된다.

[律文2b의 問] 曰: 律云:「前人未加拷掠而告人引虛, 減一等.」 未知前人已經斷訖, 然後引虛, 合減以否?

[律文2b의 答] 曰: 律文但言「已加拷掠」, 不言事經斷訖. 拷訖已傷, 律有成制; 斷訖未損, 理合減科. 若事經奏訖, 不合追減. 及已役、已配, 亦是已損已傷前人, 計與拷掠義同, 不在減科之例.

[율문2b의 묻] 묻습니다: 율에서 "무고당한 사람에게 아직 고문을 가하지 않았는데 고한 자가 (무고가) 거짓임을 인정했다면 1등을 감한다."고 했는데, 무고당한 사람의 단죄가 이미 끝났는데 이후에 거짓임을 인정했다면 감해야 합니까?

[율문2b의 답] 답한다: 율문에서는 다만 "이미 고문을 가했다."라고만 말하고 사건의 단죄가 끝난 것은 언급하지 않았다. 고문을 받으면 상해를 입으니, 율은 (이에 대해) 제도를 정한 것이다. 단죄가 끝났으나 아직 손(해)가 없다면 이치상 죄를 감해야 한다. 만약 사안이 이미 (황제에게) 상주되었다면 추급하여 감해서는 안 된다. 또 이미 복역시켰거나 이미 유배하였으면 역시 무고당한 사람을 이미 손상케 한 것이니, 따져보면 고문한 것과 의미가 같으므로 죄를 감하는 예에 해당되지 않는다.

---

34) 의하고 청하고 감할 수 있는 자 또는 나이 70세 이상과 15세 이하 및 폐질인 자는 모두 고문해서는 안 된다(474, 단6,1a). 여기에서 피고자가 고문당하지 않은 것은 이러한 이유일 때문일 것이다.

제345조 투송 44. 조부모·부모를 고한 죄(告祖父母父母)

[律文1] 諸告祖父母、父母者, 絞. 謂非緣坐之罪及謀叛以上而故告者. 下條準此.

　[律文1의 疏] 議曰: 父爲子天, 有隱無犯. 如有違失, 理須諫諍, 起敬起孝, 無令陷罪. 若有忘情棄禮而故告者, 絞. 注云「謂非緣坐之罪」, 緣坐謂謀反、大逆及謀叛以上, 皆爲不臣, 故子孫告亦無罪, 緣坐同首法, 故雖父祖聽捕告. 若故告餘罪者, 父祖得同首例, 子孫處以絞刑. 下條準此者, 謂告期親尊長, 情在於惡, 欲令入罪而故告之, 故云「準此」. 若因推劾, 事不獲免, 隨欵注引, 不當告坐.

[율문1] 무릇 조부모·부모를 고한 자는 교형에 처한다. 연좌할 죄 및 모반 이상이 아닌데도 고의로 고한 것을 말한다. 아래 조항도 이에 준한다.

　[율문1의 소] 의하여 말한다: 아버지는 자식의 하늘이므로 숨김은 있으되(명46.1) 범함은 없어야 한다(『예기』권6, 196쪽). 만약 (아버지에게) 법을 어긴 일이나 허물이 있다면 이치상 모름지기 간쟁해야 하며, (그것에 따르지 않더라도) 더욱더 공경하고 효성스럽게 해야 하며(『예기』권27, 976~977쪽), 죄에 빠지도록 해서는 안 된다. 만약 정리를 망각하고 예를 버리고서 고의로 고한 자는 교형에 처한다. 주에 "연좌할 죄가 아니다."라고 했는데 연좌할 (죄)란 모반·대역 및 모반 이상을 말하며, 모두 신하되기를 거부한 것이므로 그 자손이 고하더라도 또한 죄가 없고, 연좌될 자는 자수의 법(명37.3a)과 같이 (처분)하므로, 비록 부조라 하더라도 체포·고하는 것을 허락한다. 만약 고의로 (이 이외의) 다른 죄를 고했을 때에는 부조는 자수의 예와 같이 할 수 있고, (고한) 자손은 교형에 처한다. 아래

조항(투45.5)에서 이에 준한다는 것은 기친존장을 고함에 그 정상에 미워함이 있어 죄에 빠뜨리고자 하여 고의로 그를 고한 것을 말하며, 그러므로 "이에 준한다."고 한 것이다. 만약 심문받다가 사죄를 면할 수 없어 변명하다가 (조부모·부모를) 끌어들였을 경우에는 (조부모·부모를) 고한 죄에 해당되지 않는다.

[律文2] 卽嫡、繼、慈母殺其父, 及所養者殺其本生, 並聽告.

[律文2의 疏] 議曰: 嫡、繼、慈母者, 名例並已釋訖. 此等三母殺其父, 及所養父母殺其所生父母, 並聽告. 若嫡、繼母殺其所生庶母, 亦不得告. 故律文但云殺其父者聽告.

[율문2] 만약 적모·계모·자모가 그 아버지를 살해하거나 양부모가 자신의 친부모를 살해했다면 모두 고하는 것을 허용한다.

[율문2의 소] 의하여 말한다: 적모·계모·자모라는 것은 명례율(명52.4)에서 모두 이미 해석했다. 이들 세 어머니가 그 아버지를 살해하거나 양부모가 자신의 친부모를 살해했다면 모두 고하는 것을 허락한다. 만약 적모·계모가 낳아준 서모를 살해했다면 또한 고해서는 안 된다. 따라서 율문에서는 다만 그 아버지를 살해했을 경우에만 고하는 것을 허락한다고 한 것이다.

[律文2의 問1] 曰: 所生之母被出, 其父更娶繼妻, 其繼母乃殺所出之母, 出母之子合告以否?

[律文2의 答1] 曰: 所養父母, 本是他人, 殺其所生, 故律聽告. 今言出母, 卽是所生, 名例稱:「犯夫及義絶者, 得以子蔭.」卽子之於母, 孝愛情深, 顧復之恩, 終無絶道. 繼母殺其親母, 準例亦合聽告.

[율문2의 문1] 묻습니다: 생모는 쫓겨나고 그 아버지가 계처에게 다시 장가들었는데, 그 계모가 쫓겨난 생모를 살해했다면 쫓겨난 어머니의 친자식은 고할 수 있습니까?

[율문2의 답1] 답한다: 양부모는 본래 남인데 친부모를 살해했으므로 율에서 고를 허락한 것이다. 지금 쫓겨난 어머니라고 말하는 것은 바로 낳아준 생모이고, 명례율에서 "남편을 범한 것이거나 의절에 해당하는 경우는 아들의 음을 받을 수 있다."(명15.6)라고 하였다. 곧 자식은 어머니에 대해 효성과 사랑의 마음이 깊고, (어머니가) 돌보고 보살펴 준 은혜는 결코 끊을 수가 없는 것이다. (따라서) 계모가 그 친모를 살해했다면 예에 준하여 역시 고하는 것을 허락해야 한다.

[律文2의 問2] 曰: 嫡、繼、慈母, 有所規求, 故殺子孫, 合得何罪? 又, 子孫得自理訴以否? 此母或被出, 或父卒後行, 若爲科斷?

[律文2의 答2] 曰: 子孫之於祖父母、父母, 皆有祖父子孫之名, 其有相犯之文, 多不據服而斷. 賊盜律:「有所規求而故殺期以下卑幼者, 絞.」論服相犯, 例準傍期; 在於子孫, 不入期服. 然嫡、繼、慈、養, 依例雖同親母, 被出、改嫁, 禮制便與親母不同. 其改嫁者唯止服期, 依令不合解官, 據禮又無心喪, 雖曰子孫, 唯準期親卑幼, 若犯此母, 亦同期親尊長. 被出者禮旣無服, 並同凡人. 其應理訴, 亦依此法.

[율문2의 문2] 묻습니다: 적모·계모·자모가 (이익을) 탐함이 있어 자손을 고살했다면 무슨 죄를 받아야 합니까? 또 자손은 스스로 해명하고 고소할 수 있습니까? 이 어머니가 혹 쫓겨났거나, 혹 아버지가 죽고 나서 개가했다면 어떻게 처단해야 합니까?

[율문2의 답2] 답한다: 자·손과 조부모·부모는 모두 조부모·부모와

자·손이라는 이름을 가지니, 서로 범한 것에 관한 율문에서는 대부분 복제에 의거하지 않고 단죄한다. 적도율에 "(이익을) 탐함이 있어 고의로 기친 이하의 비유를 살해한 자는 교형에 처한다."(적40.2)라고 했는데, 복제로 서로 범한 것을 논하는 것은 예가 방계의 기친에 준하는 것으로, (여기서) 자·손은 기복(친)에 들지 않는다. 그러나 적모·계모·자모·양모는 예에 따르면 비록 친모와 같더라도 (명52.4) 쫓겨났거나 개가했다면 예제는 곧 친모와 같지 않다. (이들이) 개가한 경우 (그 상에 대해) 오직 기년복을 입는데 그치고, 영(가녕령, 습유740쪽)에 의거하여 관직을 해직해서는 안 되며, 예에 따라 또한 심상35)도 없으므로 비록 자·손이라고 하더라도 오직 기친유에 준하니, 만약 이 어머니를 범했다면 또한 기친존장(을 범한 것)과 같다. (이들이) 쫓겨난 경우에는 예에서는 이미 복이 없으므로 모두 일반인과 같다. 그 (자·손이) 해명하고 고소하는 것도 역시 이 예에 따른다.

---

35) 心喪은 본래 복이 없는 상으로, 제자가 스승을 위해 혹은 첩의 자식이나 출처의 자식이 모친을 위해 한다(『예기정의』권6, 196쪽).

당률소의 권 제24 투송률 모두 16조

역주 임정운

제346조 투송 45. 기친존장 등을 고한 죄(告期親尊長)

[律文1a] 諸告期親尊長、外祖父母、夫、夫之祖父母, 雖得實徒二年,

[律文1b] 其告事重者減所告罪一等; 所犯雖不合論, 告之者猶坐.

[律文1c] 即誣告重者, 加所誣罪三等.

[律文2a] 告大功尊長各減一等, 小功緦麻減二等;

[律文2b] 誣告重者, 各加所誣罪一等.

　[律文1a의 疏] 議曰:「告期親尊長、外祖父母、夫、夫之祖父母」, 依名例律並相
　容隱, 被告之者與自首同, 告者各徒二年.

　[律文1b의 疏] 告事重於徒二年者,「減所告罪一等」, 假有告期親尊長盜上絹
　二十五疋合徒三年, 尊長同首法免罪, 卑幼減所告罪一等合徒二年半之類. 注
　云「所犯雖不合論」, 謂期親以下, 或年八十以上、十歲以下若篤疾, 犯罪雖不
　合論, 而卑幼告之, 依法猶坐.

　[律文1c의 疏] 即誣告期親尊長, 得罪重於二年徒者,「加所誣罪三等」, 假有
　誣告期親尊長一年半徒罪, 加所誣罪三等合徒三年, 此亦是「計加得重於本罪
　即須加.」

　[律文2a의 疏]「告大功尊長, 各減一等」, 謂告得實徒一年半, 重於徒一年半
　者即減期親罪一等. 假有告大功尊長三年徒, 減期親一等處徒二年. 告小功、
　緦麻尊長, 雖得實, 同減期親二等合徒一年; 告事重者, 亦減期親尊長二等.
　假有告三年徒, 雖實, 徒一年半之類.

　[律文2b의 疏]「誣告重者」, 謂誣告大功、小功、緦麻重者.「各加所誣罪一
　等」, 假有誣告大功尊長一年半徒, 加所誣罪一等合徒二年; 誣告小功、緦麻尊
　長徒一年罪, 亦加所誣罪一等徒一年半之類.

[율문1a] 무릇 기친존장·외조부모·남편·남편의 조부모를 고했다

면 (고한 것이) 비록 사실이라도 도2년에 처하고,

[율문1b] 단 고한 사안이 (도2년보다) 무거운 때에는 고한 바의 죄에서 1등을 감하며, 범한 바는 비록 논해서는 안 되더라도 이를 고한 자는 그대로 처벌한다.

[율문1c] 만약 무고인데 (고한 것이 도2년보다) 무거운 때에는 무고한 바의 죄에 3등을 더한다.

[율문2a] 대공친존장을 고했다면 각각 1등을 감하고, 소공친·시마친(존장)은 2등을 감하며,

[율문2b] 무고인데 (고한 것이 이보다) 무거운 때에는 각각 무고한 바의 죄에 1등을 더한다.

[율문1a의 소] 의하여 말한다: "기친존장·외조부모·남편·남편의 조부모를 고했다면" (고발된 자는) 명례율에 의거하면 모두 숨겨주어야 하는 (사람이므로)(명46.1a) 고발된 자는 자수한 것과 같이 (처분하며)(명37.3a), 고한 자는 각각 도2년에 처한다.

[율문1b의 소] 고한 사안이 도2년보다 무거운 때에는 "고한 바의 죄에서 1등을 감한다."는 것은, 가령 기친존장이 상견 25필을 절도했다고 고하여 도3년에 해당하면(적35.2) 존장은 자수의 법과 같이 죄를 면하고, 비유는 고한 바의 죄에서 1등을 감해 도2년반에 처해야 하는 것 따위이다. 주에 이르기를 "범한 바는 비록 논해서는 안 되더라도"라고 한 것은, 기친 이하의 (친속이) 혹 나이가 80세 이상이거나 10세 이하 또는 독질이어서 비록 범한 죄를 논해서는 안 되더라도(명30.2a), 비유가 그들을 고했다면 법에 따라 그대로 처벌한다는 것을 말한다.

[율문1c의 소] 만약 기친존장을 무고하여 죄를 얻는 것이 도2년보다 무거운 때에는 "무고한 바의 죄에 3등을 더한다."는 것은, 가령 기친존장을 1년반의 도죄로 무고했다면 무고한 죄에 3등을 더해 도3

년에 처해야 하는데, 이것은 역시 "더할 것을 계산하여 본죄보다 무거우면 곧 반드시 더해야 한다."(투10.2의 주)는 것에 해당한다.

[율문2a의 소] "대공친존장을 고했다면 각각 1등을 감한다."는 것은, 고한 것이 사실이라도 도1년반에 처하며, (죄가) 도1년반보다 무거운 경우에는 기친존장을 (고한) 죄에서 1등을 감함을 말한다. 가령 대공친존장을 3년의 도죄로 고했다면 기친존장의 경우에서 1등을 감해 도2년에 처한다. 소공친·시마친존장을 고했다면 비록 사실이라도 다 같이 기친존장의 경우에서 2등을 감해 도1년에 처해야 하며, 고한 일이 (도1년보다) 무거운 경우도 역시 기친존장의 경우에서 2등을 감한다. 가령 (소공친·시마친존장을) 3년의 도죄로 고했다면 비록 사실이라도 도1년반에 처하는 것 따위이다.

[율문2b의 소] "무고인데 (고한 것이 이보다) 무거운 때"라는 것은, 대공친·소공친·시마친존장을 무고하여 (죄를 얻은 것이 고한 죄보다) 무거운 경우를 말하며,[1] "각각 무고한 죄에 1등을 더한다."는 것은, 가령 대공친존장을 1년반의 도죄로 무고했다면 무고한 죄에 1등을 더해 도2년에 처해야 하고, 소공친·시마친존장을 도1년의 죄로 무고했다면 또한 무고한 죄에 1등을 더해 도1년반에 처하는 것 따위이다.

[律文3] 卽非相容隱, 被告者論如律.

---

1) 율에 의하면 비유가 기친존장을 고한 경우 도2년에 처해야하는데, 만약 고한 사안이 도2년보다 무거운 때에는 고한 죄에서 1등을 감한다. 따라서 비유가 도3년에 해당하는 기친존장의 죄를 고했을 경우 도3년에서 1등을 감한 도2년반에 처한다. 비유가 대공친존장을 고한 경우는 기친존장의 경우보다 또 1등을 감하니 비유가 도3년에 해당하는 대공친존장의 죄를 고했으면 기친존장을 고한 때의 도2년반에서 1등을 감하여 도2년에 처하게 된다. 또한 소공·시마친존장을 고한 경우는 2등을 감하여 도1년이 된다.

[律文4] 若告謀反、逆、叛者，各不坐.

[律文5] 其相侵犯，自理訴者聽. 下條準此.

[律文3의 疏] 議曰: 小功、緦麻非相容隱，被告之者不得同於首原，各依律科斷，故云「被告者論如律」.

[律文4의 疏] 「若告謀反、逆、叛者」，謂期親尊長以下，犯謀反、逆、叛三事，以其不臣，故雖論告，不科其罪.

[律文5의 疏] 「其相侵犯」，謂期親以下、緦麻以上，或侵奪財物，或毆打其身之類，得自理訴. 非緣侵犯，不得別告餘事. 注云「下條準此」，謂下條「告緦麻以上卑幼」，雖有罪名，相侵犯亦得自理.

[율문3] 만약 서로 숨겨줄 수 있는 관계가 아니라면 고발된 자는 율대로 논한다.

[율문4] 만약 모반·모대역·모반을 고한 때에는 각각 처벌하지 않는다.

[율문5] 단 침범당해 스스로 고소하는 것은 허락한다. 아래 조항도 이에 준한다.

[율문3의 소] 의하여 말한다: 소공친·시마친은 서로 숨겨줄 수 있는 사이가 아니므로(명46.2),[2] 고발된 자는 자수로 용서하는 (법과) 같게 할 수 없어 각각 율에 의해 처단하므로 "고발된 자는 율대로 논한다."고 한 것이다.

[율문4의 소] "만약 모반·모대역·모반을 고한 때"라 함은, 기친존장 이하가 모반·모대역·모반의 세 가지 죄(적도1·4)를 범했다면 신하

---

2) 동거자 및 대공 이상의 친족 및 외조부모·외손 또는 손부·남편의 형제 및 형제의 아내에게 죄가 있어 서로 숨겨준 것과 부곡·노비가 주인을 위하여 숨겨준 것은 죄를 논하지 않는다(명46.1). 서로 숨겨줄 수 있는 사이란 바로 이들의 사이이다. 소공 이하의 친속은 서로 숨겨주는 사이가 아니다(명46.2).

의 도리를 지키지 않은 것이므로 비록 고한 것은 논하지만, 그 (고한) 죄를 주지는 않는다는 것을 말한다.

[율문5의 소] "단 침범당해"라 함은, 기친 이하 시마친 이상 존장이 (비유의) 재물을 침탈하거나 그 신체를 구타한 것 따위를 말하며, (이 경우 비유가) 스스로 고소할 수 있다. 침범으로 인한 것이 아니면, 다른 일은 따로 고할 수 없다. 주에 이르기를 "아래 조항도 이에 준한다."라고 한 것은, 아래 조항(투46.1a)에 "(존장이) 시마친 이상 비유를 고한 것"에 대해 비록 죄의 등급이 (규정되어) 있지만 침범당했다면 역시 스스로 고소할 수 있다는 것을 말한다.

> [律問5의 問] 曰: 告期親尊長竊盜三十疋, 依檢二十五疋實, 五疋虛, 合得何罪?
>
> [律文5의 答] 曰: 律云:「一事分爲二罪, 罪法若等, 則累論. 罪法不等, 卽以重法併滿輕法.」按尋此狀, 正當「累併」之條, 將重併輕, 總爲三十疋, 減所告罪一等, 便合處徒三年.

[율문5의 문] 묻습니다: 기친존장이 30필을 절도했다고 고했는데, 검사한 결과 25필은 사실이고 5필은 거짓이면 어떤 죄를 주어야 합니까?

[율문5의 답] 답한다: 율(명45.2)에 "한 사안이 나뉘어 두 가지 죄가 되는데 죄의 처벌법이 만약 같다면 누계하여 논한다. 죄의 (처벌) 법이 같지 않으면 무거운 법 쪽을 가벼운 법 쪽에 합산한다."고 했다. 이 정상을 살펴보면 바로 "누계하고 합산하는" 조항에 해당한다. 무거운 것을 가벼운 것에 합산해서 총 30필을 (절도했다고 고한 죄로 논하되), 고한 죄에서 1등을 감해 도3년에 처해야 한다.3)

---

3) 기친존장을 고한 죄는 도2년에 해당하고 고한 바의 죄가 무거우면 고한 바의

제347조 투송 46. 기친 이하 비유를 고·무고한 죄(告緦麻卑幼)

[律文1a] 諸告緦麻、小功卑幼雖得實, 杖八十; 大功以上, 遞減一等.

[律文1b] 誣告重者, 期親減所誣罪二等, 大功減一等, 小功以下以凡人論.

[律文1a의 疏] 議曰: 稱「緦麻、小功」, 卽外姻有服者亦是. 其相隱旣得減罪, 有過不合告言, 故雖得實合杖八十. 告大功卑幼, 減小功一等; 期親卑幼, 又減一等.

[律文1b의 疏] 「誣告重者」, 謂誣告期親重於杖六十者.「減所誣罪二等」, 猶如誣告弟姪九十杖罪合減所誣二等, 合杖七十. 若告大功減一等, 合杖八十. 若告小功以下以凡人論, 仍得杖九十.

[율문1a] 무릇 시마친·소공친비유를 고했다면 (고한 것이) 비록 사실이라도 장80에 처하고, 대공친 이상이면 차례로 1등씩 감한다.

[율문1b] 무고인데 (고한 바의 죄가 고한 죄보다) 무거운 때에는 기친(비유)이면 무고한 바(의 죄)에서 2등을 감하고, 대공친이면 1등을 감하며, 소공친 이하는 일반인으로 논한다.

[율문1a의 소] 의하여 말한다: "시마친·소공친"이라 칭했으니, 곧 외척·인척으로 복이 있는 자[4]는 역시 그렇다. 그들은 원래 서로 숨

죄에서 1등을 감하지만 무고죄는 3등을 더하므로 당연히 무고죄의 처벌법이 무겁다. 따라서 처벌법이 무거운 거짓 쪽의 5필을 처벌법이 가벼운 사실 쪽의 25필에 더하여 기친존장이 30필을 절도했다고 고한 죄를 준다. 그런데 30필의 절도는 유2000리에 해당하고(282, 적35.2) "고한 사안이 도2년보다 무거운 경우 1등을 감한다."는 규정을 적용하면 도3년이 된다.

4) 남편과 아내의 부모, 아내와 남편의 친속관계에 있는 사람을 外姻이라고 한다. 남편은 아내의 부모에 대해 자신의 시마친과 같은 상복을 입는다. 외척·

겨 주면 (숨겨준) 죄를 감하니(명46.2) 허물이 있어도 고해서는 안
된다. 그러므로 (고한 것이) 비록 사실이라도 장80에 해당한다. 대
공친비유를 고했다면 소공친의 경우에서 1등을 감하고, 기친비유
는 또 1등을 감한다.

[율문1b의 소] "무고인데 (고한 바의 죄가 고한 죄보다) 무거운 때"
라 함은 기친비유를 무고(한 바의 죄)가 장60보다 무거운 경우를
말하며, "무고한 바(의 죄)에서 2등을 감한다."고 했으니, 만약 아
우나 조카를 장90에 해당하는 죄로 무고했다면 무고한 바에서 2등
을 감해야 하므로 장70에 처해야 한다. 만약 대공친(비유)를 무고
했다면 1등을 감해 장80에 처해야 한다. 만약 소공친 이하이면 일
반인으로 논하여 그대로 장90을 받는다(투41.1a).

[律問1b의 問] 曰: 女君於妾依禮無服, 其有誣告得減罪以否?

[律文1b의 答] 曰: 律云:「毆傷妻者減凡人二等, 死者以凡人論.」「若妻毆傷
殺妾, 與夫毆傷殺妻同.」 又條, 誣告期親卑幼減所誣罪二等. 其妻雖非卑幼,
義與期親卑幼同. 夫若誣告妻, 須減所誣罪二等; 妻誣告妾, 亦與夫誣告妻同.

[율문1b의 문] 묻습니다: 예에 의거하면 여군5)은 첩에 대해 복이 없
는데, 만약 (여군이 첩을) 무고했다면 죄를 감할 수 있습니까?
[율문1b의 답] 답한다: 율(투24.1a)에 "처를 구타하여 상해했다면 일
반인에서 2등을 감하고, 사망에 이른 때에는 일반인으로 논한다.

인척으로 복이 있다고 하는 것은 외조부모, 외삼촌, 이모 및 처의 부모를 말
한다(182, 호33.2의 소). 외조부모와 외삼촌, 이모를 위해서는 소공복을 입으
며, 처의 부모에 대해서는 시마복을 입는다(『대당개원례』권132, 흉례2).
5) 「당률석문」에서는 여군을 적처라 정의하였다. "'기친 존장'은 조부모·백부모·
숙부모·고모·형과 누나·남편의 부모, 첩에게 있어 적처이다."(120, 직30.2a의
소). 따라서 첩은 처를 위해 기복을 입어야 한다.

만약 처가 첩을 구타·상해·살해했다면 남편이 처를 구타·상해·살해한 것과 같다."고 하였다. 또 (이) 조항에서 기친비유를 무고했다면 무고한 죄에서 2등을 감한다고 하였다. 단 처는 비록 비유는 아니지만 의리상 기친비유와 같다.[6] 남편이 만약 처를 무고했다면 반드시 무고한 죄에서 2등을 감해야 하고, 처가 첩을 무고했다면 또한 남편이 처를 무고한 것과 같다.

[律文2] **卽誣告子、孫、外孫, 子孫之婦妾及己之妾者, 各勿論.**

　[律文2의 疏] 議曰: 誣告子、孫、外孫, 子孫之婦妾者, 曾、玄婦妾亦同; 及己之妾者: 各勿論. 其有告得實者, 亦不坐. 被告得相容隱者, 俱同自首之法.

[율문2] **만약 아들·손자·외손, 아들·손자의 부인·첩 및 자신의 첩을 무고한 자는 각각 논하지 않는다.**

　[율문2의 소] 의하여 말한다: 자손·외손, 아들·손자의 부인·첩을 무고한 자 -증손·현손의 부인·첩을 (무고한 자도) 또한 같다(명52.2).- 및 자신의 첩을 무고한 자는 각각 논하지 않는다. 고한 것이 사실이라도 또한 처벌하지 않는다. 고발된 사람은 (고한 사람과) 서로 숨겨줄 수 있는 관계이므로(명46.1a) 모두 자수와 같은 법(명37.1)을 적용한다.

---

6) 처는 존장이 아니며 비유와도 다른데, 당률에서는 『예기』 및 『시경』에서 처를 형제에 견주고 있는 것에 의거하여 어린 형제와 같다고 해석하고 있다(120, 직30.4의 소). 형제는 기친이므로 답에서 의리상 기친비유와 같다고 한 것이다.

제348조 투송 47. 자손이 부모·조부모의 교훈·명령을 위반한 죄(子孫違犯敎令)

[律文] 諸子孫違犯敎令及供養有闕者, 徒二年. 謂可從而違, 堪供而闕者. 須祖父母、父母告, 乃坐.

　[律文의 疏] 議曰: 祖父母、父母有所敎令, 於事合宜, 卽須奉以周旋, 子孫不得違犯.「及供養有闕者」,『禮』云:「七十, 二膳; 八十, 常珍」之類, 家道堪供, 而故有闕者. 各徒二年. 故注云「謂可從而違, 堪供而闕者」. 若敎令違法, 行卽有愆; 家實貧窶, 無由取給: 如此之類, 不合有罪. 皆須祖父母、父母告, 乃坐.

[율문] 무릇 자손이 (부모·조부모의) 가르침이나 명령을 위반하거나 공양함에 모자람이 있을 때에는 도2년에 처한다. 따를 수 있는데도 위반하거나 공양을 감당할 수 있는데 모자라게 한 경우를 말한다. 반드시 조부모나 부모가 고해야 처벌한다.

　[율문의 소] 의하여 말한다: 조부모·부모가 가르치고 명령하는[7] 바가 있고 일이 행할 수 있는 것이면 아들·손자는 받들어 주도면밀하게 따라야 하며 위반해서는 안 된다. 공양함에 모자람이 있을 때란 -『예기』(권13, 494쪽)에 (부모의 나이가) 70세에 이르면 두 가지 반찬을 드리고, 80세에 이르면 항상 진미(를 드려야 한다)는 것 따위가 언급되어 있다.[8]- 집안 형편이 공양을 감당할 수 있는데도

---

7) 교령이란 존장이 자손에게 내리는 교훈이 담긴 가르침이나 명령을 말한다. 교령은 율에서 다양한 의미로 쓰이는데 예를 들어 고독을 제조할 것을 교령한 경우(262, 적15.1)에서 교령은 교사하다의 뜻이며 "장군의 교령을 위반하였다."(234, 천11.2의 소)에서 교령은 명령을 뜻한다.

8) 『예기』에는 '二膳'이 '貳膳'으로 되어 있다. 이에 대해 孔穎達은 "貳는 副의 뜻

고의로 모자라게 한 경우이다. 각각 도2년에 처한다. 그러므로 주에 "따를 수 있는 데도 위반하거나 공양을 감당할 수 있는데 모자라게 한 경우"라고 한 것이다. 만약 명령이 법에 위반되어 행하면 허물이 있게 되거나, 집안 형편이 실제로 가난하여 취하여 공양할 수 없는 경우 등, 이와 같은 따위는 죄에 해당하지 않는다. 모두 반드시 조부모나 부모가 고해야 처벌한다.

제349조 투송 48. 천인이 주인 및 주인의 친속을 고·무고한 죄(部曲奴婢告主)

[律文1a] 諸部曲、奴婢告主, 非謀反、逆、叛者, 皆絞; 被告者同首法.

[律文1b] 告主之期親及外祖父母者, 流; 大功以下親, 徒一年.

[律文1c] 誣告重者, 緦麻加凡人一等, 小功、大功遞加一等.

[律文2a] 卽奴婢訴良, 妄稱主壓者, 徒三年;

[律文2b] 部曲, 減一等.

[律文1a의 疏] 議曰: 日月所照, 莫匪王臣. 奴婢、部曲雖屬於主, 其主若犯謀反、逆、叛, 卽是不臣之人, 故許論告. 非此三事而告之者皆絞, 罪無首從. 注

이다. 膳은 膳食이다. 항상 좋은 음식을 대비해두고 모자람이 없도록 해야 한다는 뜻이다."라고 해석했다. 즉 "(부모의 나이가) 70세에 이르면 이선, 80세에 이르면 항상 진미(를 공양해야 한다)."는 것은 부모가 70세에 이르면 평상시의 음식보다 특별히 좋은 것을 내어야 하고 80세가 되면 오직 좋은 것만 내어야 한다는 뜻이다. 『예기』에는 이 밖에 "50세에는 좋은 양식으로 공양하고, 60세에는 항상 고기를 준비해 두고, 90세에는 좋은 음식을 가지고 가는 곳마다 따라야 한다."는 언급이 있다. 때문에 소의 원문에 "「七十, 二膳; 八十, 常珍」之類,"라고 한 것이다.

云「被告者同首法」, 謂其主雜犯死罪以下, 部曲,奴婢告之, 俱同爲首之法,
奴婢獲罪, 主得免科. 奴婢爲主隱, 雖告, 準名例律相容隱告言自合同首, 今
律文重言「同首法」者, 以「相隱」條無相隱字故.

[律文1b의 疏]「告主之期親及外祖父母者, 流」, 不言里數者, 爲同加杖二
百.「大功以下親, 徒一年」, 稱大功以下, 小功,緦麻亦同. 此等並謂告得實.

[律文1c의 疏]「誣告重者」, 謂所誣之罪重於徒一年.「緦麻加凡人一等」, 若
誣告主緦麻親徒一年, 加一等合徒一年半; 小功, 徒二年; 大功, 徒二年半之
類. 大功以下諸親, 犯有輕重, 應計等級加者, 但重於徒一年皆準此加法.

[律文2a의 疏]「卽奴婢訴良, 妄稱主壓者」, 謂奴婢本無良狀而妄訴良, 云主
壓充賤者, 合徒三年. 不同誣告主者, 開其自理之路.

[律文2b의 疏] 部曲, 減一等. 其主誣告部曲,奴婢者, 卽同誣告子孫之例, 其
主不在坐限.

[율문1a] 무릇 부곡·노비가 주인을 고했다면, 모반·모대역·모반
이 아닌 경우에는 모두 교형에 처하고, 고발된 사람은 자수와 같
은 법(을 적용한다).

[율문1b] 주인의 기친 및 외조부모를 고한 때에는 유형에 처하며,
대공친 이하의 친속을 (고한 때에는) 도1년에 처하고,

[율문1c] 무고인데 (고한 바의 죄가 고한 죄보다) 무거운 때에는
시마친은 일반인(을 무고한 죄)에 1등을 더하고, 소공친·대공친
은 차례로 1등씩 더한다.

[율문2a] 만약 노비가 (원래) 양인이었다고 소를 제기하면서 거짓
으로 주인이 압박하였다고 말한 때에는 도3년에 처하고,

[율문2b] 부곡은 1등을 감한다.

  [율문1a의 소] 의하여 말한다: 해와 달이 비추는 곳에 왕의 신하 아

닌 자가 없다.9) 노비·부곡은 비록 주인에 예속되어 있지만 단 주인이 만약 모반·모대역·모반을 범했다면 이는 곧 신하의 도리를 지키지 않은 사람이므로 고발을 허락하는 것이다. 이 세 가지 사안이 아닌데 고한 때에는 모두 교형에 처하며, 죄에 수범·종범의 구분이 없다(명42·43). 주에 이르기를 "고발된 사람은 자수와 같은 법(을 적용한다)."고 했는데, (그 뜻은) 그 주인이 사죄 이하의 여러 죄를 범했는데 부곡·노비가 이를 고했다면 모두 자수(명37.1)와 같은 법(을 적용하여) 노비는 죄를 받고 주인은 처벌을 면한다는 것이다. 노비는 주인을 위하여 숨겨주어야 하므로(명46.1b) 비록 (주인을) 고하더라도 명례율에 준하여 숨겨주어야 하는 자가 고한 것은 당연히 자수와 같은데(명37.3a), 지금 율문에서 다시 "자수와 같은 법(을 적용한다)."고 언급한 것은 "상은" 조항에 (주인은 노비·부곡을 위해) "숨겨준다."는 문자가 없기 때문이다.10)

[율문1b의 소] "주인의 기친 및 외조부모를 고한 때에는 유형에 처한다."고 하고 (유형의) 이수를 말하지 않은 것은 (노비·부곡의 유죄는 모두) 다 같이 장200으로 대체하기(명47.2) 때문이다. "대공친 이하의 친속을 (고한 때에는) 도1년에 처한다."고 했는데, 대공친 이하라고 말했으므로 소공친·시마친을 (고한 때에도) 또한 같다. 이상은 모두 고한 것이 사실인 경우를 말한다.

[율문1c의 소] "무고인데 (고한 바의 죄가 고한 죄보다) 무거운 때"라

---

9) 『예기정의』권53, 1705쪽, "天之所覆, 地之所載, 日月所照, 霜露所隊.";『모시정의』권13, 931쪽, "溥天之下, 莫非王土. 率土之濱, 莫非王臣."

10) 명례율(37.3a)에 의하면, 법에 서로 숨겨줄 수 있는 자가 자수하거나 고발한 경우 죄인이 스스로 자수한 것과 같은 법을 적용한다. 그런데 부곡·노비는 주인을 숨겨줄 수 있으나 주인은 부곡·노비를 숨겨줄 수 없다(명46.1b의 소). 따라서 주인과 부곡·노비는 서로 숨겨주는 사이가 아니므로 고발된 자 모두를 자수의 법과 같게 할 수 없다. 이 때문에 본조의 주에 고발된 주인은 자수의 법과 같게 한다고 특별히 명시한 것이다.

함은 무고한 바의 죄가 도1년보다 무거운 경우를 말한다. "시마친은 일반인(을 무고한 죄)에 1등을 더한다."는 것은, 만약 주인의 시마친을 도1년의 죄로 무고했다면 1등을 더하여 도1년반에 처해야 하고, 소공친은 도2년에 처하고, 대공친은 도2년반에 처하는 것 따위이다. 대공친 이하의 여러 친속을 (고했는데) 그 (고한 바의) 죄에 경중이 있어 등급을 계산하여 더해야 할 경우에는 다만 도1년보다 무거운 경우에만 모두 이 더하는 법에 준한다.

[율문2a의 소] "만약 노비가 (원래) 양인이었다고 소를 제기하면서 거짓으로 주인이 압박하였다고 말한 때에는"이라 함은, 노비가 본래 양인이었다는 증거가 없는데도 망령되이 양인이었다고 고소하면서 주인이 강박하여 천인이 되었다고 말한 경우를 말하며 도3년에 처해야 한다. (이 경우) 주인을 무고한 죄와 같게 하지 않는 것은 스스로 고소할 길을 열어 준 것이다.

[율문2b의 소] 부곡은 1등을 감한다. 단, 주인이 부곡·노비를 무고한 때에는 자손을 무고한 예(투46.2)와 같이 하여 그 주인은 처벌의 범위에 넣지 않는다.

제350조 투송 49. 본속부주·자사·현령을 무고한 죄(誣告府主刺史縣令)

[律文] 諸誣告本屬府主、刺史、縣令者, 加所誣罪二等.

[律文의 疏] 議曰: 誣告本屬府主等, 加所誣罪二等者, 謂誣告一年徒罪, 合徒二年之類, 若告除名、免官、免所居官等事虛, 亦準比徒法加罪. 其有緦麻以上親任本屬府主、刺史、縣令者, 自依「告親」法; 若告尊長, 各從重論.

[율문] 무릇 본속부주·자사·현령을 무고한 자는 무고한 바의 죄에 2등을 더한다.

[율문의 소] 의하여 말한다: 본속부주[11] 등을 무고하면 무고한 바의 죄에 2등을 더한다는 것은 1년의 도죄로 무고했다면 도2년에 처해야 한다는 것 따위를 말한다. 만약 제명·면관·면소거관 등에 (해당하는) 일로 고했는데 거짓이라면 또한 (제명·면관·면소거관을) 도형에 견주는 법에 준하여 죄를 더한다.[12] 단 시마 이상 친속이 본속부주·자사·현령으로 재임하고 있는데 (고한 경우는) 당연히 "친속을 고한" 법에 의거하되, 만약 존장을 고했다면 각각 무거운 쪽에 따라 논한다.[13]

---

11) 부주란 영에 의하면 "직사관 5품 이상이 훈관 3품 이상을 겸대하면 (부의 속료로) 친사와 장내를 둔다."고 했으니, 본속부주란 속료인 친사와 장내가 섬기는 바 부의 주관을 지칭하는 말이다. 친왕의 봉국의 관리와 공주 봉읍의 관리가 소속되어 섬기는 바의 친왕·공주도 또한 부주와 같다(명6.9주①의 소).

12) 제명은 도3년, 면관은 도2년, 면소거관은 도1년에 견준다. 죄를 더한다는 것은 도형으로 대체하는 법의 원칙하에 이 조항에 의해 2등을 더한다는 것이다. 이와 같이 제명·면관을 도형에 견주는 법은, 가볍지만 제명·면관에 해당하는 죄로 관인을 무고하거나 죄를 덜거나 더한 경우를 위해 설치된 것이다(명23.1).

13) 친속에 대한 고죄는 투45·46조에 규정되어 있는데, 무고이든 실고이든 다 죄를 받는다. 친속이 본속부주·자사·현령인 경우도 친속에 대한 고죄를 적용하지만, 단 존장이 이 직에 있는 경우는 무거운 쪽에 따른다는 것이다. 다시 말하면 친속이 아닌 현령을 무고했다면 무고한 바의 죄에 2등을 더하지만, 현령이 기친존장이면 고한 것이 사실이라도 도2년, 무고이고 무고한 것으로 받을 죄가 도2년보다 무겁다면 무고한 바의 죄에 3등을 더한다(346, 투45.1c). 만약 친속이 아닌 현령을 장100의 죄로 무고했다면 도1년반에 처하지만, 현령이 기친존장이면 고죄만으로도 도2년에 해당하므로, 후자를 적용한다는 뜻이다.

제351조 투송 50. 익명서를 던져 타인의 죄를 고한 죄 및 이를 수리한 죄(投匿名書告人罪)

[律文1] **諸投匿名書告人罪者, 流二千里.** 謂絶匿姓名及假人姓名以避己作者, 棄、置、懸之俱是.

  [律文1의 疏] 議曰: 有人隱匿己名, 或假人姓字, 潛投犯狀, 以告人罪, 無問輕重, 投告者卽得流坐. 故注云「謂絶匿姓名及假人姓名以避己作者, 棄、置、懸之俱是」, 謂或棄之於街衢, 或置之於衙府, 或懸之於旌表之類, 皆爲「投匿」之坐. 假人姓名, 經官司判入, 言告人罪, 從「違令」科. 非是投匿, 所以科「違令」. 投匿告祖父母科絞, 告期親卑幼減凡人二等, 大功減一等, 小功以下以凡人論. 匿名書告他人部曲、奴, 依凡人法. 是大功相犯不合減一等、二等, 他皆倣此. 告緦麻以上親部曲、奴, 卽依減法.

[율문1] **무릇 익명서를 던져 타인의 죄를 고한 자는 유2000리에 처한다.** 성명을 숨기거나 다른 사람의 성명을 빌어 자신이 작성한 것을 모르게 한 것을 말하며, 던져놓거나, 놓아두거나, 걸어두는 것 모두가 그렇다.

  [율문1의 소] 의하여 말한다: 어떤 사람이 자신의 이름을 숨기거나 혹은 다른 사람의 성명을 빌어, 사람이 범한 죄의 정상을 (적은 글을) 은밀하게 던져 고했다면, (죄의) 경중을 불문하고 투서로 고한 자는 곧 유죄의 처벌을 받는다. 그러므로 주에 이르기를 "성명을 숨기거나 다른 사람의 성명을 빌어 자신이 작성한 것을 모르게 한 것을 말한다."고 한 것이다. "던져놓거나, 놓아두거나, 걸어두는 것 모두가 그렇다."는 것은, 길거리에 던져놓거나 혹은 관아에 놓아두거나 혹은 정표14)에 걸어두는 것 따위가 모두 "익명으로 투서한"

죄가 됨을 말한다. 다른 사람의 성명을 빌어 관사의 수속을 거쳐 다른 사람의 죄를 고했다면 "영을 위반한 죄"(잡61.1)에 따라 처벌한다. (이는) 익명서를 던진 것은 아니기에 "영을 위반한" 죄를 주는 것이다. 익명서를 던져 조부모를 고했다면 교형에 처하고(투44.1), 기친비유를 고했다면 일반인을 (익명서로 투서한 죄에서) 2등을 감하며, 대공친은 1등을 감하고, 소공친(비유) 이하는 일반인과 같이 논한다(투46.1b). 익명서를 던져 타인의 부곡·노를 고했다면 일반인의 법에 의거한다. 대공(친)이 서로 범한 경우15) 1등·2등을 감해서는 안 되며, 다른 것은 모두 이것에 따른다. 시마친 이상의 부곡·노를 고했다면 감하는 법16)에 따른다.

[律文2a] 得書者皆卽焚之, 若將送官司者, 徒一年.

[律文2b] 官司受而爲理者, 加二等.

[律文2c] 被告者, 不坐.

[律文2d] 輒上聞者, 徒三年.

[律文2a의 疏] 議曰: 匿名之書, 不合檢校, 得者卽須焚之, 以絶欺詭之路. 得書不焚, 以送官府者, 合徒一年.

[律文2b의 疏] 官司旣不合理, 受而爲理者加二等, 處徒二年.

---

14) 정표란 충효절의한 사람을 표창하기 위해 건물을 세우고 額을 사여한 것이다 (『전당문』 권14, 436-1쪽).

15) '대공(친) 간에 서로 범한 경우'라는 것은 의미가 통하지 않는다. 戴炎輝(『당률각론』, 554쪽)와 劉俊文(『당률소의전해』, 1646쪽, 전석4)은 '대공'은 '양천'의 오기일 것이라고 추측하고 있다. 즉 타인의 부곡·노비를 고하면 양천간에 서로 범했더라도 일반인끼리의 법에 따르고 1등 혹은 2등을 감할 수 없다는 의미이다.

16) 시마친·소공친의 부곡·노비에게 골절상 이상의 상해를 입히면 각각 일반인의 부곡·노비를 살상한 죄에서 2등을 감하고(324, 투23.1a), 대공친의 부곡·노비는 또 1등을 감한다(324, 투23.1b). 이 조항에서의 감하는 법이란 이 원칙을 따르는 것이다.

[律文2c의 疏] 被告者假令事實, 亦不合坐. 若是書不原事, 以後別有人論告,
還合得罪.

[律文2d의 疏] 輒上聞者, 合徒三年. 若得告反逆之書, 事或不測, 理須聞奏,
不合燒除.

[율문2a] (익명)서를 취득한 자는 모두 즉시 이를 태워야 하며, 만
약 관사로 보낸 자는 도1년에 처한다.

[율문2b] 관사가 접수하여 처리한 때에는 2등을 더하고,

[율문2c] 고발된 자는 처벌하지 않으며,

[율문2d] 함부로 올려 황제에게 아뢴 자는 도3년에 처한다.

[율문2a의 소] 의하여 말한다: 익명서는 수리해서는[17) 안되므로 취
득한 자는 즉시 반드시 이를 태워서 거짓된 일이 생길 수 있는 길
을 막아야 한다. (익명)서를 취득했는데 태우지 않고 관부로 보낸
자는 도1년에 해당한다.

[율문2b의 소] 관사는 본래 처리해서는 안 되므로, 수리해서 처리한
때에는 2등을 더하여 도2년에 처한다.

[율문2c의 소] 고발된 자는 가령 일이 사실이더라도 역시 처벌해서
는 안 된다. 만약 고한 문서 내용이 용서받을 수 없는 일이고(명
37.6), 이후에 따로 어떤 사람이 (그 일을) 고했다면 역시 죄를 주
어야 한다.

[율문2d의 소] 함부로 올려 황제에게 아뢴 자는 도3년에 해당한다.
만약 모반·대역을 고한 문서를 취득했는데, 사안이 혹 헤아리기
어려우면 반드시 황제에게 아뢰어야 하며 태워 없애서는 안 된다.

---

17) 검교란 서류를 수리하는 것으로, 검구관의 직무내용(명례40.4의 소)이라고 생
각된다.

[律文2d의 問] 曰: 投匿名書, 告人謀反、大逆, 或虛或實, 捉獲所投之人, 未知若爲科罪?

[律文2d의 答] 曰: 隱匿姓字, 投書告罪, 投書者旣合流坐, 送官者法處徒刑, 用塞誣告之源, 以杜姦欺之路. 但反逆之徒釁深夷族, 知而不告卽合死刑, 得書不可焚之, 故許送官聞奏. 狀旣是實, 便須上請聽裁; 告若是虛, 理依誣告之法.

[율문2d의 문] 묻습니다: 익명서를 던져 다른 사람이 모반·대역했다고 고했는데, 거짓일 수도 있고 혹 사실일 수도 있습니다. 만약 투서한 사람을 잡아들였다면 어떻게 죄를 주어야 됩니까?

[율문2d의 답] 답한다: 성명을 감추고 투서하여 죄를 고했다면 투서한 자는 원래 유형에 처해야 하고, (이를) 관사로 보낸 자는 법에서 도형에 처하도록 한 것은, 무고의 근원을 막아 간교한 사기가 생길 수 있는 길을 막으려는 것이다. 다만 모반·대역의 무리는 죄상이 심하여 일족을 주멸해야 하므로 알고도 고하지 않았다면 사형에 처해야 하며(투39.1a), 그 익명서를 취득했을 경우에는 태워서는 안 되므로 관사로 보내 (황제에게) 주문하는 것을 허락한다. 죄상이 사실이면 반드시 상청하여 (황제의) 재가에 따르고, 고한 것이 거짓이면 당연히 무고의 법(투40.1)에 의거한다.

제352조 투송 51. 고할 수 없는 자의 고를 접수한 죄(囚不得告擧他事)

[律文1] 諸被囚禁, 不得告擧他事. 其爲獄官酷己者, 聽之.

[律文1의 疏] 議曰: 人有犯罪, 身在囚禁, 唯爲獄官酷己者得告, 自餘他罪並
不得告發. 卽流囚在道, 徒囚在役, 身嬰枷鎖, 或有援人, 亦同被囚禁之色,
不得告擧他事. 又準獄官令:「囚告密者, 禁身領送.」 卽明知謀叛以上聽告,
餘準律不得告擧.

[율문1] 무릇 수금된 자는 타인의 죄를 고할 수 없다. 단 옥관이 자신에게 가혹행위를 한 때에는 이를 허락한다.

[율문1의 소] 의하여 말한다: 사람이 죄를 범해 몸이 수금된 경우 오직
옥관이 자신에게 가혹하게[18] 한 경우에만 고할 수 있고, 이 외에
다른 (사람의) 죄는 결코 고할 수 없다. 만약 유죄수가 (유배지로)
가는 길이거나, 도죄수가 복역 중이거나, 몸에 가쇄가 채워졌거나,
혹은 호송인이[19] 있는 경우 등도 수금된 것과 같으므로 타인의 죄
를 고할 수 없다. 또 옥관령(습유778쪽)에 준하면 "죄수가 기밀을 고
할 경우[20] 몸을 구금해서 압송한다."고 했으니 모반 이상에 대해
자세히 알고 있다면 고발을 허용한다는 것을 알 수 있으며, 다른
것은 율에 준하여 고해서는 안 된다.

[律文2] 卽年八十以上, 十歲以下及篤疾者, 聽告謀反、逆、叛, 子孫不孝及
同居之內爲人侵犯者, 餘並不得告.

---

18) 가혹하게 한다는 것에 대한 구체적 내용은 알기 어렵다. 율에 규정된 것을 살
   펴보면, 돌봄이 필요한 죄수를 방치하여 사망에 이르게 하거나 죄수에게 지급
   되어야 할 의식이나 약 등이 제때 지급되지 않은 경우(473, 단옥5.1), 또 죄수
   의 고문은 3차를 넘을 수 없는데 넘은 경우, 고문하는 장의 수는 모두 합쳐
   200대를 초과할 수 없으며, 장죄 이하는 범한 바의 (태・장) 수를 초과할 수 없
   는데(477, 단옥9.1a) 이를 어긴 경우가 이에 해당한다고 할 수 있다.
19) 원문의 援人이란 죄수의 감시인을 말한다. 슈(『당령습유』, 옥관령, 762쪽)에
   '防援'이라는 표현도 이를 가리키는 것으로 생각된다.
20) 모반・대역을 알고도 고하지 않는다면 교형에 처한다(340, 투송39.1a).

[律文3] 官司受而爲理者, 各減所理罪三等.

[律文2의 疏] 議曰: 老,小及篤疾之輩, 犯法旣得勿論, 唯知謀反、大逆、謀叛, 子孫不孝及闕供養, 及同居之內爲人侵犯, 如此等事, 並聽告擧. 自餘他事不得告言. 如有告發, 不合爲受.

[律文3의 疏] 官司受而爲理者, 從「被囚禁」以下, 減所推罪三等. 假有告人徒一年, 官司受而爲理, 合杖八十之類.

[율문2] 나이 80세 이상, 10세 이하 및 독질인 자는 모반·대역·모반과 자손의 불효 및 동거 이내가 타인에게 침범당한 때에는 고하는 것을 허락하지만, 다른 것은 결코 고할 수 없다.

[율문3] 관사가 접수하여 수리한 때에는 각각 처리한 바의 죄에서 3등을 감한다.

[율문2의 쇠] 의하여 말한다: 노·소 및 독질인 자들은 원래 법을 범해도 논해서는 안 된다(명30.2a). 오직 모반·대역·모반, 자손의 불효(명6.7) 및 공양을 모자라게 한 행위(투47), 그리고 동거하는 사람에게 침범당한 경우, 이와 같은 일들은 모두 고하는 것을 허락한다. 이외의 다른 일은 고할 수 없다. 만약 고발이 있어도 접수해서는 안 된다.

[율문3의 쇠] 관사가 접수한 때에는 "수금된 자" 이하의 규정에 따라 고한 바의 죄에서 3등을 감한다. 가령 어떤 사람을 도1년의 죄로 고했는데 관사가 접수했다면 장80에 처해야 하는 것 따위이다.

[律文3의 問] 曰: 有人被囚禁, 更首別事, 其事與餘人連坐, 官司合受以否?

[律文3의 答] 曰: 律云:「被囚禁不得告擧他事.」 此旣首論身事, 非關別告他人, 縱連傍人, 官司亦合爲受. 被首之者, 仍依法推科.

[율문3의 문] 묻습니다: 어떤 사람이 수금된 후 다시 다른 일을 자수했는데, 그 일이 다른 사람과 연좌되었다면 관사는 수리해야 됩니까?

[율문3의 답] 답한다: 율에 "수금된 자는 타인의 죄를 고할 수 없다."고 하였다. 이는 원래 자수해서 자신의 일을 말한 것이고 별도로 다른 사람에 관해 고한 것이 아니므로 설령 주변 사람이 연좌되었더라도 관사는 또한 수리해야 한다. (수금된 자의) 자수에 의해 고발된 사람은 그대로 법에 의거하여 조사해서 죄준다.

제353조 투송 52. 자수와 수리(犯罪皆經所在官司首)

[律文1] 諸犯罪欲自陳首者, 皆經所在官司申牒, 軍府之官不得輒受. 其謀叛以上及盜者, 聽受, 卽送隨近官司. 若受經一日不送及越覽餘事者, 各減本罪三等.

[律文2] 其謀叛以上, 有須掩捕者, 仍依前條承告之法.

[律文1의 疏] 議曰: 犯罪未發, 皆許自新. 其有犯罪欲自陳首者, 皆經所在官司申牒. 但非軍府, 此外曹局並是「所在官司」.「軍府之官」, 謂諸衛以下, 折衝府以上, 並是領兵曹司, 不許輒受首事. 其謀叛以上事是「重害」, 及盜賊之輩, 並卽須追掩, 故聽於軍府陳首. 軍府受得, 卽送隨近官司. 其受首謀反、逆、叛者, 若有支黨, 必須追掩, 不得過半日. 及首盜者, 受經一日, 不送隨近州縣及越覽餘事者, 減本罪三等. 假有告人脫戶合徒三年, 軍府受而爲推者合徒一年半之類.

[律文2의 疏] 其謀反、逆、叛, 爲有支黨, 事須掩捕,「仍依前條承告之法」, 謂若滿半日不掩, 還同知而不告之罪: 謂謀反、大逆, 不告合死; 謀大逆、謀叛, 不告者流.

[율문1] 무릇 죄를 범하고 자수하고자 하는 자는 모두 소재지의 관사에 공문서로 신고하며, 군부의 관은 함부로 접수해서는 안 된다. 단 모반 이상 및 도적의 경우는 접수를 허락하되, 즉시 가까운 관사로 보내야 한다. 만약 접수하고 1일이 지나도록 보내지 않거나 월권하여 다른 일까지 접수한 때에는 각각 본죄에서 3등을 감한다.

[율문2] 단 모반 이상의 죄로 반드시 엄습해서 체포해야 할 경우에는 그대로 앞 조항의 고하는 법에 의거한다.

[율문1의 소] 의하여 말한다: 죄를 범하고 아직 발각되지 않았을 때에는 모두 회개하고 새사람이 되는²¹⁾ 것을 허락한다(명37.1). 단 죄를 범하고 자수하고자 하는 자는 모두 소재지의 관사를 통해 공문서로 신고해야 한다.²²⁾ 다만 군부가 아니라면 이 외의 관사는 모두 "소재지의 관사"이다. "군부의 관"이라 함은 모든 위 이하 절충부 이상을 말하며, 모두 병을 통령하는 관사이므로 함부로 자수의 일을 접수하는 것은 허락하지 않는다. 단 모반 이상의 일은 "중대한 위해"이고 도적의 무리는 모두 즉시 추적하여 엄습해야 하므로, 군부에 자수하는 것을 허락한다. 군부가 접수했다면 즉시 가까운 관사로 보내야 한다. 단 모반·대역·모반의 자수를 접수한 경우 만약 일당이 있다면 반드시 추적하여 엄습해야 하며 반일을 경과해

---

21) '自新'의 고사는 한 문제 13년(기원전167) 淳于公의 딸이 부친의 형을 속하고 자신은 관비가 되어 부친으로 하여금 자신케 하겠다고 황제에게 글을 올려 형제개혁의 단서가 된 사건이 가장 유명하다. 이 때 문제가 조를 내려 육형을 폐지했고, 이후 국가 형벌로 黥·剕 등의 육형이 없어지고 유형·도형이 주요한 형벌이 되었다(명1의 소).

22) 여기서 牒이란 공식령(『당령습유』, 556쪽)에서 말하는 첩식의 첩이라고 생각된다. 또 『당육전』(권1, 11쪽)에는 9품 이상의 공문서를 첩이라 하고 서인의 문서는 辭라고 한다고 기록되어 있다.

서는 안 된다(투39.2a). 아울러 도적의 자수를 접수하고 1일이 지나 도록 가까운 주·현으로 보내지 않거나 월권하여 다른 일을 접수한 경우에는 본죄에서 3등을 감한다. 가령 어떤 사람이 탈호했다고 고한 것이 있으면 도3년에 해당하는데(호1.1a), 군부에서 접수하고 조사했다면 도1년반에 처해야 하는 것 따위이다.

[율문2의 쇼] 단 모반·대역·모반이 일당이 있고 일이 반드시 엄습하여 체포해야 할 것이면 "그대로 앞 조항의 고하는 법에 의거한다." 는 것은 만약 반일이 지나도록 엄습하지 않았다면 도리어 알고도 고하지 않은 죄와 같이 처벌하는 것을 말하며, 모반·대역을 고하지 않았다면 사형에 처해야 하고(투39.1a) 모대역·모반을 고하지 않았다면 유형에 처해야 함을(투39.1b) 말한다.

제354조 투송 53. 사면되기 전의 일을 고한 죄 및 이를 수리한 죄(以赦前事相告言)

[律文1a] 諸以赦前事相告言者, 以其罪罪之.
[律文1b] 官司受而爲理者, 以故入人罪論.
[律文1c] 至死者各加役流.

[律文1a의 疏] 議曰: 「以赦前事相告言者」, 謂事應會赦, 始是赦前之事, 不合告言; 若常赦所不免, 仍得依舊言告. 假有會赦, 監主自盜得免, 有人輒告, 以其所告之罪罪之, 謂告徒一年贓罪者, 監主自盜即合除名, 告者還依比徒之法科罪.

[律文1b의 疏] 官司違法, 受而爲理者, 「以故入人罪論」.

[律文1c의 疏] 謂若告赦前死罪, 前人雖復未決, 告者免死處加役流, 官司受

而爲理, 至死者亦得此罪, 故稱「各加役流」. 若官司以赦前合免之事彈擧者,
亦同「受而爲理」之坐.

[율문1a] 무릇 은사령이 내리기 전의 사건을 고한 자는 (고한) 그
죄로 죄주고,

[율문1b] 관사가 접수하여 처리한 때에는 고의로 사람의 죄를 더
한 것으로 논하되,

[율문1c] 사죄에 이른 때에는 각각 가역류에 처한다.

[율문1a의 소] 의하여 말한다: "은사령이 내리기 전의 사건을 고한
자"라 함은, 일이 응당 사면될 수 있고 (또한) 은사령이 내리기 전
의 사건이면 고해서는 안 됨을 말한다. 만약 일반 은사령으로 면
하지 못하는 바의 (죄는)23) 그대로 (은사령이 내리기) 전처럼 고할
수 있다. 가령 은사령을 만나면 감림·주수의 자도(죄)는 사면될 수
있는데 어떤 사람이 함부로 고했다면 그 고한 바의 죄로 죄준다고
함은, 도1년의 장죄로 고한 경우 감림·주수의 자도죄는 제명에 해
당하므로(명18.2) 고한 자는 역시 도형에 견주는 법(명23.1)에 의거
하여 죄를 준다는 것을 말한다.24)

[율문1b의 소] 관사가 법을 어기고 (고발을) 접수하여 처리한 때에

───────────

23) 은사령이 내려도 면제되지 않는 죄란, 은사가 내려도 여전히 사형이나 유형
에 처하거나 혹은 제명·면소거관이나 이향하는 것을 말한다(488, 단20.2의
소). 예컨대, 고독을 기르거나 독약을 제조한 자(262, 적15.1), 소공존속이나
종부형·자를 살해했거나 모반·대역을 범한 자(489, 단21.2)는 은사령이 내려
도 죄를 면제받을 수 없다.

24) 감림·주수가 스스로 감림·주수하는 재물을 절도하거나 감림받는 바 사람의
재물을 절도한 경우에는 일반절도죄에 2등을 더하고, 30필이면 교형에 처하며
(283, 적36), 제명한다(명18.2 및 소). 제명처분은 도3년에 견준다(명23.1). 은
사령이 내리기 전에 범한 감림·주수의 절도죄를 고한 자는 도3년을 받는다는
뜻이다.

는 고의로 사람의 죄를 더한 것으로 논한다(단19.1a).

[율문1c의 소] (이는) 만약 은사령이 내리기 전의 사죄를 고했다면 고발된 사람의 형이 아직 집행되지 않았더라도 고한 사람은 사형을 면해서 가역류에 처하며, 관사가 접수하여 처리한 (죄가) 사죄에 이른 때에도 또한 이 죄를 받는다는 것을 말한다. 그러므로 "각각 가역류에 처한다."고 한 것이다. 만약 관사가 은사령이 내리기 전의 (은사령으로) 면할 수 있는 일을 탄핵한 때에도 또한 "접수하여 처리한" 것과 같이 처벌한다.

[律文2] **若事須追究者, 不用此律.** 追究, 謂婚姻·良賤·赦限外藏匿應改正徵收及追見贓之類.

[律文2의 疏] 議曰:「事須追究者」, 備在注文.「不用此律」者, 謂不用入罪之律. 注云「追究, 謂婚姻·良賤·赦限外藏匿」, 謂違律爲婚, 養奴爲子之類, 雖會赦須離之, 正之.「赦限外藏匿」, 謂會赦應首及改正徵收, 過限不首若經責簿帳不首, 不改正徵收. 及應徵見贓, 謂盜詐之贓, 雖赦前未發, 赦後捉獲正贓者, 是謂「見贓之類」, 合爲追徵.

[율문2] 만약 일이 반드시 추구되어야 할 것이면 이 율을 적용하지 않는다. 추구해야할 것이란 (위법한) 혼인·양천을 은사령이 내린 뒤의 자수 기한이 지난 뒤에도 은닉하고 있어 마땅히 개정해야 하는 것이거나, 징수해야 하는 것 및 현재하는 장물을 추징해야 하는 것 따위를 말한다.

[율문2의 소] 의하여 말한다: "일이 반드시 추구되어야 할 것"이란 주문에 구체적으로 설명되어 있다. "이 율을 적용하지 않는다."는 것은, (은사령 전의 사건을 고한 자는) 죄를 주는 (이) 율을 적용하지 않는다는 것이다. 주에 이르기를, "추구해야 할 것이란 (위법한)

혼인·양천을 은사령이 내린 뒤의 자수 기한이 지난 뒤에도 은닉하고 있다."라고 한 것은, 율을 어기고 혼인하거나(호43 등) 노를 수양하여 자식으로 삼는 것(호10.4) 따위는 비록 은사령을 만나도 반드시 갈라서게 하고 바로잡아야 한다는 것(호10·45)을 말하고, "은사령이 내린 뒤의 자수 기한이 지난 뒤에도 은닉하고 있다."라고 한 것은, 은사령을 만나면 자수하고(명35.1a) 고쳐 바로잡고 징수해야 하는데(명36) 기한이 지나도록 자수하지 않거나 또는 부장을 점검할 때까지 자수하지 않거나 고쳐 바로잡거나 징수하지 않는 것을 말한다. 아울러 현재하는 장물을 추징해야 하는 것이란 절도·사기로 취득한 장물은 비록 은사령이 내리기 전에 발각되지 않았더라도 은사령이 내린 후에 정장(명33.3)을 찾아 확보한다는 것을 말하며, 이를 "현재하는 장물 따위"라고 하며, 추징해야 한다.

[律問2의 問] 曰: 準誣告條:「至死而前人未決, 聽減一等.」「流罪以下, 前人未加拷掠, 而告人引虛, 得減一等.」 又準官司入人罪, 若未決放聽減一等. 有誣告赦前死罪, 官司受而爲推, 得依此條減罪以否?

[律問2의 答] 曰: 依律:「以赦前事相告言者, 以其罪罪之. 官司爲理者, 以故入人罪論」. 此是赦前之罪, 竝不許言告. 論實尙無減例, 誣告豈得減之? 不至死者俱無減法, 至死者處加役流.

[율문2의 문] 묻습니다: 무고 조항에 준하면, "(무고한 죄가) 사죄에 이르는데 무고당한 사람의 (형이) 집행되지 않은 때에는 1등을 감하는 것을 허락한다."(투41.1의 주), "유죄 이하를 (무고하고) 무고당한 사람에게 아직 고문을 가하지 않았는데, 고한 사람이 (무고가) 거짓임을 인정한 때에는 (반좌한 죄에서) 1등을 감할 수 있다."(투43.1)고 했습니다. 또 관사가 사람의 죄를 (덜거나) 더한 것에 (관한

조항에) 준하면, "만약 아직 (더한 죄의 형을) 집행하지 않았거나 (감면된 자를) 석방하지 않았다면 1등을 감하는 것을 허락한다." (단19.5)고 했습니다. 은사령이 내리기 전에 사죄로 무고했는데 주관하는 관원이 수리하여 조사했다면 이 조항에 의거하여 죄를 감할 수 있습니까?

[율문2의 답] 답한다: 율에 의하면 "은사령이 내리기 전의 사건을 고한 자는 (고한) 그 죄로 죄주고 관사가 접수하고 수리한 때에는 고의로 사람의 죄를 더한 것으로 논한다."고 했다. 이것은 은사령이 내리기 전의 죄는 결코 고발을 허락하지 않은 것이다. (고한 것이) 사실이라 해도 오히려 감하는 예가 없는데 무고한 것을 어찌 감할 수 있겠는가? (무고한 것이) 사죄에 이르지 않은 경우에는 모두 감하는 법이 없고, 사죄에 이른 경우에는 가역류에 처한다.

제355조 투송 54. 불명확한 고장을 제출한 죄(告人罪須明注年月)

[律文1a] 諸告人罪皆須明注年月, 指陳實事, 不得稱疑, 違者笞五十.

[律文1b] 官司受而爲理者, 減所告罪一等.

[律文2] 卽被殺·被盜及水火損敗者, 亦不得稱疑, 雖虛皆不反坐.

[律文3a] 其軍府之官不得輒受告事辭牒,

[律文3b] 若告謀叛以上及盜者依上條.

[律文1a의 疏] 議曰: 告人罪皆注前人犯罪年月, 指陳所犯實狀, 不得稱疑.
「違者笞五十」, 但違一事卽笞五十, 謂牒未入司, 卽得此罪.

[律文1b의 疏] 官司若受疑辭爲推, 並準所告之狀減罪一等, 卽以受辭者爲首,

若告死罪流三千里, 告流處徒三年之類.

[律文2의 疏] 卽被殺,被盜爲害特甚, 或被人決水,縱火漂焚財物, 盜卽不限
强竊, 漂焚不問多少, 告者皆須明注日月, 不合稱疑. 推問雖虛, 皆不反坐.
若稱疑者, 官司亦不合受理; 卽雖受理, 官司亦得免科.

[律文3a의 疏] 「其軍府之官」, 亦謂諸衛及折衝府等, 不得輒受告事辭牒.

[律文3b의 疏] 告謀叛以上及盜者, 依上條「爲受卽送官司」之法.

[율문1a] 무릇 다른 사람의 죄를 고할 때에는 모두 반드시 년·월
을 명확히 기입하고, 사실을 적시해서 진술해야 하며, 혐의를
말해서는 안 된다. 어긴 자는 태50에 처하고,

[율문1b] 관사가 수리하여 처리한 때에는 고한 바의 죄에서 1등
을 감한다.

[율문2] 만약 살해·도盜 및 수재·화재로 손해를 입은 때에도 역시
애매한 말을 해서는 안 되지만, 비록 거짓이라도 모두 반좌하지
않는다.

[율문3a] 단 군부의 관은 함부로 사건을 고하는 문서를 접수할 수
없지만,

[율문3b] 만약 모반謀叛 이상 및 도이면 앞 조항에 의거한다.

[율문1a의 소] 의하여 말한다: 다른 사람의 죄를 고하는 것은 모두
고발된 사람이 죄를 범한 년·월을 기입하고, 범한 바의 실제 정상
을 적시해서 진술해야 하며, 혐의만 칭해서는 안 된다. "어긴 자는
태50에 처한다."는 것은 다만 한 가지 사항만을 어겨도 곧 태50에
처하고, 고장이 아직 관사로 들어가지 않았더라도 곧 이 죄를 받게
됨을 말한다.25)

---

25) 고장이 관사에 제출되면, 모반 이상의 죄가 아닌 이상 三審을 해야 한다. 삼심

[율문1b의 소] 관사가 만약 혐의를 말한 문서를 수리하여 조사했다면 모두 고한 죄상에 준하여 (그) 죄에서 1등을 감하니, 곧 문서를 수리한 자를 수범으로 해서, 만약 고한 것이 사죄이면 유3000리에 처하며, 고한 것이 유죄이면 도3년에 처하는 것 따위이다.

[율문2의 소] 만약 살해·도를 당해 피해가 특히 심하거나 혹은 다른 사람이 물을 터놓았거나 불을 놓아 재물이 떠내려가거나 소실된 경우(잡46), 도는 강도(적34)·절도(적35)를 구분하지 않고 떠내려가거나 소실된 재물은 다소를 불문하고 고하는 자는 모두 반드시 일·월을 명확하게 기입하고 애매한 말을 해서는 안 된다. (단) 조사하고 심문한 결과 비록 거짓이라도 모두 반좌하지 않는다. 만약 애매한 말을 한 경우에는 관사가 또한 수리해서는 안 된다. (단) 만약 비록 수리했더라도 관사 역시 죄를 면할 수 있다.

[율문3a의 소] "단 군부의 관"이라 함은 또한 모든 위 및 절충부 등을 말하며, 함부로 고장을 수리할 수 없다.

[율문3b의 소] 모반 이상 및 도를 고한 경우에는 앞 조항(투52.1)의 "받은 즉시 가까운 관사로 보낸다."는 법에 의거한다.

_____

은 다른 사람의 죄의 대한 고소·고발이 있는 경우 모두 세 번 심사하여 수리하는 절차이다. 즉 고장을 수리하는 관사는 무고일 경우 반좌의 죄를 얻을 수 있음을 알려주고 고발 의사를 재차 확인해야 하는데, 반드시 각기 날짜를 달리하여 세 번 심하되, 사인이 이동 중에 죄를 고한 경우는 당일 세 차례 심하도록 했다. 다만 고발하려는 죄가 십악 중 모반 이상이거나, 살인·강도 후 범인이 도망하거나, 양인을 강간한 경우 및 기타 급박한 사안의 경우에는 삼심의 절차가 적용되지 않는다(『당육전』권6, 190쪽 및 『역주당육전』상, 607쪽; 『통전』권165, 4260쪽). 고장이 아직 관사에 들어가지 않았더라도 이 죄를 받게 된다는 것은 삼심이 시작되기 전이라도 고장에 위반사항이 있는 것이 발각되면 처벌을 받는다는 것을 의미한다.

제356조 투송 55. 타인의 고장을 거짓으로 작성한 죄(爲人作辭牒加狀)

[律文1a] 諸爲人作辭牒, 加增其狀, 不如所告者, 笞五十;
[律文1b] 若加增罪重, 減誣告一等.

[律文1a의 疏] 議曰: 爲人雇倩作辭牒, 加增告狀者, 笞五十.
[律文1b의 疏] 若加增其狀, 得罪重於笞五十者, 「減誣告罪一等」, 假有前人合徒一年, 爲人作辭牒增狀至徒一年半, 便是剩誣半年, 減誣告一等合杖九十之類. 若因雇倩受財得贓重者, 同非監臨主司因事受財坐贓之罪, 如贓重從贓科, 贓輕者從減誣告一等法.

[율문1a] 무릇 다른 사람을 위해 고장을 작성하는데 그 정상을 더하여 고하려는 바와 같지 않게 한 자는 태50에 처하고,
[율문1b] 만약 (정상을) 증가시킨 죄가 (태50보다) 무거우면 무고한 죄에서 1등을 감한다.

[율문1a의 소] 의하여 말한다: 다른 사람에게 고용되어 사문서·공문서를 작성하는데 고하는 정상을 더한 자는 태50에 처한다.
[율문1b의 소] 만약 그 정상을 더하여 얻은 죄가 태50보다 무거운 경우에는 "무고한 죄(투41)에서 1등을 감한다." 가령 고발된 사람이 도1년에 해당하는데 (그) 사람을 위해 고장을 작성하면서 그 정상을 더하여 도1년반에 이르게 했다면 곧 반년을 더 무고한 것이 되니, (반년의) 무고(죄)에서 1등을 감해 장90에 해당하는 따위이다.26) 만약 고용으로 인해 받은 재물을 (장물로 계산하여) 받을

---

26) 반년의 도죄를 장형으로 대체하는 경우 장100에 처하므로, 여기서 1등을 감하면 장90이 된다(명56.4).

(좌)장죄가 무거운 경우에는 감림주사가 아니면서 일로 인하여 재물을 받은 좌장(잡1.1)의 죄와 같게 한다. 만약 장죄가 무겁다면 장죄에 따라 죄주고, 장죄가 가볍다면 무고한 죄에서 1등을 감하는 법에 따른다.

[律文2a] 卽受雇誣告人罪者, 與自誣告同, 贓重者坐贓論加二等,

[律文2b] 雇者從敎令法.

[律文2c] 若告得實, 坐贓論;

[律文2d] 雇者不坐.

[律文2a의 疏] 議曰: 上文「爲人作辭牒」, 雖復得物, 不雇誣告, 因有加增, 得減誣告一等; 此文「卽受雇誣告人罪者」, 謂彼此同謀, 本共誣搆, 情規陷害, 故與自誣告罪同. 「贓重者, 坐贓論加二等」, 假有得絹十疋, 受雇誣告人一年半徒, 坐贓論十疋合徒一年, 加二等卽徒二年之類.

[律文2b의 疏] 「顧者從敎令法」, 依下條「敎令爲從」, 減受雇者一等, 仍得一年徒.

[律文2c의 疏] 「若告得實, 坐贓論」, 謂受絹十疋, 告得實事, 合徒一年之類.

[律文2d의 疏] 「告者不坐」, 以其得實, 故得無罪.

[율문2a] 만약 고용되어 다른 사람의 죄를 무고한 자는 스스로가 무고한 것과 같고, (재물을 장물로 계산하여 좌)장죄가 (무고한 죄보다) 무거운 때에는 좌장으로 논하되 2등을 더하며,

[율문2b] 고용한 자는 교령법에 따른다.

[율문2c] 만약 고한 내용이 사실이면 (고용된 자는) 좌장으로 논하고,

[율문2d] 고용한 자는 처벌하지 않는다.

[율문2a의 소] 의하여 말한다: 앞 율문의 "다른 사람을 위해 고장을 작성하는" 것은, 비록 재물을 얻었더라도 무고하도록 고용된 것이 아니면서 (정상을) 더한 것이기 때문에 무고한 죄에서 1등을 감할 수 있다. 이 조문의 "만약 고용되어 다른 사람의 죄를 무고한 자"라 함은, (고용자와 피고용자) 피차가 같이 모의하여 공동으로 본래 없는 죄를 만든 것으로 죄정이 (다른 사람을) 형벌에 빠뜨리려고 한 것이기 때문에 자신이 무고한 죄(투41.1a)와 같다. "(재물을 장물로 계산하여 좌)장죄가 (무고한 죄보다) 무거운 때에는 좌장(잡1.1)으로 논하되 2등을 더한다."는 것은, 가령 견 10필을 받고 고용되어 다른 사람을 도1년반의 죄로 무고한 경우, 좌장으로 논하면 10필은 도1년에 해당하는데 2등을 더해 도2년에 처하는 것 따위이다.

[율문2b의 소] "고용한 자는 교령법에 따른다."고 했으니 아래 조항(투56.1)에 의거하여 "교령한 자를 종범으로 하여" 고용된 경우에서 1등을 감해 그대로 도1년을 받는다.

[율문2c의 소] "만약 고한 내용이 사실이면 (고용된 자는) 좌장으로 논한다."고 함은 견 10필을 받고 고한 내용이 사실이면 도1년에 해당한다는 것 따위이다.

[율문2d의 소] "고용한 자는 처벌하지 않는다."는 것은, 그 (고한) 내용이 사실이므로 무죄를 받는다는 것이다.

제357조 투송 56. 사람을 교령하여 무고한 죄(敎令人告事虛)

[律文1] 諸敎令人告, 事虛應反坐, 得實應賞, 皆以告者爲首, 敎令爲從.

  [律文1의 疏] 議曰:「敎令人告, 事虛應反坐」, 謂誣告人者, 各反坐;「得實應賞」, 謂告齎禁物度關及博戲, 盜賊之類令有賞文, 或告反, 逆臨時有加賞者: 皆以告者爲首, 敎令者爲從.

[율문1] 무릇 사람을 교령하여 고하게 했는데, 고한 일이 거짓이어서 반좌해야 하거나 사실이어서 상을 주어야 하면, 모두 고한 자를 수범으로 하고 교령한 자를 종범으로 한다.

  [율문1의 소] 의하여 말한다: "사람을 교령하여 고하게 했는데, 고한 일이 거짓이어서 반좌해야 하거나"라 함은, 다른 사람을 무고한 자는 각각 반좌한다[27](투41.1a)는 것을 말한다. "사실이어서 상을 주어야 하면"이라 함은, 금지된 물품을 휴대하고 관을 건넌 것(위30) 및 주사위 놀이(잡14.1a)·도적 따위를 고하여 영(포망령, 습유729쪽)에 상을 내리는 규정이 있거나 혹은 모반·대역을 고하여 그 때에 상을 내려야 할 경우를 말한다. 모두 고한 자를 수범으로 하고 교령한 자를 종범으로 한다.

    [律問1의 問] 曰: 律云:「得實應賞, 皆以告者爲首, 敎令爲從.」 未知告得賞物, 若爲作首從分財?

    [律文1의 答] 曰: 應賞在令有文, 分賞元無等級, 旣爲首從之法, 須準律條論之, 又不可徒·杖別作節文, 約從杖一百之例: 假如敎人告杖一百罪虛, 卽告者

---

27) 교사한 자와 교사된 자 모두를 반좌한다는 의미이다.

爲首, 合杖一百; 教令爲從, 合杖九十, 卽從者十分減一. 應賞義亦準此. 假有
輕重不同, 並準十分爲例.

[율문1의 문] 묻습니다: 율에 "사실이어서 상을 주어야 하면, 모두
고한 자를 수범으로 하고 교령한 자를 종범으로 한다."고 했습니
다. (그렇다면) 고하여 상물을 받았을 때 어떻게 수범과 종범으로
구분하여 재물을 나눕니까?
[율문1의 답] 답한다: 상을 내려야 할 경우는 영(포망령, 습유729쪽)에
규정되어 있지만 상을 나누는 것에 대해서는 원래 등급이 없다. 이
미 수범·종범으로 구분하는 법을 규정했으니 반드시 율의 조항에
준하여 논해야 한다. 또 도형·장형은 따로 등급을 구분하는 규정
을 만들 수 없으므로, 대략 장100의 예에 따른다. 가령 다른 사람
을 교령하여 장100의 죄로 고한 것이 거짓이라면 고한 자는 수범
이 되어 장100에 해당하며, 교령한 자는 종범이 되어 장90에 해당
하니, 곧 종범은 (수범의 죄에서) 1/10을 감한다. (따라서) 상을 주
는 경우에도 방법은 또한 이에 준한다. 가령 경중이 같지 않다면
모두 10분(법)에 준하여 (상을 주는) 예로 삼는다.

[律文2a] 卽教令人告緦麻以上親, 及部曲、奴婢告主者, 各減告者罪一等;
被教者, 論如律.
[律文2b] 若教人告子孫者, 各減所告罪一等. 雖誣亦同.
[律文2a의 疏] 議曰: 其有教令人自告緦麻以上親, 或教人部曲、奴婢告主者,
告實及誣, 各減告者罪一等. 其告緦麻以上親, 卽尊者坐重, 卑者坐輕; 部曲、
奴婢告主, 皆絞. 故云「各減告者罪一等」. 「被教者, 論如律」, 謂被教告緦麻
以上親及告主, 各得本罪.
[律文2b의 疏] 「若教人告子孫者」, 告子孫本旣無罪, 「各減所告罪一等」, 雖

是死罪亦減死處流. 注云「雖誣亦同」, 謂雖敎誣告亦減罪一等. 旣上條祖父
母、父母「誣告子孫、外孫、子孫之婦妾及己之妾, 各勿論」, 此條但云「敎人告
子孫, 各減所告罪一等」, 旣外孫以下, 亦準「敎令告子孫」法, 減所告罪一等.
敎人部曲、奴婢告主期親以下, 雖無別理, 亦合有罪: 敎告主期親及外祖父母
者科「不應爲重」, 敎告主大功以下、緦麻以上科「不應爲輕」. 雖無正文, 比
例爲允.

[율문2a] 만약 다른 사람을 교령하여 (자신의) 시마친 이상 친속
을 고하게 하거나, 부곡·노비를 교령하여 그 주인을 고하게 한
자는 각각 고한 자의 죄에서 1등을 감하고, 교사된 자는 율대로
논하며,

[율문2b] 만약 다른 사람을 교령하여 아들·손자를 고하게 한 자
는 고한 바의 죄에서 1등을 감한다. 비록 무고라도 역시 같다.

[율문2a의 소] 의하여 말한다: 만약 다른 사람을 교령하여 (자신의)
시마친 이상 친속을 고하게 하거나(투44~46) 혹은 다른 사람의 부
곡·노비를 교령하여 그 주인을 고(투48.1a)하게 한 자는 고한 것이
사실이든 무고이든 각각 고한 자의 죄에서 1등을 감한다. 단 시마
친 이상 친속을 고한 경우, 만약 (친속이) 존장이면 처벌이 무겁고
비유이면 처벌이 가벼우며, 부곡·노비가 주인을 고했다면 모두 교
형에 처한다. 그러므로 "각각 고한 자의 죄에서 1등을 감한다."고
한 것이다. "교사된 자는 율대로 논한다."는 것은, 교사되어 시마친
이상 친속이나 주인을 고했다면 각각 본죄28)를 받는 것을 말한다.

---

28) 조부모·부모를 고한 것은 교형에 해당하며(345, 투송44.1) 기친존장·외조부
모·남편·남편의 조부모를 고했다면 이것이 비록 사실이라도 도2년에 처한다
(346, 투송45.1a). 또 시마친·소공친비유를 고했다면 이것이 비록 사실이라도
장80(347, 투송46.1a)에 해당하며 부곡·노비가 주인을 고했다면, 모반·모대역·

[율문2b의 소] 만약 다른 사람을 교령하여 자·손을 고하게 한 자는, 자·손을 고하는 것은 원래 죄가 없으므로, 각각 고한 바의 죄에서 1등을 감하며, 비록 (고한 것이) 사죄라도 또한 사죄를 감해 유형에 처한다(명56.2b). 주에 이르기를 "비록 무고라도 역시 같다."고 한 것은, 비록 (다른 사람을) 교령하여 (아들·손자를) 무고했더라도 또한 (무고한) 죄에서 1등 감함을 말한다. 이미 앞의 조항(투46.2)에서 조부모·부모가 "아들·손자·외손, 자손의 부인·첩 및 자신의 첩을 무고한 때에는 각각 논하지 않는다."고 했고, 이 조항에서 다만 "다른 사람을 교령하여 아들·손자를 고하게 했다면 각각 고한 바의 죄에서 1등을 감한다."고 했으니, 외손 이하를 (고하게 한 자도) 또한 "다른 사람을 교령하여 아들·자손을 고하게 한" 법에 준하여 고한 바의 죄에서 1등을 감한다. 다른 사람의 부곡·노비를 교령하여 그 주인의 기친 이하 친속을 고하게 한 경우는 비록 별도의 규정은 없으나 역시 죄를 주어야 한다. (부곡·노비를) 교령하여 그 주인의 기친 및 외조부모를 고하게 한 자는 "해서는 안 되는데 행한 (죄)의 무거운 쪽"(잡62.2)에 따라 처벌하고, 대공친 이하, 시마친 이상 친속을 고하게(투46.1) 했다면 "해서는 안 되는데 행한 (죄)의 가벼운 쪽"(잡62.1)에 따라 처벌한다. 비록 바로 해당하는 율문은 없지만 이 예에 비추어 (처벌하는 것이) 온당하다.

모반이 아닌 경우에는 모두 교형에 해당한다는 것(349, 투송48.1a)을 뜻한다.

제358조 투송 57. 황제에게 거짓을 소한 죄(邀車駕撾鼓訴事不實)

[律文1] 諸邀車駕及撾登聞鼓若上表, 以身事自理訴而不實者, 杖八十; 卽故增減情狀, 有所隱避詐妄者, 從上書詐不實論.

　[律文1의 疏] 議曰: 車駕行幸在路邀駕申訴, 及於魏闕之下撾鼓以求上聞, 及上表披陳身事: 此三等如有不實者, 各合杖八十. 注云「卽故增減情狀, 有所隱避詐妄者, 從上書詐不實論」, 謂上文以理訴不實得杖八十, 若其不實之中有故增減情狀, 有所隱避詐妄者, 卽從「上書詐不實」論處徒二年.

[율문1] 무릇 황제의 수레를 맞이하거나, 등문고를 치거나 또는 표를 올려 자신의 일에 대해 스스로 억울함을 소했는데 허위로 밝혀진 때에는 장80에 처한다. 만약 고의로 정상을 증감하거나 감추거나 속인 것이 있을 때에는 상서를 속이고 사실대로 하지 않은 것으로 논한다.

　[율문1의 소] 의하여 말한다: 황제의 수레가 행차할 때 길에서 거가를 맞이하여 소를 올리거나. 대궐 정문 아래에서29) 북을 쳐 황제에게 아뢰기를 꾀하거나, 표를 올려 자신의 일을 진술한 것, 이 세 가지가 만약 사실이 아닌 경우에는 각각 장80에 처해야 한다. 주에 이르기를 "만약 고의로 정상을 증감하거나 감추거나 속인 것이 있을 때에는 상서를 속이고 사실대로 하지 않은 것으로 논한다."는

---

29) 登聞鼓는 晉武帝 泰始 5년(269)에 처음 설치한 것으로, 조정 대궐 밖에 매달아서 사람들이 간쟁할 것이나 억울한 것이 있어 상소하여 아뢰려고 하는 경우 북을 쳐서 상소하는 것을 윤허했다(『자치통감』권82, 2611쪽). 그 이후 대대로 전해 오다가 당대에는 동서의 兩都에 등문고를 설치했다(『당회요』권30, 549쪽).

것은, 위 조문에서는 소원한 것이 사실이 아니면 장80의 (죄를) 얻는데, 만약 사실이 아닌 것 중에 고의로 정상을 증감하거나 감추거나 거짓이 있는 경우에는 곧 "상서하는데 속이고 사실대로 하지 않은 것"으로 논하여 도2년에 처한다는 것(사위7.1a)을 말한다.

[律文2a] 自毁傷者, 杖一百.
[律文2b] 雖得實而自毁傷者, 笞五十.
[律文3] 卽親屬相爲訴者, 與自訴同.

[律文2a의 疏] 議曰: 「邀車駕」以下, 訴人所訴非實輒自毁傷者, 皆杖一百.
[律文2b의 疏] 若所訴雖是實而自毁傷者, 笞五十.
[律文3의 疏] 「卽親屬相爲訴者」, 親屬謂緦麻以上及大功以上婚姻之家. 爲訴者「與自訴同」, 自「邀車駕」以下, 虛·實得罪, 各與自訴罪同.

[율문2a] 스스로 상해한 때에는 장100에 처하고,
[율문2b] 비록 (소한 것이) 사실이라도 스스로 상해한 때에는 태50에 처한다.
[율문3] 만약 친속이 서로를 위해 소한 경우에는 자신이 소한 것과 같다.

[율문2a의 소] 의하여 말한다: "황제의 수레를 맞이하거나" 이하에서 소한 사람이 소한 바가 사실이 아닌데 함부로 자신을 상해한 때에는 모두 장100에 처한다.
[율문2b의 소] 만약 소한 바가 비록 사실이라도 스스로 상해한 때에는 태50에 처한다.
[율문3의 소] "만약 친속이 서로를 위해 소한 경우"에서 친속은 시마친 이상이거나 대공친 이상이 혼인한 집안을 말한다(직53.3의 주). 소한 경우에는 "자신이 소한 것과 같다."는 것은 "황제의 수레를

맞이하거나" 이하에서 (소한 것이) 거짓이든 사실이든 죄가 되는
것은 각각 자신이 소한 죄와 같다는 것이다.

제359조 투송 58. 월소 및 월소를
접수하지 않은 죄(越訴)

[律文1] 諸越訴及受者, 各笞四十.

[律文2a] 若應合爲受, 推抑而不受者笞五十, 三條加一等, 十條杖九十.

  [律文1의 疏] 議曰: 凡諸辭訴, 皆從下始. 從下至上, 令有明文. 謂應經縣而
越向州、府、省之類, 其越訴及官司受者各笞四十. 若有司不受, 卽訴者亦無罪.

  [律文2a의 疏] 「若應合爲受」, 謂非越訴, 依令聽理者卽爲受, 推抑而不受者
笞五十. 「三條加一等」, 謂不受四條杖六十, 十條罪止杖九十. 若越過州訴,
受詞官人判付縣勘當者不坐. 請狀上訴, 不給狀, 科「違令」笞五十.

[율문1] 무릇 월소한 자 및 (이를) 접수한 자는 각각 태40에 처한다.

[율문2a] 만약 접수해야 하는데 구실을 대며 미루거나 억누르면
서 접수하지 않은 자는 태50에 처하고, 3건마다 1등씩 더하여
10건이면 장90에 처한다.

  [율문1의 疏] 의하여 말한다: 무릇 모든 소송은 모두 아래부터 시작
해야 한다. 아래부터 위에 이르는 것은 영(공식령, 습유600쪽)에 규정
이 있다. 즉 현을 거쳐야 하는데도 (이를) 건너뛰어 주·부·성으로
나아간 따위를 말한다. 그 월소한 자 및 소송을 접수한 관사는 각
각 태40에 처한다. 만약 담당 관사가 접수하지 않았다면 소송한
자도 역시 죄가 없다.

[율문2a의 소] "만약 접수해야 하는데"라 함은 (단계를) 건너뛰어 소송한 것이 아니라 영에 의거해서 처리하도록 한 것은 즉시 접수해야 한다는 것을 말하며, 구실을 대어 억누르고30) 접수하지 않은 자는 태50에 처한다. "3건마다 1등을 더한다."는 것은, 4건을 접수하지 않았다면 장60에 처하되 10건이면 최고형인 장90에 처한다는 것을 말한다. 만약 건너뛰어 주에 소송했는데 고소를 접수한 관인이 판(정)해서 현으로 보내 조사해서 처리하게 한 경우는 처벌하지 않는다. (불리)장을 청하여31) 상소하려 하는데 장을 지급하지 않았다면 "영을 어긴"(잡61.1) 죄로 태50에 처한다.

[律文2b] 卽邀車駕及撾登聞鼓, 若上表訴, 而主司不卽受者, 加罪一等.
[律文3] 其邀車駕訴, 而入部伍內, 杖六十. 部伍, 謂入導駕儀仗中者.

[律文2b의 疏] 議曰: 有人邀車駕及撾登聞鼓若上表申訴者, 主司卽須爲受. 「不卽受者, 加罪一等」, 謂不受一條杖六十, 四條杖七十, 十條杖一百.
[律文3의 疏] 其邀車駕訴人輒入部伍內者, 杖六十. 注云「部伍, 謂入導駕儀仗中者」, 依鹵簿令:「駕行, 導駕者: 萬年縣令引, 次京兆尹, 總有六引.」注云:「駕從餘州·縣出者, 所在刺史·縣令導駕, 並準此. 儀仗依本品.」若訴人入此儀仗中者, 杖六十.

---

30) 推抑이란 투송률 59의 '추피'나 추조·추거 등과 동의어로 구실을 대어 억누른다는 뜻이다.
31) 무릇 冤獄·滯獄을 再審 받고자 하는 경우, 먼저 본사·본관을 경유하고, 혹 길이 멀어 차질이 있는 경우 가까운 官司가 판결한다. 이에 불복하는 경우 마땅히 冤獄·滯獄의 사유서[不理狀]의 지급을 청구하여 상서성에 제출하며, 상서성에 이르면 좌·우승이 상세히 신원한다. 또 불복하는 경우 다시 불리장을 지급받아 삼사에 진소한다. 또 불복하는 경우 상표한다. 표를 받은 자가 또 전달하지 않은 경우 등문고를 치는 것을 허락한다. 만약 형제나 자손이 없거나 늙거나 어려 스스로 신원할 수 없는 자는 폐석의 밑에 서 있는다(『당육전』권6, 192쪽 및 『역주당육전』상, 616쪽).

[율문2b] 만약 황제의 수레를 맞이하거나 등문고를 치거나 또는 표를 올려 소하였는데 주사가 즉시 접수하지 않은 때에는 죄에서 1등을 더한다.

[율문3] 단 거가를 맞이하여 소하다가 부오 안으로 들어갔으면 장60에 처한다. 부오란 거가를 인도하는 의장(대) 안으로 들어온 것을 말한다.

[율문2b의 소] 의하여 말한다: 어떤 사람이 거가를 기다리거나 등문고를 치거나 또는 표를 올려 소한 때에는 주사가 반드시 즉시 접수해야 한다. "즉시 접수하지 않은 때에는 죄에서 1등을 더한다."라 함은, 1건을 접수하지 않았다면 장60에 처하고, 4건은 장70에 처하며, 10건은 장100에 처한다는 것을 말한다.

[율문3의 소] 단 거가를 맞이하여 소원하던 자가 함부로 부오 안으로 들어온 경우에는 장60에 처한다. 주에 이르기를 "부오란 거가를 인도하는 의장(대) 안으로 들어온 것을 말한다."고 했는데, 노부령(습유514쪽)에 의거하면 "황제의 수레가 행행할 때 거가를 인도하는 자는 (경조부에서는) 만년현령이 인도하고, 다음에는 경조윤이 자리하는데, 모두 여섯 인도인이[32] 있다."(고 했고, 그) 주에 이르기를 "황제의 수레가 다른 주·현으로 나갈 경우에는 소재지의 자사·현령이 거가를 인도하는데 모두 이에 준한다. 의장은 본인의 관품에 따른다."고 했다. 만약 소하는 사람이 이 의장 안에 들어온 때에는 장60에 처한다.

[律問3의 問] 曰: 有人於殿庭訴事, 或實或虛, 合科何罪?

[律問3의 答] 曰: 依令:「尙書省訴不得理者, 聽上表.」受表恒有中書舍人, 給

---

32) 경조부에서 어가를 인도하는 관원 6명은 순서대로 만년현령·경조윤 외에 태상경·사도·어사대부·병부상서이다(『신당서』 권23상, 490쪽).

事中,御史三司監受. 若不於此三司上表, 而因公事得入殿庭而訴, 是名「越訴」. 不以實者依上條杖八十, 得實者不坐.

[율문3의 문] 묻습니다: 어떤 사람이 궁정에서 소(원)한 일이 혹은 사실이거나 혹은 거짓이라면 어떤 죄를 주어야 합니까?

[율문3의 답] 답한다: 영(공식령, 습유600쪽)에 의거하면 "소(송)한 것이 상서성에서 처리되지 않은 경우에는 표를 올리는 것을 허락한다." 표를 접수하는 것은 항상 중서사인·급사중·어사의 삼사가 살펴서 접수한다. 만약 이 삼사에 표를 올리지 않고 공적인 일로 궁정에 들어왔다가 소(원)했다면 "건너뛰어 소송한" 죄명이 된다. 사실이 아닌 경우에는 앞의 조항(투송57.1)에 의거해 장80에 처하고, 사실인 경우에는 처벌하지 않는다.

제360조 투송 59. 주사가 강도·살인을 고하지 않은 죄(强盜殺人不告主司)

[律文1] 諸强盜及殺人賊發, 被害之家及同伍卽告其主司. 若家人·同伍單弱, 比伍爲告. 當告而不告, 一日杖六十.

[律文2a] 主司不卽言上, 一日杖八十, 三日杖一百.

[律文2b] 官司不卽檢校·捕逐及有所推避者, 一日徒一年.

[律文3] 竊盜, 各減二等.

[律文1의 疏] 議曰: 强盜及以殺人賊發, 被害之家及同伍共相保伍者, 須告報主司者, 謂坊正·村正·里正以上. 若家人同伍單弱不能告者, 「比伍爲告」, 每伍家之外, 卽有「比伍」, 亦須速告主司. 「當告而不告」, 謂家有男夫年十六以

上不爲告者, 一日杖六十.

[律文2a의 疏] 主司不卽言於所在官司,「一日杖六十, 三日杖一百」, 須計去
官司遠近, 準行程外爲罪.

[律文2b의 疏]「官司不卽檢校」, 謂隨近受告官司不卽檢校·捕逐, 及與隨近
州·縣·鎭·戍·府·監等相推, 或假以餘事辭託者, 一日徒一年.

[律文3의 疏] 若是竊盜, 從「同伍」以下各減二等. 謀殺人已傷及殺部曲·奴婢,
比竊盜不告科之.

[율문1] 무릇 강도 및 살인의 범행이 발생하면 피해를 입은 집 및
같은 오伍에 (속해 있는 사람은) 즉시 그 주사에게 고해야 한다.
만약 (피해를 입은) 가인 및 같은 오에 속한 사람이 한 사람뿐
이거나 미약하다면 이웃 오의 사람이 고해야 한다. 마땅히 고해
야 하는데 고하지 않았다면 1일에 장60에 처한다.

[율문2a] 주사가 즉시 위로 보고하지 않았다면 1일에 장80에 처
하고, 3일에 장100에 처하며,

[율문2b] 관사가 즉시 수사하여 체포하지 않거나 구실을 대며 회
피한 때에는 1일에 도1년에 처한다.

[율문3] 절도는 각각 2등을 감한다.

[율문1의 소] 의하여 말한다: 강도 및 살인의 범행이 발생하면 피해
를 입은 집 및 같은 오에33) 속해 함께 서로 오를 보호해야 하는

---

33) 당대 현 이하의 조직은 이(100호)·향(5리=500호)이 있고, 주현 성곽은 坊으로
外는 村으로 조직되었다. 里·坊·村에는 각각 里正·坊正·村正을 두었다. 또 따
로 隣(四家)·保(五家)가 있고 保에 保長을 두었다. 이 保를 伍保, 隣을 四隣이
라고도 하여 '隣伍'·'4隣5保' 등의 용례가 보인다. 保는 그 안에 금약이 있고 또
'相檢察, 勿造非違'라는 保內의 질서유지에 직접 책임이 있었다(『당령습유』, 호
령, 214~215쪽 및 229쪽).

자는 반드시 주사에게 고해야 한다. (주사란) 방정·촌정·이정 이
상을 말한다. 만약 (피해를 당한) 가인 및 같은 오에 속한 사람이
한 사람 뿐이거나 미약하여 고할 수 없는 경우에는 "이웃 오의 사
람이 고해야 한다."고 했으니, 매 오가 밖의 "이웃 오" 역시 반드시
주사에게 신속히 고해야 한다. "마땅히 고해야 하는데 고하지 않았
다."는 것은, 집안에 16세 이상의 남자가 있는데도 고하지 않은 경
우를 말하며, 1일에 장60에 처한다.

[율문2a의 쇼] 주사가 즉시 소재지의 관사에 보고하지 않았다면 1일
에 장80에 처하고, 3일에 장100에 처하는데, 반드시 관청까지 원근
을 계산해서 행정 외에 더 걸린 (일수)에 준하여 죄준다.[34]

[율문2b의 쇼] "관사가 즉시 수사하지 않았다."는 것은, 가까운 곳에
따라 고한 것을 수리한 관사가 즉시 수사·체포하지 않거나, 가까
운 주·현·진·수·부·감 등이 서로 미루거나 혹은 다른 일로 핑계
댄 경우를 말하며, 1일에 도1년에 처한다.

[율문3의 쇼] 만약 이것이 절도라면 "같은 오" 이하는 각각 2등을 감
한다. 살인을 모의하여 이미 상해한 것 및 부곡·노비를 살해한 것
은 절도를 고하지 않은 것에 견주어 죄준다.

제361조 투송 60. 감림·주사가 관할지역 내의 범죄를 방치한 죄(監臨知犯法不擧劾)

[律文1a] 諸監臨主司知所部有犯法不擧劾者, 減罪人罪三等.

---

34) 행정은, 말은 하루에 70리, 당나귀나 보행인은 50리, 수레는 30리이다(명25.1
의 쇼).

[律文1b] 糾彈之官, 減二等.

[律文1a의 疏] 議曰：「監臨」, 謂統攝之官.「主司」, 謂掌領之事及里正、村正、坊正以上. 知所部之人有違犯法、令、格、式之事不擧劾者,「減罪人罪三等」, 假有人犯徒一年, 不擧劾者, 得杖八十之類.

[律文1b의 疏]「糾彈之官, 唯減二等」, 謂職當糾彈者. 其金吾當檢校之處, 知有犯法不擧劾者, 亦同減罪人罪二等.

[율문1a] 무릇 감림·주사가 관할 구역 내에 범법이 있음을 알고도 이를 탄핵하지 않은 때에는 죄인의 죄에서 3등을 감하고,
[율문1b] 규찰·탄핵 임무를 맡은 관은 2등을 감한다.

[율문1a의 소] 의하여 말한다: "감림"이란 통섭하는 관을 말한다(명54의 소). "주사"란 어떤 일의 처리를 담당하는 자 및 이정·촌정·방정이상을 말한다. 관할지역 내에 있는 사람이 법·영·격·식을 어기거나 범한 일이 있는데도 적발하지 않은 때에는 "죄인의 죄에서 3등을 감한다."는 것은, 가령 어떤 사람이 도1년의 (죄를) 범했는데 탄핵하지 않은 경우 장80의 (죄를) 받는 것 따위이다.

[율문1b의 소] "규찰·탄핵 임무를 맡은 관은 2등을 감한다."는 것은, 그 직책이 규찰·탄핵을 담당한 경우를 말한다. 단 금오[35]도 사찰을 담당하는 곳에 범법이 있음을 알고도 탄핵하지 않은 경우 역시 동일하게 죄인의 죄에서 2등을 감한다.

[律文2a] 卽同伍保內, 在家有犯知而不糾者, 死罪徒一年, 流罪杖一百, 徒罪杖七十.

---

35) 金吾는 좌우금오위를 가리키는데, 궁중 및 경성을 주야로 순찰하며 경계하여 법에 의거하여 범법을 막는 일을 관장했다(『당육전』권25, 638쪽,『역주당육전』하, 216쪽).

[律文2b] **其家唯有婦女及男年十五以下者, 皆勿論.**

　[律文2a의 疏] 議曰:「卽同伍保內」, 謂依令「伍家相保」之內, 在家有犯, 知死罪不糾得徒一年, 知流罪不糾杖一百, 知徒罪不糾杖七十, 犯百杖以下保人不糾無罪.

　[律文2b의 疏] 其伍保之家唯有婦女及男年十五以下, 不堪告事, 雖知不糾亦皆勿論. 雖是伍保之內, 所犯不在家中, 知而不糾不合科罪.

[율문2a] 만약 같은 오보 안의 집에서 범함이 있음을 알고도 규고하지 않았다면 (범행이) 사죄이면 도1년, 유죄이면 장100, 도죄이면 장70에 처한다.

[율문2b] 단 집안에 오직 부녀나 15세 이하의 남자만 있는 경우는 모두 논하지 않는다.

　[율문2a의 소] 의하여 말한다: "만약 같은 오보 안"이라는 것은, 영(호령, 습유229쪽)에 의거하면 "오가가 서로 보(호)하는 (범위)"36) 안을 말한다. (오보 안의) 집에 범함이 있는데, 사죄(의 범함)을 알고도 규고하지 않았다면 도1년을 받고, 유죄를 알고도 규찰하지 않았다면 장100에 처하며, 도죄를 알고도 규찰하지 않았다면 장70에 처하고, 장100 이하의 죄를 범한 경우에는 보인이 규고하지 않아도 죄가 없다.

　[율문2b의 소] 단 오보의 집에 오직 부녀나 15세 이하의 남자만 있어 고할 수 없었다면 비록 알면서 규고하지 않았더라도 역시 모두 논하지 않는다. 비록 오보 안이라도 집안에서 범한 바가 아니면, 알고도 규고하지 않았더라도 죄를 주어서는 안 된다.

---

36) "伍家相保"에서의 保는 보호한다는 의미도 있으며, 또한 隣保제의 保(5家)라는 조직으로 볼 수도 있다.

당률소의역주 III

초판 인쇄 | 2021년 11월 29일
초판 발행 | 2021년 12월 10일

지 은 이   김택민 이완석 이준형 임정운 정재균
발 행 인   한정희
발 행 처   경인문화사
편   집   박지현 김지선 유지혜 한주연 이다빈 김윤진
마 케 팅   전병관 하재일 유인순
출판번호   406-1973-000003호
주   소   경기도 파주시 회동길 445-1 경인빌딩 B동 4층
전   화   031-955-9300   팩   스   031-955-9310
홈페이지   www.kyunginp.co.kr
이 메 일   kyungin@kyunginp.co.kr

ISBN 978-89-499-6606-9 94360
ISBN 978-89-499-6603-8 (세트)

값 34,000원